21世纪财税理论与实务丛书

纳税会计

TAX ACCOUNTING

熊晴海　主编

暨南大学出版社
JINAN UNIVERSITY PRESS
中国·广州

图书在版编目（CIP）数据

纳税会计／熊晴海主编．—广州：暨南大学出版社，2010.1
（21 世纪财税理论与实务丛书）
ISBN 978－7－81135－423－2

Ⅰ．①纳…　Ⅱ．①熊…　Ⅲ．①税收会计　Ⅳ．①F810.42

中国版本图书馆 CIP 数据核字(2009)第 213059 号

出版发行：暨南大学出版社

地　址：中国广州暨南大学
电　话：总编室（8620）85221601
　　　　营销部（8620）85225284　85228291　85220693（邮购）
传　真：（8620）85221583（办公室）　85223774（营销部）
邮　编：510630
网　址：http：//www.jnupress.com　http：//press.jnu.edu.cn

排　版：广州市天河星辰文化发展部照排中心
印　刷：佛山市浩文彩色印刷有限公司

开　本：787mm×1092mm　1/16
印　张：28
字　数：597 千
版　次：2010 年 1 月第 1 版
印　次：2010 年 1 月第 1 次
印　数：1—3000 册

定　价：48.00 元

前　言

纳税会计是现代会计的一个特殊领域。它把税收法规与会计核算融合起来，以纳税人为主体，以涉税事项为会计对象，依据税收法规和会计准则，对纳税人的涉税事项进行确认、计量、记录和报告，为税务机关、投资人和经营者以及社会公众提供有助于决策的涉税信息。目前，纳税会计已发展成为与财务会计、管理会计并重的会计分支。

本书以《中华人民共和国税法》、《国家税收》、《中国税制》和《会计学原理》为基础，全面介绍了纳税会计的基本理论、企业各项涉税业务的税务处理和会计处理，以及各税种的纳税申报办法。本书结构合理、通俗易懂、实例丰富、应用性强，在书中附有学习目标、技能目标、关键概念、思考题和技能题，便于学生复习和教师教学。本教材既继承了我国传统的税收理论，又吸收了国际上最新的税务管理研究成果，充分考虑了学科体系的完备性、系统性和科学性，突出了人才培养的实践应用特色，力求在教材的体系和内容上突出起点高、立意新、资料全、注重应用能力培养的特点。

本教材由熊晴海副教授任主编，江西农业大学商学院熊细银教授、徐湘屏副教授和王文冠讲师任副主编。熊晴海编写了第1、2、3、4章，熊细银编写了第5、6、7章，徐湘屏编写了第8、9章，吴蔚平编写了第10章，邹涛会计师编写了第11章，南昌市国税局赵涛、张孟祎编写了第12章，王文冠编写了第13章。

本书在编写和出版过程中，得到了江西省财政厅熊根泉厅长、江西农业大学南昌商学院袁瑾洋院长的大力支持，得到了南昌市财政局会计处处长余群（高级会计师）和美国辉门公司财务总监樊群英女士的热心帮助，以及南昌地方税务局注册税务师程芳女士和梁峻女士的热心指导。上海同艺公司董事长郑敏森先生通读了全稿。江西进出口公司外贸业务经理樊志华（会计师）先生也提供了很大帮助。感谢江西农业大学南昌商学院、南昌航空大学、暨南大学出版社、美国富凯公司财务部的大力支持。同时，我们还参考了国内外公开出版的有关教材和学术著作，吸收了他们的研究成果，在此一并表示衷心的感谢。

本教材可作为高等院校税收、会计、财政等专业的教材，也可以作为广大税务干部、税务中介机构和企业财务人员继续教育用书。

由于税收法规和会计准则变化较快，编写时间仓促，编者水平有限，书中有不当之处，恳请读者批评指正。

编　者

2009年7月

目　录

第一章　纳税会计概述

学习目标

○ 了解纳税会计的概念、特点

○ 明确纳税会计的目标、职能与任务

○ 掌握纳税会计核算基础、原则和相关的纳税会计凭证

技能目标

○ 通过本章的学习，学生能应用纳税会计的基本理论开展简单纳税会计工作

第一节　纳税会计的基本概念

税收制度与财务会计的逐步分离是税制改革与会计改革的必然结果，基于税收制度与会计准则的不同要求而产生的纳税会计，其地位和作用越来越重要。

一、纳税会计的产生

（一）纳税会计产生的动因

19世纪初现代所得税产生后，各国税收逐步走上了法制化的轨道，社会也从自给自足的自然经济（农业经济）逐步走向工业经济，纳税会计的产生也逐步具备了经济、法律等条件的主、客观环境。首先，在纳税会计的产生和发展过程中，现代所得税法的诞生和不断完善对其影响最大，因为所得税的计算涉及企业的经营、投资和筹资各方面；其次，科学、先进的增值税的产生和不断完善，也对纳税会计的发展起了重要的促进作用，因为它对企业会计提出了更高的要求，迫使企业在会计凭证，会计账簿的设置、记载上分别反映收入的形成和物化劳动转移的价值及转移的价值中所包括的已纳税金，这样才能正确核算其增值额，从而正确计算企业应纳的增值税额。为了适应纳税人的需要，或者说，纳税人为了适应纳税的需要，纳税会计有必要从财务会计中独立出来，以充分发挥现代企业会计的多重功能。现在，越来越多的人开始承认，纳税会计与财务会计、管理会计共同构成了会计学科三大分支。

（二）纳税会计的概念

纳税会计是社会经济发展到一定阶段而产生的。它是从财务会计中分离出来的，纳税会计可以说是税务中的会计、会计中的税务。纳税会计又称税务会计，是以税收法规为准绳，以货币为主要计量单位，运用会计的专门理论和方法，全面、系统、连续地对纳税活动引起的资金运动进行反映和监督的专业会计。

随着各国税制的逐步完善和会计的不断发展，以及税收与会计的国际协调，纳税会计也在不断发展、不断完善。

值得注意的是，纳税会计是企业的一项实质性的工作，是企业会计的一个特殊领域，是以财务会计为基础，对财务会计中按会计准则、会计制度进行的会计处理与国家现行税收法规不一致的会计事项或出于纳税筹划的目的，由纳税会计进行调整或重新计算。因此，纳税会计并不是要求在财务会计的凭证、账簿、报表之外再设一套，而只要求加填写纳税申报表及其附表，一般企业可以不设专门的纳税会计机构。纳税会计资料大多来自财务会计，在进行纳税调整、计算，并作纳税调整会计分录后，再融入财务会计账簿和（或）财务会计报告之中。

（三）纳税会计的模式

纳税会计模式既受各国税法立法背景、程序的影响，又受各国会计规范方式、历史传统的影响。但基本归类有非立法会计（社会公认型）、立法会计（法治型）和混合会计（准法治型）。英国、加拿大、澳大利亚、南非、美国和荷兰属于非立法会计（社会公认型）；德国、法国、瑞士和大部分拉美国家属于立法会计（法治型）；我国和日本属于混合会计（准法治型）。

在立法会计的国家，其会计准则、会计制度从属于税法（特别是所得税法）。因此，其会计所得与应税所得基本一致，只需对永久差异进行纳税调整，纳税会计与财务会计可以不分开，只要有企业会计即可；而在非立法会计的国家，会计准则独立于税法的要求，因此，其财务会计的账面所得不等于其纳税所得，需要进行纳税调整，可以采用纳税影响会计法进行所得税会计处理。

按国家税制结构体系的不同，纳税会计还可以分为以下三种类型：

（1）以所得税会计为主体的纳税会计。采用这种税制模式的国家，如美国，其所得税占税收总收入的50%以上。

（2）以流转税（商品税）会计为主体的纳税会计。在一些发展中国家，流转税（商品税）收入是税收收入的主体，其所得税所占比重很小。

（3）流转税与所得税并重的纳税会计。在这些国家，实行的是流转税与所得税并重的复合税制，两者比重相差不大，共同构成国家的税收收入主体，如德国、荷兰等国家。在我国，尽管流转税，尤其是增值税、消费税占的比重最大，但从税制体系看，我国是复合税制体系。从社会发展看，所得税所占比重应越来越大。所以，我国是以流转税与所得税并重的纳税会计模式。

二、纳税会计的特点

纳税会计具有法定性、专业性、广泛性、统一性和独立性的特点。

（一）法定性

纳税会计是以国家现行税收法令为准绳的，这是它区别其他专业会计的一个最重要的特点。遵守法律，特别是税收法规，依法及时足额地纳税，保证国家财政收入，是纳税会计的一个目标。法律是具有严肃性的，如果纳税人不遵守税法，就会受到处罚，情节严重者将承担刑事责任。

（二）专业性

纳税会计运用会计特有的专门方法，仅对与纳税有关的经济业务进行核算和监督，包括计算税款、填制纳税申报表、办理纳税手续、记录税款缴纳及退补税款情况和编制纳税报表等，这些都需要有会计专业知识和税收专业知识。因此，它是专业性很强的会计学科。

（三）广泛性

我国宪法规定我国公民都有纳税义务，而企业更是负有纳税义务的法人。这就是说，所有自然人和法人都可能是纳税义务人。由于法定纳税人的广泛性，决定了纳税会计的广泛性。

（四）统一性

由于纳税会计是融会计和税收法规于一体的会计，税法的统一性决定了纳税会计的统一性。这就是说，同一种税对不同企业（不同纳税人）的规定都是一样的。如工业企业要缴纳增值税，则不论城镇工业、乡镇工业、校办工业、军事工业、农场办工业、商办工业、机关团体办工业等都要严格执行，不分企业的隶属关系，也不分其所有制性质。当然，在统一的前提下，也不排除特殊情况下的灵活性，如减免税规定、个体工商户确实无力建账的经批准可暂免建账等。

（五）独立性

纳税会计有其相对的独立性和特殊性。对某些税种来说，其计税依据与财务会计账面记录提供的依据可能并不完全相同，不能满足计税的要求。因此，纳税会计要根据税法的要求，重新计算调整，事后发现财务会计记录有不符合税法要求的项目，也要进行纳税调整。

三、纳税会计与财务会计的异同

（一）纳税会计与财务会计的联系

要探讨纳税会计与财务会计的关系，就必须明确会计与法律、会计与税收、会计与企业决策者的关系。法律对会计的影响是一个渐进的历史过程。在公元前 18 世纪的巴比伦时代，正式法典对记录企业的经济业务就起到了促进作用。沧海桑田，历史发展到今天，我国于2000年7月1日实施了新修订的《会计法》，不久又先后出台了企业会计基本准则和28个具体会计准则，从2001年起，各企业还分步执行了新的统一会计制度，会计的一系列法规制度对我国会计工作影响是具有方向性的。税收对会计的影响，往往与法律对会计的影响是分不开的。税收通过法律发挥作用，法律保障税收的执行（有税必有法，无法不成税），但它们对会计工作影响的重点不同。法律规定会计“能做什么”和“不能做什么”，而税收则引导企业及会计“怎样做”，从而影响企业及会计的具体行为。例如，纳税会计与财务会计在实务中允许存在合理差异时，会计计量模式的选择必须遵循分别反映的原则，否则，两者之间量的差异将无法揭示出来。因此，税收对会计的影响是调节性的。企业决策者则是要求在国家法律、制度许可的范围内，进行某些会计政策的选择，如选择会计原则、会计程序、会计方法等。

纳税会计作为一项实质性工作，并不是独立存在的，而是企业会计的一个特殊领域，是以财务会计为基础的。纳税会计资料大多来源于财务会计，它对财务会计处理中与现行税法不符的会计事项，或出于税务筹划目的需要调整的事项，按纳税会计方法计算、调整，并调整会计分录，再融于财务会计账簿或财务会计报告之中。对以税法为导向的小型企业会计，并不对外提供财务报告，其会计可以称为企业会计或纳税会计（不存在财务会计），因为两者融为一体。

（二）纳税会计与财务会计的区别

（1）目标不同。财务会计所提供的信息，除为投资人、债权人等经济利益相关者服务外，也为企业本身的生产、经营服务；纳税会计则以现行税法为准绳，正确履行企业的纳税义务，并充分享受纳税人的权利。

（2）对象不同。企业财务会计核算和监督的对象是企业以货币计量的全部经济事项，包括资金的投入、循环、周转、退出等过程；纳税会计核算和监督的对象只是与计税有关的经济事项，即与计税有关的资金运动。这就是说，原来在财务会计中有关税款的核算、申报、解缴的内容，划归纳税会计，并由纳税会计作为核心内容分门别类地进行阐述，企业财务会计只对这部分内容作必要的提示即可。

（3）核算基础、处理依据不同。税收法规与会计准则存在不少差别，其中最主要的差别在于收益实现的时间和费用的可扣减性上。税收制度是收付实现制与权责发生制的结合，因为计算应税所得是确定纳税人立即支付货币资金的能力、管理上的方便性和征收当期收入的必要性，这与财务会计所依据的持续经营假定（假设）是相矛盾的，这便是纳税年度自身存在独立性的倾向。财务会计只是遵循财务会计准则，依照企业会计制度处理各种经济业务，会计人员对某些相同的经济业务可能有不同的表述，从而出现不同的会计结果，这应该认为是正常情况。纳税会计要遵循纳税会计的一般原则，也要遵循与税收法规不矛盾的财务会计的一般原则。

（4）计算损益的程序不同。税收法规中包括了修正一般收益概念的社会福利、公共政策和权益条款，强调应税所得与财务会计所得的不同。各国所得税税法明确规定法定收入项目、税法允许扣除项目及其金额的确认原则和方法。企业按税法规定确定两者金额后，其差额即为应税所得额。纳税会计以此为法定依据，但在实际计算时，是在“会计所得”的基础上调整为应税所得。当财务会计的核算结果与纳税会计不一致时，财务会计的核算应服从于纳税会计的核算，使之符合税法的要求。

可见，纳税会计坚持历史成本，不考虑货币时间价值的变动，更重视可以预见的事项，而财务会计却可以有某些不同。各国都在力图缩小财务会计与纳税会计的差异，但两者的差异不可能消失，因为两者目标不同。此外，承认纳税会计与财务会计的区别，实际上就是承认政府有权对纳税人的非营业收益等确认和征税的问题。

四、纳税会计与税收会计的关系

纳税会计又称税务会计，它是企业以国家现行税收法规为准绳，以货币计量为基本形式，运用会计学的理论和核算方法，连续、系统、全面地对税款的形成、计算和缴纳，即税务活动引起的资金运动进行核算和监督的一种专业会计。

税收会计是税务机关以货币为主要计量单位，采用会计的专门方法，对税收资金及运动进行连续、系统、全面、综合的核算和反映的一种专业会计。税收会计属于政府会计范畴，但目前各国都将税收会计从政府会计中独立出来。

纳税会计与税收会计都是核算税收资金运动的一种特种专业会计。税收会计属于预算会计范畴，是税务机关特设的专门反映税款应征、待征、上解、入库和提退情况的专业会计。

纳税会计与税收会计的联系在于纳税会计所提供的会计信息是税收会计核算的基本资料来源。由于纳税会计与税收会计属于不同的会计范畴，两者的会计主体、会计目标、会计基础、会计原则以及核算对象等都不相同。

税收会计的主体是各级税务机关；会计目标是向政府、上级和本级税务机关，以及社会公众报告税收信息；会计基础是实行分段联合制，即在税收资金运动的不同阶段，分别采用权责发生制和收付实现制为会计处理基础。比如，在应征税金阶段，采用权责发生制；在入库税金阶段，采用收付实现制等。

第二节　纳税会计的目标、职能与任务

一、纳税会计的目标

（一）纳税会计具体目标

纳税会计的基本目标是履行法定纳税义务，依法行使自己的正当权益，实现依法纳税与节税的统一。具体的目标是：

（1）依法纳税，认真履行纳税义务。纳税会计要以国家的现行税法为依据，在财务会计有关资料的基础上，正确进行与税款形成、计算、申报、缴纳和退补等有关的会计处理和调整计算，正确、及时地填报有关纳税报表，及时、足额地缴纳各种税款，为税务机关（包括国家授权的代征机关）及时提供真实的税务会计信息。通过纳税会计认真履行法定纳税义务。

（2）正确进行纳税会计处理，认真协调与财务会计的关系。纳税会计要以国家现行税法为准绳，在财务会计的基础上进行纳税调整，并作相应的会计处理，还要在财务报告中正确披露有关纳税会计信息。它与财务会计是相互补充、相互服务、相互依存的关系。财务会计要完全符合会计准则、会计制度，要保持其相对稳定性、规范性，纳税会计要保持其依法性。两者作为企业会计的重要组成部分，只有正确配合、相互协调，才能完成各自的具体目标，才能为企业共同的目标服务。

（3）合理选择纳税方案，科学进行税务筹划。纳税会计与财务会计一样，也要为企业的投资人、债权人和经营者等服务。但纳税会计涉及的是与企业纳税有关的特定领域。在这个领域，要服从、服务于企业财务与会计的总目标，就是如何减轻企业税负。在其他各项因素不变的前提下，企业税负与企业盈利呈反比。因此，如何选择税负较轻的纳税方案，在企业经营的各个环节如何事先进行税负的测算并作出税负最轻的决策，事后如何进行税负分析等，应是纳税会计的重要目标，也是纳税人享有的一项基本权利。

（二）纳税会计对象

纳税会计的对象是独立于会计系统之外的客体，是运用会计的特定程序和方法对客体进行的分类和表述。在企业中，凡是能够用货币计量的涉税事项都是纳税会计的对象。因此，纳税人因纳税而引起的税款的形成、计算、缴纳、补退、罚款等以货币表现的资金运动就是纳税会计对象。企业在经营过程中以货币表现的税务活动主要包括：

（1）经营收入。经营收入是企业在生产经营过程中，销售产品、提供劳务所取得的收入。它是企业资金运动的终点，也是下一次资金运动的起点。由成品（商品）资金转化为货币资金，既包含了用于补偿已消耗的各项成本费用，也包括实现的税金、利润。因此，经营收入不仅是流转税的计税依据，也是计算所得税的基础和前提。

（2）生产经营成本（费用）。成本费用是企业在生产经营过程中的耗费和支出。它包括生产过程的生产费用和流通过程的流通费用。成本费用主要反映企业资金的垫支和耗费，是企业资金补偿的尺度。一定会计期间的成本费用总额与同期经营收入总额相比，可以反映企业生产经营的盈亏、劳动生产率的高低等情况，同时也是企业计算应纳税所得额的基础，从而影响纳税额的多少。

（3）收益分配。收益分配是对企业一定期间内实现的利润总额的分配。收益主要在国家、企业、投资者和职工个人等之间进行分配，其分配给国家的部分，主要是以缴纳所得税等形式实现的。因此，对收益的计算是否正确以及分配是否符合有关法规，直接关系到国家税收和企业留利。

（4）投资。企业投资是为了获得投资收益。吸收投资方取得应税所得，要按税法缴税，税后利润方可进行分配。投资方对投资所选用的会计处理方法，双方所得税税率的差异，都是涉税理项。

（5）税款的缴纳或减免。由于各种税的计税依据和征收方法不同，同一种税对不同行业、不同纳税人的会计处理也有所不同，因此，各种税款的缴纳方法也不尽相同。企业应按税法规定，根据企业会计制度正确进行会计核算。减免税是对某些纳税人的一些特殊情况、特殊事项的特殊规定，对减、免税款，企业应按税法规定正确进行会计处理。

纳税、减税、免税等税务活动，都会引起企业的资金运动，因此都是企业纳税会计的内容。此外，支付各项税收的滞纳金和罚款，也是纳税会计的内容。

可见，纳税会计与财务会计虽然在总体上是一致的，但在具体内容上，纳税会计要小于财务会计。

二、纳税会计的职能

（一）核算应纳税款的职能

纳税会计的首要职能是全面、系统、连续、综合地核算企业生产经营活动中各种应纳税款的形成、计算、缴纳、退补和减免情况，搞好税款资金的筹集和运用，反映纳税主体纳税义务履行的动态，提供纳税主体管理决策所需要的各种纳税信息。

（二）监督税收政策执行的职能

企业具有法定的纳税义务，只有按照税收法律法规的要求规范执行，才能最大限度地避免纳税风险。企业纳税会计能够督促企业适应税收政策环境的变化，理解及贯彻执行税收法律法规，并接受税务机关和税务人员的检查，在配合税务机关和税务人员的检查的同时，维护企业的合法权益，督促税务机关和税务人员的依法征税。

（三）履行纳税规程的职能

纳税义务人和代扣代缴义务人由纳税义务发生互缴纳税款，都要按照严格、规范的程序和规程，如果纳税义务人和代扣代缴义务人不按规定的环节、时间、地点、方式、办法纳缴和扣缴税款，就会引发纳税成本的陡增。纳税会计就是要按照法定的程序，在确保企业足额缴纳应纳、应扣、应缴税款的同时，自觉遵守纳税规程，把企业的涉税风险控制到最低程度。

（四）提供税收政策咨询服务的职能

企业的生产经营决策和财务决策或多或少都与纳税有关，而且税收法律法规在我国市场经济的初级阶段既不规范，又不稳定，如果企业不能适时地把握税收法律法规的变动趋势，必然会影响企业生产经营决策和财务决策的正确性和科学性。

三、纳税会计的任务

纳税会计的任务既是企业纳税会计的目标的具体体现，又是实现企业纳税会计目标的途径和措施。主要包括：

（1）反映和监督企业对国家税收法令、制度的贯彻执行情况，认真履行纳税义务，正确处理企业与国家的关系。

（2）按照国家现行税法所规定的税种、计税依据、纳税环节、税目、税率等，正确计算企业在纳税期内的各种应缴税款，并进行正确的会计处理。

（3）按照税务监缴机关的规定，及时、足额地缴纳各种税金，完成企业上缴任务，进行相应的会计处理。

（4）正确编制、及时报送会计报表和缴税申报表，认真执行税务机关的审查意见。

（5）正确进行企业税务活动的财务分析，不断提高企业执行税法的自觉性，不断提高涉税核算和税务管理水平，不断增强企业的纳税能力。同时，也应充分利用现行税法和有关法规、制度赋予企业的权力，从企业的组建形式、生产经营范围，到会计政策的选择，以及投资、筹资方式等，都应该从纳税人的角度进行明智的财务决策，寻求纳税方面的企业利益，以充分发挥企业纳税会计的作用。

第三节　纳税会计核算基础与原则及相关的纳税会计方法

一、纳税会计核算基础

会计核算基础是指会计主体在确定当期财务状况、经营成果、现金流量和应纳税额时，对各项收入、费用、税金、支出的核算口径和计提依据。

（一）权责发生制

权责发生制是指凡属于当期的收入或费用，不论款项是否已经收付，都应当作为本期的收入或费用处理；凡不属于当期的收入或费用，即使款项已经收付，也不应当作为本期的收入或费用处理。我国财务会计和纳税会计均以此作为核算基础。

（二）收付实现制

收付实现制是以收入和费用是否为本期实际收到或付出的货币资金为计算标准，来确定本期损益的一种方法。凡本期实际收到的收入和实际支付的费用，无论是否与本期会计期间的损益相关，都作为本期的损益来处理。我国事业单位会计多采用收付实现制，企业财务会计则不采用，纳税会计的某些经济业务采用收付实现制。

（三）权责发生制和收付实现制的联合基础

对当期纳税有影响的会计事项发生时，有时先采用收付实现制，然后采用权责发生制调整；有时反之。如企业对人工费支出的处理，先采用权责发生制计入相关成本费用，但到年终纳税调整时，如果人工费没有实际支付，则按收付实现制冲回，即按实际支付数税前扣除。

二、纳税会计的基本前提

纳税会计作为财务会计的一个分支，财务会计的基本前提如持续经营、会计分期、货币计量等也适用于纳税会计。但由于纳税会计有自己的特点，其基本前提也有其特殊性。

（一）纳税主体

纳税主体与会计主体有密切联系，但不一定等同。会计主体是财务会计为之服务的特定单位或组织。纳税主体必须是能够独立承担纳税义务的纳税人。纳税人是指税法规定的直接负有纳税义务的单位和个人，包括自然人和法人。有时会计主体和纳税主体是统一的，但两者又不完全等同。例如，在某些垂直领导的行业，其基层单位是会计主体，但不是纳税主体。又如，对稿费征纳个人所得税时，其纳税人（稿酬收入者）并非会计主体，而作为扣缴义务人的出版社或杂志社则成为这一事项的会计主体。

（二）货币的时间价值

社会生产过程中活劳动会创造新的价值，会使投入社会生产过程中的资金随着时间的推移发生价值增值。这种货币资金在社会生产过程中发生的价值增值，就是货币的时间价值。货币的时间价值导致同样一笔数额的资金，在不同的时点上具有不同的价值。这一基本前提已经成为税收立法、税收征管和纳税人选择会计方法的基点，它深刻地揭示了纳税人进行税务筹划的内在原因，同时也说明了所得税会计中采用“纳税影响会计法”进行纳税调整的必要性。因此，各个税种都明确规定了纳税义务的确认原则、纳税期限、缴库期等。

（三）纳税年度

纳税年度是指纳税人应向国家缴纳各种税款的起止时间。各国或地区纳税年度规定的具体起止时间有所不同，一般有日历年度、非日历年度、财政年度或营业年度。我国税法规定的纳税年度是自公历 1 月 1 日起至 12 月 31 日止。如纳税人在一个纳税年度的中间开业，或者由于合并、关闭等原因，使该纳税年度的实际经营期限不足 12 个月的，应当以其实际经营期限为一个纳税年度。纳税人清算时，应当以清算期间作为一个纳税年度。纳税年度不等同于纳税期限。纳税期限是指纳税人在发生纳税义务后，应向税务机关申报纳税的起止时间，如增值税、消费税、营业税的纳税期限是日或月。

（四）年度会计核算

年度会计核算是纳税会计中最基本的前提，即认为税制是建立在年度会计核算的基础上，而不是建立在某一特定业务基础上。课税只针对某一特定纳税年度里发生的全部事件的净结果，而不考虑当期事件在后续年度的可能结果如何，后续事件将在其发生的年度内考虑。

三、纳税会计的一般原则

纳税会计作为财务会计的一个分支，财务会计的总体原则、会计信息质量特征及会计要素的确认与计量原则大部分或基本上适用于纳税会计。但又因纳税会计与税法的特殊联系，税收理论和立法中的实际支付能力原则、公平税负原则、程序优先于实体原则等，也会非常明显地影响纳税会计，由此导致纳税会计还具有其特定原则。

（一）实现制与修正的应计制原则

实现制，亦称收付实现制、现金制，突出地反映了纳税会计的重要原则——现金流动原则。该原则是确保纳税人有能力支付应纳税款而使政府获取财政收入的基础。但是，由于实现制不符合《企业会计准则》的规定，一般只适用于个人和不从事商品购销业务的单位的纳税申报。

应计制，亦称权责发生制，广泛应用于财务报告目的。但在税法和纳税会计实务中，世界上大多数国家实际采用的是修正的应计制原则。它与财务会计的应计制存在一些区别：①必须考虑支付能力，使得纳税人在最有支付能力时支付税款；②确定性的需要，使得收入和费用的实际实现具有确定性；③保护政府财政税收收入。

例如，在收入的确认上，应计制的纳税会计由于在一定程度上被支付能力原则所覆盖而包含着一定的收付实现制的方法；在费用的扣除上，财务会计采用谨慎原则列入的某些估计费用，在纳税会计中是不能够接受的，后者强调“该经济行为已经发生”的限制条件，从而起到保护政府税收收入的目的。

（二）与财务会计日常核算方法相一致原则

由于纳税会计是财务会计的一个分支，纳税会计一般应遵循各项财务会计准则。只有当某一事项按会计准则在财务报告确认以后，才能确认该事项按税法规定计量的应纳税款；依据会计准则在财务报表日期尚未确认的事项可能影响到当日已确认的其他事项的最终应纳税款，但只有在根据会计准则确认导致征税效应的事项之后，才能确认这些征税效应，这就是“与财务会计日常核算相一致”的原则。

（三）划分营业收益与资本收益的原则

营业收益与资本收益具有不同的来源，并担负着不同的纳税责任，所以在纳税会计中要求严格地进行划分。

营业收益是指企业通过其经常性的主要经营活动而获得的收入，通常表现为现金流入或其他资产的增加或负债的减少，其税额的课征标准一般按正常税率计征。

资本收益是指在出售或交换税法规定的资本资产时所获得的利益，如投资收益、出售或交换有价证券的利益等。资本收益的课税标准具有许多不同于营业收益的特殊规定。

因此，为了正确地计算所得税负债和所得税费用，就应该有划分两种收益的原则和具体的划分标准。这一原则在美、英等国的所得税会计中有非常详尽的规定，我国在这方面还有待进一步明确。

（四）配比原则

配比原则是财务会计的一般规范。将其应用于所得税会计，便成为支持“所得税跨期摊配”的重要指导思想。将所得税视为一种费用的观点意味着，如果所得税符合确认与计量这两个标准，则应计会计对于费用就是适宜的。应用应计会计和与之相联系的配比原则，就意味着要根据该会计期间内为会计目的所报告的收入和费用来确定所得税费用，而不考虑为纳税目的所确认的收入和费用的时间性。也就是说，所得税费用与导致纳税义务的税前会计收益相配比（在同期报告），而不管税款支付的时间性。这样，由于所得税费用随同相关的会计收益在同一期间确认，从配比原则的两个特征——时间一致性和因果性来看，所得税的跨期摊配方法也符合收入与费用的配比原则。

（五）确定性原则

确定性原则是指在所得税会计处理过程中，按所得税法的规定，在纳税收入和费用的实际实现上应具有确定性的特点。这一原则应用于所得税纳税收入确认，必然要求所取得的收入是确定的；而将其应用于所得税的税前扣除，也必然要求凡税前扣除的费用，其金额必须是确定的。

（六）可预知性原则

可预知性原则是支持并规范“债务法”的原则。债务法关于递延所得税资产或负债的确认模式，是基于这样的前提：根据会计准则编制的资产负债表，所报告的资产和负债金额将分别收回或清偿。因此，未来年份应税收益只在逆转差异的限度内才被认可，即未来年份的应税收益仅仅受本年暂时性差异的影响，而不预期未来年份赚取的收益或发生的费用。将可预知原则应用于所得税会计处理，提高了企业未来现金流量、流动性和财务弹性的预测价值。因此，在该原则下支持并规范的债务法被我国新的会计准则所唯一地采用。

（七）税款支付能力原则

税款支付能力与纳税能力有所不同。纳税能力是指纳税人应以合理的标准确定计税基数。有同等计税基数的纳税人应负担同种的同等税款。因此，纳税能力体现的是合理负税原则。与企业的其他费用支出有所不同，税款支付全部是现金流出，因此，在考虑纳税能力的同时，更应考虑税款的支付能力。纳税会计在确认、计量、记录收入、收益、成本和费用时，应选择保证税款支付能力的会计方法。

四、纳税会计的方法

纳税会计的方法是实现纳税会计目标的技术和措施。由于纳税会计是财务会计中一个专门处理会计收益与应税收益之间差异的会计分支，其目的在于协调财务会计与税法之间的关系，并保证财务报告能够充分揭示真实的会计信息，因此，财务会计中所使用的一系列会计方法同样适用于纳税会计。如财务会计中的账户设置、复式记账、审核和填制会计凭证、登记账簿、成本计算、财产清查和编制财务报告等。纳税会计并非是在财务会计之外另起炉灶，另设一套凭证、账簿、报表，而是在此基础上进行纳税计算和调整。

除上述相同部分外，纳税会计也有其某些特定方法，如编制纳税申报表、填制税收缴款书、增值税专用发票的填制与审核、应交增值税明细表的编制，合并申报纳税方法以及税务筹划方法等。

关键概念

纳税会计　会计主体　会计期间　基本原则

思考题

1. 什么是纳税会计？
2. 纳税会计的主体是谁？
3. 纳税会计和财务会计的区别在哪里？

技能题

1. 选择题

（1）纳税会计与财务会计是（　　）。

A. 有区别的　　B. 没有区别的　　C. 相同的　　D. 一样的

（2）纳税会计与税收会计（　　）。

A. 没有关系　　B. 有关系　　C. 没有区别　　D. 两者会计主体相同

（3）纳税会计的目标是（　　）。

A. 编制会计分录　　B. 只是登记账簿

C. 履行法定纳税义务　　D. 收缴税款

（4）会计核算基础是指（　　）在确定当期财务状况、经营成果、现金流量和应纳税额时，对各项收入、费用、税金、支出的核算口径和计提依据。

A. 企业 B. 行业 C. 政府 D. 会计主体

(5) 可预知性原则是支持并规范“( )”的原则。

A. 债务法 B. 纳税影响法 C. 成本加成法 D. 利润分割法

2. 判断题

(1) 纳税会计具有法定性、专业性、广泛性、统一性和独立性的特点。( )

(2) 配比原则是财务会计的一般规范。将其应用于所得税会计，不能成为支持“所得税跨期摊配”的重要指导思想。( )

(3) 纳税主体与会计主体有密切联系，但不一定等同。( )

(4) 财务会计中所使用的一系列会计方法不适用于纳税会计。( )

(5) 税款支付能力与纳税能力有所不同。( )

3. 名词解释

(1) 纳税会计

(2) 纳税会计的任务

(3) 纳税会计的基本前提

(4) 营业收益

(5) 资本收益

4. 讨论题

(1) 简述纳税会计的概念和特点。

(2) 简述纳税会计的目标和对象。

(3) 简述纳税会计的基本前提。

(4) 简述纳税会计的原则和方法。

参考答案

1. (1) A (2) B (3) C (4) D (5) A

2. (1) √ (2) × (3) √ (4) × (5) √

3. (1) 纳税会计又称税务会计，是以税收法规为准绳，以货币为主要计量单位，运用会计的专门理论和方法，全面、系统、连续地对纳税活动所引起的资金运动进行反映和监督的专业会计。

(2) 纳税会计的任务既是企业纳税会计的目标的具体体现，又是实现企业纳税会计目标的途径和措施。主要包括：

①反映和监督企业对国家税收法令、制度的贯彻执行情况，认真履行纳税义务，正确处理企业与国家的关系。

②按照国家现行税法所规定的税种、计税依据、纳税环节、税目、税率等，正确计算企业在纳税期内的各种应缴税款，并进行正确的会计处理。

③按照税务监缴机关的规定，及时、足额地缴纳各种税金，完成企业上缴任务，

进行相应的会计处理。

④正确编制、及时报送会计报表和缴税申报表，认真执行税务机关的审查意见。

⑤正确进行企业税务活动的财务分析，不断提高企业执行税法的自觉性，不断提高涉税核算和税务管理水平，不断增强企业的纳税能力。同时，也应充分利用现行税法和有关法规、制度赋予企业的权力，从企业的组建形式、生产经营范围，到会计政策的选择，以及投资、筹资方式等，都从纳税人的角度进行明智的财务决策，寻求纳税方面的企业利益，以充分发挥企业纳税会计的作用。

(3) 纳税会计作为财务会计的一个分支，财务会计的基本前提如持续经营、会计分期、货币计量等也适用于纳税会计。但由于纳税会计有自己的特点，其基本前提也有其特殊性，包括：①纳税主体；②货币的时间价值；③纳税年度；④年度会计核算。

(4) 营业收益是指企业通过其经常性的主要经营活动而获得的收入，通常表现为现金流入或其他资产的增加或负债的减少，其税额的课征标准一般按正常税率计征。

(5) 资本收益是指在出售或交换税法规定的资本资产时所获得的利益，如投资收益、出售或交换有价证券的利益等。资本收益的课税标准具有许多不同于营业收益的特殊规定。

4. (略)

第二章　纳税基础

学习目标

○ 了解税收的发展历程以及现代税收的特征、作用和种类

○ 掌握税收制度的构成要素

○ 掌握纳税人的权利、义务约定，熟知纳税人的纳税违法责任

○ 熟悉税收征管的有关规定，能够完成税务登记、纳税申报和缴纳工作

技能目标

○ 通过本章的学习，使学生能利用所学的税收基本理论，开展税收代理的基础工作

第一节　税收概述

一、税收的产生与发展

税收是人类社会发展到一定历史阶段的产物。与其他经济范畴的起源与发展一样，税收也经历了一个从无到有、从简单到复杂、从不完全到完全形态的发展演变过程。

在原始社会，生产力极为落后，人们为了生存，只能集体劳动，平均分享劳动成果。这时是不可能也不需要税收的。后来，随着生产力的发展，社会产品逐渐增加并出现了剩余，社会生产单位也逐渐缩小至家庭的范围内，劳动产品和劳动工具也成为个体家庭的私有财产。特别是个别人群凭借其特殊地位占有了大量生产剩余，导致出现阶级对立，统治阶级为了维护其统治和满足公共需要而建立了国家。但是在私有制条件下，社会产品归私人所有，国家机关和常设人员又不直接从事生产活动，不创造社会财富，因此，国家要行使公共权力，履行其专政机构的职能，还要从事满足公共需要的活动，只能从社会成员的劳动成果中征取财富，把一部分社会产品从私人手中转到国家手中。而要实现这种产品转移，只能采取强制征收的方式，这就是税收。可见，税收是国家为了实现其职能，并依靠国家政治权力，强制、无偿地参与国民收入分配与再分配，取得货币或实物的一种手段。正如恩格斯所说："为了维持这种公共权力，就需要公民缴纳费用——捐税。捐税是以前的氏族社会

完全没有的。”

从世界看，世界五大文明发祥地都是最早出现税收的地方。在古代埃及，农民通过公社向法老（国王）纳税，距今约有5 000年。我国的税收产生于第一个奴隶制国家——夏代。孟轲就说过：“夏后氏五十而贡，殷人七十而助，周人百亩而彻。”“贡”是夏代王室对其所属部落以及本国平民的一种强制课征，一种是与王室对部落的主从关系相联系的“贡”，另一种是与耕种土地相联系的“贡”。商代时，“贡”演变成“助”，具体方法是把土地划分为井字形方块田，中央那块为公田，周围为私田，每户农奴耕种一块私田，各户共同耕种公田，公田的收获物全部归贵族或王室所有。周朝的租税则主要表现为“彻”，大体上是每户农奴都有自己耕种的土地，以其收获物的一定数量交给贵族或王室。到了春秋时期，随着我国封建社会取代奴隶社会这一历史变革，赋税制度也发生了巨大变化。鲁国在公元前594年颁布“初税亩”制度，国家无论“公私田”，一律按亩征税。我国奴隶社会和封建社会都是以这种原始、古老的直接税为主。虽然从西周以后对商业、手工业等征收商税、物产税、关税等，但这些税种所征税额很少，在税收体系中不占主要地位。世界各国这一阶段的税收也是如此。因为，在奴隶社会和封建社会经济基础之上，自然经济处于统治地位，商业经济处于从属地位，故此，国家只能采用直接对人或对物课征人头税、户口税、土地税等直接税。马克思说：“直接税，作为一种最简单的征收形式，同时也是一种最原始、最古老的形式，是以土地私有制为基础的那个社会制度的时代产物。”

人类进入资本主义社会后，商品经济得到了极大发展，历史上针对商品生产所征收的间接税成为主要的税收形式，古老的直接税变为次要的税种。我国征收间接税的历史最早可追溯到西周的“关市之征”，以后各朝都征收间接税，如市租、盐课、矿税、茶税、厘金、统税等。虽然我国没有明显经历过资本主义这一历史阶段，但我国的间接税在整个税收体系中的地位也是逐步扩大和提高的。

随着资本主义商品经济的进一步发展，18世纪后期开始在英国出现所得税，19世纪中期资本主义国家均相继推行了所得税制度。所得税现已成为世界上大多数国家的主要税种。马克思说：“所得税以不同社会阶级和不同收入来源为前提，就是说，以资本主义社会为前提。”目前世界各国的所得税，主要有个人所得税、公司所得税等。有些国家的所得税收中占有很大的比重，实行以所得税为主的税收制度。在我国现行税收体系中，所得税也占有较大的比重，具有十分重要的地位。

可见，税收是为适应人类社会经济发展的需要，特别是国家的需要而存在和发展的。同时，它又被用来作为执行国家职能的必不可少的重要经济杠杆。随着社会生产力的发展和各个社会政治、经济情况的发展变化，税收也经历了一个由简单到复杂，即由不成熟、不完善、不合理到比较成熟、比较完善、比较合理的发展演变过程。

二、税收的基本特征

税收自产生以来，一直是国家取得财政收入的基本形式。它与其他财政收入形式相比较，具有以下特征：

（一）强制性

任何社会制度下的税收，都是国家凭借政治权力，通过税法所进行的强制征收。税法是国家法律的重要组成部分，任何纳税义务人都必须依照税法纳税，否则就要受到法律的制裁。

（二）无偿性

税收是国家对纳税义务人的无偿征收。征收以后的税款，就成为国家的财政收入，不付给任何报酬，也不再直接偿还给纳税人。税收的这种无偿性，同债务收入必须按期归还本息有根本区别。

（三）固定性

税收是以法律形式存在的。在征税以前，税法预先对纳税人、纳税对象、税目、税率、应纳税额、纳税期限等作了规定，有一个比较稳定的适用期间，是一种固定的连续性收入。税收的这种固定性，使征纳双方都有法可依，以维护征纳双方的正当权益。当然，税收的固定并非一成不变，国家依据政治、经济的发展变化，可以相应地修改税法，调整税收的各项规定。税收之所以能成为调节经济的重要杠杆，是同税收的固定性特征密不可分的。

税收的这三个特征紧密联系、互相配合，是我们区别税与非税的根本标志，也是区别其他财政收入的基本标志。

三、税收的主要作用

税收的作用是税收在一定社会环境、经济条件和操作条件下能够具体表现出来的效果。不同国家和地区、不同历史时期、不同政治经济条件下，税收的具体作用也会有所不同。我国现阶段税收的主要作用是：

（一）组织收入，积累运营和建设资金

税收在组织财政收入方面的作用，不仅表现在数额上，而且表现在其征收的广泛性和收入的及时性、稳定性、可靠性上。因为税收是国家凭借政治权力，依据法律征收的，可以减少或避免对税收的拖欠、偷漏。再则，我国对流转税的征收是根据销售收入或营业（生产经营）收入的一定比例计征的，税额不会受企业成本高低或经营成果好坏的影响，企业不论盈亏，都要依法纳税。通过税收组织的财政收入，除了用于国家机关、行政事业单位等日常经费支出外，还可以为我国的重点建设工程、基础设施工程等积累资金。

（二）调节经济，促进国民经济健康发展

税收作为重要经济杠杆，在参与企业收入的分配过程中，通过税法强制体现国家方针、政策等要求，指导企业的生产经营方向，调控社会生产和消费，从而促进国民经济的健康发展。具体地说，国家通过税收与价格的有机配合，调节生产和消费，调节供应和需求，实现社会总供给和社会总需求的基本平衡；通过对不同产业制定不同的税收制度和减免税的优惠待遇，促使企业自觉利用税收杠杆，进行产业结构的调整，保证国民经济的产业结构均衡；通过征收资源税、土地使用税和某些流转税，剔除或减少级差收入或价格波动对企业利润的影响，促使企业加强管理、加强经济核算，为企业公平竞争创造良好的外部条件；通过征收所得税，正确处理国家与企业、国家与个人之间的关系，实现社会财富分配和再分配的公平、公正。

（三）通过税务监督，促进遵纪守法

税收的监督作用，从广义上说，是通过税收分配活动对经济进行制约和调节的作用；从狭义上说，税收的监督作用是指通过税收的日常征管工作，对企业经营活动是否遵守现行税制和财经纪律进行检查、督促和制裁。

（四）维护国家权益，促进对外经济交往

税收是国家主权的一个重要方面。随着对外经济交往的频繁和扩大，税收作为维护国家主权和经济利益的一个重要手段，通过各项征税和免税措施，体现国家的各项对外经济政策；根据平等互利和对等的原则，对不同国家和地区实行区别对待，以反对贸易歧视，发展我国的对外贸易。

四、我国现代税收的种类

目前，我国实际运行的税种共有 19 种，按照国家税务总局所列示的税种分类可以分为以下四类：

（一）货物和劳务税

这是针对特定的生产和销售（包括进出口）货物和劳务征收的一类税，包括增值税、消费税、营业税、烟叶税、车辆购置税和进出口关税。其中，通常又将以商品和非商品流转额作为课税依据所征收的增值税、消费税和营业税称为流转税。流转税是在生产、流通或者服务中按照纳税人取得的销售收入或者营业收入征收的，因而不受生产、经营和劳务服务成本的影响。

（二）所得税

这是按照生产、经营者取得的利润或者个人取得的收入征收的一类税，包括企业所得税、个人所得税和土地增值税。所得税对纳税人的应税所得课税，可以调节国家、企业、个人之间的收入分配关系，并兼顾纳税人的负担能力，贯彻“量力负担”原则。

（三）财产税

这是以纳税人所拥有的财产数量或财产价值为征税对象所征收的一类税。包括资源税、城镇土地使用税、房产税、城市房地产税、耕地占用税、车船税、契税和船舶吨税。财产税直接与纳税人所拥有的财产数量和财产价值相关联，便于公平分配，缓解收入悬殊的状况。

（四）其他税种

其他税种是指除上述各种税种以外的其他一些税收种类，包括城市维护建设税和印花税等。

第二节　税收制度的构成要素

税收制度又称税收法律制度，简称“税制”，是国家处理税收分配关系的规范，也是国家各种税收法令和征收办法的总称，通常包括税收法规、条例、施行细则和征收管理办法等。税收制度规定了国家与纳税人之间的征纳关系，是国家向纳税人征税的法律依据。税收制度由许多要素构成，其中有些基本要素是国家在制定税收制度时必须明确规定的内容。这些基本要素包括纳税义务人、课税（纳税）对象、税目、税率、纳税环节、纳税期限、税额计算、纳税调整、税款缴纳、违章处理等。

一、纳税义务人

纳税义务人，简称纳税人，是指税法规定的直接负有纳税义务的单位和个人，是缴纳税款的主体。纳税人可以是法人，也可以是自然人。法人是指依法成立、能够独立支配财产并能以其名义享受民事权利和承担民事义务的社会组织；自然人是指依法享有民事权利并承担民事义务的公民。纳税人不一定是负税人。负税人一般是指最终和实际承担税收负担的法人或自然人。当纳税人纳税后，通过各种方式又将税款转移给他人时，纳税人就不是真实的负税人；只有当纳税人无法转移税款，而必须自己承担全部纳税负担时，纳税人才是负税人。

在实际纳税中，与纳税义务人相关的概念还有：

(1) 代扣代缴义务人，亦称扣缴义务人。它是指有义务从其持有的纳税人收入中扣除其应纳税款并代为缴纳税款的企业或单位。确定代扣代缴义务人，有利于加强对税收的源泉控制，简化征税手续，减少税款流失。代扣代缴义务人主要有两类：一是向纳税人支付收入的单位和个人；二是为纳税人办理汇款的单位。

(2) 名义纳税人和实际纳税人。在一般情况下，税法中规定的纳税人就是实际纳税人。但在某些税种中，国家为了及时取得财政收入，防止偷逃税款，往往采取源泉控制的方法，这样就出现了名义纳税人和实际纳税人不统一的问题。名义纳税人是指替别人履行纳税义务的纳税人；实际纳税人是指直接支付税款的纳税人。实际纳税人通过名义纳税人实现向国家缴纳税款的义务。

(3) 代征人。它是指受税务机关委托代征税款的单位和人员。代征人必须按照税法规定和委托证书的要求，履行代征税款义务；有关纳税人的减税、免税、退税和违章行为，必须送交税务机关处理。

（4）纳税单位。申报缴纳税款的单位，是纳税人的有效集合。为了征管和缴纳税款的方便，可以允许在法律上负有纳税义务的类型纳税人作为一个纳税单位，填写一份申报表进行纳税。在一般情况下，要根据管理的需要和国家政策来确定纳税单位。

二、课税（纳税）对象

课税对象即纳税对象，是指税收法律关系中征税双方权利义务所指向的物或行为。它是征税的目的物，也是纳税的客体。每种税都必然有自己的课税对象，从而与其他税种区别开来，体现不同税种征税的基本界限，也决定着不同税种的名称和性质，并对税源、税收负担等产生直接影响。

与课税对象相关的概念还有课税依据，即计税依据。它是指税收制度中规定的计算应纳税额的根据，也称为税基，纳税人的应交税额是根据税基乘以税率计算出来的。不同的税种，其课税依据也各不相同，有的是收入额，有的是所得额，有的是销售数量。如果课税依据是价值形态，课税对象与课税依据一致；如果课税依据是实物形态，以课税对象的数量、重量等作为计税依据，则课税对象与课税依据一般不一致，如车船税，其课税对象是各种车辆、船舶，而其计税依据则是车船的吨位。

三、税目

税目是课税对象的具体化，是反映具体的征税范围，体现每个税种的征税广度。对大多数税种来说，由于征税对象比较复杂，而且税种内部的不同征税对象又需要采取不同的税率档次进行调节，这样就需要对税种的征税对象作进一步的划分，作出具体的界限规定，这个规定的界限范围就是税目。而对于征税对象简单明确的税种（如房产税）就不必另行规定税目。税目的规定方式一般有列举税目和概括税目两种。

（一）列举税目

列举税目就是将每一种商品或经营项目等采用一一列举的方法，分别规定税目，必要时还可以在税目之下划分若干细目。采用列举税目方式规定征税范围的税种，只对所列举的商品或经营项目征收本种税，未列举的商品或经营项目则不必征收本种税。列举税目的优点是：界限明确，便于征税双方掌握。缺点是：税目过多，不便于查找，不利于征管。

（二）概括税目

概括税目就是按照商品大类或行业采用概括方法设计税目。例如，我国的现行营业税就是按照交通运输业、建筑业、服务业等行业大类设计概括税目的。概括税目的优点是：税目较少，查找方便。缺点是：税目过粗，不便于贯彻合理负担的原则，也不利于充分发挥税收的经济杠杆作用。

在具体运用上，要注意将列举税目和概括税目两种方式有机结合起来。

四、税率

税率是对课税对象（课税依据）的征税比例或征税额度，是计算应纳税额的尺度，体现课税的深度。每种税的税率高低，直接关系到国家财政收入的多少和负税人税收负担的大小。税率的设计要体现国家的政治、经济和社会发展政策，要体现公平、简化的原则，发挥对国民经济运行的调节作用。

按照税率的经济意义，税率可以分成名义税率和实际税率两种。名义税率就是税法上规定的税率；实际税率就是纳税人实际缴纳的税额与其全部收益额的比例。在一般情况下，同一种税的实际税率可能低于其名义税率。通常，税率是按照其表现形式分类的，可以分为比例税率、定额税率和累进税率。

（一）比例税率

比例税率是指应纳税税额与课税对象（课税依据）按同一比例增长的税率。采用比例税率，对同一征税对象，不论数额大小，都按同一比例纳税，使得应纳税额与课税对象之间的比例是固定的。比例税率较多地应用于商品和劳务的课税。比例税率在具体运用上又分为产品比例税率、行业比例税率、地区差别比例税率、幅度比例税率以及其他比例税率等多种形式。

比例税率的优点是：不同纳税人对同一种课税对象的税收负担相同，有利于企业在大体相同的条件下开展竞争，促进企业加强管理，提高经济效益；计算方便，有利于企业核算、缴纳，也便于加强税收稽征管理工作。主要缺点是：不分纳税人的收入多少、设备好坏、生产经营地点等，都按同一税率征税，这与纳税人的负担能力不完全适应，在调节企业利润水平方面有一定的局限性。

（二）定额税率

定额税率是指按单位课税对象直接规定一个固定的应纳税额，而不是规定纳税比例，所以又叫“固定税额”。它是税率的一种特殊形式，一般适用于从量定额征收的某些税种。具体运用上，又分为地区差别定额税率、幅度定额税率、分类分级定额税率等不同形式。还有将地区差别、分类分级和幅度相结合的定额税率，即对同一纳税对象，在按地区差别或分类分级定率的前提下，实行有幅度的定额税率，如城镇土地使用税，就是采用有地区差别的幅度定额税率。

定额税率的优点是：计算简便，税负稳定，不受物价波动的影响；在一定条件下采用时，有利于提高产品的质量，改进包装或提高资源的利用率。主要缺点是：忽略了同一种商品的质量和价格差异，也就不能反映课税对象的不同性质，导致税负负担不合理，也就在客观上减少了税收收入。

（三）累进税率

累进税率是指按照课税对象数额的大小，实行等级递增的税率。即把课税按一定的标准划分为若干个等级，从低到高分别规定逐级递增的税率。这种税率制度，既可适应纳税人的负担能力，又便于充分发挥调节纳税人收入水平的作用，而且适应性强，灵活性大，一般适用于对所得和财产的征税。累进税率可分为全额累进和差额累进两种方式。

1. 全额累进税率

在全额累进税率下，对纳税对象的全部数额，都按照与之相适应的等级的累进税率计算纳税。即随着课税对象数量或应税金额的增加，当其全额达到新的一级税率级距时，就其增加以后的课税对象的全额适用与之相适应的税率计算纳税。所以，全额累进税率的累进幅度较大，税收负担较重，对纳税人的所得具有较强的调节作用，且计算方法简单，但存在税负不尽合理的弊端。

2. 差额累进税率

在差额累进税率下，随着课税对象数量的增加，应税数额在达到新的一级税率级距时，仍就征税对象数额各个级距所适用的不同税率，包括原课税数额适用的原有税率和新增课税数额应适用的各个新税率，分别适用在不同级距上的各个税率，予以计算应纳税额。显然，差额累进税率的累计程度比全额累进税率显得相对和缓，纳税人的税收负担较轻，但在计算上比较复杂。差额累进税率又可以分为超额累进和超率累进两种累进方式。

（1）超额累进税率。这是把纳税对象按数额大小划分为若干等级，从低到高对每个等级分别规定相应的税率，一定数额的纳税对象可以同时适用几个等级的税率，每超过一级，超过部分则按提高一级的税率征税。这样分别计算各等级应纳税额，它们的和就是纳税人的应纳税额。

（2）超率累进税率。它与超额累进税率在道理上是相同的，不过税率累进的依据不是纳税对象数额的大小，而是销售利润率、资金利润率或增值率的高低。

（四）零税率与负税率

零税率是指税率为零的税率。它实质上是免税的一种形式。说明课税对象的持有人虽然负有纳税义务，但不需要缴纳税款。零税率通常有两种情况：一是对所得征税时，对所得额中的免税金额部分规定税率为零；二是对商品征税时，对出口商品规定税率为零，即出口免税并退还出口商品在生产和流转环节已纳的货物和劳务税。

负税率是指政府利用税收形式对所得额低于某一特定标准的家庭或个人予以补贴的比例。它是目前西方发达国家把所得税和社会补助制度相结合的一种主张和试验，就是对那些实际收入低于维持一定生活水平所需费用的家庭或个人，按一定比例由国家向其给付所得税（补贴）。负税率的设计要适度，防止事与愿违，以免使负税对象产生不思进取的消极因素。

五、纳税环节

纳税环节是指对处于不断运动中的课税选定应该缴纳税款的环节，即商品流通、劳务提供或其他交易过程中，确定税收应在哪些环节和多少环节予以课征的点或关节。

在上述各税制分别解决了对谁课税，对什么东西课税，以及征多少税之后，纳税环节要解决在哪里征税的问题。税法对每种税都要确定纳税环节，但有的税种纳税环节比较明确、固定，而有的税种则需要在许多流转环节中选择和确定。纳税环节的多少和选择可以分为不同的课税制度。从对流转额的课税来看，由于产品从生产到消费，中间要经过工业生产、商品批发、商品零售等环节，可以选择在产品的生产环节或第一次批发环节纳税，对其他环节则可以不纳税，即实行“一次课税制”，如资源税；也可以在产品出厂销售时缴纳一次工业环节的税，即实行“两次课税制”；还可以在工业品的产制、批发和零售环节都有纳税，即实行“多次课税制”，我国现行增值税，即实行多次课税制。从收益额的课税来看，既可以只在分配环节缴纳一道所得税，又可以先在收益形成环节缴纳一道级差收益税，再在收益分配环节缴纳一道所得税，并在收益使用环节有选择地缴纳其他目的的税。

纳税环节的多少和具体环节的选择，不仅关系到国家财政收入水平，而且会影响纳税人的经济行为和纳税积极性，影响商品流通和经济运行的轨迹。在确定纳税环节时，要以有利于生产发展、有利于商品流通、有利于税源控制、保证财政收入和方便纳税人为原则。

六、纳税期限

纳税期限是指纳税人在发生纳税义务后，应依法向国家缴纳税款的时间界限或期间。它是税收的强制性、固定性在时间上的体现。作为税法中的一项义务性规范，每个税种都要明确规定其税款入国库的最后时间界限，以保证国家财政收入的安全可靠和及时入库。超过限期未交税的，属于欠税，应依法加收滞纳金或罚款。

各个税种由于自身的特点不同，所规定的税款缴纳入库的时间界限也有所不同，一般分为按期纳税和按次纳税两种情况。按期纳税要求税款入库以时间为单位，如应税行为发生后的 1 天内、3 天内、5 天内、10 天内、15 天内、1 个月内等为一个纳税期间。按次纳税则要求税款入库以应税行为发生的次数为单位，每发生一次应税行为，纳税人就必须依法缴纳一次相应的税款。

七、税额计算

税额计算是指根据纳税人的生产经营或其他具体情况，按照国家税法规定计算其应纳税额的过程。虽然每种税都明确规定了其应纳税额的具体计算公式，但其基本计算方法是相同的，即：

应纳税额＝课税依据×适用税率

其中，“课税依据”具体又有两种情况：计税单位和计税价格。

（一）计税单位

计税单位又称计税标准或课税单位。它是课税对象的计量单位和缴纳标准，是对课税对象的量化。计税单位分为从价计征、从量计征和混合计征三种。从价计征是以价值形态的货币金额作为课税对象的计量单位，大部分税种属于此类；从量计征是以课税对象的重量、数量、容量、面积等实物形态为计税单位；混合计征是从量计征与从价计征的综合。

（二）计税价格

计税价格是指税法规定的对应税产品计算其应纳税额时采用的价格。对从价计征的税种来说，税率一经确定，应纳税额的多少就取决于价格因素。按照计税价格是否包含税款分类，计税价格又可以分为含税价格和不含税价格。

八、税负调整

税负调整是指通过减免或加征等措施对纳税人的税收负担进行的调整。税负调整又分减轻税负（税收优惠）和加重税负（税收加征）两种情况。需要注意的是，税负调整权高度集中于国家，未经国家批准或授权，任何地区和部门都不得擅自决定。

（一）税收优惠

税收优惠是指税法规定对某些纳税人的特殊应税行为和某些特殊纳税对象给予鼓励和照顾以减少其税收负担的一种特殊规定。税收优惠的形式一般有：

1. 税收减免

税收减免是对某些纳税人和课税对象采取减税或免税的形式给予的税收优惠。其中，减税是对应纳税额少征一部分税款，而免税是对应纳税额全部免征税款。除税法另有规定外，一般的税收减免都属于定期减免性质，期满后要恢复征税。税收减免体现了税收在原则性基础上的灵活性，特别是税目、税率确定后，它就成了贯彻国家经济政策、实施宏观调控所必不可少的调节手段，是构成税收优惠的主要内容。

税收优惠主要有三种类型：①法定减免。它是指在各税种的基本法规中规定的减免税。它体现各有关税种税收减免的基本原则规定，具有长期适用性。法定减免必须在基本法规中明确列举减免税的项目、范围和时间。②特定减免。它是指根据社会经济发展变化和发挥税收调控作用的需要而规定的减免税。特定减免是税收的基本法规确定后所采取的补充形式，一般情况下是有限期的减免。③临时减免。它是除法定减免和特定减免以外的其他临时性的减免税。临时减免主要是为了照顾纳税人的某些特殊的、暂时的困难，临时批准的一些减免税，通常都是定期减免或一次性减免。

2. 起征点

起征点是指计税依据达到国家规定的征税数额、开始征税的界限。显然，计税依据的数额若未达到起征点的不征税；而一旦计税依据达到或超过起征点的，就对其全部数额按照适用的相应税率征税，而不是仅就超过部分征税。税收起征点的规定体现了税收严肃性与必要灵活性的有机结合，有利于保护和调动收入水平低或负担能力差的纳税人的积极性。

3. 免征额

免征额是指在计税依据总额中免予征税数额，是税法给予纳税人的免税待遇。免征额部分不纳税，只对超过免征额的部分征税，即当纳税人的应税额尚未超过部分免征额时不予征税，但即使纳税人的应税额已经超过了免征额，也仅就其超过部分按适用税率予以征收。规定免征额，有利于保证纳税人的基本所得。

（二）税收加征

税收加征是指税法规定对某些纳税人的特殊应税行为和某些特殊纳税对象增加其税收负担的一种特殊规定。税收加征的一般形式有：

1. 地方附加

地方附加，简称附加，是指地方政府按照国家规定的比例，随同正税一起征收的作为地方财政收入的款项。税收的附加率由国家统一规定，地方政府只能按国家规定的附加率征收地方附加款项，并按国家专门规定的使用范围予以使用，不能擅自变动。

2. 加成征收

加成征收是指在按规定税率计算出应纳税税额后，再加征一定成数的税额。加征一成即增加税额的10%，以此类推，一般最高为加征十成。如税率为10%，加征一成，税负为11%，加征十成，税负为20%。加成征收实际上是税率的延伸，使税率能够得到合理延伸，有利于对所得额较大的纳税人在税收上加以限制，更好地体现公平税负原则，还有利于简化税率的设计，易于征纳双方掌握。

3. 加倍征收

加倍征收是指在按规定税率计算出税额后，再加征至少1倍的税额。加倍征税是累进税率的一种特别补充，其延伸程度远远大于加成征收，因为其增加的幅度最少是1倍。加倍征收主要适用于收益类税种，对收益额特别大的纳税人，采用加倍征税办法时，一般应规定计税基数，对超基数的倍数实行加倍征收，以缩小由于纳税人收入相差悬殊而产生的贫富差距过大的现象。

九、税款缴纳

税款缴纳是指纳税人在规定的纳税期限里，采取一定的方法将税款及时、足额地缴入国库的行为。

根据税种的不同性质及税收征管要求，税款缴纳方式分为纳税人自行申报缴纳和扣缴义务人代扣代缴两种。纳税人自行申报缴纳又分为分期预缴和年终汇算清缴。

十、违章处罚

违章处罚是指税法对纳税人未按税法规定及时、足额交纳税款等行为依法予以处理而采取的各种惩罚措施，如加收滞纳金、处以行政处分和追究刑事责任等。税收的违章处罚体现了税收具有强制性的特征，也是税收法令能够得到迅速、有效贯彻执行的保证。

第三节　纳税人的权利、义务和违法责任

一、纳税人的权利

我国有关法律、法规规定，我国纳税人的权利主要有：

（一）了解税法权

纳税人、扣缴义务人有权向税务机关了解国家税收法律、行政法规的规定以及与纳税程序有关的情况。

（二）要求保密权

纳税人、扣缴义务人有权要求税务机关为纳税人、扣缴义务人的情况保密。

（三）延期申报权

延期申报权是指纳税人、扣缴义务人在不能按照税法规定的期限办理纳税或扣缴税款时申请延期进行的报告。纳税人、扣缴义务人若因不可抗力和财务会计处理上的特殊情况，不能按期办理纳税申报的，纳税人、扣缴义务人在报送期限内提出书面申请报告，经税务机关批准后，可以延期申报，延长期最长不超过 1 个月。在批准的延长期内，纳税人应按上期实际缴纳的税额或税务机关核定的税额预缴，然后在税务机关批准的延期申报期限内办理纳税结算。

（四）延期缴税权

纳税人遇到特殊困难（如不可抗拒的自然灾害、国家调整经济政策等），不能按期缴纳税款时，经县级（包含县级）以上税务局（分局）批准，可以延期缴纳税款。延长期最长不超过 3 个月，在批准的延长期内，不加收滞纳金。同一纳税人同

一税种，在一个纳税年度，符合延期缴税法定条件时，只能申请一次；需要再次延期缴纳的，要逐级报省级税务局批准。

（五）申请减免税权

纳税人可以依照有关法律、法规的规定向主管税务机关书面申请减税或免税。

（六）申请退税权

纳税人超过应纳税额缴纳的税款，税务机关发现后，应当立即退还；纳税人自结算缴纳税款之日起3年内发现的，可以向税务机关提出要求，税务机关查实后，应当如数立即退还。纳税人如享有其他退税优惠也有权依法向税务机关提出申请，要求税务机关退回已缴纳的税款。

（七）委托税务代理权

纳税人、扣缴义务人可以委托注册税务师代为办理税务事宜。作为税务代理人，必须是经国家税务总局及省、自治区、直辖市国家税务局批准，从事税务代理的专门人员及其工作机构和经批准设立的会计事务所、律师事务所等。

（八）要求赔偿权

如果税务机关采取扣押、查封纳税人商品、货物或冻结纳税人的银行存款等税收保全措施不当，或者纳税人在限期内已缴纳税款，但税务机关未立即解除税收保全措施，而使纳税人的合法权益遭受损失的，纳税人有权要求税务机关承担赔偿责任。

（九）申请复议或提起诉讼权

纳税人、扣缴义务人对税务机关所作出的决定享有陈述权、申辩权、请求举行听证权；纳税人、扣缴义务人、纳税担保人同税务机关在纳税上发生争议，或对税务机关的处罚决定、强制执行措施、税收保全措施不服的，可以按照规定期限、程序向上级税务机关申请复议或向人民法院提起行政诉讼。根据《行政诉讼法》和《行政复议条例》的规定，纳税人、扣缴义务人在申请复议或提出诉讼中，还可以就合法利益遭受的损失，要求税务机关承担赔偿责任。

（十）对违法行为的控告检举权

纳税人、扣缴义务人有权控告和检举税务机关、税务人员的违法违纪行为。

二、纳税人的义务

综合《中华人民共和国税收征收管理法》（以下简称《税收征管法》）和其他法规的规定，我国纳税人的义务有：

（一）依法办理税务登记的义务

纳税人发生纳税事宜时，有义务在纳税期限内办理税务登记；企业在分设、合并、迁移、歇业、破产等税务登记内容发生变化时，有义务在工商行政管理机关申请办理变更、注销登记之日起30日内或在工商行政管理机关申请办理注销登记之前，持有关证件到税务机关申请办理变更或注销登记。如果纳税人不履行这一义务，税务机关有权责令其限期改正和给予罚款处理。

（二）接受账簿、凭证管理的义务

纳税人必须依法建立、健全财务会计制度，设置账簿；根据合法有效的凭证记账和进行核算；按照国务院财政、税务主管部门规定的保管期限，保管账簿、记账凭证和完税凭证等资料。对税务机关作出的有关账簿、凭证管理的指导意见和一些强制性决定，纳税人有义务接受和服从。纳税人伪造、编造或者擅自销毁凭证、账簿，将被依法追究法律责任。

（三）纳税申报义务

纳税人有义务依税法规定的期限办理纳税申报，报送纳税申报表、财务会计报表，以及税务机关根据实际需要而要求纳税人报送的其他资料。扣缴义务人也应在规定的申报期内报送代扣、代缴、代征税款报表以及需要报送的资料。对漏报、不报或拒绝申报以及不按规定期限预缴和清缴税款的，均应依法处以数额不等的罚金，情节严重并构成犯罪的，还要追究刑事责任。

（四）按时纳税的义务

我国税法对每一税种都规定了纳税的最后期限，纳税人一旦超过纳税期限，税务机关都要依法加收滞纳金，并责令限期缴纳，限期过后仍不缴纳的，则应依法予以处罚。

（五）配合税务部门检查的义务

纳税人应主动配合税务部门按法定程序进行税务检查，如实向税务机关反映企业的生产经营情况和执行会计准则、会计制度情况，并按有关规定提供报表和资料，不得隐瞒和弄虚作假，不得阻挠、刁难税务机关及工作人员的检查和监督。

（六）及时提供税务信息的义务

纳税人除通过税务登记和纳税申报向税务部门提供与纳税有关的信息外，还应及时提供其他信息，如纳税人发生歇业、经营规模扩大、遭受各种灾害等特殊情况，应及时向税务机关说明，以便税务部门依法处理。

三、纳税人的纳税违法责任

（一）《税收征管法》的规定

根据《税收征管法》及其实施细则的规定，纳税人发生纳税违法行为时，应进行相应的处罚。

纳税人有下列行为之一的，由税务机关责令限期改正，可以处 2 000 元以下的罚款；情节严重的，处 2 000 元以上 1 万元以下的罚款：

（1）未按照规定的期限申报办理税务登记、变更或者注销登记的。

（2）未按照规定设置、保管账簿或者保管记账凭证和有关资料的。

（3）未按照规定将财务、会计制度或者财务、会计处理办法和会计核算软件报送税务机关备查的。

（4）未按照规定将其全部银行账号向税务机关报告的。

（5）未按照规定安装、使用税控装置，或者损毁、擅自改动税控装置的。

（6）纳税人未按照规定办理税务登记证件验证或者换证手续的。

纳税人不办理税务登记的，由税务机关责令其限期改正；逾期不改正的，经税务机关申请，由工商行政管理机关吊销其营业执照。

纳税人未按照规定使用税务登记证件，或者转借、涂改、损毁、买卖、伪造税务登记证件的，处2 000 元以上1 万元以下的罚款；情节严重的，处1 万元以上5 万元以下的罚款。

扣缴义务人未按照规定设置、保管代扣代缴、代收代缴税款账簿或者保管代扣代缴、代收代缴税款记账凭证及有关资料的，由税务机关责令其限期改正，可以处2 000 元以下罚款；情节严重的，处2 000 元以上5 000 元以下的罚款。

纳税人未按照规定的期限办理纳税申报和报送纳税资料的，或者扣缴义务人未按照规定的期限向税务机关报送代扣代缴、代收代缴税款报告表和有关资料的，由税务机关责令其限期改正，可以处2 000 元以下罚款；情节严重的，处2 000 元以上1 万元以下的罚款。

纳税人伪造、变造、隐匿、擅自销毁账簿、记账凭证，或者在账簿上多列支出或者不列、少列收入，或者经税务机关通知申报而拒不申报或者进行虚假的纳税申报，不缴或者少缴应纳税款的，属于偷税行为。对纳税人偷税的，由税务机关追缴其不缴或者少缴的税款、滞纳金，并处不缴或者少缴的税款50% 以上5 倍以下的罚款；构成犯罪的，依法追究其刑事责任。扣缴义务人采取上述所列手段，不缴或者少缴已扣、已收税款，由税务机关追缴其不缴或者少缴的税款、滞纳金，并处不缴或者少缴的税款50% 以上5 倍以下的罚款；构成犯罪的，依法追究刑事责任。

纳税人、扣缴义务人编造虚假计税依据的，由税务机关责令限期改正，并处5 万元以下的罚款。

纳税人不进行纳税申报，不缴或者少缴应纳税款的，由税务机关追缴其不缴或者少缴的税款、滞纳金，并处不缴或者少缴的税款50% 以上5 倍以下的罚款。

纳税人欠缴应纳税款，采取转移或者隐匿财产的手段，妨碍税务机关追缴其欠缴的税款的，由税务机关追缴欠缴的税款、滞纳金，并处不缴或者欠缴的税款50% 以上5 倍以下的罚款；构成犯罪的，依法追究其刑事责任。

以假出口或者其他欺骗手段，骗取国家出口退税款，由税务机关追缴其骗取的退税款，并处骗取税款1 倍以上5 倍以下的罚款；构成犯罪的，依法追究其刑事责任。对骗取国家出口退税款的，税务机关可以在规定期间内停止为其办理出口退税。

以暴力、威胁方法拒不缴纳税款的，是抗税，除由税务机关追缴其拒缴的税款、滞纳金外，还应依法追究其刑事责任。情节轻微，未构成犯罪的，由税务机关追缴其拒缴的税款、滞纳金，并处拒缴税款1倍以上5倍以下的罚款。

纳税人、扣缴义务人在规定期限内不缴或者少缴应纳或者应解缴的税款，经税务机关责令限期缴纳，逾期仍未缴纳的，税务机关除依《税收征管法》第四十条的规定强制执行措施追缴其不缴或者少缴的税款外，可以处不缴或者少缴的税款50%以上5倍以下的罚款。

扣缴义务人应扣未扣、应收而不收税款的，由税务机关向纳税人追缴税款，对扣缴义务人处应扣未扣、应收而不收税款50%以上3倍以下的罚款。

纳税人、扣缴义务人采取下列情形逃避、拒绝或者以其他方式阻挠税务机关检查的，由税务机关责令改正，可以处1万元以下的罚款；情节严重的，处1万元以上5万元以下的罚款：

（1）提供虚假资料，不如实反映情况，或者拒绝提供有关资料的。

（2）拒绝或者阻止税务机关记录、录音、录像、照相和复制与案件有关的情况和资料的。

（3）在检查期间，纳税人、扣缴义务人转移、隐匿、销毁有关资料的。

（4）税务机关依照《税收征管法》第五十四条第五项的规定，到车站、码头、机场、邮政企业及其分支机构检查纳税人有关情况时，有关单位拒绝的。

（5）有不依法接受税务检查的其他情况的。

非法印制发票的，由税务机关销毁非法印制的发票，没收违法所得和作案工具，并处1万元以上5万元以下的罚款；构成犯罪的，依法追究其刑事责任。印制、转借、倒卖、变造或者伪造完税凭证的，由税务机关责令其改正，处2 000元以上1万元以下的罚款；情节严重的，处1万元以上5万元以下的罚款；构成犯罪的，依法追究其刑事责任。

从事生产、经营的纳税人、扣缴义务人有《税收征管法》规定的违法行为，拒不接受税务机关处理的，税务机关可以收缴其发票或者停止向其发售发票。

纳税人、扣缴义务人的开户银行或者其他金融机构拒绝接受税务机关检查纳税人、扣缴义务人存款账户，或者拒绝执行税务机关作出的冻结存款或者扣缴税款的决定，或者在接到税务机关的书面通知后帮助纳税人、扣缴义务人转移存款，造成税款流失的，由税务机关处10万元以上50万元以下的罚款，对直接负责的主管人员和直接责任人员处1 000元以上1万元以下的罚款。

银行或者其他金融机构未依照税收征管法的规定在从事生产、经营的纳税人的账户中登录税务登记证件号码，或者未按规定在税务登记证件中登录从事生产、经营的纳税人的账号的，由税务机关责令改正，处2 000元以上1万元以下的罚款；情节严重的，处2万元以上5万元以下的罚款。

为纳税人、扣缴义务人非法提供银行账户、发票、证明或者其他方便，导致未缴、少缴税款或者骗取国家出口退税款的，税务机关除没收其违法所得外，可以处未缴、少缴或者骗取的税款1倍以下的罚款。

纳税人拒绝代扣、代收税款的，扣缴义务人应当向税务机关报告，由税务机关直接向纳税人追缴税款、滞纳金；纳税人拒不缴纳的，依照《税收征管法》第六十八条的规定执行。

税务代理人违反税收法规、行政法规，造成纳税人未缴或者少缴税款的，除由纳税人缴纳或者补缴应纳税款、滞纳金外，对税务代理人处纳税人未缴或者少缴税款50%以上3倍以下的罚款。

（二）刑法规定

纳税人采取伪造、变造、隐匿等方式擅自修改或销毁账簿、记账凭证，在账簿上多列支出或者不列、少列收入，经税务机关通知申报后仍拒不申报或者进行虚假的纳税申报的手段，不缴或者少缴纳税款，偷税数额占应纳税额的10%以上30%以下并且偷税数额在1万元以上10万元以下的，或者因偷税被税务机关给予二次行政处罚后又偷税的，处3年以下有期徒刑或者拘役，并处偷税数额1倍以上5倍以下的罚金；偷税数额占应纳税额的30%以上且偷税数额在10万元以上的，处3年以上7年以下有期徒刑，并处偷税数额1倍以上5倍以下的罚金。扣缴义务人采取上述手段，不缴或者少缴已扣、已收税款，数额占应缴税款的10%以上并且数额在1万元以上的，依照前款的规定处罚。对多次犯有上述行为，未经处理的，按照累计数额计算。

以暴力、威胁方法拒不缴纳税款的，处3年以下有期徒刑或者拘役，并处拒缴税款1倍以上5倍以下的罚金；情节严重的，处3年以上7年以下有期徒刑，并处拒缴税款1倍以上5倍以下的罚金。

纳税人欠缴应纳税款，采取转移或者隐匿财产的手段，致使税务机关无法追缴欠缴的税款，数额在1万元以上10万元以下的，处3年以下有期徒刑或者拘役，并处欠缴税款1倍以上5倍以下罚金；数额在10万元以上的，处3年以上7年以下有期徒刑，并处欠缴税款1倍以上5倍以下的罚金。

以假报出口或者其他欺骗手段，骗取国家出口退税款，数额较大的，处5年以下有期徒刑或者拘役，并处骗取税款1倍以上5倍以下的罚金；数额巨大或者有其他严重情节的，处10年以上有期徒刑或者拘役，并处骗取税款1倍以上5倍以下的罚金或者没收财产。

纳税人缴纳税款后，采取前款规定的欺骗方法，骗取所纳的税款，依《税收征管法》第二百零一条的规定定罪处罚；骗取税款超过所纳的税款部分，依照前款的规定处罚。

虚开增值税专用发票或者虚开用于骗取出口退税、抵扣税款的其他发票的（包括为他人虚开、为自己虚开、让他人为自己虚开、介绍他人虚开），处3年以下有期徒刑或者拘役，并处2万元以上20万元以下罚金；虚开的税款数额较大或者有其他严重情节的，处3年以上10年以下有期徒刑，并处5万元以上50万元以下的罚金；虚开的税款数额巨大或者有其他特别严重情节的，处10年以上有期徒刑或者无期徒刑，并处5万元以上50万元以下罚金或者没收财产。有前述行为骗取国家税款，且数额特别巨大，情节特别严重，给国家利益造成特别重大损失的，处无期徒刑或者死刑，并没收财产。单位犯《税收征管法》规定之罪的，对单位直接负责的主管人员和其他直接责任人员，处3年以下有期徒刑或者拘役；虚开的税款数额较大或者有其他严重情节的，处3年以上10年以下有期徒刑；虚开的税款数额巨大或者有其他特别严重情节的，处10年以上有期徒刑或者无期徒刑。

伪造或者出售伪造的增值税专用发票的，处3年以下有期徒刑、拘役或者管制，并处2万元以上20万元以下的罚金；数额较大或者有其他严重情节的，处3年以上10年以下有期徒刑，并处5万元以上50万元以下的罚金；数额巨大或者有其他特别严重情节的，处10年以上有期徒刑或者无期徒刑，并处5万元以上50万元以下的罚金或者没收财产；伪造或者出售伪造的增值税专用发票且数额特别巨大，情节特别严重，严重破坏经济秩序的，处无期徒刑或者死刑，并没收财产。单位犯本条规定之罪的，对单位判处罚金，并对单位直接负责的主管人员和其他直接责任人员，处3年以下有期徒刑、拘役或者管制；数额较大或者有其他严重情节的，处3年以上10年以下有期徒刑；数额巨大或者有其他特别严重情节的，处10年以上有期徒刑或者无期徒刑。

非法出售增值税专用发票的，处3年以下有期徒刑、拘役或者管制，并处2万元以上20万元以下的罚金；数额较大的，处3年以上10年以下有期徒刑，并处5万元以上50万元以下的罚金；数额巨大的，处10年以上有期徒刑或者无期徒刑，并处5万元以上50万元以下的罚金或者没收财产。

非法购买增值税专用发票或者购买伪造的增值税专用发票的，处5年以下有期徒刑或者拘役，并处2万元以上20万元以下罚金。

伪造、擅自制造或者出售伪造、擅自制造的可以用于骗取出口退税、抵扣税款的其他发票的，处3年以下有期徒刑、拘役或者管制，并处2万元以上20万元以下罚金；数额巨大的，处3年以上7年以下有期徒刑，并处5万元以上50万元以下罚金。盗窃公私财物，数额特别巨大的，处7年以上有期徒刑，并处5万元以上50万元以下罚金或者没收财产。伪造、擅自制造或者出售伪造、擅自制造的前述规定以外的其他发票的，处2年以下有期徒刑、拘役或者管制，并处或者单处1万元以上5万元以下罚金；情节严重的，处7年以下有期徒刑，并处5万元以上50万元以下罚金。

盗窃增值税专用发票或者可以用于骗取出口退税、抵扣税款的其他发票的，依照盗窃公私财物的规定定罪处罚。即盗窃公私财物，数额较大或者多次盗窃的，处3年以下有期徒刑、拘役或者管制，并处或者单处罚金；数额巨大的，或者有其他严重情节的，处3年以上10年以下有期徒刑，并处罚金；数额特别巨大或者有其他特别严重情节的，处10年以上有期徒刑或者无期徒刑，并处罚金或者没收财产；有下列情形之一的，处无期徒刑或者死刑，并没收财产：①盗窃金融机构，数量特别巨大的；②盗窃珍贵文物，情节严重的。

使用欺骗手段骗取增值税专用发票或者可以用于骗取出口退税、抵扣税款的其他发票的，依照诈骗公私财物的规定定罪处罚。即诈骗分私财物，数额较大的，处3年以下有期徒刑、拘役或者管制，并处或者单处罚金；数额巨大的或者有其他严重情节的，处3年以上10年以下有期徒刑，并处罚金；数额特别巨大或者有其他特别严重情节的，处10年以上有期徒刑或者无期徒刑，并处罚金或者没收财产。

单位犯上述罪行的，对单位判处罚金，并对单位直接负责的主管人员和其他直接责任人员，依照上述的规定处罚。

犯上述规定之罪，被判处罚金、没收财产的，在执行前，应当先由税务机关追缴税款和所骗取的出口退税款。

第四节　税收的征收管理

我国税法规定，一切通过从事生产、经营活动，取得生产经营收入的企、事业单位和个人都必须依法纳税。企业纳税的基本步骤如下：

一、税务登记

（一）税务登记的概念和意义

税务登记亦称纳税登记，是税务机关对纳税人的生产经营活动实行法定登记的一项管理制度。纳税人在从事生产经营活动以前，必须到当地税务机关进行纳税登记，表明纳税人对国家征收和自身纳税义务的承诺。当然，《税收征管法》及其实施细则也规定：从事临时经营的，可办理税务登记，也可以不办理税务登记。但办理税务登记后，一般税负较低，而未办理税务登记者，税负可能较高。

通过税务登记，由税务机关向纳税人颁发税务登记证件，就以书面形式明确了纳税人所在地税务机关和纳税人之间的税收法律关系。有利于国家税务机关全面掌握本地区纳税人的户数及结构，了解税源的分布状况，合理调配征管力量，防止税款流失，保证税收征管工作的高效、优质。而税务登记证件对于纳税人来说，虽然只是抽象的、观念上的纳税通知，但却是国家税务机关颁发给符合法定条件的纳税人允许其生产、经营活动的法律文书，是一种许可证和权利证明。纳税人只有凭税务登记证件，方可在银行申请开立账户和到税务机关申报办理减税、免税、退税、购买发票、领取外出经营税收管理证明等业务，并有权对税务机关办理情况进行监督。

（二）设立登记

企业以及企业在外地设立的分支机构和从事生产、经营的场所，个体工商户和

（六）外出经营报验登记

纳税人到县（市）临时从事生产经营活动的，应当在外出生产经营以前，持税务登记证向主管税务机关申请开具“外出经营活动税收管理证明”（以下简称“外管证”）。

税务机关按照一地一证的原则，核发“外管证”，“外管证”的有效期限一般为30日，最长不得超过180天。

纳税人应当在“外管证”注明地进行生产经营前向当地税务机关报验登记，并提交下列证件、资料：①税务登记证件副本；②“外管证”。

纳税人应当在“外管证”注明地销售货物的，除提交以上证件、资料外，还应如实填写“外出经营货物报验单”，申报查验货物。

纳税人外出经营活动结束后，应当向经营地税务机关填报“外出经营活动情况申报表”，并结清税款、缴销发票。

纳税人应当在“外管证”有效期届满后10日内，持“外管证”回原税务登记地税务机关办理“外管证”缴销手续。

二、纳税申报

（一）纳税申报的概念和意义

纳税申报是纳税人、扣缴义务人在发生纳税义务后按照税法规定的期限和内容向主管税务机关提交有关纳税书面报告的法律行为。纳税人（扣缴义务人）必须依照法律、行政法规规定或者税务机关依照法律、行政法规的规定确定的申报期限（遇法定节假日或公休日顺延）、申报内容如实办理纳税申报，报送纳税申报报表（代扣代缴、代收代缴税款报告表）、财务会计报表以及税务机关根据实际需要期间仍应按照规定办理纳税申报。

实行纳税申报制度有利于强化税务管理，有利于税务机关及时掌握分析税源情况，也有利于强化纳税人的依法主动纳税意识。纳税申报资料是纳税人提供给税务机关的第一手资料，通过审核计算，可以了解纳税人的经济活动情况，掌握和分析税源的变化情况。

（二）纳税申报的方式

1. 直接申报

直接申报是指纳税人直接到税务部门办税服务厅进行纳税申报。

2. 邮寄申报

邮寄申报是指纳税人使用统一规定的纳税申报特快专递专用信封，通过邮政部门邮寄纳税申报表的方式。邮寄申报方式以寄出的邮戳日期为实际申报日期。

3. 数据电文申报

数据电文申报是指电话语音、电子数据交换和网络传输等电子纳税申报方式，如网上申报等。此种方式以税务机关的计算机网络系统收到数据电文的时间为申报日期。

4. 银行网点申报

银行网点申报是指在税银联网的基础上，国税机关委托指定银行受理纳税申报和代征税款的一种申报纳税方式。

另外，对实行定期定额缴纳税款的纳税人，可以实行简易申报、简并征期等申报纳税方式。这里所称的“简易申报”是指实行定期定额缴纳税款的纳税人在法律、行政法规规定的期限内或者税务机关依照法律、行政法规的规定确定的期限内缴纳税款的，税务机关可以视同申报。而“简并征期”是指实行定期定额交纳税款的纳税人，经税务机关批准，可以采取将纳税期限合并为按季、按半年、按一年的方式交纳税款，具体期限由省级税务机关根据具体情况确定。

（三）纳税申报的内容

纳税申报的内容主要包括在填写的各税种纳税申报表或代扣代缴、代收代缴税款报告表内，还有部分内容在随表附报的财务报表和有关纳税资料内。

纳税人、扣缴义务人的纳税人的纳税申报或者代扣代缴、代收代缴税款报告表的主要内容包括：税种，税目，应纳税项目，应代扣代缴、代收代缴税款项目，计税依据，扣除项目及标准，适用税率行政单位税额，应退税项目及税额，应减免税项目及税额、欠税、滞纳金等。

纳税人办理纳税申报时，应当如实填写纳税申报表，并根据不同的情况相应报送下列有关证件、资料：①财务会计报表及其说明材料；②与纳税有关的合同、协议书及其凭证；③税控装置的电子报税资料；④外出经营活动税收管理证明和异地完税凭证；⑤境内或者境外公证机构出具的有关证明文件；⑥税务机关规定应当报送的其他有关证件、资料。

扣缴义务人办理代扣代缴税款报告时，应当如实填写代扣代缴、代收代缴税款报告表，并报送代扣代缴、代收代缴税款的合法凭证以及税务机关规定的其他有关证件、资料。

（四）延期申报的处理

纳税人、扣缴义务人按照规定的期限、办法办理纳税申报或者报送代扣代缴、代收代缴税款报告表确有困难，需要延期的，应当在规定的期限内向税务机关提出书面延期申请。经税务机关核准，在核准的期限内办理。

纳税人、扣缴义务人因不可抗拒力不能按期办理纳税申报或者报送代扣代缴、代收代缴税款报告表的，可以延期办理；但是，应当在不可抗拒力情形消除后立即向税务机关报告。税务机关应当查明事实，予以核准。

凡纳税人或扣缴义务人完全出于主观原因或有意拖缴税款而不按期办理纳税申报的，纳税机关可视其违法行为的轻重，给予处罚。

三、税款征收

（一）税款征收的概念和方式

税款征收是税务机关依照法律、行政法规的规定，将纳税人依法应纳的税款，通过不同方式征集收缴入库的执法过程或工作。税务机关依照法律、行政法规的规定征收税款，不得违反法律、行政法规的规定开征、停征、多征、少征、提前征收、延缓征收或者摊派税款。税款征收要依法征收率征收，既不能少收，也不能多收。当税务机关发现多征税款后，应主动办理退税手续，不能抵顶下期应纳税款。纳税人自结算纳税款之日起，3 年内如发现多缴税款，可以向税务机关要求退还。当税务机关少征税款，则要补税、追缴。《税收征管法》规定，漏税追征期一般为 3 年。在特殊情况下，因纳税人或扣缴义务人计算错误等未缴或少缴，未扣（收）税款的数额在 10 万元以上的，可以延长到 10 年。补缴、追缴征税款的期限，从纳税人、扣缴义务人应缴而未缴或少缴税款之日起计算。对那些采取隐瞒、欺骗等方式故意偷税的行为，实行无限期追征。纳税人、扣缴义务人应按照法律、行政法规的规定或者税务机关依照法律、行政法规的规定确定的期限缴纳或者解缴税款。纳税人因有特殊困难（如不可抗拒力、当期货币在扣除应付职工工资和社会保险费后不足以缴纳税款等），不能按期缴纳税款的，经省、自治区、直辖市国家税务局、地方税务局批准，可以延期缴纳税款，但是最长不得超过 3 个月。

根据《税收征管法》及其实施细则的规定，税款征收方式主要有以下几种：

1. 查账征收

查账征收是指税务机关按照纳税人提供的账、表等纳税资料反映的经营情况，依照适用税率计算征收税款的方式。适用于账簿、凭证等会计核算制度比较健全，能够据此如实核算生产经营情况并正确计算应纳税款的纳税人。

2. 核定征收

核定征收是指税务机关对不能完整、准确地提供纳税资料的纳税人，采用特定方法确定其应纳税收入或应纳税额，要求纳税人据以缴纳税款的征税方式。《税收征管法》规定："纳税人有下列情形之一的，税务机关有权核定其应纳税额：①依照法律、行政法规的规定可以不设置账簿的；②依照法律、行政法规的规定应当设置但未设置账簿的；③擅自销毁账簿或者拒不提供纳税资料的；④虽然设置账簿，但账目混乱或者成本资料、收入凭证、费用凭证残缺不全，难以查账的；⑤发生纳税义务，未按照规定的期限办理纳税申报，经税务机关责令限期申报，逾期不申报的；⑥纳税人申报的计税依据明显偏低，又无正当理由的。"它具体包括：

（1）查定征收。这是指税务机关根据纳税人的从业人员、生产工艺、使用原材料等生产要素在正常生产经营条件下可能制造的应税产品的产量、销售额等进行判断、查定，并据以征收税款的一种方式。这种方式适用于生产规模较小、账册不健全、产品零星、税源分散的小型企业和个体工商户。

（2）查验征收。这是指税务机关到纳税人的生产经营场所或相关场所查验纳税人的应税商品数量，按市场一般销售单价计算其销售收入，并据以征收税款的一种方式。这种方式适用于城乡集贸市场的临时经营和机场、码头等场外经销商品的课税。

（3）定期定额征收。这是指纳税人在自行申报的基础上，由税务机关对纳税人一定经营时间的营业额和所得额进行核定，据此确定纳税人在核定期间内应纳的各项税额，实行多税种合并征收的一种方式。纳税人在核定期内营业额和所得额达到或超过核定定额的20% ~30%时，应及时向税务机关申报调整定额。这种方式适用于无完整考核依据的小型纳税单位和个体工商户。

（4）核定应税所得率征收。这是指税务机关依据纳税人可核算或可推定的应税收入或成本费用总额，考虑纳税人所属行业和具体情况核定其适用的应税所得率，进而计算其所得税应纳税额予以征收的一种方式。采用核定应税所得率征收企业所得税，应纳所得税额计算公式如下：

应纳所得税额 = 应纳税所得额 × 适用税率

应纳税所得额 = 应税收入 × 应税所得率

或：应纳税所得额 = 成本（费用）支出额 ÷（1 - 应税所得率）× 应税所得率

3. 代扣代缴、代收代缴征收

前者指持有纳税人收入的单位和个人，从持有的纳税人收入中扣缴其应纳税款并向税务机关解缴的行为；后者指与纳税人有经济往来关系的单位和个人，借助经济往来关系向纳税人收取其应纳税款并向税务机关解缴的行为。这两种征收方式适用于税源零星分散、不易控管的纳税人。

4. 其他方式

除以上几种主要征收方式外，还有委托征收、邮寄申报纳税等税款征收方式。

（二）税款征收的程序和时限

由于税款征收方式不同，其征收程序也有所差异。在一般情况下，税款由纳税单位或个人直接向在银行的国库经收处缴纳；若当地没有国库经收处或实际查验征收方式征收的税款，税务机关或人员可以自收或委托代征税款，由税务机关填制汇总缴款书，连同税款入国库经收处收纳税款，随同缴款书划转至金库后，才算完成征收入库手续。

纳税人要按照规定的期限（税款缴库期）缴纳税款，滞纳税款按日加收滞纳金。税款缴库期是指纳税期满后，纳税人报缴税款的法定期限。纳税期是法律、行政法规所规定或由税务机关依照法律、法规所确定的纳税人据以计算应纳税款的期限。纳税期的起始时间为纳税人发生应税行为后应当承担纳税义务的时间，即纳税义务发生的时间。各种税的纳税期限因其征收对象、计税依据不同而不尽一致。即使同一种税，其纳税期限也可能不一样。每个纳税人的纳税期限，由县以上税务机关确定。纳税期分为按日、按月、按次、按季，有的税种还要进行年终汇算清缴。之所以要规定税款缴库期，是因为纳税人对纳税期内所取得的收入和应纳税款需要一定的时期进行结算和办理缴税手续。一般于期满后10天内将税款缴纳入库。

（三）税款征收的凭证

纳税人缴纳税款后，税务机关必须给纳税人开具完税凭证。纳税人通过银行缴纳税款的，税务机关可以委托银行开具完税凭证。扣缴义务人代扣、代收税款时，纳税人要求扣缴义务人开具代扣、代收税款凭证的，扣缴义务人应当开具。完税凭证是税务机关根据税法向纳税人收取税款时所开具的专用凭证，是纳税人依法履行纳税义务的合法证明，也是税务机关进行税收会计、统计核算监督的原始凭证，又是国家金库缴纳预算收入的凭证。完税凭证由国家税务总局设计，其种类、格式应该全国统一。

1. 完税凭证的种类

（1）完税证。它是税务机关自收税款和委托有关单位代征、代扣税款时使用的凭证。完税证又有三种形式：①通用完税证，适用于直接向纳税人征收的工商税；②限额完税证（亦称小额完税证），一般为100元以下的小额税款，所征税款不得超过票面规定额度；③定额完税证，适用于从量征收的税款。

（2）印花税票。它是国家统一印刷的具有相应文字、图案和面值，由纳税人在发生印花税纳税义务时购买和贴用的一种完税凭证。

（3）税收专用缴款书。它是纳税人直接向国库经收处缴纳税款时使用的专用凭证。

（4）一般缴款书。它是纳税人向国库经收处缴纳教育附加，以及税务机关自收、代收代扣税款汇总缴入国库经收处使用的凭证。

（5）涉外税收凭证（代缴款书）。它是税务机关征收涉外税收时使用的专用凭证。

2. 完税凭证的主要内容

各种完税凭证的内容不完全相同，仅以使用较广、项目较多的专用缴款书为例，其主要内容有：

（1）纳税人部分。包括纳税人名称、隶属关系、经济性质、开户行、账户、电话号码等。

（2）税源部分。包括税种、类别、产（商）品名称、计税单位、计税数量、计税单价、计税总值、营业额、销售收入额、所得额等。

（3）税收部分。包括应纳税额、总计金额、扣除金（税）额、应纳所得税税额、减征或减免税额、附加收入、滞纳金等。

（4）征收管理部分。包括征收机关或委托代征代扣单位、填写人、复核人、填写日期、税款所属日期、税款限缴日期、票证专用章戳等。

（5）其他部分。包括反映收入归属情况的收入机关、预算级次、收款金库、收款日期、会计分录、备注等。

3. 完税凭证的填写要求

（1）专票专用。一税一票，避免税种、科目之间混淆不清；各税种凭证不能互相代替，不准开票不收税或收税不开票，更不能以“白条”代替。

（2）按凭证先后顺序填写，不得跳号使用；填写项目必须齐全，字迹端正、清晰；复写或涂改完税凭证要一次全份填写，不得分次填写。

（3）按程序收款开票。应严格遵循计算、收款、开票、复核、收据交纳税人的程序，不得颠倒。

（4）填写所得税完税凭证时，要在税票上反映应征税额，经核准减征或免征的，要反映计算的全过程。

（5）因计算有误而少征的税款，应填写补税凭证，只填补征税额，并注明原票证的填写日期和编号，不得在原票上涂改、挖补等。

（6）作废的完税凭证全份保存，各联均应注明“作废”字样，严禁自行销毁。

（四）税收保全和强制执行

1. 税收保全措施

税收保全措施是税务机关对可能由于纳税人的行为或某些客观原因，致使以后的税款征收不能保证或难以保证而采取的限制纳税人处理或转移商品、货物、其他财产的措施。

欠缴税款的纳税人或者他的法定代表人需要出境的，应当在出境前向税务机关结清应纳税款、滞纳金或者提供担保。未结清税款、滞纳金，又不提供担保的，税务机关可以通知出境管理机关阻止其出境。

对未按照规定办理税务登记的从事生产经营活动的纳税人，由税务机关核定其应纳税额，责令缴纳；不缴纳的，税务机关可以扣押其价值相当于应纳税款的商品、货物。扣押后缴纳应纳税款的，税务机关必须立即解除扣押，并归还所扣押的商品、货物；扣押后仍不缴纳应纳税款的，经县以上税务局（分局）局长批准，可依法拍卖或者变卖所扣押的商品、货物，以拍卖或者变卖所得抵缴税款。

税务机关有根据认为从事生产、经营的纳税人逃避纳税义务行为的，可以在规定的纳税期之前，责令限期缴纳应纳税款；在限期内发现纳税人有明显的转移、隐匿其应纳税的商品、货物以及其他财产或者应纳税的收入的迹象的，税务机关可以责令纳税人提供纳税担保。如果纳税人不能提供纳税担保，经县以上税务局（分局）局长批准，税务机关可以采取下列税收保全措施：

（1）书面通知纳税人开户银行或者其他金融机构冻结纳税人的金额相当于应纳税款的存款。

（2）扣押、查封纳税人的价值相当于应纳税款的商品、货物以及其他财产。纳税人在规定的期限内缴纳税款的，税务机关必须立即解除税收保全措施；限期期满未缴纳税款的，经县以上税务局（分局）局长批准，税务机关可以书面通知纳税人开户银行或者其他金融机构从其冻结的存款中扣缴税款，或者依法拍卖或者变卖所扣押、查封的商品、货物或者其他财产，以拍卖或者变卖所得抵缴税款。对扣押的鲜活、易腐烂变质或者失效的商品、货物，税务机关根据被扣押物品的保质期，可以适当缩短上述规定的缴纳税款期限。

个人及其所扶养家属维持生活必需的住房和用品，不在税收保全措施的范围之内。但是，机动车辆、金银饰品、古玩字画、豪华住宅或者一处以外的住房不属于个人及其所扶养家属维持生活必需的住房和用品。税务机关对单价 5 000 元以下的其他生活用品，不采取税收保全措施。

税收保全措施必须依照法定权限和法定程序进行。要在规定的纳税期前向纳税人发出责令其限期缴款的书面通知书，并注明限期缴纳的时间、缴纳金额，同时，还要密切注意纳税人动向，一旦发现转移物品迹象，应及时责令其提供纳税担保；若不能提供纳税担保，再执行税收保全措施。采取税收保全措施，必须经县以上税务局（分局）局长批准。而且税务机关执行扣押、查封物品等财产时，必须由两名以上税务人员执行，并通知被执行人。被执行人是公民，应通知其本人或其家属到场；被执行人是法人或其他组织，应通知法人代表或主要负责人到场。如拒不到场，不影响执行。

税务机关扣押商品、货物等财产时，必须开付收据；查封商品、货物等财产时，必须开付清单。扣押收据、查封清单应写明查扣日期、数量、品种、等级、金额、批准机关、批准人、执行地点、执行人以及当事人的签字盖章等。

实施税收保全措施要慎之又慎，防止任意损害纳税人的权益。若采取的税收保全措施不当或纳税人在期限内已缴纳税款，税务机关未立即解除保全措施，致使纳税人合法权益遭受损失的，税务机关应按纳税人的实际经济损失承担赔偿责任。

2. 税收强制执行措施

税收强制执行措施是在纳税人不缴纳到期应缴税款时税务机关通过银行或者其他金融机构扣缴当事人的存款或扣押、查封、拍卖部分财产以抵缴税款的一种措施。这是税收强制性的体现。

从事生产、经营的纳税人、扣缴义务人未按照规定期限缴纳或者解缴税款，纳税担保人未按照规定的期限缴纳所担保的税款，由税务机关责令其限期缴纳，逾期仍未缴纳的，经县以上税务局（分局）局长批准，税务机关可以采取以下强制执行措施：

（1）书面通知其开户银行或者其他金融机构从其存款中扣缴税款。

（2）扣押、查封、依法拍卖或者变卖其价值相当于应纳税款的商品、货物或者其他财产，以拍卖或变卖所得抵缴税款。

税务机关采取强制执行措施时，对前款所列纳税人、扣缴义务人、纳税担保人未缴纳的滞纳金同时强制执行。

个人及其所扶养家属维持生活必需的住房和用品，不在强制执行的范围之内。

但是，机动车辆、金银饰品、古玩字画、豪华住宅或者一处以外的住房不属于个人及其所扶养家属维持生活必需的住房和用品。税务机关对单价 5 000 元以下的其他生活用品，不采取强制执行措施。

税务机关将扣押、查封的商品、货物或者其他财产变价抵缴税款时，应当交由依法成立的拍卖机构拍卖；无法委托拍卖或者不适于拍卖的，可以交由当地商业企业代为销售，也可以责令纳税人限期处理；无法委托商业企业销售，纳税人也无法处理的，可以由税务机关变价处理，具体办法由国家税务总局规定。国家禁止自由买卖的商品，应当交由有关单位按照国家规定的价格收购。

税务机关将扣押、查封的商品、货物或者其他财产变卖缴纳税款时，应当交由依法成立的拍卖机构拍卖；无法委托拍卖或者不适于拍卖的，可以交由当地商业企业代为销售，也可以责令纳税人限期处理；无法委托商业企业销售，纳税人也无法处理的，可以由税务机关变价处理，具体办法由国家税务总局规定。国家禁止自由买卖的商品，应当交由有关单位按照国家规定的价格收购。拍卖或者变卖所得抵缴税款、滞纳金、罚款以及扣押、查封、保管、拍卖、变卖等费用后，剩余部分应当在 3 日内退还被执行人。

四、税务检查

（一）税务检查的概念和内容

税务检查是以税收法律、法规和征管制度为依据，对纳税人履行纳税义务的情况以及是否存在偷逃税行为所进行的审核和查处行为的总称。

税务检查的主要内容包括：

（1）检查纳税人的账簿、记账凭证、报表和有关资料，检查扣缴义务人与代扣代缴、代收代缴税款账簿、记账凭证、报表和有关资料。

（2）到纳税人的生产、经营场所和货物存放地检查纳税人应纳税的商品、货物或者其他财产，检查扣缴义务人与代扣代缴、代收代缴税款有关经营情况。

（3）责令纳税人、检查扣缴义务人提供与纳税或者代扣代缴、代收代缴税款有关文件、证明材料和有关资料。

（4）询问纳税人、检查扣缴义务人与纳税或者代扣代缴、代收代缴税款有关的问题和情况。

（5）到车站、码头、机场、邮政企业及其分支机构检查纳税人托运、邮寄应纳税商品、货物或者其他财产的有关单据、凭证和有关资料。

（6）经县以上税务局（分局）局长批准，凭全国统一格式的检查存款账户许可证明，查询从事生产、经营的纳税人、扣缴义务人在银行或者其他金融机构存款账户。税务机关在调查税收违法案件时，经设区的市、自治州以上税务局（分局）局长批准，可以查询案件涉嫌人员的储蓄存款。税务机关查询所获得的资料，不得用于税收以外的用途。

税务机关进行上述第一项内容的检查时，可以在纳税人、扣缴义务人的业务场所进行；必要时，经设区的市、自治州以上税务局（分局）局长批准，可以将纳税人、扣缴义务人以前会计年度的账簿、记账凭证、报表和其他有关资料调回税务机关检查，但是税务机关必须向纳税人、扣缴义务人开付清单，并在3个月内完整退还；有特殊情况的，经设区的市、自治州以上税务局（分局）局长批准，可以将纳税人、扣缴义务人当年会计年度的账簿、记账凭证、报表和其他有关资料调回检查，但是税务机关必须在30天内退还。

税务机关进行上述第六项内容的检查时，应当指定专人负责，凭全国统一格式的检查存款账户许可证明进行，并有责任为被检查人保密。检查存款账户许可证明，由国家税务总局制定。税务机关查询的内容，包括纳税人存款账户余额和资金往来情况。

（二）税务检查的形式

1. 纳税人自查

税务机关在正式检查前，自己检查有无问题，税务机关也可以派人员辅导。

2. 专管员检查

既可以是管户专管员检查，也可以是管户管员之间的交叉检查。

3. 税务稽查队进行专业检查

这种检查通常是有计划进行的，属于较深层次的检查。

税务检查在时间上分为事前检查和事后检查。事前检查就是在税款征收前对纳税人的纳税申报表、财务报表等资料进行检查。事后检查是在纳税人纳税后进行检查，即对纳税人以前年度的纳税情况进行检查。

（三）税务检查的实施

税务机关派出的人员进行税务检查时，应当出示检查证和税务检查通知书，并有责任为被检查人保守秘密；未出示检查证和税务检查通知书的，被检查人有权拒绝检查。税务机关对集贸市场及集中经营户进行检查时，可以使用统一的税务检查通知书。税务检查证和税务检查通知书的样式、使用和管理的具体办法，由国家税务总局制定。

税务机关应当建立科学的检查制度，统筹安排工作，严格控制对纳税人、扣缴义务人的检查次数。税务机关应当制定合理的税务稽查工作规程，负责选案、检查、审理、执行的人员的职责应当明确，并相互分离、相互制约，规范选案程序和检查行为。

纳税人、扣缴义务人必须接受税务机关依法进行的税务检查，如实反映情况，提供有关资料，不得拒绝、隐瞒。税务机关依法进行税务检查时，有权向有关单位和个人调查纳税人、扣缴义务人和其他当事人与纳税或者代扣代缴、代收代缴税款有关的情况，有关单位和个人有义务向税务机关如实提供有关资料及证明材料。税务机关调查税务违法案件时，对与案件有关的情况和资料，可以记录、录音、录像、照相和复制。

税务机关对从事生产、经营的纳税人以前纳税期的纳税情况依法进行税务检查时，发现纳税人有逃避纳税义务行为，并有明显的转移、隐匿其应纳税的商品、货物以及其他财产或者应纳税的收入的迹象的，可以按照本法规定的批准权限，采取税收保全措施或者强制执行措施。

关键概念

税收　延期缴税权　免税权　税务登记　申报

思考题

1. 企业纳税的基本步骤是什么？
2. 我国税收的作用是什么？
3. 税收制度的构成要素有哪些？
4. 税款征收主要有哪几种？
5. 现代税收有哪些特征？
6. 简述我国现代税收的种类。
7. 纳税人的纳税违法责任是怎样规定的？
8. 如何进行税务检查？

技能题

1. 选择题

(1) 税收是为适应人类社会经济发展的需要，特别是（　　）需要而存在和发展的。

A. 国家的　　B. 民族的　　C. 企业的　　D. 个人的

(2) 税收自产生以来，一直是国家取得财政收入的基本形式。它与其他财政收入形式相比较，具有（　　）特征。

A. 自愿性　　B. 强制性　　C. 互助性　　D. 有偿性

(3) 我国实际运行的税种共有（　　）种，按照国家税务总局所列示的税种分类，可以分为四类。

A. 10　　B. 15　　C. 19　　D. 20

(4) 纳税人办理纳税申报时，应当如实填写（　　），并根据不同的情况相应报送有关证件、资料。

A. 账本　　B. 记账凭证　　C. 银行对账单　　D. 纳税申报表

(5) 以假报出口或者其他欺骗手段，骗取国家出口退税款，数额较大的，处(　　)年以下有期徒刑或者拘役，并处骗取税款1倍以上5倍以下罚金。

A. 1　　B. 2　　C. 3　　D. 5

2. 判断题

(1) 税收制度又称税收法律制度，简称“税制”，是国家处理税收分配关系的规范，也是国家各种税收法令和征收办法的总称，通常包括税收法规、条例、施行细则和征收管理办法等。(　　)

(2) 税目的规定方式一般有列举税目、估计税目和概括税目三种。(　　)

(3) 纳税人超过应纳税额缴纳的税款，税务机关发现后，应当立即退还。(　　)

(4) 核定征收是指税务机关对能完整、准确地提供纳税资料的纳税人，采用特定方法确定其应纳税收入或应纳税额，要求纳税人据以缴纳税款的征税方式。(　　)

(5) 税务机关将扣押、查封的商品、货物或者其他财产变卖缴纳税款时，应当交由依法成立的拍卖机构拍卖。(　　)

3. 名词解释

(1) 货物和劳务税

(2) 所得税

(3) 税率

(4) 地方附加

(5) 税务检查

参考答案

1. (1) A　(2) B　(3) C　(4) D　(5) D

2. (1) √　(2) ×　(3) √　(4) ×　(5) √

3. (1) 这是针对特定的生产和销售（包括进出口）货物和劳务征收的一类税，包括增值税、消费税、营业税、烟叶税、车辆购置税和进出口关税。

(2) 这是按照生产、经营者取得的利润或者个人取得的收入征收的一类税，包括企业所得税、个人所得税和土地增值税。

(3) 税率是指对课税对象（课税依据）的征税比例或征税额度，是计算应纳税额的尺度，体现课税的深度。每种税的税率高低，直接关系国家财政收入的多少和负税人税收负担的大小。

(4) 地方附加，简称附加，是指地方政府按照国家规定的比例，随同正税一起征收的作为地方财政收入的款项。

(5) 税务检查是以税收法律、法规和征管制度为依据，对纳税人履行纳税义务情况以及是否存在偷、逃税行为所进行的审核和查处行为的总称。

第三章　增值税会计

学习目标

○ 了解增值税的含义和特点

○ 熟悉增值税的纳税人、税率和征税范围

○ 熟悉增值税专用发票的使用管理

○ 掌握增值税的会计处理

○ 掌握增值税的纳税申报

技能目标

○ 通过本章的学习，熟练掌握增值税应纳税额的计算，能正确设置增值税的会计账户，正确处理纳税申报表

第一节　增值税概述

增值税是流转税的主要税种之一，最初于1917年由耶鲁大学的亚当斯教授提出，称为营业毛利税，1921年法国的西蒙斯正式将这一税种冠名为增值税。1954年法国政府率先采用增值税，目前全球有120多个国家和地区采用增值税。我国于1978年开始在部分领域实行增值税。

一、增值税的概念及特点

（一）增值税的概念

增值税是指对在我国境内销售货物、进口货物以及提供加工、修理修配劳务的单位和个人，就其取得货物的销售额、进口货物金额、应税劳务销售额计算税款，并实行税款抵扣制的一种流转税。

（二）增值税的特点

（1）避免重复征税。增值税以增值额为计税依据，只对销售额中本企业新创造的、未征过税的价值征税。所谓增值额，是指生产者或经营者在一定时期内的生产经营过程中新创造的价值额，或者说是新增加的价值额，也就是商品总价值扣除生产过程中已消耗掉的那部分劳动对象、劳动工具后的余额。因此，避免了重复征税。

（2）属于普遍征税、多环节征税。我国现行增值税既对生产、批发、零售和进

纳税人可以购买国家税务总局指定的生产厂家生产的专用开票设备自行开票；也可以不购买上述专用开票设备，按《国家税务总局增值税防伪税控主机共享服务系统管理暂行办法》的规定，聘请社会中介机构代为开票并按统一收费标准向社会中介机构支付开票费和防伪税控专用设备的维护费。

一般纳税人必须按规定的时限和要求开具专用发票，不得提前也不得滞后。具体规定如下：

（1）采取预收货款、托收承付、委托收款方式销售货物的，应在货物发出的当天开具。

（2）采取交款提货方式销售货物的，应在合同约定的收款日期的当天开具。

（3）将货物交付他人代销的，应在收到受托人的代销清单的当天开具。

（4）设有两个以上机构并实行统一核算的纳税人，将货物从一个机构移送至其他机构用于销售的，应当在货物移送的当天开具。

（5）将货物作为投资提供给其他单位或个体经营者的，应当在货物移送的当天开具。

（6）将货物分配给股东、用于抵偿债务、用于非货币交易的，应当在货物移送的当天开具。

（7）纳税人提供应税劳务的，应当在收取劳务款项或索取收款凭据的当天开具。

有下列情形之一的不得开具专用发票：

（1）向消费者销售应税项目。

（2）销售免税项目。

（3）销售报关出口的货物。

（4）在境外销售应税劳务。

（5）将货物用于非应税项目。

（6）将货物用于集体福利或个人消费。

（7）将货物无偿赠送他人的，提供非应税劳务、转让无形资产或销售不动产的。

（8）小规模纳税人销售应税项目，可以不开具专用发票。

（三）专用发票使用的特殊规定

1. 专用发票抵扣联进项税额的抵扣

纳税人可以自行采集增值税专用发票抵扣联电子信息报送税务部门批量认证。企业自行扫描、识别或人工录入抵扣联票面信息，生成电子数据，以磁盘或互联网方式报送税务机关，由税务机关进行认证比对，并将认证结果信息返回企业。企业取得由防伪税控系统开具的专用发票抵扣联，必须自开具之日起 90 天内到税务机关认证，否则不予抵扣进项税额。经过认证的专用发票，应在认证通过的当月，按增值税有关规定核算当期进项税额并申报抵扣，否则不予抵扣进项税额。税务机关认证后，应向纳税人提供一份“增值税专用发票抵扣联认证清单”，企业将其作为纳税申报附件。未经认证或未在规定时间内认证的专用发票，其进项税额不得抵扣。

纳税人取得所有需计算抵扣增值税进项税额的运输发票，应根据相关运输发票逐单填写“增值税运输发票抵扣清单”，在进行增值税纳税申报时，除按现行规定申报报表资料外，增加报送“增值税运输发票抵扣清单”。纳税人除报送清单纸质资料外，还需同时报送“增值税运输发票抵扣清单”的电子信息。“增值税运输发票抵扣清单”信息采集软件由国家税务总局统一开发，主管国税局免费提供给纳税人。纳税人取得2003年10月31日以后开具的运输发票后，应自开票之日起90天内到主管国税局申报抵扣，超过90天的不予抵扣。

2. 开具增值税专用发票后发生退货或销售折让的处理

（1）采购方在未付货款并且未作会计处理的情况下，须将原发票联和税款抵扣联主动退还给销售方。销售方收到后，应在该发票联和税款抵扣联及有关的存根联、记账联上注明“作废”，在未收到采购方退还的增值税专用发票前，销售方不得自行扣减当期销项税额。属于销售折让的，销售方应按扣减折让后的净值重开增值税专用发票。

（2）在采购方已付货款，或者货款未付但已作会计处理，发票联和抵扣联无法退还的情况下，采购方必须取得当地主管税务机关开具的“进货退出或索取折让证明单”送交销售方，作为销售方开具红字增值税专用发票的合法依据。销售方在未收到“证明单”以前不得开具红字增值税专用发票；收到“证明单”后，根据退回货物的数量、价款或折让金额向采购方开具红字增值税专用发票。红字增值税专用发票的存根联、记账联可作为销售方扣减当期销项税额的凭证，其发票联、税款抵扣联可作为采购方扣减进项税额的凭证。

采购方收到红字增值税专用发票后，应将红字增值税专用发票所注明的增值税税额从当期进项税额中扣减。

3. 税务机关代开增值税专用发票

对于能够认真履行纳税义务的小规模纳税人，经县（市）税务局批准，其销售货物或应税劳务可由税务机关代开增值税专用发票。税务机关需将代开增值税专用发票的情况造册，详细登记备查。如销售免税货物或将货物、应税劳务销售给消费者以及小额零星销售，则税务机关不得代开增值税专用发票。小规模纳税人在税务机关代开增值税专用发票前，需先到税务机关临时申报应纳税额，持税务机关开具的税收缴款书，到其开户银行办理税款入库手续后，凭盖有银行转讫章的纳税凭证，税务机关方能代开增值税专用发票。

税务机关在为小规模纳税人代开增值税专用发票时，“税额”栏填写其本身的应纳税额，即按销售额3%的征收率计算的增值税额。一般纳税人从小规模纳税人那里取得由税务机关代开的增值税专用发票后，应按专用发票填写的税额作为该项进项税额。

第二节 增值税应纳税额的计算

一、一般纳税人增值税应纳税额的计算

一般纳税人销售货物或者提供应税劳务，其应纳增值税税额为当期销项税额抵扣应抵进项税额后的余额。若当期销项税额小于应抵进项税额，不足抵扣的，其不足部分可转入下期继续抵扣。增值税一般纳税人总体应纳增值税税额的计算公式为：

当期应纳增值税税额 = 当期销项税额 - 应抵进项税额

（一）销项税额的计算

1. 一般销售行为销项税额的计算

销项税额是指一般纳税人销售货物或者提供应税劳务，按照销售额和相应的税率计算的应向购买方收取的增值税税额。其计算公式为：

销项税额 = 销售额 × 增值税税率

公式中，销售额是指纳税人销售货物或应税劳务时向购买方收取的全部价款和价外费用。价外费用是指价款之外向购买方收取的手续费、补贴基金、集资费、返还利润、奖励费、违约金（逾期付款利息）、包装费、包装物租金、储备费、优质费、运输装卸费、代收款项、代垫款项及其他各种性质的价外收益。但不包括向购买方收取的销项税额、受托加工应征消费税的消费品所代收、代缴的消费税及代垫运费。

所谓代垫运费是指由销货方代购货方垫付的，由专业运输部门开具运费发票给购货方，并且销货方已将该运费发票转交给购货方的经济行为。

凡是价外费用，不论企业会计制度、会计准则规定如何进行核算，在计算纳税人应纳增值税时均作为计税销售额。

但是如果纳税人销售货物或者应税劳务的价格明显偏低，又无正当理由的，主管税务机关有权按下列顺序重新核定其计税销售额：

（1）按纳税人当月同类货物的平均销售价格确定。

（2）按纳税人最近时期同类货物的平均销售价格确定。

（3）按组成计税价格确定。

组成计税价格 = 成本 × （1 + 成本利润率）

属于应征消费税的货物，其组成计税价格中还应加上计消费税税额。上式中，成本是指销售自产货物的实际生产成本或销售外购货物的实际采购成本；成本利润率由国家税务总局针对不同的货物分类确定。

如果纳税人销售货物或应税劳务开具的是普通发票，其销售额为增值税的含税

销售额，在计算应纳增值税税额时，应将含税销售额分解为价款和税款两部分，即：

$$合并定价销项税=\frac{含税销售额}{1+增值税税率}\times增值税税率$$

2. 混合销售行为和兼营非应税劳务行为增值税税额的计算

从事货物生产、批发和零售业务的企业、企业性单位和个体经营者的混合销售行为，应视同销售货物，一并征收增值税。

一旦单位和个人发生了混合销售行为，应当视同销售货物还是视同销售非应税劳务，主要取决于发生混合销售行为的单位和个人的行业属性，如果属于从事货物的生产、批发和零售行业的就视同销售货物，如果不属于从事货物的生产、批发和零售行业的就视同销售非应税劳务。混合销售行为必须同时具备以下两个条件：

（1）必须是同时涉及应纳增值税和应纳营业税的一项具体销售行为。

（2）该销售行为中销售货物与销售非应税劳务同时从一个受让方取得价款。

混合销售行为的销项税额 =（货物销售额 + 劳务销售额）×增值税税率

其中，劳务销售额适用的增值税税率从属于应税货物的适用增值税税率。

纳税人兼营非应税劳务的，其应税劳务与非应税劳务的销售额应当分别核算，但应税劳务与非应税劳务的销售额不分别核算或不能分别核算的，其非应税劳务应与应税劳务一并征收增值税。

兼营非应税劳务销项税额 =（应税劳务销售额 + 非应税劳务销售额）×增值税税率

3. 视同销售行为增值税税额的计算

纳税人将应税货物用于对外投资、对外捐赠，用于非应税项目、免税项目，用于集体福利、个人消费，用于基本建设等，虽然在账面上并不反映为视同销售货物的销售收入，但在计税时都应作为视同销售行为缴纳增值税，其计税销售额为移送使用货物的正常市场销售公允价值。即：

视同销售行为的销项税额 = 移送使用货物的正常市场销售公允价值×增值税税率

其中，移送使用货物的正常市场销售公允价值是不含增值税税额的。

4. 出租、出借包装物押金增值税税额的计算

纳税人为销售货物而出租、出借包装物收取的包装物押金，单独记账核算的，不并入计税销售额征收增值税；未单独记账核算的，一律并入计税销售额征收增值税。因逾期未收回包装物不再退还的包装物押金，应视同含税收入征收增值税；虽未逾期但超过 1 年而未退还的包装物押金，也应视同含税收入征收增值税；因逾期未收回包装物按合同或协议规定加收的包装物押金，也应视同含税收入征收增值税。对销售除啤酒、黄酒以外的其他酒类产品而收取的包装物押金，无论是否返还以及会计上如何核算，均应并入当期销售额征收增值税。出租、出借包装物的押金征收增值税的基本计算公式为：

$$包装物押金销项税额 = \frac{收取的包装物押金 + 加收的包装物押金}{1 + 增值税税率} \times 增值税税率$$

5. 特殊业务增值税税额的计算

（1）销售折扣、折让和销货退回增值税税额的计算。

纳税人采取折扣方式销售货物时，如果销售额和折扣额是在一张发票上分别注明的，可以按折扣后的销售额征收增值税；折扣额和销售额不在一张发票上分别注明而是另开发票的，不论其财务上如何处理，均不得从销售额中减去折扣额。即发生销售折扣时，应根据发票开具情况分别计算应纳增值税税额。

若销售额和折扣额是在一张发票上分别注明的，按如下公式计算：

销项税额 =（全部销售额 – 销售折扣额）×增值税税率

若销售额和折扣额未在一张发票上分别注明的，按如下公式计算：

销项税额 = 未扣除销售折扣额的全部销售额 × 增值税税率

销售折让和销货退回，其实质是原销售额的减少或取消。但在计算纳税人应纳增值税税额时，应视发票处理情况分别处理：

第一，购货方在未付货款并且未作账务处理的情况下，须将原发票联和税款抵扣联主动退还销货方，销货方收到后，应在该发票联和抵扣联及有关存根联、记账联上注明“作废”字样，作为扣减当期销项税额的凭证；未收到购货方退还的专用发票前，销货方不得扣减当期的销项税额，但若为销售折让，应在将原开出的发票作废后，按扣除折让额后的销售额重新开具发票，并按重新开出的专用发票上不含税销售额计算增值税销项税额。

第二，购货方在已付货款或者货款未付但已作账务处理，发票联及抵扣联无法退还的情况下，须取得当地主管税务机关开具的“进货退出或索取折让证明单”，并交给销货方，作为销货方开具红字专用发票的合法依据，并将红字专用发票的存根联、记账联作为销货方扣减当期销项税额的凭证，红字专用发票的发票联、抵扣联作为购货方扣减进项税额的凭证，销货方在未收到“证明单”以前，不得开具红字专用发票。

纳税人发生销售折让或销货退回时，如果发票处理得当，允许扣减原计销售额，其计算公式为：

销项税额 =（原发票不含税销售额 – 销售折让额 – 销货退回额）×增值税税率

如果发票处理不当，不允许扣减原计销售额，其计算公式为：

销项税额 = 原发票不含税销售额 × 增值税税率

（2）以旧换新方式销售货物增值税税额的计算。

纳税人采取以旧换新方式销售应税货物时，应按新货物的同期正常对外销售价格确定计税销售额，其计算公式为：

$$以旧换新销项税额 = \frac{销售货物的实收款额 + 回收旧货物抵项款额}{1 + 增值税税率} \times 增值税税率$$

(3) 还本方式销售货物增值税税额的计算。

还本销售是指销货方按与购货方达成的协议或合同，在货物销售给购货方后的指定时间内一次或分次将购货方原购进货物时所支付的款项返还给购货方的经济所为。纳税人采取还本方式销售货物的，原货物的销售额应作为计税销售额，还本支出应计为支付当期的销售费用，不得扣减当期计税销售额，也不得税前扣除。按如下公式计算：

还本方式销售货物的销项税额 = 原销售额 × 增值税税率

(4) 以应税货物进行非货币交易或抵偿应付债务增值税税额的计算。

非货币交易是指购销双方以非货币资产所进行的交换活动，这种交换活动可能会涉及少量的货币性资产。

纳税人无论将货物用于非货币交易，还是用于抵偿应付的债务，在计算增值税时都应把应税货物的市场销售公允价值作为计税销售额缴纳增值税，按如下公式计算：

以应税货物进行非货币交易或抵偿债务的销项税额 = 该货物的市场销售公允价值 × 增值税税率

(5) 委托加工业务增值税税额的计算。

委托加工是指由委托方提供原料及主要材料，受托方按照委托方的要求，制造货物并收取加工费用的业务。委托加工劳务应由受托方代扣代缴增值税，其代扣代缴增值税税额的基数为受托方收取的加工费总额，按如下公式计算：

委托加工应纳增值税税额 = 支付或应负担的加工费总额 × 增值税税率

(二) 进项税额的计算

纳税人购进货物或者接受应税劳务（以下简称购进货物或者应税劳务）支付或者负担的增值税额为进项税额。进项税额是与销项税额相对应的另一个概念。在开具增值税专用发票的情况下，它们之间的对应关系是，销售方收取的销项税额，就是购买方支付的进项税额。对于任何一个一般纳税人而言，由于其在经营活动中既会发生销售货物或提供应税劳务，又会发生购进货物或接受应税劳务，因此，每一个一般纳税人都会有收取的销项税额和支付的进项税额。增值税的核心就是用纳税人收取的销项税额抵扣其支付的进项税额，其余额为纳税人实际应缴纳的增值税税额。这样，进项税额作为可抵扣的部分，对于纳税人实际纳税多少就产生了举足轻重的作用。

然而，需要注意的是，并不是纳税人支付的所有进项税额都可以从销项税额中抵扣。为体现增值税的配比原则，即购进项目金额与销售产品销售额之间应有配比性，当纳税人购进的货物或接受的应税劳务不是用于增值税应税项目，而是用于非应税项目、免税项目或用于集体福利、个人消费等情况时，其支付的进项税额就不能从销项税额中抵扣。税法对不能抵扣进项税额的项目作了严格的规定，如果违反税法规定，随意抵扣进项税额就将以偷税论处。因此，严格把握哪些进项税额可以抵扣，哪些进项税额不能抵扣是十分重要的，这也是纳税人在缴纳增值税实务中差错出现最多的地方。

1. 准予从销项税额中抵扣的进项税额

根据《增值税暂行条例》的规定，准予从销项税额中抵扣的进项税额，限于下列增值税扣税凭证上注明的增值税税额和按规定的扣除率计算的进项税额。

（1）从销售方取得的增值税专用发票上注明的增值税额。

（2）从海关取得的海关进口增值税专用缴款书上注明的增值税额。

纳税人进口货物时，凡已缴纳了进口环节增值税的，不论其是否已经支付货款，其取得的海关进口增值税专用缴款书均可作为增值税进项税额抵扣凭证，在《国家税务总局关于加强海关进口增值税专用缴款书和废旧物资发票管理有关问题的通知》（国税函〔2004〕128 号）中规定的期限内申报抵扣进项税额。

对纳税人丢失的海关进口增值税专用缴款书，纳税人应当凭海关出具的相关证明，向主管税务机关提出抵扣申请。主管税务机关受理申请后，应当进行审核，并将纳税人提供的海关进口增值税专用缴款书电子数据纳入稽核系统比对，稽核比对无误后，可予以抵扣进项税额。

上述规定说明，纳税人在进行增值税账务处理时，每抵扣一笔进项税额，就要有一份记录该进项税额的法定扣税凭证与之相对应；没有从销售方或海关取得注明增值税税额的法定扣税凭证，就不能抵扣进项税额。

（3）购进农业产品，除取得增值税专用发票或者海关进口增值税专用缴款书外，按照农业产品收购发票或者销售发票上注明的农业产品买价和 13% 的扣除率计算的进项税额。进项税额的计算公式如下：

进项税额 = 买价 × 扣除率

对这项规定需作如下解释：

①所谓“农业产品”是指直接从事植物的种植、收割和动物的饲养、捕捞的单位及个人销售的自产而且免征增值税的农业产品；农业产品所包括的具体品目按照 1995 年 6 月财政部、国家税务总局印发的《农业产品征税范围注释》执行。

②购买农业产品的买价，包括纳税人购进农业产品在农业产品收购发票或者销售发票上注明的价款和按规定缴纳的烟叶税。

③对纳税人按规定缴纳的烟叶税，准予并入烟叶产品的买价计算增值税的进项税额，并在计算缴纳增值税时予以抵扣。即购进烟叶准予抵扣的增值税进项税额，按照《中华人民共和国烟叶税暂行条例》及《财政部、国家税务总局印发〈关于烟叶税若干具体问题的规定〉的通知》（财税〔2006〕64 号）规定的烟叶收购金额和烟叶税及法定扣除率计算。烟叶收购金额包括纳税人支付给烟叶销售者的烟叶收购价款和价外补贴，价外补贴统一暂按烟叶收购价款的 10% 计算。

计算公式如下：

烟叶收购金额 = 烟叶收购价款 ×（1 + 10%）

烟叶税应纳税额 = 烟叶收购金额 × 税率（20%）

准予抵扣的进项税额 =（烟叶收购金额 + 烟叶税应纳税额）× 扣除率

④增值税一般纳税人从农民专业合作社购进的免税农业产品，可按13%的扣除率计算抵扣增值税进项税额。

（4）购进或者销售货物以及在生产经营过程中支付运输费用的，按照运输费用结算单据上注明的运输费用金额和7%的扣除率计算的进项税额。进项税额计算公式如下：

进项税额 = 运输费用金额 × 扣除率

准予抵扣的项目和扣除率的调整，由国务院决定。

这项规定需作如下解释：

①购买或销售免税货物（购进免税农业产品除外）所发生的运输费用，不得计算进项税额抵扣。

②准予作为抵扣凭证的运费结算单据（普通发票），是指国营铁路、民用航空、公路和水上运输单位开具的货票，以及从事货物运输的非国有运输单位开具的套印全国统一发票监制章的货票。

③准予计算进项税额抵扣的货物运费金额是指运输费用结算单据上注明的运输费用（包括铁路临管线及铁路专线运输费用）、建设基金，不包括装卸费、保险费等其他杂费。

④从2003年11月1日起，公路、内河货物运输业（以下简称货物运输业）发票的印制、领购、开具、取得、保管、缴销均由地方税务局管理和监督。凡已委托给其他部门管理的，必须依法收回。

从2003年11月1日起，提供货物运输劳务的纳税人，必须经主管地方税务局认定，方可开具货物运输业发票。凡未经地方税务局认定的纳税人开具的货物运输业发票，不得作为记账凭证和增值税抵扣凭证。

⑤从2003年12月1日起，国家税务局将对增值税一般纳税人申请抵扣的所有运输发票与营业税纳税人开具的货物运输业发票进行比对。凡比对不符的，一律不予抵扣。对比对异常情况进行核查，并对违反有关法律、法规开具或取得货物运输业发票的单位进行处罚。

⑥增值税一般纳税人在申报抵扣2003年11月1日起取得的运输发票增值税进项税额时，应向主管国家税务局填报"增值税运输发票抵扣清单"纸质文件及电子信息，未报送的进项税额不得抵扣。

⑦纳税人取得的2003年10月31日以后开具的运输发票，应当自开票之日起90日内向主管国家税务局申报抵扣，超过90日的不得予以抵扣。

⑧一般纳税人购进或销售货物通过铁路运输，并取得铁路部门开具的运输发票，如果铁路部门开具的铁路运输发票托运人或收货人名称与其不一致，但铁路运输发票托运人栏或备注栏注有该纳税人名称的（手写无效），该运输发票可以作为进项

税额抵扣凭证，允许计算抵扣进项税额。

⑨一般纳税人在生产经营过程中所支付的运输费用，允许计算抵扣进项税额。

⑩一般纳税人取得的国际货物运输代理业发票和国际货物运输发票，不得计算抵扣进项税额。

⑪一般纳税人取得的汇总开具的运输发票，凡附有运输企业开具并加盖财务专用章或发票专用章的运输清单，允许计算抵扣进项税额。

⑫一般纳税人取得的项目填写不齐全的运输发票（附有运输清单的汇总开具的运输发票除外）不得计算抵扣进项税额。

⑬自 2007 年 1 月 1 日起，增值税一般纳税人购进或销售货物，取得的作为增值税扣税凭证的货运发票，必须是通过货运发票税控系统开具的新版货运发票。

纳税人取得的 2007 年 1 月 1 日以后开具的旧版货运发票，不再作为增值税扣税凭证抵扣进项税额。

纳税人取得的 2006 年 12 月 31 日以前开具的旧版货运发票暂继续作为增值税扣税凭证，纳税人应在开具之日起 90 日后的第一个纳税申报期结束以前申报抵扣进项税额。

自 2007 年 4 月 1 日起，旧版货运发票一律不得作为增值税扣税凭证抵扣进项税额。

2. 不得从销项税额中抵扣的进项税额

纳税人购进货物或者应税劳务，取得的增值税扣税凭证不符合法律、行政法规或者国务院税务主管部门有关规定的，其进项税额不得从销项税额中抵扣。增值税扣税凭证，是指增值税专用发票、海关进口增值税专用缴款书、农产品收购发票和农产品销售发票以及运输费用结算单据。

按照《增值税暂行条例》的规定，下列项目的进项税额不得从销项税额中抵扣：

（1）用于非增值税应税项目、免征增值税项目、集体福利或者个人消费的购进货物或者应税劳务。

购进货物，是指不包括既用于增值税应税项目（不含免征增值税项目），也用于非增值税应税项目、免征增值税（以下简称免税）项目、集体福利或者个人消费的固定资产。

固定资产，是指使用期限超过 12 个月的机器、机械、运输工具以及其他与生产经营有关的设备、工具、器具等。

个人消费包括纳税人的交际应酬消费。

非增值税应税项目是指提供非增值税应税劳务、转让无形资产、销售不动产和不动产在建工程。

不动产是指不能移动或者移动后会引起性质、形状改变的财产，包括建筑物、构筑物和其他土地附着物。

纳税人新建、改建、扩建、修缮、装饰不动产，均属于不动产在建工程。

（2）非正常损失的购进货物及相关的应税劳务。

非正常损失，是指因管理不善造成被盗、丢失、霉烂变质的损失。

（3）非正常损失的在产品、产成品所耗用的购进货物或者应税劳务。

（4）国务院财政、税务主管部门规定的纳税人自用消费品。

纳税人自用的应征消费税的摩托车、汽车、游艇，其进项税额不得从销项税额中抵扣。

（5）上述第（1）项至第（4）项规定的货物的运输费用和销售免税货物的运输费用。

（6）一般纳税人兼营免税项目或者非增值税应税劳务而无法划分不得抵扣的进项税额的，按下列公式计算不得抵扣的进项税额：

不得抵扣的进项税额＝当月无法划分的全部进项税额×当月免税项目销售额、非增值税应税劳务营业额合计÷当月全部销售额、营业额合计

（7）纳税人从海关取得的完税凭证上注明的增值税额准予从销项税额中抵扣。因此，纳税人进口货物取得的合法海关完税凭证是计算增值税进项税额的唯一依据，其进口货物向境外实际支付的货款低于进口报关价格的差额部分以及从境外供应商取得的退还或返还的资金，不作进项税额转出处理。

二、应纳税额的计算

一般纳税人在计算出销项税额和进项税额后就可以得出实际应纳税额。为了正确计算增值税的应纳税额，在实际操作中还需要掌握以下几个重要规定：

（一）计算应纳税额的时间限定

为了保证计算应纳税额的合理性和准确性，纳税人必须严格把握当期进项税额从当期销项税额中抵扣这个要点。“当期”是个重要的时间限定，具体是指税务机关依照税法规定对纳税人确定的纳税期限；只有在纳税期限内实际发生的销项税额、进项税额，才是法定的当期销项税额或当期进项税额。目前，有些纳税人为了达到逃避纳税的目的，把当期实现的销售额隐瞒不记账或滞后记账，以减少当期销项税额，或者把不是当期实际发生的进项税额（上期结转的进项税额除外）也充作当期进项税额，以加大进项税额，从而可以少纳税甚至不纳税，这是违反税法规定的行为。为了制止这种违法行为，税法首先对销售货物或应税劳务应计入当期销项税额以及抵扣的进项税额的时间作了限定。

1. 计算销项税额的时间限定

销项税额是增值税一般纳税人销售货物或提供应税劳务按照实现的销售额计算的金额。纳税人应在什么时间计算销项税额，《增值税暂行条例》及《增值税暂行条例实施细则》都作了严格的规定。例如，采取直接收款方式销售货物，不论货物

是否发出，均为收到销售款或者取得索取销售款凭据的当天，采取托收承付和委托银行收款方式销售货物，为发出货物并办妥托收手续的当天，纳税人发生“视同销售货物行为”中第③至第⑧情况项的，为货物移送的当天（详见本章第五节的“纳税义务发生的时间”及“纳税期限”）等，以保证准时、准确地记录和核算当期销项税额。

2. 防伪税控专用发票进项税额抵扣的时间限定

按照规定，自2003年3月1日起，增值税一般纳税人取得防伪税控系统开具的增值税专用发票，抵扣的进项税额按以下规定处理：

（1）增值税一般纳税人申请抵扣的防伪税控系统开具的增值税专用发票，必须自该专用发票开具之日起90日内到税务机关认证，否则不予抵扣进项税额。

（2）增值税一般纳税人认证通过的防伪税控系统开具的增值税专用发票，应在认证通过的当月按照增值税有关规定核算当期进项税额并申报抵扣，否则不予抵扣进项税额。

增值税一般纳税人取得防伪税控系统开具的增值税专用发票，其专用发票所列明的购进货物或应税劳务的进项税额抵扣时限，不再执行《国家税务总局关于加强增值税征收管理工作的通知》（国税发〔1995〕015号）中第二条有关进项税额申报抵扣时限的规定。

3. 海关完税凭证进项税额抵扣的时间限定

增值税一般纳税人进口货物，取得的2004年2月1日以后开具的海关完税凭证，应当在开具之日起90日后的第一个纳税申报期结束以前向主管税务机关申报抵扣，逾期不得抵扣进项税额；增值税一般纳税人取得的2004年1月31日以前开具的海关完税凭证，必须在2004年5月申报期前向主管税务机关申报抵扣，逾期不再予以抵扣。

（二）计算应纳税额时进项税额不足抵扣的处理

由于增值税实行购进扣税法，有时企业当期购进的货物很多，在计算应纳税额时会出现当期销项税额小于当期进项税额不足抵扣的情况。根据税法规定，当期进项税额不足抵扣的部分可以结转下期继续抵扣。

（三）扣减发生期进项税额的规定

由于增值税实行以当期销项税额抵扣当期进项税额的“购进扣税法”，当期购进的货物或应税劳务如果事先并未确定将用于非生产经营项目，其进项税额会在当期销项税额中予以抵扣。但已抵扣进项税额的购进货物或应税劳务如果事后改变用途，发生《增值税暂行条例》第十条第（一）至（五）项所列情况的（即用于非增值税应税项目、用于免征增值税项目、用于集体福利或者个人消费、购进货物发生非正常损失、在产品或产成品发生非正常损失等），将如何处理？根据《增值税暂行条例》及《增值税暂行条例实施细则》的规定，应当将该项购进货物或者应税劳务的进项税额从当期的进项税额中扣减；无法确定该项进项税额的，按当期实际成本计算应扣减的进项税额。

这里需要注意的是，所称“从当期发生的进项税额中扣减”，是指已抵扣进项税额的购进货物或应税劳务是在哪一个时期发生上述五种情况的，就从这个发生期内纳税人的进项税额中扣减，而无须追溯到这些购进货物或应税劳务抵扣进项税额的那个时期。另外，对无法准确确定该项进项税额的，“按当期实际成本计算应扣减的进项税额”，是指其扣减进项税额的计算依据不是按该货物或应税劳务的原进价，而是按发生上述情况的当期该货物或应税劳务的“实际成本”按征税时该货物或应税劳务适用的税率计算应扣减的进项税额。

实际成本 = 进价 + 运费 + 保险费 + 其他有关费用

上述计算公式对于进口货物完全适用，国内购进的货物，主要包括进价和运费两大部分。

（四）销货退回或折让涉及销项税额和进项税额的税务处理

一般纳税人销售货物或者应税劳务，开具增值税专用发票后，发生销售货物退回或者折让、开票有误等情形，应按国家税务总局的规定开具红字增值税专用发票。未按规定开具红字增值税专用发票的，增值税额不得从销项税额中扣减。

纳税人在货物购销活动中，因货物质量、规格等原因常会发生销货退回或销售折让的情况。由于销货退回或折让不仅涉及销货价款或折让价款的退回，还涉及增值税的退回，这样，销货方和购货方应相应地对当期的销项税额或进项税额进行调整。为此，《增值税暂行条例》及《增值税暂行条例实施细则》规定，增值税一般纳税人因销售货物退回或者折让而退还给购买方的增值税税额，应从发生销售货物退回或者折让当期的销项税额中扣减；因购进货物退出或者折让而收回的增值税额，应从发生购进货物退出或者折让当期的进项税额中扣减。

目前，一些企业在发生进货退出或折让并收回价款和增值税税额时，没有相应地减少当期进项税额，从而造成进项税额虚增、减少纳税的现象，这是税法所不允许的。对于纳税人进货退出或折让而不扣减当期进项税额，造成不纳税或少纳税的，都将被认定为是偷税行为，并按偷税予以处罚。

（五）向供货方取得返还收入的税务处理

自 2004 年 7 月 1 日起，对商业企业向供货方收取的与商品销售量、销售额挂钩（如以一定比例、金额、数量计算）的各种返还收入，均应按照平销返利行为的有关规定冲减当期增值税进项税金。应冲减进项税金的计算公式调整为：

当期应冲减进项税金 = 当期取得的返还资金 ÷（1 + 所购货物适用增值税税率）× 所购货物适用增值税税率

商业企业向供货方收取的各种返还收入，一律不得开具增值税专用发票。

（六）一般纳税人注销时进项税额的处理

一般纳税人注销或取消辅导期一般纳税人资格，转为小规模纳税人时，其存货不作进项税额转出处理，其留抵税额也不予以退税。

（七）金融机构开展个人实物黄金交易业务增值税的处理

（1）对于金融机构从事的实物黄金交易业务，实行金融机构各省级分行和直属一级分行所属地市级分行、支行按照规定的预征率预缴增值税，由省级分行和直属一级分行统一清算缴纳。

①发生实物黄金交易行为的分理处、储蓄所等应按月计算实物黄金的销售数量、金额，并上报其上级支行。

②各支行、分理处、储蓄所应依法向机构所在地主管国家税务局申请办理税务登记。各支行应按月汇总所属分理处、储蓄所上报的实物黄金销售额和本支行的实物黄金销售额，按照规定的预征率计算增值税预征税额，向主管税务机关申报缴纳增值税。

预征税额 = 销售额 × 预征率

③各省级分行和直属一级分行应向机构所在地主管国家税务局申请办理税务登记，申请认定增值税一般纳税人资格。按月汇总所属地市分行或支行上报的实物黄金销售额和进项税额，按照一般纳税人方法计算增值税应纳税额，根据已预征税额计算应补税额，向主管税务机关申报缴纳。

应纳税额 = 销项税额 − 进项税额

应补税额 = 应纳税额 − 预征税额

当期进项税额大于销项税额的，其留抵税额结转下期抵扣，预征税额大于应纳税额的，在下期增值税应纳税额中抵扣。

④从事实物黄金交易业务的各级金融机构取得的进项税额，应当按照现行规定划分不可抵扣的进项税额转出处理。

⑤预征率由各省级分行和直属一级分行所在地省级国家税务局制定。

（2）金融机构所属分行、支行、分理处、储蓄所等销售实物黄金时，应当向购买方开具由国家税务总局统一监制的普通发票，不得开具银行自制的金融专业发票，普通发票领购事宜由各分行、支行办理。

（3）小规模纳税人增值税应纳税额的计算。

小规模纳税人销售货物或应税劳务，按照取得的销售额和增值税的征收率计算应纳的增值税税额，但不得抵扣进项税额，应纳税额的计算公式为：

应纳税额 = 销售额 × 征收率

其中，销售额为对外销售应税货物或应税劳务时，向对方收取的全部价款和价外费用，但不包括向对方收取的增值税税额和代垫运费，具体的确定标准与一般纳税人的销售额相同。

生产型企业和商品流通企业分别执行 6% 和 4% 的征收率标准。与一般纳税人的销售额不同的是，小规模纳税人因销售退回或销售折让而退还给购买方的销售额，应从发生销货退回或折让当期的销售额中扣减，而不必追究其原发票的处理。

小规模纳税人销售货物或提供应税劳务，向对方收取的款项往往包含了增值税，因此，在计算应纳增值税税额时，必须将含税销售额进行还原，具体计算公式为：

$$销售额=\frac{含税销售额}{1+征收率}$$

【例3-1】信盟便民店为小规模纳税人，本月取得含税商品销售收入36 400元。本月应纳增值税税额计算如下：

销售额＝36 400÷（1＋4%）＝35 000（元）

应纳税额＝35 000×4%＝1 400（元）

三、进口货物增值税应纳税额的计算

纳税人进口货物，按照组成计税价格和规定的税率计算应纳税额，不得抵扣进项税额。其计算公式为：

组成计税价格＝关税完税价格＋关税＋消费税＝（关税完税价格＋关税）÷（1－消费税税率）

应纳税额＝组成计税价格×适用税率

第三节　一般纳税人增值税的会计核算

一、账户设置

为了准确核算增值税的计提缴纳情况，增值税的一般纳税人要在会计核算上专门设置“应交税费——应交增值税”和“应交税费——未交增值税”两个二级账户。

（一）“应交税费——应交增值税”二级账户

该账户用来专门核算纳税人当期发生的增值税的计提缴纳情况，并下设“进项税额”、“已交税金”、“减免税款”、“出口抵减内销产品应纳税额”、“转出未交增值税”、“销项税额”、“进项税额转出”、“出口退税”、“转出多交增值税”9个三级账户，如表3-4所示。

本”、“制造费用”等账户，以红字贷记“银行存款”、“应付账款”、“应付票据”、“其他应付款”等账户。

商品流通企业采购的商品发生退货时进项税额的会计核算。

如【例3－3】中，南方批发公司对所购家电退货，则会计处理如下：

借：库存商品——彩电　　460 000（红字）

　　应交税费——应交增值税（进项税额）　　78 200（红字）

　贷：应付账款　　538 200（红字）

【例3－4】开心大药房接受乐于制药厂委托，代为销售抗感冒新药一批，代销合同约定该批新药药房与厂家不含税结算价为64 000元，具体售价由药房自定，药房按含税售价97 344元出售后，与厂家结清应付代销药款并取得厂家开具的增值税专用发票，内列价款64 000元，增值税税款10 880元。

销售代销新药时会计处理如下：

借：银行存款　　97 344

　贷：主营业务收入　　83 200

　　　应交税费——应交增值税（销项税额）　　14 144

同时：

借：主营业务成本　　64 000

　贷：库存商品——受托代销商品　　64 000

支付厂家代销新药款时会计处理如下：

借：应付账款——乐于制药厂　　64 000

　　应交税费——应交增值税（进项税额）　　10 880

　贷：银行存款　　74 880

2. 接受应税劳务进项税额的会计核算

纳税人接受应税劳务时，应按取得的专用发票上注明的增值税税额，借记“应交税费——应交增值税（进项税额）”账户，按专用发票上的记载，应计入加工修理修配货物、劳务成本的金额，借记“委托加工物资”、“制造费用”、“管理费用”、“销售费用”、“其他业务成本”等账户，按应付或实际支付的金额，贷记“应付账款”、“银行存款”等账户。

【例3－5】南方公司拨付原材料费78 000元，委托外单位配套加工，以转账支票支付加工费，取得受托方开具的增值税专用发票，内列加工费26 000元、增值税税额4 420元，材料加工完毕按实际成本验收入库。

拨付加工材料时会计处理如下：

借：委托加工物资　　78 000

　贷：原材料　　78 000

支付加工费时会计处理如下：

借：委托加工物资　　26 000
　　应交税费——应交增值税（进项税额）　　4 420
　贷：银行存款　　30 420

加工完毕验收入库时会计处理如下：

借：原材料　　104 000
　贷：委托加工物资　　104 000

【例 3 -6】大宇制造公司进行运输车辆大修，以转账支票支付汽车修配厂修理费，取得汽车修配厂开具的增值税专用发票，内列修理费 82 000 元、增值税税额 13 940 元。

其会计处理如下：

借：管理费用　　82 000
　　应交税费——应交增值税（进项税额）　　13 940
　贷：银行存款　　95 940

3. 一般纳税人进口货物进项税额的会计核算

纳税人进口货物应按照海关提供的完税凭证上注明的增值税税额，借记“应交税费——应交增值税（进项税额）”账户，按照进口货物的实际采购成本，借记“材料采购”、“在途物资”、“原材料”、“库存商品”、“周转材料”等账户，按照应付或实际支付的金额，贷记“应付账款”、“银行存款”、“其他货币资金”等账户。

【例 3 -7】南方公司从国外进口电子元件一批，到岸价格 480 000 元，以信用证存款支付，同时以银行汇票支付进口关税 120 000 元、进口增值税 102 000 元，以转账支票支付该批电子元件国内运费 10 000 元，并取得专业运输公司的运费发票。电子元件按实际成本验收入库。

其会计处理如下：

应抵扣的进项税额 =（480 000 + 120 000）× 17% + 10 000 × 7% = 102 700（元）

采购成本 = 480 000 + 120 000 + 10 000 ×（1 - 7%）= 609 300（元）

借：原材料　　609 300
　　应交税费——应交增值税（进项税额）　　102 700
　贷：其他货币资金——信用证　　480 000
　　　其他货币资金——银行汇票　　222 000
　　　银行存款　　10 000

4. 一般纳税人购进免税农产品和废旧物资进项税额的会计核算

纳税人购进免税农产品和废旧物资时，应按购入农产品的买价、收购废旧物资的收购金额和规定的扣除率计算的进项税额，借记“应交税费——应交增值税（进项税额）”账户；按购进农产品、收购废旧物资的实际成本数额，借记“材料采购”、“在途物资”、“原材料”、“库存商品”等账户；按照应付或实际支付的金额，贷记“应付账款”、“银行存款”、“库存现金”等账户；按照应代扣、代缴的农业取的坏账准备，借记“坏账准备”账户；按收到的补价款，借记“银行存款”账户；按确定的入账价值扣除进项税额后的余额，借记“原材料”、“库存商品”、“周转材料”等账户；按放弃的债权账面的余额，贷记“应收账款”、“其他应收款”等账户；按支付的补价和相关税款，贷记“银行存款”等账户。坏账准备不足以冲减的部分计入当期损益。

【例 3－12】南方公司应收南昌公司销货款 180 000 元，已逾期 3 年，并提取坏账准备金 9 000 元，经协商与南昌公司签订债务重组协议，同意南昌公司在支付50 000元现款后，其余的以其所产的钢材抵付，钢材由南昌公司运抵债权人，取得南昌公司开具的增值税专用发票，内列货款 110 000 元，增值税税额 18 700 元。

会计处理如下：

借：原材料　110 000

　　坏账准备　9 000

　　银行存款　50 000

　　应交税费——应交增值税（进项税额）　18 700

　贷：应收账款——南昌公司　180 000

　贷：营业外收入　7 700

4. 一般纳税人以非货币交易换入应税货物时进项税额的会计核算

纳税人以非货币交易换入应税货物时，在同时满足以下条件时：①该项交换具有商业实质；②换入资产或换出资产的公允价值能够可靠地计量，应当以公允价值和应支付的相关税费作为换入资产的成本，公允价值与换出资产账面价值的差额计入当期损益。如果不能同时满足以上条件，则应以换出资产的账面价值加上相关税款减去可抵扣的进项税额后的余额作为实际成本计价入账；如果涉及补价的，应在上述实际成本的基础上，加上支付的补价和应确认的收益，减去收到的补价后计价入账。即按确定的货物入账价值，借记“原材料”、“库存商品”、“周转材料”等账户；按取得的增值税专用发票上注明的增值税税额，借记“应交税费——应交增值税（进项税额）”账户；按换出资产提取的资产损失准备，借记“持有至到期投资减值准备”、“存货跌价准备”、“长期股权投资减值准备”、“无形资产减值准备”等账户；按支付的补价和相关税款，贷记“银行存款”等账户；按应确认的销售损益，贷记“主营业务收入”、“其他业务收入”等或借记“主营业务成本”、“其他业务成本”等账户；按应确认的非货币交易损益，贷记“营业外收入”账户或借记“营业外支出”账户。

5. 一般纳税人接受被投资人以应税货物分配实物股利时进项税额的会计核算

纳税人对外投资后，如果接受被投资人发放的实物股利，而且发放股利的实物是应税货物，则应按被投资人开具的增值税专用发票上注明的增值税税额，借记“应交税费——应交增值税（进项税额）”账户；按照取得应税货物的公允价值加上支付的相关税款，减去可抵扣的进项税额后的数额，借记“原材料”、“库存商品”、

“周转材料”等账户；按照已宣告发放的应收股利数额，贷记“应收股利”、“投资收益”账户；按支付的相关税款，贷记“银行存款”、“库存现金”等账户，借贷双方的差额借记“营业外支出”账户或贷记“营业外收入”账户。

【例3－13】南方公司持有对乐于公司的长期股权投资200万元，占乐于公司所有者权益的40%。去年，乐于公司已宣告发放现金股利80万元，因现金周转暂时出现困难，决定以其产成品发放实物股利，本期南方公司收到乐于公司发放的实物股利，按实际成本验收入材料库，取得乐于公司开具的增值税专用发票，内列价款760 000元，增值税税款129 200元，同时公司以转账方式支付该批材料运费1 200元，取得专业运输公司开具的普通运费发票。

会计处理如下：

可抵扣的进项税额＝129 200＋1 200×7%＝129 284（元）

原材料入账的公允价值＝760 000＋1 200×（1－7%）＝761 116（元）

借：原材料　761 116

　　应交税费——应交增值税（进项税额）　129 284

　贷：应收股利　800 000

　　　银行存款　1 200

　　　营业外收入　89 200

（三）进项税额转出的会计核算

1. 一般纳税人取得应税货物改变用途时进项税额的会计核算

纳税人取得的应税货物，已于取得时将其所负担的增值税税额作为进项税额登记入账，如果将应税货物改变用途，用于基本建设、免税项目、非应税项目、集体福利、个人消费等，也应将该部分进项税额从已登记的进项税额中转出，借记“工程物资”、“生产成本”、“制造费用”、“应付职工薪酬”、“盈余公积”等账户，贷记“应交税费——应交增值税（进项税额转出）”账户。

【例3－14】南方公司将本公司经销的一批日用品作为奖品发放给年终获奖的员工，出库单列明该批日用品含税售价为81 900元，日用品的商品进销差价率为25%，经研究经费由工会负担60%，其余40%由职工福利费负担。

会计处理如下：

商品不含税售价＝81 900÷（1＋17%）＝70 000（元）

应转出的进项税额＝70 000×（1－25%）×17%＝8 925（元）

应转销商品进销差价＝81 900÷（1＋17%）×25%＝17 500（元）

借：管理费用——工会经费　43 995

　　管理费用——职工福利费　29 330

　　商品进销差价　17 500

　贷：库存商品　81 900

　贷：应交税费——应交增值税（进项税额转出）　8 925

2. 一般纳税人取得应税货物发生非正常损失时进项税额的会计核算

纳税人购进的应税货物发生非正常损失，其进项税额不得从销项税额中扣除，但因发生非正常损失的应税货物所负担的增值税税额在取得时已作为进项税额登记入账，在发生非正常损失时，应将这部分进项税额从已登记入账的进项税额中转出，借记“生产成本”、“制造费用”、“管理费用”、“营业外支出”、“其他应收款”、“待处理财产损益”等账户，贷记“应交税费——应交增值税（进项税额转出）”账户。

【例3-15】南方公司发生火灾，烧毁大量电子元件，盘点清单列明烧毁电子元件实际成本为380 000元，经与保险公司协商应由保险公司赔偿货物损失的80%。

会计处理如下：

应转出的进项税额 =380 000×17% =64 600（元）

借：其他应收款——保险公司　　355 680

　　营业外支出——非常损失　　88 920

　贷：原材料　　380 000

　　　应交税费——应交增值税（进项税额转出）　　64 600

（四）几种特殊情况的进项税额的会计核算

1. 一般纳税人购入固定资产、工程物资时进项税额的会计核算

纳税人购进固定资产、工程物资等，无论是否取得合法扣税凭证，其进项税额都不得抵扣，只能计入所购固定资产、工程物资的实际采购成本，即按照所购固定资产、工程物资所取得的发票账单所列的价款和增值税税额的合计，加上支付的其他税费，借记“固定资产”、“在建工程”、“工程物资”账户，贷记“银行存款”、“其他货币资金”、“应付账款”等账户。但是，东北地区和中部六省老工业基地城市从事装备制造业、石油化工业、冶金业、船舶制造业、汽车制造业、农产品加工业以及产品生产为主的增值税一般纳税人，其购进固定资产的进项税额，在取得相关扣税凭证后也可以抵扣。

【例3-16】南方公司以银行汇票购入汽车生产所需辅助设备两台，供货商开具增值税专用发票，内列设备货款400 000元、增值税税额68 000元，设备专用备件价款20 000元，增值税税额3 400元。

支付款项时会计处理如下：

借：在建工程　　400 000

　　工程物资——设备专用备件　　20 000

　　应交税费——应交增值税（进项税额）　　71 400

　贷：其他货币资金——银行汇票　　491 400

2. 一般纳税人购入直接用于非应税项目、免税项目、集体福利、个人消费的应税货物或劳务时进项税额的会计处理

纳税人购入应税货物或应税劳务时，如果直接用于非应税项目、免税项目、集

体福利、个人消费，无论是否取得合法扣税凭证，其进项税额都不得抵扣，只能按照取得有关发票账单上的价税合计，借记“原材料”、“在途物资”、“材料采购”、“制造费用”、“生产成本”、“其他业务成本”、“应付职工薪酬”、“盈余公积”等账户，按照应付或实际支付的价款合计，贷记“银行存款”、“应付账款”、“应付票据”等账户。

【例3-17】南方公司以转账支票购入生产专用药品所需原材料一批，取得对方开具的增值税专用发票，内列货款20 000元、增值税税额3 400元。

支付材料款时会计处理如下：

借：材料采购——专用药品　　23 400

　贷：银行存款　　23 400

【例3-18】南方公司年终表彰优秀员工，以转账方式购买表彰用品一批，取得某批发商开具的增值税专用发票，内列货款8 000元，增值税税额1 360元，款项由工会经费和集体福利费各出资50%。

会计处理如下：

借：管理费用——工会经费　　4 680

　　管理费用——集体福利费　　4 680

　贷：银行存款　　9 360

3. 一般纳税人购进应税货物或接受应税劳务取得普通发票时进项税额的会计核算

纳税人购进应税货物或接受应税劳务时，如果不能取得增值税专用发票等合法扣款凭证，尽管其所支付或负担的款项中含有增值税税款，也一律不得抵扣进项税额。为此，只能按取得的有关发票账单所列金额合计，借记“在途物资”、“材料采购”、“原材料”、“库存商品”、“周转材料”、“生产成本”、“制造费用”、“管理费用”等账户，贷记“银行存款”、“应付账款”、“应付票据”账户。

【例3-19】南方公司以现金方式从零售商店购入办公用品一批，取得普通零售发票，内列办公用品价款合计200元。

会计处理如下：

借：管理费用　　200

　贷：库存现金　　200

三、增值税一般纳税人销项税额的会计核算

销项税额是指纳税人销售货物和提供应税劳务，按照销售额和税率计算并向买方收取的增值税税额。一般纳税人的销项税额在会计核算上主要是运用“应交税费——应交增值税”二级账户下的“销项税额”、“转出未交增值税”两个三级账户进行的。

（一）一般销售行为销项税额的会计核算

1. 销售货物销项税额的会计核算

纳税人在采取直接收款方式销售货物时，不管对方是否提货都应收讫价款、开出发票账单，并在将提货单交给对方时确认销项税额，在采取委托收款销售时，应在开出发票账单，并向银行办妥收款手续时确认销项税额。在会计核算上，按已确认的销项税额，贷记“应交税费——应交增值税（销项税额）”账户；按已确认的收入额，贷记“主营业务收入”、“其他业务收入”账户；按已确认的销项税额和收入的合计，借记“银行存款”、“库存现金”、“应收账款”账户。但是如果尚未将发出货物所有权的主要风险和报酬转移给购货方，则既不能确认销项税额，也不能确认收入，只能将发出的货物的实际成本借记“发出商品”账户。

【例 3－20】南方公司销售所产设备两台，对外开出增值税专用发票，内列设备价款 117 000 元、增值税税额 17 000 元。款项收妥存入银行。

会计处理如下：

借：银行存款	117 000	
贷：主营业务收入		100 000
应交税费——应交增值税（销项税额）		17 000

纳税人销售应税货物，如果发生销货退回或销售折让，不论是当月销售的退货与折让，还是以前月份销售的退货与折让，均应冲减当月的“主营业务收入”账户；如果销货方能够收到给购货方开出的原增值税专用发票的发票联和税款抵扣联或取得购货方税务机关开具的《进货退出或索取折让证明单》，销售方可以开具红字专用发票，并凭红字专用发票上记载的增值税税额，以红字贷记“应交税费——应交增值税（销项税额）”账户，否则一律不得冲减销项税额；如果发生销售折扣，不能将折扣额与正常销售额开在一张发票上。因此，销售折扣额只能全部作为销货方的融资费用，在发生当期，借记“财务费用”账户，不能冲减销项税额。

【例 3－21】南昌公司前期对外销售家电产品一批，对外开具专用发票，内列价款 118 000 元、增值税税额 20 060 元。该批家电产品实际采购成本为 100 000 元，并承诺保修期为 6 个月，保修期内如果发生质量问题准予退货。本期发生退货两笔，其中一笔已退回原来开具的专用发票，并凭此开具红字专用发票，内列退回家电 5 台，每台售价 3 000 元，每台增值税税额 510 元；另一笔既没退回原开具的专用发票，也未取得对方税务机关开具的《进货退出或索取折让证明单》，两笔共计退回现金 31 590 元。所退家电共 9 台重新验收入库，每台实际采购成本 2 200 元。

对外销售家电产品时会计处理如下：

借：银行存款	138 060	
贷：主营业务收入		118 000
应交税费——应交增值税（销项税额）		20 060

同时：

借：主营业务成本　　100 000

　贷：库存商品　　100 000

发生销货退回时，会计处理如下：

借：主营业务收入　　15 000

　贷：应交税费——应交增值税（销项税额）　　2 550（红字）

　　库存现金　　17 550

同时：

借：主营业务收入　　14 040

　贷：库存现金　　14 040

借：库存商品　　19 800

　贷：主营业务成本　　19 800

2. 委托代销和受托代销的销项税额的会计核算

纳税人将其生产、经营的应税货物委托代理商代为销售的，由于应税货物在实质对外销售前，委托商和代理商之间只是代理关系，而不是真正意义上的购销关系，因此，在会计处理上，发出委托代销商品并不确认销售收入和销项税额，应按发出的委托代销货物的实际成本借记“库存商品——委托代销商品”账户，贷记“库存商品”、“原材料”、“周转材料”账户。收到代理商转来代销清单时，确认销售收入的同时还要确认销项税额，在会计处理上，借记“银行存款”、“应收账款”账户，贷记“主营业务收入”、“其他业务收入”和“应交税费——应交增值税（销项税额）”账户。但是如果委托商与代理商之间在代理合同中约定，采取收取代理手续费方式，具体对外销售价由代理商根据市场供求自由确定，委托商支付的代理手续费不得抵减应确认的销售收入和销项税额，应借记“销售费用”账户。

代理商收到委托商发来的委托代销货物时，按接受价或含税售价，借记“库存商品——受托代销商品”账户，按接受价贷记“应付账款”账户；若代理商为零售企业，还应按代理商品的进销差价，贷记“商品进销差价”账户。代理商销售代销商品后，要依据代理合同约定的代理商是否具有实质上的代理货物市场定价权分别处理，若代理商有实质市场定价权，称为视同买断方式，在会计处理上既反映销售收入、销售成本，又反映销项税额；若代理商没有实质市场定价权，称为收取手续费结算方式，代理商在会计处理上反映销项税额，同时等额反映销售收入和销售成本，将代销手续费作为其他业务收入入账。

【例3－22】 南昌公司委托甲代理商销售中成药一批，账面制造成本额为160 000元，产品适用的增值税税率为17%，代理合同约定该批中成药的具体市场售价由甲代理商自定，公司与甲代理商约定含税结算价为234 000元。甲代理商将该批中成药按含税售价269 100元出售后，开来代销清单，并结清全部代理款项234 000元。

委托方南昌公司的会计处理：

发出代理销售货物时，会计处理如下：

借：库存商品——委托代销商品　　160 000

　贷：库存商品　　160 000

收到代销清单时，会计处理如下：

借：银行存款　　234 000

　贷：主营业务收入　　200 000

　　　应交税费——应交增值税（销项税额）　　34 000

同时：

借：主营业务成本　　160 000

　贷：库存商品——委托代销商品　　160 000

受托方甲代理商的会计处理：

收到代理货物时，会计处理如下：

借：库存商品——受托代销商品　　269 100

　贷：应付账款　　234 000

　　　商品进销差价　　35 100

代销货物销售后会计处理如下：

借：银行存款　　269 100

　贷：主营业务收入　　230 000

　　　应交税费——应交增值税（销项税额）　　39 100

同时：

借：主营业务成本　　269 100

　贷：库存商品——受托代销商品　　269 100

开出代销清单并收到委托方开出增值税专用发票时，会计处理如下：

借：应付账款——南昌公司　　234 000

　贷：银行存款　　234 000

同时：

借：应交税费——应交增值税（进项税额）　　34 000

　贷：主营业务成本　　34 000

期末结转代销货物进销差价的会计处理如下：

借：商品进销差价　　35 100

　贷：主营业务成本　　35 100

【例 3－23】南昌公司委托乙代理商代理销售针剂药品一批，账面制造成本为 90 000 元，产品适用的增值税税率为 17%，代理合同约定，该批针剂的具体市场售价，只能按委托方统一要求的 140 400 元出售，公司按含税售价额的 6% 向代理商支付代销手续费。乙代理商已将代销货物销售出去并向委托方开出代销清单，公司已结清与委托方的相应款项，取得委托方开具的增值税专用发票。

委托方南昌公司的会计处理：

发出代理销售货物时，会计处理如下：

借：库存商品——委托代销商品　　90 000

　贷：库存商品　　90 000

收到代销清单时，会计处理如下：

借：银行存款　　131 976

　　销售费用　　8 424

　贷：主营业务收入　　120 000

　　　应交税费——应交增值税（销项税额）　　20 400

同时：

借：主营业务成本　　90 000

　贷：库存商品——委托代销商品　　90 000

受托方乙代理商的会计处理：

收到代理货物时，会计处理如下：

借：库存商品——受托代销商品　　140 400

　贷：应付账款——健民制药有限公司　　140 400

代销货物销售后会计处理如下：

借：银行存款　　140 400

　贷：主营业务收入　　120 000

　　　应交税费——应交增值税（销项税额）　　20 400

同时：

借：主营业务成本　　140 400

　贷：库存商品——受托代销商品　　140 400

计提代销手续费时，会计处理如下：

借：应付账款——南昌公司　　8 424

　贷：其他业务收入——代购代销收入　　8 424

向委托商开出代销清单并收到委托方开具的增值税专用发票时，会计处理如下：

借：应付账款——南昌公司　　131 976

　贷：银行存款　　131 976

同时：

借：应交税费——应交增值税（进项税额）　　20 400

　贷：主营业务成本　　20 400

3. 包装物销售及包装物押金销项税额的会计核算

纳税人无论是单独出售包装物还是随货出售单独计价包装物，都应在反映包装物销售收入的同时，反映包装物的销项税额，借记“应收账款”、“银行存款”等账户，贷记“其他业务收入”、“应交税费——应交增值税（销项税额）”账户。如果纳税人出租出借包装物，虽然出租包装物的租金收入记入“其他业务收入”账户，不缴纳增值税而缴纳营业税，但出租出借包装物收取的逾期一年未退的押金、逾期未收回出租出借包装物没收的押金以及加收的押金，都应作为计税销售额反映包装物押金的销项税额，借记“其他应付款——存入保证金”账户，贷记“应交税费——应交增值税（销项税额）”账户。

4. 混合销售销项税额的会计核算

纳税人在生产经营活动中，如果销售应税货物或应税劳务的同时还涉及非应税劳务，应将非应税劳务收入额作为混合收入，一并缴纳增值税。在会计处理上，借记“银行存款”、“库存现金”、“应收账款”等账户，贷记“主营业务收入”、“其他业务收入”、“应交税费——应交增值税（销项税额）”账户。

【例3-24】南昌公司本期销售自产设备5台，对外开具增值税专用发票，内列设备价款290 000元、增值税税额49 300元，设备安装费25 000元、增值税税额4 250元，价款总计368 550元，收讫存入银行。

会计处理如下：

借：银行存款	368 550	
贷：主营业务收入		290 000
其他业务收入		25 000
应交税费——应交增值税（销项税额）		53 550

5. 以旧换新销售销项税额的会计核算

纳税人采取以旧换新方式销售应税货物时，除了金银首饰可以按实际收取的不含税价款作为计税销售额外，其他的以旧换新销售业务，必须以新货物的同期正常销售价格确定计税销售额，不得扣减旧货物的回收价。在会计处理上，按扣除回收旧货物应收或实收价税合计，借记“银行存款”、“应收账款”、“应收票据”账户，按回收的旧货物所顶价款，借记“原材料”账户，按新货物正常对外销售不含税价款计提增值税销项税额，贷记“应交税费——应交增值税（销项税额）”账户。

【例3-25】南昌公司在促销月活动中，推出以旧换新销售冰箱业务，今日共销售冰箱200台，每台冰箱正常对外销售含税价为3 276元，采取以旧换新方式回收一台旧冰箱抵付货款1 000元后，每台冰箱实收价款2 276元，冰箱组开来销售日报。

不含税收入 $=3\,276\div(1+17\%)\times200=560\,000$（元）

销项税额 $=560\,000\times17\%=95\,200$（元）

会计处理如下：

借：银行存款	455 200
原材料	200 000

贷：主营业务收入　560 000
　　应交税费——应交增值税（销项税额）　95 200

同时：

借：主营业务成本　655 200
　贷：库存商品——冰箱　655 200

（二）视同销售行为销项税额的会计核算

1. 将应税货物用于非应税项目、免税项目、集体福利和个人消费时销项税额的会计核算

纳税人如果将应税货物用于非应税项目、免税项目、集体福利和个人消费，除了用于发放职工实物工资外，按会计制度规定一律不反映应税货物的销售收入和销售成本，按税法规定，应于货物移送使用时按视同销售处理，把应税货物正常市场销售的公允价值作为计税销售额，计提增值税销项税额，贷记“应交税费——应交增值税（销项税额）”账户，按应税货物的账面价值加上相关税款后的数额，借记“生产成本”、“制造费用”、“应付职工薪酬”、“其他应付款”、“销售费用”等账户，按照应税货物的账面余额，贷记“原材料”、“库存商品”、“周转材料”等账户。

【例 3－26】南昌公司将一批含税售价为 117 000 元的家用电器作为实物工资向职工发放。销项税额＝117 000÷（1＋17%）×17%＝17 000（元）

会计处理如下：

借：应付职工薪酬　117 000
　贷：主营业务收入　100 000
　　应交税费——应交增值税（销项税额）　17 000

同时：

借：主营业务成本　80 000
　贷：库存商品　80 000

【例 3－27】南昌公司将其新到货的一批时装用于社会商业广告宣传，该批时装账面含税售价为 13 338 元，进销差价率为 21.25%。

销项税额＝13 338÷（1＋17%）×17%＝1 938（元）

商品进销差价＝13 338×21.25%＝2 834.33（元）

会计处理如下：

借：销售费用　124 41.67
　　商品进销差价　2 834.33
　贷：库存商品　13 338
　　应交税费——应交增值税（销项税额）　1 938

2. 将应税货物用于基本建设时销项税额的会计核算

纳税人如果将应税货物用于基本建设，按会计制度不反映应税货物的销售收入

〔2003〕238号）的规定，现行出口货物的增值税退税率有17%、13%、11%、8%、6%、5%六档。

2. 外贸企业出口退（免）税的账务处理

外贸企业出口货物有自营出口和委托出口两种形式，其出口货物所获得的增值税退税款，在账务处理上，应冲减相应的“进项税额”或“已交税金”，而且不并入利润征收企业所得税。计算应退增值税税额时，借记“其他应收款”账户，贷记“应交税费——应交增值税（出口退税）”账户；计算不予退还的增值税税额时，借记“主营业务成本”账户，贷记“应交税费——应交增值税（进项税额转出）”账户；实际收到出口货物退回的增值税时，借记“银行存款”账户，贷记“其他应收款”账户。

【例3-34】南海省外贸公司拥有进出口经营权，本期该公司从后方公司购进一批家电产品用于出口，取得海尔公司开具的增值税专用发票，内列家电货款100万元、增值税税额17万元，价税款合计以银行汇票付讫。该批所购家电产品本期全部出口，离岸价为15万美元，当日市场汇率为100美元=680元人民币，申请退税的单证齐全。该家电产品出口退税率为13%。

申报出口退税时，会计处理如下：

应退增值税税额=1 000 000×13%=130 000（元）

出口货物不予退税的税额=1 000 000×（17%-13%）=40 000（元）

借：其他应收款——应退增值税　　130 000

　贷：应交税费——应交增值税（出口退税）　　130 000

借：主营业务成本　　40 000

　贷：应交税费——应交增值税（进项税额转出）　　40 000

收到增值税退税款时，会计处理如下：

借：银行存款　　130 000

　贷：其他应收款——应退增值税　　130 000

（二）生产企业“免、抵、退”增值税的会计核算

1. 生产企业“免、抵、退”增值税的会计核算

实行“免、抵、退”管理办法的“免”税是指对生产企业出口的自产货物，免征本企业生产环节的增值税。“抵”税是指生产企业出口的自产货物所耗用的原材料、零部件等所含的应予退还的进项税额，抵顶内销货物的应纳税额。“退”税是指生产企业出口的自产货物在当月内应抵顶的进项税额大于应纳税额时，经主管税务机关批准，对未抵顶完的税额予以退税。具体计算公式为：

当期应纳税额=当期内销货物的销项税额-（当期进项税额-当期免、抵、退税不得免征和抵扣税额）-上期留抵税额

其中：

当期免、抵、退税不得免征和抵扣税额=出口货物离岸价×外汇人民币牌价×

（出口货物征税率－出口货物退税率）－免、抵、退税不得免征和抵扣税额抵减额

免、抵、退税不得免征和抵扣税额抵减额＝免税购进原材料价格×（出口货物征税率－出口货物退税率）

若上述当期应纳税额计算结果为正数，说明企业从内销货物销项税额中抵扣后还有余额，即为应纳增值税税额，无退税额；若计算结果为负数，则应给予退税，实际退税额按下列公式计算：

免、抵、退税额＝出口货物离岸价×外汇人民币牌价×出口货物退税率－免、抵、退税额抵减额

其中：

免、抵、退税额抵减额＝免税购进原材料价格×出口货物退税率

当期应退税额和免抵税额的计算：

（1）如当期期末留抵税额≤当期免、抵、退税额，则

当期应退税额＝当期期末留抵税额

当期免、抵税额＝当期免、抵、退税额－当期应退税额

（2）如当期期末留抵税额＞当期免、抵、退税额，则

当期应退税额＝当期免、抵、退税额

当期免抵税额＝0

2. 生产企业“免、抵、退”增值税的账务处理

实行“免、抵、退”办法办理出口退税的生产企业，直接出口和委托外贸企业代理出口的货物，在出口销售环节免征增值税，并按规定的退税率计算出口货物的进项税额、出口抵减内销产品应纳税额，企业按购进原材料等取得的增值税进项税额，出口抵减内销产品应纳税额。企业按购进原材料等取得的增值税专用发票上记载的增值税税额与按照退税率计算的增值税税额的差额，借记“主营业务成本”账户，贷记“应交税费——应交增值税（进项税额转出）”账户，按规定的退税率计算出口货物的进项税额抵减内销产品的应纳税额，借记“应交税费——应交增值税（出口抵减内销产品应纳税额）”账户，贷记“应交税费——应交增值税（出口退税）”账户；对确因出口比重过大，在规定期限内不足抵减的，不足部分可按有关规定给予退税，借记“其他应收款”账户，贷记“应交税费——应交增值税（出口退税）”账户。

【例3－35】南昌公司为有进出口自营权的生产企业，本期内销电子产品不含税价款为2 400 000元，出口销售电子产品折合人民币4 600 000元，同期购入货物的进项税额为280 000元，期初未交增值税借方余额为120 000元，出口退税率为13%，申请退税单证齐全。

账务处理如下：

内销产品销项税额＝2 400 000×17%＝408 000（元）

当期不予抵（退）税额＝4 600 000×（17%－13%）＝184 000（元）

（续上表）

类别	序号	发票代码	发票号码	开票日期	金额	税额	销货方纳税人识别号	认证日期	备注
前期认证相符且本期申报抵扣									
	小计	—	—	—			—	—	
合计		—	—	—			—	—	

除此之外，一般纳税人在纳税申报时还应报送资产负债表、利润表、成品油购销存情况明细表（发生成品油零售业务的纳税人填报）以及主管税务机关规定的其他必报送资料。

1. 增值税纳税申报资料的管理

（1）增值税纳税申报必报资料的管理。

纳税人在纳税申报期内，应及时将全部必报资料的电子数据报送主管税务机关，并在主管税务机关按照税法规定确定的期限内（具体时间由各省级国家税务局确定），将要求报送的纸质的必报资料（具体份数由各省级国家税务局确定）报送主管税务机关，税务机关签收后，一份退还纳税人，其余留存。

（2）增值税纳税申报备查资料的管理。

纳税人在月度终了后，应将备查资料认真整理并装订成册。装订的规定如下：

属于整本开具的手工版增值税专用发票及普通发票的存根联，按原顺序装订；开具的电脑版增值税专用发票，包括防伪税控系统开具的增值税专用发票的存根联，应按开票顺序号码每25份装订一册，不足25份的按实际开具份数装订。

属于扣税凭证的单证，根据取得的时间顺序，按单证种类每25份装订一册，不足25份的按实际份数装订。

装订时，必须使用税务机关统一规定的“征税/扣税单证汇总簿封面”（以下简称“封面”），并按规定填写封面内容，由办税人员和财务人员审核签章。启用“封面”后，纳税人可不再填写原增值税专用发票的封面内容。

纳税人当月未使用完的手工版增值税专用发票，暂不加装“封面”，2个月仍未使用完的，应在主管税务机关对其剩余部分剪角作废的当月加装“封面”。

纳税人开具的普通发票及收购凭证在其整本使用完毕的当月加装“封面”。

“封面”的内容包括纳税人单位名称、本册单证份数、金额、税额、本月此种单证总册数及本册单证编号、税款所属时间等，具体格式由各省级国家税务局制定。附：“征税/扣税单证汇总簿封面”：

征税/扣税单证汇总簿封面

纳税人单位名称________________	
汇总单证名称________________	单证总册数编号________________
本册单证编号________________	本册单证份数________________
汇总经营额________________	汇总扣税额________________
微机编码________________	税款所属时间________________
填写人________________	审核人________________

“增值税纳税申报表（适用于增值税一般纳税人）”（主表及附表）由纳税人向主管税务机关领购。

2. 申报期限

纳税人应按月进行纳税申报，申报期为次月1日起至10日止，遇最后一日为法定节假日的，顺延1日；在每月1日至10日内有连续3日以上是法定休假日的，按休假日天数顺延。

3. 罚则

（1）纳税人未按规定期限办理纳税申报和报送纳税资料的，按照《中华人民共和国税收征收管理法》第六十二条的有关规定进行处罚。

（2）纳税人经税务机关通知申报而拒不申报或者进行虚假的纳税申报，不缴或者少缴应纳税款的，按偷税处理，并按《中华人民共和国税收征收管理法》第六十三条的有关规定进行处罚。

（3）纳税人不进行纳税申报，不缴或者少缴应纳税款的，按《中华人民共和国税收征收管理法》第六十四条的有关规定进行处罚。

（三）小规模纳税人的纳税申报

小规模纳税人无论有无计税销售额，均应按主管税务机关核定的纳税期限填列“增值税纳税申报表”，如表3－8所示，并于次月1日至10日内办理纳税申报，结清上月应纳税款。同时，小规模纳税人也要按期申报发票领用存情况表，如表3－9所示。

表 3－8　增值税纳税申报表（适用于小规模纳税人）

填表日期：　　年　月　日　　　　　　　　　　金额单位：人民币元（列至角、分）

<table>
<tr><td>纳税人名称</td><td colspan="2"></td><td>纳税人识别号</td><td colspan="3"></td><td>纳税编码</td><td></td></tr>
<tr><td>地　址</td><td colspan="2"></td><td>税款所属时期</td><td colspan="3">年　月　日至
年　月　日</td><td>联系电话</td><td></td></tr>
<tr><td>货物或应税劳务名称</td><td>销售额</td><td>核定销售额</td><td>征收率</td><td>本期实际应纳税额</td><td>核定应纳税额</td><td>减免税额</td><td>预缴税额</td><td>应退补税额</td></tr>
<tr><td>序　号</td><td>1</td><td>2</td><td>3</td><td>4＝1×3</td><td>5＝2×3</td><td>6</td><td>7</td><td>8＝4（或5）－6－7</td></tr>
<tr><td></td><td></td><td></td><td></td><td></td><td></td><td></td><td></td><td></td></tr>
<tr><td></td><td></td><td></td><td></td><td></td><td></td><td></td><td></td><td></td></tr>
<tr><td colspan="2">预缴税款</td><td colspan="7"></td></tr>
<tr><td colspan="3">如纳税人填报，由纳税人填写以下各栏</td><td colspan="5">如委托代理人填报，由代理人填写以下各栏</td><td>备注</td></tr>
<tr><td rowspan="3">会计主管：
（签章）</td><td colspan="2" rowspan="3">纳税人：
（公章）</td><td>代理人名称</td><td colspan="2"></td><td colspan="2" rowspan="2">代理人
（公章）</td><td rowspan="3"></td></tr>
<tr><td>地　址</td><td colspan="2"></td></tr>
<tr><td>经 办 人</td><td colspan="2"></td><td colspan="2">电话</td></tr>
<tr><td colspan="9">以 下 由 税 务 机 关 填 写</td></tr>
<tr><td colspan="2">收　到
申报表日期</td><td colspan="3"></td><td>接受人</td><td colspan="3"></td></tr>
</table>

表3－9　增值税纳税申报（适用于小规模纳税人）附列资料

填表日期：　　年　月　日　　　　　　　　　　　　金额单位：人民币元（列至角、分）

<table>
<tr><td colspan="2">纳税人名称</td><td colspan="3"></td><td colspan="2">纳税人识别号</td><td colspan="4"></td><td colspan="2">纳税编码</td><td></td></tr>
<tr><td colspan="2">地　址</td><td colspan="3"></td><td colspan="2">税款所属时期</td><td colspan="4">年　月　日至
年　月　日</td><td colspan="2">联系电话</td><td></td></tr>
<tr><td rowspan="2">发票种类</td><td rowspan="2">发票代码</td><td colspan="2">期初库存</td><td colspan="2">本期购领</td><td colspan="2">本期开具</td><td colspan="2">本期作废或遗失</td><td colspan="2">交回未开发票</td><td colspan="2">期末库存</td></tr>
<tr><td>份数</td><td>起止号码</td><td>份数</td><td>起止号码</td><td>份数</td><td>起止号码</td><td>份数</td><td>起止号码</td><td>份数</td><td>起止号码</td><td>份数</td><td>起止号码</td></tr>
<tr><td></td><td></td><td></td><td></td><td></td><td></td><td></td><td></td><td></td><td></td><td></td><td></td><td></td><td></td></tr>
<tr><td></td><td></td><td></td><td></td><td></td><td></td><td></td><td></td><td></td><td></td><td></td><td></td><td></td><td></td></tr>
<tr><td></td><td></td><td></td><td></td><td></td><td></td><td></td><td></td><td></td><td></td><td></td><td></td><td></td><td></td></tr>
<tr><td></td><td></td><td></td><td></td><td></td><td></td><td></td><td></td><td></td><td></td><td></td><td></td><td></td><td></td></tr>
<tr><td></td><td></td><td></td><td></td><td></td><td></td><td></td><td></td><td></td><td></td><td></td><td></td><td></td><td></td></tr>
<tr><td></td><td></td><td></td><td></td><td></td><td></td><td></td><td></td><td></td><td></td><td></td><td></td><td></td><td></td></tr>
<tr><td></td><td></td><td></td><td></td><td></td><td></td><td></td><td></td><td></td><td></td><td></td><td></td><td></td><td></td></tr>
<tr><td colspan="2">合　计</td><td></td><td></td><td></td><td></td><td></td><td></td><td></td><td></td><td></td><td></td><td></td><td></td></tr>
</table>

关键概念

销项税额　进项税额　进项税额转出　出口退税　视同销售

思考题

1. 一般纳税人如何设置“应交税费——应交增值税”明细账户？
2. 小规模纳税人为何不设增值税明细账户？
3. 如何对增值税的计算、缴纳进行会计核算？

技能题

1. 南方公司接受乐于公司的委托代为销售空调机一批，代销合同约定南方公司只能按厂家统一定价286 650元零售价对外出售，厂家按销售收入的8%向南方公司支付代销手续费。南方公司将该批电器销售后，向乐于公司付清代销价款，并取得乐于公司开具的增值税专用发票，内列增值税税款41 650元。委托方和受托方应如

何进行会计处理？

2. 南方公司年终表彰优秀员工，以转账方式购买了表彰用品一批，取得某批发商开具的增值税专用发票，内列货款800 000元，增值税税额136 000元，款项由工会经费和集体福利费各出资50%。请作出相关的会计处理。

3. 后启有限公司销售所产设备两台，对外开出增值税专用发票，内列设备价款250 000元、增值税税额42 500元。款项收妥存入银行。请作出相关的会计处理。

4. 南科公司因资金周转困难，用所生产的一批产品换入生产急需的原材料，换出产成品账面实际制造成本为500 000元，并已提取存货跌价准备金3 900元，该批产品正常对外销售不含税售价为620 000元，适用的增值税税率为17%。原材料提回后，按实际成本验收入库，并以现金支付该批材料运费800元，取得专业运输公司开具的普通运费发票，取得交易对方开具的增值税专用发票，内列材料价款550 000元、增值税税额93 500元。请作出相关的会计处理。

5. 2009年6月，南昌公司因经营业务调整，出售已使用过的一辆小轿车和一辆摩托车，其中小轿车账面原值为180 000元，已提折旧140 000元，以50 000元的价格出售；摩托车账面原值为10 000元，已提折旧1 000元，以12 000元的价格出售。公司向对方开具普通发票，款已收妥并存入银行。请作出相关的会计处理。

参考答案

1. 接受代销商品时会计处理如下：

借：库存商品——受托代销商品　　286 650

　贷：应付账款——乐于公司　　286 650

销售代销商品时会计处理如下：

借：银行存款　　286 650

　贷：应交税费——应交增值税（销项税额）　　41 650

　　　主营业务收入　　245 000

同时：

借：主营业务成本　　286 650

　贷：库存商品——受托代销商品　　286 650

计提应收代销手续费时会计处理如下：

借：应付账款——乐于公司　　22 932

　贷：其他业务收入——代购代销收入　　22 932

向委托方厂家支付扣除手续费后的代销商品价款时，会计处理如下：

借：应付账款——乐于公司　　222 068

　　应交税费——应交增值税（进项税额）　　41 650

　贷：银行存款　　263 718

同时：

借：应付账款——乐于公司　　41 650

　贷：主营业务成本　　41 650

2. 会计处理如下：

借：管理费用——工会经费　　468 000

　　管理费用——集体福利费　　468 000

　贷：银行存款　　936 000

3. 会计处理如下：

借：银行存款　　292 500

　贷：主营业务收入　　250 000

　　　应交税费——应交增值税（销项税额）　　42 500

4. 会计处理如下：

可抵扣的进项税额 =93 500 +800 ×7% =93 556（元）

取得原材料入账的公允价值 =550 000 +800 ×（1 −7%）=550 744（元）

借：原材料　　550 744

　　存货跌价准备　　3 900

　　应交税费——应交增值税（进项税额）　　93 556

　　营业外支出　　78 000

　贷：主营业务收入　　620 000

　　　应交税费——应交增值税（销项税额）　　105 400

　　　库存现金　　800

借：主营业务成本　　500 000

　贷：库存商品　　500 000

5. 会计处理如下：

（1）小轿车转入清理时（售价未超过原值）：

借：固定资产清理　　40 000

　　累计折旧　　140 000

　贷：固定资产——小轿车　　180 000

摩托车转入清理时（售价超过原值）：

借：固定资产清理　　9 000

　　累计折旧　　1 000

　贷：固定资产——摩托车　　10 000

（2）取得出售小轿车价款时：

借：银行存款　　50 000

　贷：固定资产清理　　50 000

（3）取得出售摩托车价款时：

借：银行存款　　12 000

　贷：应交税费——应交增值税（销项税额）　　240

　　　固定资产清理　　11 760

（4）结转小轿车、摩托车出售净收益时：

借：固定资产清理　　12 760

　贷：营业外收入　　12 760

第四章　消费税会计

学习目标

○ 了解消费税的特点及纳税义务人、税目、税率、征收管理

○ 掌握不同情况下消费税应纳税额的计算

○ 熟悉消费税的申报与缴纳

技能目标

○ 利用所学税务知识，能计算消费税税额并进行纳税申报及缴纳

第一节　消费税概述

一、消费税的概念及特点

（一）消费税的概念

消费税是指对消费品和特定的消费行为按消费流转额征收的一种商品税。消费税可分为一般消费税和特别消费税。前者主要指对所有消费品包括生活必需品和日用品普遍课税，后者主要指对特定消费品（如奢侈品）或特定消费行为等课税。

我国现行消费税是对在我国境内从事生产、委托加工和进口应税消费品的单位和个人，就其应税消费品的销售额或销售量而课征的一种流转税。它选择部分消费品征税，因而属于特别消费税。

（二）消费税的特点

1. 征税范围具有选择性

我国现行消费税属于选择性商品税，是非中性税种，其目的在于配合国家的经济政策，选择部分消费品和消费行为征税。我国仅选择部分消费品征收消费税，而不是对所有消费品都征收消费税。我国消费税目前共设置了 14 个税目，征收的具体税目采用正列举，征税界限清楚，征税范围有限，只有消费税税目上列举的应税消费品才征收消费税，没列举的则不征收消费税。其征税范围主要包括特殊消费品、奢侈品、高能耗消费品、不可再生的稀缺资源消费品和税基宽广、消费普遍、不影响人民生活水平但又具有一定财政意义的普通消费品。

2. 征税环节具有单一性

现行消费税属于单环节征收的商品税，消费税的最终负担人是消费者，但为了加强税源控制，防止税款流失，消费税的纳税环节主要确定在生产和进口环节，个别消费品的纳税环节为零售环节。选择在出厂销售或进口环节计征，从而减少了征收费用，提高了征收效率。立足于征税环节的单一性，为了避免重复征税，对用外购已税消费品以及委托加工收回的应税消费品连续生产应税消费品的，均可以采取“以税扣税”办法扣除原来已纳的消费税。

3. 征收方法具有双重性

现行消费税的计税方法比较灵活，既可以对应税消费品或消费行为制定比例税率，依其销售价格实行从价定率征收，也可以对应税消费品制定单位税额，依其销售数量实行从量定额征收。而且对卷烟、白酒和啤酒在从价定率征收的基础上，又按照其特定数量单位从量定额征收。

4. 税收调节具有特殊性

现行消费税的特殊性体现在两个方面：一是不同的征税项目税负差异较大，二是现行消费税同增值税相配合实行双重调节，对某些需要特殊调节的消费品或消费行为在征收增值税的同时，还要再征收一道消费税，形成一种特殊的对消费品双层次调节的税收调节体系。

5. 税收负担具有转嫁性

消费税为一种间接税，无论是在哪一个环节征收，消费品售价中所含的消费税税款最终都要转嫁到消费者身上，由消费者负担。

二、纳税义务人

消费税的纳税人是指在中华人民共和国境内生产、委托加工和进口消费税暂行条例规定的消费品的单位和个人，以及国务院确定的销售消费税暂行条例规定的消费品的其他单位和个人。单位，是指企业、行政单位、事业单位、军事单位、社会团体及其他单位；个人，是指个体工商户及其他个人。

在中华人民共和国境内生产、委托加工和进口消费税暂行条例规定的消费品的单位和个人，是指在生产、委托加工和进口属于应缴纳消费税的消费品的起运地或者所在地在境内，从事生产销售应税消费品的单位和个人。

三、征税范围

（一）过度消费对人类健康、社会秩序和生态环境有害的消费品

1. 烟

它是以烟叶为原料加工生产的产品，不论使用何种辅料，均属于本税目的征收范围。具体包括卷烟（进口卷烟、白包卷烟、手工卷烟和未经国务院批准纳入计划

的企业及个人生产的卷烟）、雪茄烟和烟丝。

对既有自产卷烟，同时又有委托联营企业加工与自产卷烟牌号、规格相同的卷烟的工业企业（简称回购企业），从联营企业购进后再直接销售的卷烟，对外销售不论是否加价，凡是符合下述条件的，不再征收消费税；不符合下述条件的，则需征收消费税：

①回购企业在委托联营企业加工卷烟时，除提供给联营企业所需的加工卷烟牌号外，还必须同时提供税务机关已公示的消费税计税价格，联营企业必须按照已公示的调拨价格申报缴税。

②回购企业将联营企业加工卷烟回购后再销售的卷烟，其销售收入应与自产卷烟的销售收入分开核算，以备税务机关检查；如不分开核算，则一旦并计入自产卷烟销售收入就需征收消费税。

2. 酒及酒精

它是以粮食、薯类、糠麸、植物果实和药材为原料或辅料经发酵或配制而成的特殊消费品，具体包括粮食白酒、薯类白酒、黄酒、啤酒、其他酒和酒精。其中酒是指酒精度在1度以上的各种酒类饮料；酒精是指用蒸馏或合成方法生产的酒精度在95度以上的无色透明体。

对饮食业、商业、娱乐业举办的啤酒屋（啤酒坊）利用啤酒生产设备生产的啤酒，应当征收消费税。

3. 鞭炮、焰火

它是以火药、烟火剂制成的爆炸品或烟火喷射品，具体包括喷火、旋转、旋转升空、火箭、吐珠、线香、小礼花、烟雾、造型玩具、爆竹、摩擦炮、组合烟花、礼花弹等。

体育比赛中用的发令纸、鞭炮药引线不属于消费税征税范围。

（二）奢侈品和非生活必需品

1. 化妆品

化妆品是用于修饰、美化人体外表的用品，具体包括各类美容修饰类化妆品、高档护肤类化妆品和成套化妆品，其中美容、修饰类化妆品具体包括香水、香水精、香粉、口红、指甲油、胭脂、眉笔、唇笔、蓝眼油、眼睫毛等。

2. 贵重首饰和珠宝玉石

它是以各种金银、珠宝修饰的或用经采掘、打磨、加工的各种珠宝玉石制成的特殊消费品，具体包括用金、银、白金、宝石、珍珠、钻石、翡翠、珊瑚、玛瑙等高级稀有物质以及其他金属、人造宝石等制作的各种纯金银首饰、镶嵌首饰、合成首饰等。对出国人员免税商店销售的金银首饰征收消费税。

3. 高尔夫球及球具

高尔夫球和球具是指从事高尔夫运动所需的各种专用装备，包括高尔夫球、高尔夫球杆及高尔夫球包（袋）等。

4. 高档手表

高档手表是指销售价格（不含增值税）每只在10 000元（含10 000元）以上的各类手表。

5. 高能耗及高档消费品

（1）小汽车。小汽车是由动力装置驱动，具有四个或四个以上车轮的非轨道承载的车辆，具体包括乘用车和中轻型商用客车。其中乘用车是指含驾驶员座位在内的座位数最多不超过9个，在设计和技术特征上用于载运乘客和货物的各类汽车；中轻型商用客车是指含驾驶员座位在内的座位数在10个以上23个（含23个）以下，在设计和技术特征上用于载运乘客和货物的各类中轻型汽车。

（2）摩托车。摩托车是由动力装置驱动的，具有两个或三个车轮的车辆，具体包括两轮车、三轮车和正三轮车。但对最大设计车速不超过每小时50公里，发动机气缸总工作容量不超过50毫升的三轮摩托车不征收消费税。

（3）游艇。游艇是指长度大于8米小于90米，船体由玻璃钢、钢、铝合金、塑料等各种材料制作，可以在水上移动的水上浮载体，包括无动力艇、帆艇和机动艇。

（三）不可再生和替代的消费品

1. 成品油

成品油是指由天然或人造石油经脱盐、初馏、催化裂化、调和而成的易燃易爆、挥发性强的液体产品，具体包括汽油、柴油、石脑油、溶剂油、航空煤油、润滑油和燃料油。

2. 实木地板

实木地板是指以木材为原料，经锯割、干燥、刨光、截断、开榫、涂漆等工序加工而成的块状或条状的地面装饰材料，包括各类规格的实木地板、实木指接地板、实木复合地板以及用于装饰墙壁、天棚的侧端面的榫、槽的实木装饰板。

3. 木制一次性筷子

木制一次性筷子又称卫生筷子，是指以木材为原料，经过锯段、浸泡、旋切、刨切、烘干、筛选、打磨、倒角、包装等环节加工而成的各类一次性使用的筷子。

（四）具有特定财政意义的消费品——汽车轮胎

汽车轮胎是指用于各种汽车、挂车、专用车和其他机动车上的内、外轮胎。具体包括轻型乘用汽车轮胎，重型及公共汽车、无轨电车轮胎，矿山、建筑车辆用轮胎，特种车辆用轮胎，摩托车轮胎，各种挂车用轮胎，工程车轮胎，其他机动车轮胎等，但不包括农用拖拉机、收割机、手扶拖拉机用轮胎。自2001年1月1日起对汽车轮胎中的子午线轮胎和翻新轮胎停止征收消费税。

四、税率

消费税税率有比例税率、定额税率和比例加定额税率三种形式，其中对黄酒、成品油等价格差异不大、计量单位规范的应税消费品实行定额税率；对雪茄烟、烟丝、酒精、其他酒、化妆品、高档护肤品、高尔夫球及球具、高档手表、实木地板、木制一次性筷子、贵重首饰及珠宝玉石、鞭炮焰火、汽车轮胎、摩托车、小汽车、游艇等价格差异较大、计量单位不规范的消费品实行比例税率；对卷烟、粮食白酒、薯类白酒、啤酒等过度消费会对人类健康、社会秩序和生态环境产生危害，且消费量很大的消费品实行比例加定额税率（如表 4－1 所示）。

表 4－1　消费税税目税率（税额）表

税　　目	税　　率
一、烟	
1. 卷烟	
（1）甲类卷烟	45%加 0.003 元/支
（2）乙类卷烟	30%加 0.003 元/支
2. 雪茄烟	25%
3. 烟丝	30%
二、酒及酒精	
1. 白酒	20%加 0.5 元/500 克（或者 500 毫升）
2. 黄酒	240 元/吨
3. 啤酒	
（1）甲类啤酒	250 元/吨
（2）乙类啤酒	220 元/吨
4. 其他酒	10%
5. 酒精	5%
三、化妆品	30%
四、贵重首饰及珠宝玉石	
1. 金银首饰、铂金首饰和钻石及钻石饰品	5%
2. 其他贵重首饰和珠宝玉石	10%
五、鞭炮、焰火	15%
六、成品油	
1. 汽油	
（1）含铅汽油	0.28 元/升
（2）无铅汽油	0.20 元/升
2. 柴油	0.10 元/升
3. 航空煤油	0.10 元/升
4. 石脑油	0.20 元/升

（续上表）

税目	税率
5. 溶剂油 6. 润滑油 7. 燃料油	0.20元/升 0.20元/升 0.10元/升
七、汽车轮胎	3%
八、摩托车 1. 气缸容量（排气量，下同）在250毫升（含250毫升）以下的 2. 气缸容量在250毫升以上的	 3% 10%
九、小汽车 1. 乘用车 （1）气缸容量（排气量，下同）在1.0升（含1.0升）以下的 （2）气缸容量在1.0升至1.5升（含1.5升）的 （3）气缸容量在1.5升至2.0升（含2.0升）的 （4）气缸容量在2.0升至2.5升（含2.5升）的 （5）气缸容量在2.5升至3.0升（含3.0升）的 （6）气缸容量在3.0升至4.0升（含4.0升）的 （7）气缸容量在4.0升的 2. 中轻型商用客车	 1% 3% 5% 9% 12% 25% 40% 5%
十、高尔夫球及球具	10%
十一、高档手表	20%
十二、游艇	10%
十三、木制一次性筷子	5%
十四、实木地板	5%

其他有关消费税税率的具体规定如下：

（1）金银首饰、钻石及钻石饰品消费税税率已由10%减至5%。

（2）对白包卷烟、手工卷烟，自产自用没有同牌号、规格调拨价格的卷烟，委托加工没有同牌号、规格调拨价格的卷烟，未经国务院批准纳入计划的企业和个人生产的卷烟，一律适用45%的比例税率。并按照定额，按每标准箱150元的固定税额计征消费税。

（3）自2006年4月1日起，取消“护肤护发品”税目，将原属于护肤护发品征税范围的高档护肤类化妆品列入化妆品税目。

（4）自2006年4月1日起，石脑油、溶剂油、润滑油、燃料油暂按应纳税额的30%征消费税；航空煤油暂缓征收消费税；子午线轮胎继续免征消费税。

（5）自2006年4月1日起，粮食白酒从量定额的计量单位按实际销售商品重量确定，如果实际销售商品是按体积标注计量单位的，应按500毫升为1斤换算，不得按酒精度折算。

关于酒的税率的特殊规定如下：

（1）外购酒精生产的白酒，应按酒精所用原料确定白酒的适用税率。凡酒精所用原料无法确定的，一律按照粮食白酒的税率征税。

（2）外购两种以上酒精生产的白酒一律从高适用税率征税。

（3）以外购白酒加浆降度或外购散酒装瓶出售，以及外购白酒以曲香、香精进行调香、调味生产的白酒，按照外购白酒所用原料确定适用税率。凡白酒所用原料无法确定的，一律按照粮食白酒的税率征税。

（4）以外购的不同品种白酒勾兑的白酒，一律按照粮食白酒的税率征税。

（5）对用粮食和薯类、糠麸等多种原料混合生产的白酒，以粮食白酒为酒基的配置酒、泡制酒，以白酒或酒精为酒基。凡酒基所用原料无法确定的配置酒、泡制酒，一律按照粮食白酒的税率征税。

（6）对用薯类和粮食以外的其他原料混合生产的白酒，一律按照薯类白酒的税率征税。

（7）对饮食业、商业、娱乐业举办的啤酒屋（啤酒坊）利用啤酒生产设备生产的啤酒，应当征收消费税。

五、消费税的减免

由于消费税是一种间接税种，纳税人并不是真正的负税人，因此，消费税一般不作减税、免税的规定。但为了保护生态环境，促进低污染排放汽车的生产和消费，推进汽车工业技术的进步，自2004年7月1日起，对生产、销售达到低污染排放值（简称欧洲Ⅱ号标准）的小汽车、越野车和小客车减征30%的消费税；对石脑油、溶剂油、润滑油在2004年7月1日至2007年12月31日暂按应纳税额减征30%；自2008年1月1日起对石脑油、溶剂油、润滑油恢复按每升0.2元征收消费税，对燃料油恢复按每升0.1元征收消费税；在2008年1月1日至2010年12月31日止，对进口石脑油和国产用作乙烯、芳烃类产品原料的石脑油、免征消费税；生产企业

本期购进应税消费品数量－期末库存外购应税消费品数量）×外购应税消费品的单位税额

若生产中使用委托加工收回的已纳消费税的消费品，其已纳消费税税额在计算应纳消费税时允许扣除，其计算公式为：

当期准予扣除的委托加工应税消费品已纳税额＝期初库存委托加工应税消费品已纳税额＋本期收回委托加工应税消费品已纳税额－期末库存的委托加工应税消费品已纳税额

（二）自产自用消费品消费税的计算

所谓自产自用，是指纳税人生产应税消费品后，不是用于直接对外销售，而是用于自己连续生产应税消费品，或用于其他方面。如果纳税人用于连续生产应税消费品，在自产自用环节不必征收消费税；如果纳税人用于其他方面，一律于移送使用时，按视同销售缴纳消费税。具体包括将应税消费品用于生产非应税消费品、在建工程、管理部门、非生产机构、对外捐赠、赞助、集资、广告样品、职工福利、奖励、对外投资、对外抵债、非货币交易等。

纳税人自产自用的应税消费品，用于其他方面的，按纳税人当月销售同类消费品的销售价格计算纳税；如果当月同类消费品销售价格高低不同，按销售数量加平均销售价格计算纳税；如果当月无销售或当月未完结，按同类消费品上月或最近月份销售价格计算纳税；如果销售价格明显偏低又无正当理由的或无销售价格的，按组成计税价格计算纳税。自产自用应税消费品的应纳消费税税额计算方式如下：

（1）实行从价定率征收的，其计算公式为：

应纳消费税税额＝按计税销售价格确定的销售额或按组成计税价格确定的销售额×消费税税率

组成计税价格＝成本×（1＋成本利润率）÷（1－消费税税率）

（2）实行从量定额征收的，其计算公式为：

应纳消费税税额＝移送使用数量×单位税额

（3）实行从价定率加从量定额混合征收的，其计算公式为：

应纳消费税税额＝按计税销售价格确定的销售额或按组成计税价格确定的销售额×消费税税率＋移送使用数量×单位税额

【例4－1】南岗公司2009年5月份购入一批已税的香水精，用于生产香水，香水精的购入价款为60 000元，本月初库存20 000元，月末结存10 000元，本月香水销售收入计90 000元。南岗公司本月应纳消费税是多少？

当期应税消费品买价＝20 000＋60 000－10 000＝70 000（元）

当期准予扣除的已纳税款＝70 000×30%＝21 000（元）

本月应纳消费税＝90 000×30%－21 000＝6 000（元）

【例4－2】南岗公司2009年5月份以自产的一批汽酒9吨作为福利发放给本公司的员工，该汽酒的市场价为6 000元/吨，生产成本为5 000元/吨。该公司应纳消费税是多少？

应纳消费税 $=6\ 000\times9\times10\%=5\ 400$（元）

如果该批汽酒没有同类产品销售价格，则应纳税计算过程为：

组成计税价格 $=5\ 000\times(1+5\%)\div(1-10\%)=5\ 833.33$（元）

本月应纳消费税 $=5\ 833.33\times9\times10\%=5\ 250$（元）

（三）委托加工消费品消费税的计算

委托加工应税消费品是指由委托方提供原料和主要材料，受托方只需收取加工费和代垫部分辅助材料费用加工的应税消费品。对于由受托方提供原材料生产的应税消费品，或者受托方先将原材料卖给委托方，然后再接受加工的应税消费品以及由受托方以委托方的名义购进原材料生产的应税消费品，不论纳税人在财务上是否作销售处理，都不得作为委托加工应税消费品，而应作销售自产应税消费品缴纳消费税。

按消费税规定，纳税人委托加工的应税消费品，由受托方在向委托方交货时代收代缴消费税，但委托个体经营者加工应税消费品的，一律由委托方在收回委托加工消费品后向委托方所在地税务机关缴纳消费税。若委托加工的应税消费品连续用于生产应税消费品的，委托加工环节已纳的消费税款可以从应纳消费税总额中抵扣。

委托加工的应税消费品在计税时，按受托方同类消费品的销售价格计算纳税，没有同类消费品销售价格的，按组成计税价格计算纳税，具体委托加工应税消费品的应纳消费税税额计算方式如下：

（1）实行从价定率征收的，其计算公式为：

应纳消费税税额＝按受托方同类消费品销售价格确定的计税销售额或按组成计税价格确定的计税销售额×消费税税率

组成计税价格＝（材料成本＋加工费）÷（1－消费税税率）

式中，材料成本是指委托方所提供的加工材料的实际成本。委托加工应税消费品的纳税人必须在委托加工合同上如实注明材料成本，凡未提供材料成本的，受托方所在地的税务机关有权核定其材料成本。加工费是指受托方加工应税消费品向委托方收取的全部费用，包括代垫辅助材料的实际成本，但不包括向委托方收取的增值税款。

（2）实行从量定额征收的，其计算公式为：

应纳消费税税额＝加工收回的应税消费品数量×单位税额

（3）实行从价定率加从量定额混合征收的，其计算公式为：

应纳消费税税额＝按受托方同类消费品销售价格确定的计税销售额或按组成计税价格确定的计税销售额×消费税税率＋加工收回的应税消费品的数量×单位税额

（四）进口消费品消费税的计算

进口的应税消费品，于报关进口时缴纳消费税，并由报关地海关代征消费税，具体进口消费品应纳消费税的计算方式如下：

（1）实行从价定率征收的，其计算公式为：

应纳消费税税额 = 按组成计税价格确定的计税销售额 × 消费税税率

组成计税价格 = （关税完税价格 + 关税） ÷ （1 − 消费税税率）

其中，关税完税价格是指海关核定的应税消费品的计税价格。

（2）实行从量定额征收的，其计算公式为：

应纳消费税税额 = 报关进口的消费品数量 × 单位税额

（3）实行从价定率加从量定额混合征收的，其计算公式为：

应纳消费税税额 = 按组成计税价格确定的计税销售额 × 消费税税率 + 报关进口的消费品数量 × 单位税额

【例 4 − 3】南岗公司 2009 年 5 月份委托朱山公司加工一批酒精，南岗公司提供的原材料成本为 90 000 元，并以银行存款支付加工费 5 000 元，同类产品的销售价格为 10 000 元。南岗公司提货时，朱山公司应同时收取代收代缴的消费税是多少？

代收代缴的消费税 = 10 000 × 5% = 5 000 元

如果该批酒精没有同类产品销售价格，则应纳税计算过程为：

组成计税价格 = （90 000 + 5 000） × （1 − 5%） = 90 250（元）

本月应纳消费税 = 90 250 × 5% = 4 512. 5（元）

第三节　消费税的会计处理

一、账户设置

为了正确、及时地反映企业对消费税的应缴、已缴、欠缴等相关纳税事项，纳税人应通过“应交税费——应交消费税”账户进行核算。该账户专门用来核算企业应交消费税的发生和缴纳情况，贷方登记应交消费税的发生额，借方登记已交消费税税额，期末余额可能在贷方，表示纳税主体尚未缴纳的消费税税额，也可能在借方，表示企业多交的应退或应抵扣的消费税税额。

缴纳消费税的企业，还需设置“营业税金及附加”账户。“营业税金及附加”账户核算应由销售产品、提供劳务等负担的销售税金及附加组成，借方核算应由主营业务负担的价内流转税和应当上交的费用组成，贷方核算收到的出口退税或减免退税，期末，应将“营业税金及附加”账户余额转入“本年利润”账户，结转后，“营业税金及附加”账户应无余额。

企业计算应交消费税时，借记“营业税金及附加”、“其他业务成本”、“长期股权投资”、“在建工程”、“营业外支出”、“应付职工薪酬”、“销售费用”、“应收账款”等账户，贷记“应交税费——应交消费税”账户。实际缴纳时，借记“应交税费——应交消费税”账户，贷记“银行存款”账户。

二、消费税的会计处理

（一）一般销售业务消费税的会计核算

销售应税消费品计提应交消费税时，借记“营业税金及附加”账户，贷记“应交税费——应交消费税”账户；实际缴纳消费税时，借记“应交税费——应交消费税”账户，贷记“银行存款”账户。

【例4－4】南岗公司本期对外销售汽车轮胎一批，对外开具增值税专用发票，内列货款100 000元，增值税17 000元。款项已存入银行。核定当期准予扣除的外购应税消费品已纳税款1 000元，核定当期准予抵扣的委托加工应税消费品已纳税款1 500元。计算结转本期销售轮胎的实际制造成本80 000元。

期末计提应交消费税时，会计处理如下：

应交消费税税额＝100 000×3%－1 000－1 500＝500（元）

借：营业税金及附加　　500

　贷：应交税费——应交消费税　　500

实际缴纳消费税时，会计处理如下：

借：应交税费——应交消费税　　500

　贷：银行存款　　500

【例4－5】南岗炼油公司本期对外销售无铅汽油100吨，柴油100吨，经核定，本期无准予抵扣的外购应税消费品已纳税款和准予抵扣的委托加工应税消费品已纳税款。

期末计提应交消费税时，会计处理如下：

应交消费税税额＝100×1 388×0.2＋100×1 176×0.1＝39 520（元）

借：营业税金及附加　　39 520

　贷：应交税费——应交消费税　　39 520

【例4－6】南岗卷烟厂本月对外销售某类卷烟50箱，每箱售价10 000元，增值税1 700元，实际成本为每箱8 000元，产品已经发出，款项收到并存入银行。

期末计提应交消费税时，会计处理如下：

销售卷烟取得收入时：

借：银行存款　　585 000

　贷：主营业务收入　　500 000

　　　应交税费——应交增值税（销项税额）　　85 000

计算提取应缴消费税（卷烟每标准箱50 000支，每标准条200支，合每箱250条）

卷烟每标准条价格＝10 000÷250＝40（元）

由于每标准条价格在50元以下，所以按30%的税率和每标准箱150元计征消费税，应交消费税税额 = 10 000 × 50 × 30% + 50 × 150 = 157 500（元）

借：营业税金及附加　　157 500

　贷：应交税费——应交消费税　　157 500

结转营业成本：

借：主营业务成本　　400 000

　贷：库存商品　　400 000

上缴消费税：

借：应交税费——应交消费税　　157 500

　贷：银行存款　　157 500

【例4-7】南岗公司为增值税一般纳税人，2009年5月生产果木酒100吨全部用于出售，当月取得商场含税销售额480万元，同时向商场收取品牌使用费20万元，销售自产甜菜白酒5吨，不含税销售价为60万元。该公司当月应纳消费税是多少？

期末计提应交消费税时，会计处理如下：

果木酒属于其他酒，税率为10%，甜菜白酒比照薯类白酒征税按从量和从价执行。

应交消费税税额 = 480 ÷（1 + 17%）× 10% + 20 ÷（1 + 17%）× 10% − 5 × 2 000 × 0.5 ÷ 1 000 + 60 × 20% = 59.72（万元）

借：营业税金及附加　　597 200

　贷：应交税费——应交消费税　　597 200

【例4-8】南岗公司将所产化妆品出售，实现销售收入1 000 000元，随货出售用于包装化妆品的包装物10 000元，经查无其他消费税事项。

计提应交消费税时，会计处理如下：

应交消费税税额 =（1 000 000 + 10 000）× 30% = 303 000（元）

借：营业税金及附加　　303 000

　贷：应交税费——应交消费税　　303 000

【例4-9】朱山金店2009年6月份共销售黄金首饰1 200克，每克售价1 404元（含增值税），黄金首饰消费税率为5%，计算当月应纳消费税，并作出相关会计分录。

应纳消费税 = 1 404 × 1 200 ÷（1 + 17%）× 5% = 72 000（元）

借：营业税金及附加　　72 000

　贷：应交税费——应交消费税　　72 000

（二）视同销售应税消费品消费税的会计核算

纳税人将其生产经营的应税消费品用于自产自用的其他方面时，一律视同销售处理，在移送使用时计提应交的增值税和消费税。其中，依消费税的规定计算应交消费税时，借记“生产成本”、“制造费用”、“管理费用”、“销售费用”、“在建工程”、“营业外支出”、“应付职工薪酬”、“应付股利”、“长期股权投资”、“原材料”等账户，贷记“应交税费——应交消费税”账户。

【例4-10】南昌公司将其生产的账面成本为3 000元、不含税售价为4 000元的汽车轮胎领用出库，用于本公司运输车间的汽车修理。公司适用的消费税税率为3%，增值税税率为17%。计算该公司应缴的增值税和消费税税额，并作出相关会计分录。

该业务的会计处理如下：

应交增值税税额＝4 000×17%＝680（元）

应交消费税税额＝4 000×3%＝120（元）

借：生产成本——辅助生产成本　　3 800

　贷：库存商品——汽车轮胎　　3 000

　　　应交税费——应交增值税（销项税额）　　680

　　　应交税费——应交消费税　　120

【例4-11】南岗化工公司将自产的润滑油1 000升用于本公司在建厂房工程，该产品售价（不含增值税）为每升2.5元，单位成本为1.8元。计算该公司应缴的增值税和消费税税额，并作出相关会计分录。

该笔业务的会计处理如下：

应交增值税税额＝1 000×2.50×17%＝425（元）

应交消费税税额＝1 000×0.20＝200（元）

借：在建工程　　2 425

　贷：库存商品　　1 800

　　　应交税费——应交增值税（销项税额）　　425

　　　应交税费——应交消费税　　200

【例4-12】南岗公司年终以其所产的每升不含税售价为5元的啤酒5吨作为福利品发给公司员工，该种啤酒每吨制造成本为3 400元。计算该公司应缴的增值税和消费税税额，并作出相关会计分录。该笔业务的会计处理如下：

啤酒每吨不含税售价：988×5＝4 940＞3 000（元）（每吨出厂价格）

应交增值税税额＝5×988×5×17%＝4 199（元）

应交消费税税额＝5×250＝1 250（元）

借：应付职工薪酬　　22 449

　贷：库存商品　　17 000

　　　应交税费——应交增值税（销项税额）　　4 199

　　　应交税费——应交消费税　　1 250

【例4-13】南岗公司将自产粮食白酒2吨馈赠给本公司大客户，该酒每吨实际成本9 000元，同类商品市场价为13 000元/吨（不含税）。计算该公司应缴的增值税和消费税税额，并作出相关会计分录。该笔业务的会计处理如下：

应交增值税税额 = 2 × 13 000 × 17% = 4 420（元）

应交消费税税额 = 2 × 2 000 × 0.5 + 2 × 13 000 × 20% = 7 200（元）

借：应付职工薪酬　　29 620

　贷：库存商品　　18 000

　　应交税费——应交增值税（销项税额）　　4 420

　　应交税费——应交消费税　　7 200

【例 4-14】 南岗公司以其所产的 A 设备 40 台投资入股朱山公司，该设备制造成本为 150 000 元/台，不含税售价为 200 000 元/台，适用的增值税税率为 17%，适用的消费税税率为 9%。该项投资公司准备长期持有，该公司持有的股权占被投资企业股权的 60%，投资时被投资企业所有者权益总额为 20 000 000 元。计算该公司应缴的增值税和消费税税额，并作出相关会计分录。该笔业务的会计处理如下：

应交增值税税额 = 40 × 200 000 × 17% = 1 360 000（元）

应交消费税税额 = 40 × 200 000 × 9% = 720 000（元）

借：长期股权投资——其他股权投资（投资成本）　　12 000 000

　贷：库存商品——A 设备　　6 000 000

　　应交税费——应交增值税（销项税额）　　1 360 000

　　应交税费——应交消费税　　720 000

　　营业外收入　　3 920 000

（三）进口应税消费品的会计核算

进口的应税消费品，应在进口时由进口者交纳消费税。交纳的消费税应计入进口应税消费品的成本。企业进口的应税消费品可能是固定资产、原材料或商品流通企业的商品，因此，在进口时应按应税消费品的进口成本连同消费税，借记“固定资产”、“材料采购”、“库存商品”等账户，按支付的准予抵扣的增值税借记“应交税费——应交增值税（进项税额）”账户，按采购成本贷记“应付账款”、“银行存款”等账户，按应交纳的消费税贷记“银行存款”等账户。

【例 4-15】 后房公司经批准从美国进口一辆 1.5 万美元的商用车，当天外汇牌价中间价为 1∶6.60，报关时海关核定关税完税价为 20 万元，关税总额为 24 万元，该商用车的消费税税率为 5%，增值税税率为 17%。计算进口该商用车应交纳的消费税和增值税税额，并作出相关会计分录。

应纳消费税税额 = (200 000 + 240 000) ÷ (1 − 5%) × 5% = 23 157.89（元）

应纳增值税税额 = (200 000 + 240 000) ÷ (1 − 5%) × 17% = 78 736.84（元）

该项增值税不予抵扣，计入固定资产价值：

固定资产价值 = 15 000 × 6.60 + 240 000 + 23 157.89 + 78 736.84 = 440 894.73（元）

借：固定资产　　440 894.73

　贷：银行存款　　440 894.73

（四）出口销售应税消费品消费税的会计核算

纳税人出口应税消费品与出口增值税货物一样，国家都给予了有条件的税收优惠，具体优惠政策分为出口免税并退税、出口免税但不退税和出口不免税也不退税三种情形。其中，出口免税并退税政策适用于有出口经营权的外贸企业购进应税消费品直接出口以及外贸企业受其他外贸企业委托代理出口应税消费品；出口免税但不退税政策的适用对象是有出口经营权的生产性企业自营出口或生产企业委托外贸企业代理出口自产的应税消费品；出口不免税也不退税政策的适用对象是除生产企业、外贸企业以外的其他企业。

外贸企业如果享受国家出口退还消费税政策，计提应收出口退税时，借记“其他应收款”账户，贷记“主营业务成本”账户，实际收到出口退税时，借记“银行存款”账户，贷记“其他应收款”账户。但如果外贸企业委托其他外贸企业出口应税消费品，应退消费税计提时，借记“应收账款”账户，贷记“应交税费——应交消费税”账户；实际收到受托方退回的出口消费税时，借记“银行存款”账户，贷记“应收账款”账户。而受托出口的外贸企业收到税务部门退回的消费税时，借记“银行存款”账户，贷记“应付账款”账户。

【例 4 - 16】南岗进出口公司本月从生产厂家购进贵重首饰后自营出口，取得的增值税专用发票，内列首饰货款 100 000 元，增值税 17 000 元，适用的消费税税率为 10%。

应退消费税税款 = 100 000 × 10% = 10 000（元）

计提出口应退消费税时：

借：其他应收款	10 000	
贷：主营业务成本		10 000

实际收到出口退回消费税时：

借：银行存款	10 000	
贷：其他应收款		10 000

（五）外购和委托加工应税消费品消费税的会计核算

1. 外购应税消费品消费税的会计处理

由于消费税属于价内税，因此外购应税消费品已纳的消费税一般应计入取得有关财产物资的成本之中，借记“材料采购”、“在途物资”、“原材料”、“库存商品”等账户，贷记“银行存款”、“应付账款”、“应付票据”、“预付账款”等账户。但是如果是工业企业购进应税消费品用于进一步加工生产应税消费品的，除酒及酒精、高档手表、游艇、汽油、柴油、溶剂油、燃料油、航空煤油、小汽车以外的应税消费品，已纳的消费税允许扣减应交消费税的税金。

【例 4 - 17】南岗卷烟公司从其他厂购进烟丝，用于加工卷烟，本月购进已税烟丝一批，取得对方开来的增值税专用发票，内列货款 280 000 元，增值税 47 600 元。款项以银行汇票付讫。本月销售卷烟（税率 30%）100 标准箱（50 000 支），开出

　　　应交税费——应交教育费附加　　　　　　　　7 290
　　　应交税费——应交企业所得税　　　　　　　　76 791

同时：

借：以前年度损益调整　　　　　　　　204 419

　贷：利润分配——未分配利润　　　　　　　　204 419

第五章　营业税会计

学习目标

○ 了解营业税的政策依据和申报要求

○ 掌握营业税应纳税额的计算

○ 熟悉营业税的会计核算

技能目标

○ 通过本章的学习，能熟练进行各主要行业营业税应纳税额的计算，进行会计核算，正确填制纳税申报表

第一节　营业税概述

一、营业税的概念

（一）营业税纳税人的一般规定

营业税税法是指国家制定的用以调整营业税征收与缴纳之间权利及义务关系的法律规范。现行我国营业税法的基本规范，是2008年11月5日国务院第34次常务会议修订通过的《中华人民共和国营业税暂行条例》和2008年12月15日财政部、国家税务总局发布的《中华人民共和国营业税暂行条例实施细则》（以下简称《营业税暂行条例》）。

（二）纳税义务人与扣缴义务人

1. 纳税义务人

纳税义务人的一般规定。在中华人民共和国境内提供应税劳务、转让无形资产或者销售不动产的单位和个人，为营业税的纳税义务人。

在中华人民共和国境内是指税收行政管辖权的区域。具体情况为：①提供或者接受应税劳务的单位或者个人在境内；②所转让的无形资产（不含土地使用权）的接受单位或者个人在境内；③所转让或者出租土地使用权的土地在境内；④所销售或者出租的不动产在境内。

上述应税劳务是指属于交通运输业、建筑业、金融保险业、邮电通信业、文化体育业、娱乐业、服务业税目征收范围的劳务。加工和修理修配劳务属于增值税的

征税范围，因此不属于营业税的应税劳务。单位或个体工商户聘用的员工为本单位或雇主提供的劳务，也不属于营业税的应税劳务。

上述保险劳务有两个含义：一是指境内保险机构为境内标的物提供的保险，不包括境内保险机构为出口货物提供的保险；二是指境外保险机构以在境内的物品为标的物所提供的保险。

提供应税劳务、转让无形资产或者销售不动产是指有偿提供应税劳务、有偿转让无形资产或者有偿销售不动产的行为。有偿是指取得货币、货物或者其他经济利益。单位是指企业、行政单位、事业单位、军事单位、社会团体及其他单位。个人是指个体工商户以及其他有经营行为的个人。

纳税义务人的特殊规定如下：

（1）铁路运输的纳税人：①中央铁路运营业务的纳税人为铁道部；②合资铁路运营业务的纳税人为合资铁路公司；③地方铁路运营业务的纳税人为地方铁路管理机构；④铁路专用线运营业务的纳税人为企业或其指定的管理机构；⑤基建临管线铁路运营业务的纳税人为基建临管线管理机构。

（2）从事水路运输、航空运输、管道运输或其他陆路运输业务并负有营业税纳税义务的单位，为从事运输业务并计算盈亏的单位。从事运输业务并计算盈亏的单位是指具备以下条件的单位：①利用运输工具，从事运输业务，取得运输收入；②在银行开设有结算账户；③在财务上计算营业收入、营业支出、经营利润。

（3）单位以承包、承租、挂靠方式经营的承包人、承租人、挂靠人（以下统称承包人）发生应税行为，承包人以发包人、出租人、被挂靠人（以下统称发包人）名义对外经营并由发包人承担相关法律责任的，以发包人为纳税人；否则以承包人为纳税人。

（4）建筑安装业务实行分包或转包的，分包者或转包者为纳税人。

（5）金融保险业纳税人包括：①银行，包括人民银行、商业银行、政策性银行；②信用合作社；③证券公司；④金融租赁公司、证券基金管理公司、财务公司、信托投资公司、证券投资基金；⑤保险公司；⑥其他经中国人民银行、中国证监会、中国保监会批准成立且经营金融保险业务的机构等。

2. 扣缴义务人

在现实生活中，有些具体情况难以确定纳税人，因此税法规定了扣缴义务人。

营业税的扣缴义务人主要有以下几种：

（1）委托金融机构发放贷款的，其应纳税款以受托发放贷款的金融机构为扣缴义务人；金融机构接受其他单位或个人的委托，为其办理委托贷款业务时，如果将委托方的资金转给经办机构，由经办机构将资金贷给使用单位或个人，由最终将贷款发放给使用单位或个人并取得贷款利息的经办机构代扣委托方应纳的营业税。

（2）纳税人提供建筑业应税劳务时应按照下列规定确定营业税扣缴义务人：

第一，建筑业工程实行总承包、分包方式的，以总承包人为扣缴义务人。

第二，纳税人提供建筑业应税劳务，符合以下情形之一的，无论工程是否实行分包，税务机关可以建设单位和个人作为营业税的扣缴义务人：①纳税人从事跨地区（包括省、市、县，下同）工程提供建筑业应税劳务的。②纳税人在劳务发生地没有办理税务登记或临时税务登记的。③境外单位或者个人在境内发生应税行为而在境内未设有机构的，其应纳税款以代理人为扣缴义务人；没有代理人的，以受让者或者购买者为扣缴义务人。

（3）单位或者个人进行演出，由他人售票的，其应纳税款以售票者为扣缴义务人，演出经纪人为个人的，其办理演出业务的应纳税款也以售票者为扣缴义务人。

（4）分保险业务，其应纳税款以初保人为扣缴义务人。

（5）个人转让专利权、非专利技术、商标权、著作权、商誉的，其应纳税款以受让者为扣缴义务人。

（6）财政部规定的其他扣缴义务人。

二、营业税的征税对象和税率

（一）营业税的征税对象

营业税按照行业、类别的不同分别设置了 9 个税目，其征税对象包括我国境内的交通运输业、建筑业、金融保险业、邮电通信业、文化体育业、娱乐业、服务业、转让无形资产和销售不动产的业务。具体内容如下：

1. 交通运输业

交通运输业包括陆路运输、水路运输、航空运输、管道运输和装卸搬运 5 大类。

陆路运输是指通过陆路（地上或地下）运送货物或旅客的运输业务，包括铁路运输、公路运输、缆车运输、索道运输及其他陆路运输。

水路运输是指通过江、河、湖、川等天然、人工水道或海洋航道运送货物或旅客的运输业务。尽管打捞不是运输业务，但因其与水路运输有着密切的关系，所以打捞也可以比照水路运输的办法征税。

航空运输是指通过空中航线运送货物或旅客的运输业务。与航空直接有关的通用航空业务、航空地面服务业务也按照航空运输业务征税。

管道运输是指通过管道设施输送气体、液体、固体物资的运输业务。

装卸搬运是指使用装卸搬运工具或人力、畜力将货物在运输工具之间、装卸现场之间或运输工具与装卸现场之间进行装卸和搬运的业务。

凡与运营业务有关的各项劳务活动，均属交通运输业的税目征收范围，包括通用航空业务，航空地面服务，打捞，理货，港务局提供的引航、系缆、解缆、搬家、停泊、移泊等劳务及引水员交通费、过闸费、货物港务费等。

对远洋运输企业从事程租、期租业务和航空运输企业从事湿租业务取得的收入，按“交通运输业”税目征收营业税。

程租业务是指远洋运输企业为租船人完成某一特定航次的运输任务并收取租赁费的业务。

期租业务是指远洋运输企业将配备有操作人员的船舶承租给他人使用一定期限，承租期内听候承租方调遣，不论是否经营，均按天向承租方收取租赁费，发生的固定费用（如人员工资、维修费用等）均由船东负担的业务。

湿租业务是指航空运输企业将配备有机组人员的飞机承租给他人使用一定期限，承租期内听候承租方调遣，不论是否经营，均按一定标准向承租方收取租赁费，发生的固定费用（如人员工资、维修费用等）均由承租方负担的业务。

2. 建筑业

建筑业是指建筑安装工程作业等，包括建筑、安装、修缮、装饰和其他工程作业等项内容。

建筑是指新建、改建、扩建各种建筑物、构筑物的工程作业，包括与建筑物相连的各种设备或支柱、操作平台的安装或装设的工程作业，以及各种窑炉和金属结构工程作业在内。但自建自用建筑物，其自建行为不是建筑业税目的征税范围。出租或投资入股的自建建筑物，也不是建筑业的征税范围。

安装是指生产设备、动力设备、起重设备、运输设备、传动设备、医疗实验设备及其他各种设备的装配、安置工程作业，包括与设备相连的工作台、梯子、栏杆的装设工程作业和被安装设备的绝缘、防腐、保温、油漆等工程作业。

修缮是指对建筑物、构筑物进行修补、加固、养护、改善，使之恢复原来的使用价值或延长其使用期限的工程作业。

装饰是指对建筑物、构筑物进行修饰，使之更加美观或具有特定用途的工程作业。

其他工程作业是指除建筑、安装、修缮、装饰工程作业以外的各种工程作业，如代办电信工程、水利工程、道路修建、疏浚、钻井（打井）、拆除建筑物、平整土地、搭脚手架、爆破等工程作业。

3. 金融保险业

金融保险业是指经营金融、保险的业务。

金融是指经营货币资金融通活动的业务，包括贷款、融资租赁、金融商品转让、金融经纪业和其他金融业务。

贷款是指将资金有偿贷予他人使用（包括以贴现、押汇方式）的业务。以货币资金投资但收取固定利润或保底利润的行为，也属于这里所称的贷款业务。按资金来源的不同，贷款分为外汇转贷业务和一般贷款业务两种。

（1）外汇转贷业务是指金融企业直接向境外借入外汇资金，然后再贷给国内企业或其他单位、个人。各银行总行向境外借入外汇资金后，通过下属分支机构贷给境内单位或个人使用的，也属于外汇转贷业务。

（2）一般贷款业务指除外汇转贷以外的各种贷款。

融资租赁也称金融租赁，是指经中国人民银行或对外贸易经济合作部（现商务部）批准可从事融资租赁业务的单位所从事的具有融资性质和所有权转移特征的设备租赁业务。

金融商品转让是指转让外汇、有价证券或非货物期货的所有权的行为，包括股票转让、债券转让、外汇转让、其他金融商品转让。

金融经纪业务和其他金融业务是指受托代他人经营金融活动的中间业务，如委托业务、代理业务、咨询业务等。

保险是指将通过契约形式集中起来的资金，用以补偿被保险人的经济利益的活动。

对我国境内外资金融机构从事离岸银行业务，属于在我国境内提供应税劳务的，征收营业税。离岸银行业务是指银行吸收非居民的资金，服务于非居民的金融活动，包括外汇存款、外汇贷款、同业外汇拆借、国际结算、发行大额可转让存款证、外汇担保、咨询、鉴证业务以及国家外汇管理局批准的其他业务。

4. 邮电通信业

邮电通信业是指专门办理信息传递的业务，包括邮政、电信。

邮政是指传递实物信息的业务，包括传递函件或包件（含快递业务）、邮汇、报刊发行、邮务物品销售、邮政储蓄及其他邮政业务。

电信是指利用各种电传设备传输信号而传递信息的业务，包括电报、电传、电话、电话机安装、电信物品销售及其他电信业务。电信业务包括基础电信业务和增值电信业务。基础电信业务是指提供公共网络基础设施、公共数据传送和基本语音通信服务的业务，具体包括固定网围内长途及本地电话业务、移动通信业务、卫星通信业务、互联网及其他数据传送业务、网络元素出租出售业务、电信设备及电路的出租业务、网络接入及网络托管业务、国际通信基础设施国际电信业务、无线寻呼业务和转售的基础电信业务。增值电信业务是指利用公共网络基础设施提供的电信与信息服务的业务，具体包括固定电话网增值电信业务、移动电话网增值电信业务、卫星网增值电信业务、互联网增值电信业务、其他数据传送网络增值电信业务等服务。

5. 文化体育业

文化体育业是指经营文化、体育活动的业务，包括文化业、体育业。

文化业是指经营文化活动的业务，包括表演、播映、经营游览场所和各种展览、培训活动，举办文学、艺术、科技讲座、讲演、报告会，图书馆的图书和资料的借阅业务等。

体育业是指举办各种体育比赛和为体育比赛或体育活动提供场所的业务。

6. 娱乐业

娱乐业是指为娱乐活动提供场所和服务的业务，包括经营歌厅、舞厅、卡拉OK、歌舞厅、音乐茶座、台球、高尔夫球、保龄球场、网吧、游艺场等娱乐场所，以及娱乐场所为顾客进行娱乐活动提供服务的业务。娱乐场所为顾客提供的饮食服务及其他各种服务也按照“娱乐业”项目征税。

7. 服务业

服务业是指利用设备、工具、场所、信息或技能为社会提供服务的业务，包括代理业、旅店业、饮食业、旅游业、仓储业、租赁业、广告业和其他服务业。

对远洋运输企业从事光租业务和航空运输企业从事干租业务所取得的收入，按“服务业”税目中的“租赁业”项目征收营业税。

光租业务，是指远洋运输企业将船舶在约定的时间内出租给他人使用，不配备操作人员，不承担运输过程中发生的各种费用，只收取固定租赁费的业务。

干租业务，是指航空运输企业将飞机在约定的时间内出租给他人使用，不配备机组人员，不承担运输过程中发生的各种费用，只收取固定租赁费的业务。

自2002年1月1日起，福利彩票机构发行销售福利彩票取得的收入不征收营业税。对福利彩票机构以外的代销单位销售福利彩票取得的手续费收入应按规定征收营业税。福利彩票机构包括福利彩票销售管理机构和与销售管理机构签有电脑福利彩票投注站代理销售协议书并直接接受福利彩票销售管理机构的监督管理的电脑福利彩票投注站。

对社保基金投资管理人、社保基金托管人从事社保基金管理活动所取得的收入，依照税法的规定征收营业税。

双方签订承包、租赁合同（协议，下同），将企业或企业部分资产出包、租赁，出包、出租者向承包、承租方收取的承包费、租赁费（承租费，下同）按“服务业”税目征收营业税。出包方收取的承包费凡同时符合以下3个条件的，属于企业内部分配行为，不征收营业税：①承包方以出包方名义对外经营，由出包方承担相关的法律责任；②承包方的经营收支全部纳入出包方的财务会计核算；③出包方与承包方的利益分配是以出包方的利润为基础的。

单位和个人在旅游景点经营索道取得的收入按“服务业”税目中的“旅游业”项目征收营业税。

交通部门有偿转让高速公路收费权的行为，属于营业征收范围，应按“服务业”税目中的“租赁业”项目征收营业税。

无船承运业务应按照“服务业”税目中的“代理业”项目征收营业税。

无船承运业务是指无船承运业务经营者以承运人身份接受托运人的货载，签发自己的提单或其他运输单证，向托运人收取运费，通过国际船舶运输经营者完成国际海上货物运输，承担承运人责任的国际海上运输经营活动。

酒店产权式经营业主在约定的时间内提供房产使用权与酒店进行合作经营，如房产产权并未归属新的经济实体，业主按照约定取得的固定收入和分红收入均应视为租金收入，根据有关税收法律、行政法规的规定，应按照“服务业”税目中的“租赁业”项目征收营业税。

对港口设施经营人收取的港口设施保安费，应按照“服务业”税目全额征收营业税，同时并入其应纳税所得额中计征企业所得税；缴纳港口设施保安费的外贸进出口货物（含集装箱）的托运人（或其代理人）或收货人（或其代理人）等单位不得在其计算缴纳企业所得税时作税前扣除。

单位和个人受托种植植物、饲养动物的行为，应按照营业税“服务业”税目征收营业税，不征收增值税。上述单位和个人受托种植植物、饲养动物的行为是指委托方向受托方提供其拥有的植物或动物，受托方提供种植或饲养服务并最终将植物或动物归还给委托方的行为。

8. 转让无形资产

转让无形资产是指转让无形资产的所有权或使用权的行为，包括转让土地使用权、转让商标权、转让专利权、转让非专利技术、出租电影拷贝、转让著作权和转让商誉。

自2003年1月1日起，以无形资产投资入股，参与接受投资方的利润分配、共同承担投资风险的行为，不征收营业税。在投资后转让其股权的也不征收营业税。

9. 销售不动产

销售不动产是指有偿转让不动产所有权的行为，包括销售建筑物或构筑物和销售其他土地附着物。在销售不动产时连同不动产所占土地的使用权也一并转让的行为，比照销售不动产征收营业税。

自2003年1月1日起，以不动产投资入股，参与接受投资方利润分配、共同承担投资风险的行为，不征收营业税。在投资后转让其股权的也不征收营业税。

单位或者个人将不动产或者土地使用权无偿赠送给其他单位或者个人，视同发生应税行为，按规定征收营业税；单位或者个人自己新建（以下简称自建）建筑物后销售，其所发生的自建行为，视同发生应税行为，按规定征收营业税。

（二）营业税的税率

营业税按照行业、类别的不同分别采用不同的比例税率，具体规定为：

（1）交通运输业、建筑业、邮电通信业、文化体育业，税率为3%。

（2）服务业、销售不动产、转让无形资产，税率为5%。

（3）金融保险业，税率为5%。

（4）娱乐业执行5%～20%的幅度税率，具体适用的税率由各省、自治区、直辖市人民政府根据当地的实际情况在税法规定的幅度内决定（见表5－1）。

表 5-1　营业税税目、税率

序　号	税　目	税　率
1	交通运输业	3%
2	建筑业	3%
3	金融保险业	3%
4	邮电通信业	5%
5	文化体育业	3%
6	娱乐业	3%
7	服务业	5% ~20%
8	转让无形资产	5%
9	销售不动产	5%

其他相关规定主要有：

从 2001 年 5 月 1 日起，对夜总会、歌厅、舞厅、射击、狩猎、跑马、游戏、高尔夫球、游艺、电子游戏厅等娱乐行为一律按 20% 的税率征收营业税。

自 2001 年 10 月 1 日起，对农村信用社减按 5% 的税率计征营业税。

自 2004 年 7 月 1 日起，对保龄球、台球减按 5% 的税率征收营业税，税目仍属于“娱乐业”。

（三）营业税征税对象的其他规定

1. 纳税人兼有不同税目应税行为

纳税人兼有不同税目应税行为的，应当分别核算不同税目的营业额、转让额、销售额；未分别核算的，税务部门将从高适用税率。

营业额是指从事交通运输业、建筑业、金融保险业、邮电通信业、文化体育业、娱乐业和服务业取得的营业收入；转让额是指转让无形资产取得的收入；销售额是指销售不动产取得的收入。

2. 混合销售行为

一项销售行为如果既涉及应税劳务又涉及货物，则为混合销售行为。从事货物的生产、批发或零售的企业、企业性单位及个体经营者的混合销售行为，视为销售货物，不征收营业税；其他单位和个人的混合销售行为，视为提供应税劳务，应当征收营业税。

以上所述的货物是指有形动产，包括电力、热力、气体在内。上述从事货物的生产、批发或零售的企业、企业性单位及个体经营者，包括以从事货物的生产、批发或零售为主，并兼营应税劳务的企业、企业性单位及个体经营者在内。

纳税人的销售行为是否属于混合销售行为，是由国家税务总局所属征收机关确定的。

3. 纳税人兼营应税劳务与货物或非应税劳务行为

纳税人兼营应税劳务与货物或非应税劳务行为的，应分别核算应税劳务的营业额与货物或非应税劳务的销售额；不分别核算或者不能准确核算的，其应税劳务与货物或非应税劳务一并征收增值税，不征收营业税。

纳税人兼营的应税劳务是否应当一并征收增值税，由国家税务总局所属征收机关确定。纳税人兼营免税、减税项目的，应当单独核算免税、减税项目的营业额；未单独核算营业额的，不得免税、减税。

三、营业税的减免税优惠

（一）起征点的优惠

（1）按期纳税的起征点（除另有规定外）为月营业额 1 000 ~5 000 元。

（2）按次纳税的起征点（除另有规定外）为每次（日）营业额 100 元。

各省、自治区、直辖市人民政府所属地方税务机关可以在规定的幅度内，根据当地实际情况确定本地区的起征点，并报国家税务总局备案。

（二）减免税优惠

1. 免征营业税

根据营业税暂行条例的规定，下列项目免征营业税：

（1）托儿所、幼儿园、养老院、残疾人福利机构提供的育养服务、婚姻介绍、殡葬服务。

（2）残疾人员个人为社会提供的劳务。

（3）学校和其他教育机构提供的教育劳务，学生勤工俭学提供的劳务。学校和其他教育机构是指普通学校以及经地、市级以上人民政府或者同级政府的教育行政部门批准成立、国家承认其学员学历的各类学校。

（4）农业机耕、排灌、病虫害防治、植保、农牧保险以及相关的技术培训业务，家禽、牲畜、水生动物的配种和疾病防治。

（5）纪念馆、博物馆、文化馆、美术馆、展览馆、书画院、图书馆、文物保护单位举办文化活动的门票收入，宗教场所举办文化、宗教活动的门票收入。

2. 减征或免征营业税

根据国家的其他规定，下列项目减征或免征营业税：

（1）保险公司开展的 1 年期以上返还性人身保险业务的保费收入免征营业税。返还性人身保险业务是指保期 1 年以上（包括 1 年期），到期返还本利的普通人寿保险、养老金保险、健康保险。

对保险公司开办的普通人寿保险、养老金保险、健康保险的具体险种，凡经财政部、国家税务总局审核并列入免税名单的可免征营业税，未列入免税名单的一律征收营业税。

（2）对单位和个人（包括外商投资企业、外商投资设立的研究开发中心、外国企业和外籍个人）从事技术转让、技术开发业务和与之相关的技术咨询、技术服务业务取得的收入，免征营业税。技术转让是指转让者将其拥有的专利和非专利技术所有权或使用权有偿转让给他人的行为；技术开发是指开发者接受他人委托，就新技术、新产品、新工艺或者新材料及其系统进行研究开发的行为；技术咨询是指就特定技术项目提供可行性论证、技术预测、专题技术调查、分析评价报告等；与技术转让、技术开发相关的技术咨询、技术服务业务是指转让方（或受托方）根据技术转让或开发合同的规定，为帮助受让方（或委托方）掌握所转让（或委托开发）的技术，而提供的技术咨询、技术服务业务。

《财政部、国家税务总局关于贯彻落实〈中共中央、国务院关于加强技术创新，发展高科技，实现产业化的决定〉有关税收问题的通知》（财税字〔1999〕273号）中免征营业税的技术开发、技术转让业务，是指自然科学领域的技术开发和技术转让业务。

（3）个人转让著作权，免征营业税。

（4）将土地使用权转让给农业生产者用于农业生产，免征营业税。

（5）工会疗养院（所）可视为“其他医疗机构”，免征营业税。

（6）凡经中央及省级财政部门批准纳入预算管理或财政专户管理的行政事业性收费、基金，无论是行政单位收取的，还是事业单位收取的，均不征收营业税。

（7）立法机关、司法机关、行政机关的收费，同时具备下列条件的，不征收营业税：一是国务院、省级人民政府或其所属财政、物价部门以正式文件允许收费，且收费标准符合文件规定的；二是所收费用由立法机关、司法机关、行政机关自己直接收取的。

（8）社会团体按财政部门或民政部门规定标准收取的会费，不征收营业税。社会团体是指在中华人民共和国境内经国家社团主管部门批准成立的非营利性的协会、学会、联合会、研究会、基金会、联谊会、促进会、商会等民间群众社会组织。社会团体会费是指社会团体在国家法规、政策许可的范围内，依照社团章程的规定收取的个人会员和团体会员的款额。

各党派、共青团、工会、妇联、中科协、青联、台联、侨联收取的党费、会费，比照上述规定执行。

（9）对从原高校后勤管理部门剥离出来而成立的进行独立核算并有法人资格的高校后勤经济实体（以下简称高校后勤实体），经营学生公寓和教师公寓及为高校教学提供后勤服务而获得的租金和服务性收入免征营业税。但利用学生公寓或教师公寓等高校后勤服务设施向社会人员提供服务而获得的租金和其他各种服务性收入，应按现行规定计征营业税。

对社会性投资建立的为高校学生提供住宿服务并按高教系统统一收费标准收取

租金的学生公寓，其取得的租金收入免征营业税。但利用学生公寓向社会人员提供住宿服务而取得的租金收入，应按现行规定计征营业税。

对设置在校园内的实行社会化管理和独立核算的食堂，向师生提供餐饮服务获得的收入免征营业税，向社会提供餐饮服务获得的收入应按现行规定计征营业税。

（10）对住房公积金管理中心用住房公积金在指定的委托银行发放个人住房贷款所取得的收入免征营业税。

（11）对按政府规定价格出租的公有住房和廉租住房暂免征收营业税，对个人按市场价格出租的居民住房，暂按3%的税率征收营业税。

（12）对于从事国际航空运输业务的外国企业或我国香港、澳门、台湾地区的企业从我国大陆运载旅客、货物、邮件的运输收入，在国家另有规定之前，应按4.65%的综合计征率计算征税。

（13）中国人民保险公司和中国进出口银行办理的出口信用保险业务，不作为境内提供保险，为非应税劳务，不征收营业税。

（14）保险公司的摊回分保费用，不征营业税。

（15）人民银行对金融机构的贷款业务，不征收营业税。人民银行对企业贷款或委托金融机构贷款的业务应当征收营业税。

（16）金融机构往来业务暂不征收营业税。金融机构往来是指金融企业联行、金融企业与人民银行及同业之间的资金往来业务取得的利息收入，不包括相互之间提供的服务。

（17）对电影放映单位放映电影取得的票价收入按收入全额征收营业税后，对电影发行单位向放映单位收取的发行收入不再征收营业税，但对电影发行单位取得的片租收入仍应按全额征收营业税。

（18）对金融机构的出纳长款收入，不征收营业税。

（19）企业集团或集团内的核心企业（以下简称企业集团）委托企业集团所属财务公司代理统借统还贷款业务，从财务公司取得的用于归还金融机构的利息不征收营业税；财务公司承担此项统借统还委托贷款业务，从贷款企业收取贷款利息不代扣代缴营业税。

以上所称企业集团委托企业集团所属财务公司代理统借统还业务，是企业集团从金融机构取得统借统还贷款后，由集团所属财务公司与企业集团或集团内下属企业签订统借统还贷款合同并分拨借款，按支付给金融机构的借款利率向企业集团或集团内下属企业收取用以归还金融机构借款的利息，再转付企业集团，由企业集团统一归还金融机构的业务。

（20）对地方商业银行转贷用于清偿农村合作基金会债务的专项贷款利息收入免征营业税。专项贷款是指由人民银行向地方商业银行提供，并由商业银行转贷给地方政府，专项用于清偿农村合作基金会债务的贷款。

（21）对非营利性医疗机构按照国家规定的价格取得的医疗服务收入免征营业

税。医疗机构具体包括：各级各类医院、门诊部（所）、社区卫生服务中心（站）、急救中心（站）、城乡卫生院、护理院（所）、疗养院、临床检验中心等。医疗服务是指医疗服务机构对患者进行检查、诊断、治疗、康复和提供预防保健、接生、计划生育方面的服务，以及与这些服务相关的提供药品、医用材料器具、救护车、病房住宿和伙食的业务。

对营利性医疗机构取得的收入，按规定征收各项税收。但为了支持营利性医疗机构的发展，对营利性医疗机构取得的收入直接用于改善医疗卫生条件的，自其取得执业登记之日起，3 年内对其取得的医疗服务收入免征营业税。

对疾病控制机构和妇幼保健机构等卫生机构按照国家规定的价格取得的卫生服务收入免征营业税。疾病控制、妇幼保健等卫生机构具体包括：各级政府及有关部门举办的卫生防疫站（疾病控制中心）、各种专科疾病防治站（所），各级政府举办的妇幼保健所（站）、母婴保健机构、儿童保健机构等，各级政府举办的血站（血液中心）。

（22）对信达、华融、长城和东方资产管理公司接受相关国有银行的不良债权，免征销售转让不动产、无形资产以及利用不动产从事融资租赁业务应缴营业税。对资产公司接受相关国有银行的不良债权取得的利息收入免征营业税。

（23）对纳入全国试点范围的非营利性中小企业信用担保、再担保机构，可由地方政府确定，对其从事担保业务的收入，3 年内免征营业税。

（24）根据《中华人民共和国营业税暂行条例》及其实施细则的规定，营业税的征收范围为有偿提供应税劳务、转让无形资产或者销售不动产的行为。转让企业产权是整体转让企业资产、债权、债务及劳动力的行为，其转让价格不仅仅是由资产价值决定的，与企业销售不动产、转让无形资产的行为完全不同。因此，转让企业产权的行为不属于营业税征收范围，不应征收营业税。

（25）对社保基金理事会、社保基金投资管理人运用社保基金买卖证券投资基金、股票、债券的差价收入，暂免征收营业税。

（26）为进一步落实《中华人民共和国保险法》有关综合性保险公司必须财、寿险业务分业经营的规定和国务院关于保险公司分业改革的指示精神，综合性保险公司及其子公司需将其所拥有的不动产划转到新设立的财产保险公司和人寿保险公司。由于上述不动产所有权转移过户过程中，并未发生有偿销售不动产行为，也不具备其他形式的交易性质，因此，对保险分业经营改革过程中，综合性保险公司及其子公司将其所拥有的不动产所有权划转过户到因分业而新设立的财产保险公司和人寿保险公司的行为，不征收营业税。

（27）对中国电信集团公司将江苏、浙江、广东、上海等四省（市）和其他地区电信业务资产重组上市时已缴纳过营业税的预收性质的收入（包括电话初装费收入、工料费收入及电话卡售卡收入等），从递延收入中转出并确认为营业收入时，不再征收营业税。

(28) 自2003年8月1日起，对民航总局及地区民航管理机构在开展相关业务时收取并纳入预算管理，实行“收支两条线”的以下8项费用不征收营业税：①民用航空器国籍登记费；②民用航空器权利登记费；③民航经营活动主体和销售代理企业经营许可证工本费；④民航安全检查许可证工本费；⑤安全检查仪器使用合格证工本费；⑥民航从业人员考试费、执照工本费；⑦航空业务权补偿费；⑧适航审查费。

对于以上收费项目，此前已征税款不再退还，未征税款不再补征。今后凡经财政部、国家发展和改革委员会发文明确调整为服务性收费的，从调整之日起征收营业税。

(29) 保险企业取得的追偿款不征收营业税。所称追偿款，是指发生保险事故后，保险公司按照保险合同的约定向被保险人支付赔款，并从被保险人处取得对保险标的价款进行追偿的权利而追回的价款。

(30)《财政部、国家税务总局关于对中国出口信用保险公司办理的出口信用保险业务不征收营业税的通知》(财税〔2002〕157号) 规定：“对中国出口信用保险公司办理的出口信用保险业务不征收营业税。”这里的“出口信用保险业务”包括出口信用保险业务和出口信用担保业务。

(31) 自2004年8月1日起，对军队空余房产租赁收入暂免征收营业税、房产税；此前已征税款不予退还，未征税款不再补征。

暂免征收营业税、房产税的军队空余房产，在出租时必须悬挂“军队房地产租赁许可证”，以备查验。

(32) 住房专项维修基金征免营业税的规定。住房专项维修基金是属全体业主共同所有的一项代管基金，专项用于物业保修期满后物业共用部位、共用设施设备的维修、更新和改造。鉴于住房专项维修基金资金所有权及使用的特殊性，对房地产主管部门或其指定机构、公积金管理中心、开发企业以及物业管理单位代收的住房专项维修基金，不计征营业税。

(33) 为了切实做好下岗失业人员再就业有关营业税优惠政策的落实工作，自2005年1月1日起，按以下优惠政策执行：

财税〔2002〕208号文件规定的对下岗失业人员从事个体经营活动免征营业税，是指其雇工7人（含7人）以下的个体经营行为。下岗失业人员从事经营活动雇工8人（含8人）以上，无论其领取的营业执照是否注明为个体工商户，均应按照新办服务型企业有关营业税优惠政策执行。

财税〔2002〕208号文件中的服务型企业是指从事现行营业税“服务业”税目规定的经营活动的企业。原有的企业合并、分立、改制、改组、扩建、搬迁、转产以及吸收新成员、改变隶属关系、改变企业名称和企业法人代表的，不能视为新办企业。

此前关于下岗失业人员再就业营业税优惠政策与本规定不一致的，以本规定为准。其他有关营业税优惠政策仍按原有规定执行。

（34）对从事个体经营的军队转业干部、城镇退役士兵及随军家属，自领取税务登记证之日起，3 年内免征营业税。个体经营是指雇工 7 人（含 7 人）以下的个体经营行为，军队转业干部、城镇退役士兵、随军家属从事个体经营凡雇工 8 人（含 8 人）以上的，无论其领取的营业执照是否注明为个体工商业户，均应按照新办的服务型企业的规定享受有关营业税优惠政策。

（35）对 QFII 委托境内公司在我国从事证券买卖业务取得的差价收入免征营业税。

（36）单位和个人提供的垃圾处置劳务不属于营业税应税劳务，对其处置垃圾取得的垃圾处置费，不征收营业税。

（37）根据《财政部、国家税务总局关于对社会团体收取的会费收入不征收营业税的通知》（财税字〔1997〕063 号）第一条的规定，对在京外国商会按财政部门或民政部门规定标准收取的会费，不征收营业税。对其会费以外各种名目的收入，凡属于营业税应税范围的，一律照章征收营业税。

（38）个人向他人无偿赠与不动产，包括继承、遗产处分及其他无偿赠与不动产 3 种情况可以免征营业税。但在办理营业税免税申请手续时，纳税人应区分不同情况向税务机关提交相关证明材料：①属于继承不动产的，继承人应当提交公证机关出具的继承权公证书、房产所有权证和个人无偿赠与不动产登记表；②属于遗嘱人处分不动产的，遗嘱继承人或者受遗赠人须提交公证机关出具的“遗嘱公证书”和“遗嘱继承权公证书”或“接受遗赠公证书”、房产所有权证以及个人无偿赠与不动产登记表；③属于其他情况无偿赠与不动产的，受赠人应当提交房产所有人“赠与公证书”和受赠人“接受赠与公证书”，或持双方共同办理的“赠与合同公证书”，以及房产所有权证和个人无偿赠与不动产登记表。

上述证明材料必须提交原件，税务机关应当认真审核，资料齐全并且填写正确、规范的，在提交的个人无偿赠与不动产登记表上签字盖章后退提交人，将有关公证证书复印件留存，同时办理营业税免税手续。

（39）按照现行营业税政策的有关规定，公司从事金融资产处置业务时，出售、转让股权不征收营业税；出售、转让债权或将其持有的债权转为股权不征收营业税；销售、转让不动产或土地使用权，按照《财政部、国家税务总局关于营业税若干政策问题的通知》（财税〔2003〕16 号）第三条第二十款及第四条的有关规定，征收营业税。

（40）对中国邮政集团公司及其所属邮政企业为中国邮政储蓄银行及其所属分行、支行代办金融业务取得的代理金融业务收入，自 2008 年 1 月 1 日至 2010 年 12 月 31 日免征营业税。对于法规到达之日前已缴纳的应予免征的营业税，允许从纳税人以后应缴的营业税税款中抵减或予以退税。

（41）自 2008 年 12 月 15 日起，对台湾航运公司从事海峡两岸海上直航业务在大陆取得的运输收入免征营业税。

对台湾航运公司在2008年12月15日至文到之日已缴纳应予免征的营业税，从以后应缴的营业税税款中抵减，年度内抵减不完的予以退税。

台湾航运公司，是指取得交通运输部颁发的“台湾海峡两岸间水路运输许可证”且上述许可证上注明的公司登记地址在台湾的航运公司。

（42）纳税人将土地使用权归还给土地所有者时，只要出具县级（含）以上地方人民政府收回土地使用权的正式文件，无论支付征地补偿费的资金来源是否为政府财政资金，该行为均属于土地使用者将土地使用权归还给土地所有者的行为，按照国家税务总局《关于印发〈营业税税目注释（试行稿）〉的通知》（国税发〔1993〕149号）规定，不征收营业税。

3. 减半征收营业税

自2007年8月1日起，对个人出租住房，不区分用途，在3%税率的基础上减半征收营业税。

4. 减按3%征收营业税

自2005年6月1日起，对公路经营企业收取的高速公路车辆通行费收入统一减按3%的税率征收营业税。

5. 按3%税率征收营业税

自2004年1月1日起，对改革试点地区农村信用社取得的金融保险业应税收入，按3%的税率征收营业税。

第二节　营业税应纳税额的计算

一、营业税的计税依据

（一）营业税计税依据的一般规定

营业税的计税依据是营业额，营业额为纳税人提供应税劳务、转让无形资产或者销售不动产向对方收取的全部价款和价外费用。价外费用包括向对方收取的手续费、基金、集资费、代收款项、代垫款项及其他各种性质的价外收费。凡价外费用，无论会计制度规定如何核算，均应并入营业额计算应纳税额。应注意的问题有：

1. 发生退款

单位和个人提供营业税应税劳务、转让无形资产和销售不动产发生退款，凡该项退款已征收过营业税的，允许退还已征税款，也可以从纳税人以后的营业额中减除。

2. 销售折扣

单位和个人在提供营业税应税劳务、转让无形资产、销售不动产时，如果将价款与折扣额在同一张发票上注明的，以折扣后的价款为营业额；如果将折扣额另开发票的，不论其在财务上如何处理，均不得从营业额中减除。

电信单位销售的各种有价电话卡，由于其计费系统只能按有价电话卡面值出账并按有价电话卡面值确认收入，不能直接在销售发票上注明折扣折让额，以按面值确认的收入减去当期财务会计上体现的销售折扣折让后的余额为营业额。

3. 赔偿金

单位和个人提供应税劳务、转让无形资产和销售不动产时，因受让方违约而从受让方取得的赔偿金收入，应并入营业额中征收营业税。

4. 预收款转为营业收入

单位和个人因财务会计核算办法改变将已缴纳过营业税的预收性质的价款逐期转换为营业收入时，允许从营业额中减除。

（二）营业税计税依据的特殊规定

1. 价格明显偏低的计税依据核定方法

对纳税人提供应税劳务、转让无形资产或销售不动产的价格明显偏低而无正当理由的，或者单位和个人的自建行为视同提供应税劳务但没有销售价格的，或者纳税人将不动产无偿赠与他人而没有销售价格的，主管税务机关有权依据以下原则和顺序确定营业额：

（1）按纳税人当月提供的同类应税劳务或者销售的同类不动产的平均价格核定。

（2）按纳税人最近时期提供的同类应税劳务或者销售同类不动产的平均价格核定。

（3）按下列公式核定计税价格：

计税价格＝营业成本或工程成本×（1＋成本利润率）÷（1－营业税税率）

上述公式中的成本利润率由省、自治区、直辖市地方税务局确定。

2. 可以从计税依据中扣除的项目

为了避免重复征税，营业税规定了一些扣除项目。除税法规定的扣除项目外，不得扩大扣除项目。

3. 各行业营业税计税依据的具体规定

（1）交通运输业营业税的计税依据。

其一，运输企业自我国境内运输旅客或者货物出境，在境外改由其他运输企业承运旅客或者货物的，以全程运费减去付给该承运企业的运费后的余额为营业额。

其二，经地方税务机关批准使用运输企业发票，按“交通运输业”税目征收营业税的单位将承担的运输业务分给其他运输企业并由其统一收取价款的，以其取得的全部收入减去支付给其他运输企业的运费后的余额为营业额。

其三，自 2003 年 11 月 1 日起，对自开票纳税人从事的货物联运业务，以其向货主收取的运费及其他价外收费减去付给其他联运合作方运费后的余额为营业额计算征收营业税。

所谓联运必须同时符合以下条件：①自开票纳税人必须参与该项货物运输业务；②联运合作方向自开票纳税人开具货物运输业发票；③自开票纳税人必须将其接受的货物运输业发票作为原始记账凭证，妥善保管，以备税务机关检查。

代开票纳税人（指不符合规定条件，需由主管地方税务局或经省级地方税务局批准委托中介机构代开货物运输业发票的纳税人）从事联运业务的，其计征营业税的营业额为代开的货物运输业发票注明营业税应税收入，不得减除支付给其他联运合作方的各种费用。

其四，中国国际航空股份有限公司（简称国航）与中国国际货运航空有限公司（简称货航）开展客运飞机腹舱联运业务时，国航以收到的腹舱收入为营业额；货航以其收到的货运收入扣除支付给国航的腹舱收入后的余额为营业额，营业额扣除凭证为国航开具的“航空货运单”。

【例5－1】南岗公司2009年3月取得运营收入310万元，其中客运收入为100万元，货运收入为200万元，另有保险费用10万元，在运输过程中支付给其他联运公司70万元。则该运输公司的计税营业额为：

计税营业额＝100＋200＋10－70＝240（万元）

（2）建筑业营业税的计税依据。

建筑业营业税的计税依据为纳税人承包建筑、修缮、安装、装饰和其他工程作业取得的营业收入，即建筑安装企业向建设单位收取的工程价款及工程价款之外的各种费用。无论与对方如何结算，其应税营业额均应包括工程所用原材料及其他物资和动力的价款；建筑业的总承包人将工程分包或者转包给他人的，以工程的全部承包额减去付给分包人或转包人的价款余额为营业额；纳税人自建建筑物销售的，其自建行为的营业额根据同类工程的价格确定，无同类价格的按下列公式计算组成计税价格：

组成计税价格＝工程成本×（1＋成本利润率）÷（1－营业税税率）

【例5－2】南昌工贸学院有项工程想找施工单位承建，在工程承包公司朱山公司的组织协调下，施工单位最后为南岗公司中标。施工合同总造价3 000万元、中介服务费100万元。该项目有两种承包方案：

第一种，施工单位南岗公司与建设单位南昌工贸学院签订承包合同，合同金额为3 000万元，南昌工贸学院支付给工程承包公司朱山公司100万元的中介服务费。

应纳营业税＝1 000 000×5%＝50 000（元）

第二种，朱山公司与南昌工贸学院直接签订合同，合同金额为3 100万元，再把工程转包给南岗公司，由朱山公司向南岗公司支付工程款3 000万元。税法规定，建筑业的总承包人将工程分包或转包给他人的，以工程的全部承包额减去付给分包人或转包人的价款后的余额为计税营业额。工程承包单位朱山公司的行为属于转包行为。

应纳营业税 =（31 00 - 3 000）万元 ×3% =30 000（元）

上述两种方案中，南岗公司的营业税均为 90 万元（3 000 ×3%），承包合同的签订在税负上对其无影响。但朱山公司的营业税由 5 万元降至 3 万元，节约了 2 万元税款。需要注意的是，工程承包公司朱山公司究竟是否应采用第二种方案，还要认真考虑，如果为了少缴 2 万元的税款就与建设单位签订承包合同，要承担施工单位南岗公司能否按期按质地完成施工任务、建设单位南昌工贸学院能否及时地支付工程款等风险和麻烦。

另外，朱山公司与建设单位南昌工贸学院直接签订合同，合同金额为 3 100 万元，朱山公司还要为此缴纳印花税 9.3 万元（3 100 ×0.3%），朱山公司与南岗公司签订转包合同，还要缴纳印花税 9 万元（3 000 ×0.3%）。

按照税法规定，工程承包公司与建设单位签订建筑安装工程承包合同，无论其是否参与施工，均应按建筑业的税目征收营业税；工程承包公司未与建设单位签订建筑安装工程承包合同，只是负责工程的组织和协调，则对工程承包公司的此项业务按服务业税目征收营业税。工程承包公司在涉及一些具体业务时，一定要注意这些细节方面的巨大差异。

（3）金融保险业营业税的计税依据。

金融业确认计税营业额有三种方法：一是对一般贷款、典当、金融经纪业等中介服务，将取得的利息收入全额或手续费收入全额确认为营业额；二是对转贷外汇，将贷款利息收入减去支付境外的借款利息后的余额确认为营业额；三是对外汇、证券、期货等金融商品转让，将卖出价减去买入价后的差额确认为营业额。

保险业的计税依据原则上是以收入的全额为营业额。其中，保险业实行分保险业务的，初保业务以全部保费收入减去付给分保人保费后的余额为营业额。为了简化手续，在实际征收过程中，可对初保人按其向投保人收取的保费收入全额（即不扣除分保费支出）征税，对分保人取得的分保费收入不再征收营业税。

保险公司办理储金业务，由于储金是保险公司向投保者取得的，这部分资金到期是要归还的，相当于投保者在保险公司的存款，所以不能将此确认为保险公司的收入。因此，以储金方式开展的保险业务，其应纳税营业额为纳税期内的储金平均余额乘以中国人民银行公布的一年期存款利率。

【例 5 - 3】南岗银行 2009 年 1 月从事一般贷款业务，取得利息总收入 30 万元、罚息 2 万元；从外汇转让业务，卖出价 497 万元，另外支付费用及税金 3 万元，买入价 460 万元，其中包含费及税金 2 万元；受朱山公司委托发放贷款，取得贷款利息 10 万元；受后房企业委托发放贷款并将业务转给其经办机构，收取贷款利息 5 万元。则以上业务中，该金融机构的一般贷款业务应以贷款利息收入（包括各种加息、罚息等）为营业额；从事股票、债券买卖业务，以股票、债券的卖价减去买入价后的余额为营业额；委托金融机构发放贷款，应作为扣缴义务人代扣代缴朱山公司应纳营业税；银行将委托方的资金转给经办机构，由经办机构将资金贷给使用单位或个人，在征收营业税时，由最终将贷款发放给使用单位或个人并取得贷款利息的经办机构代扣委方应纳的营业税，并向经办机构所在地主管税务机关解缴。

应纳营业税 = (30 + 2) × 5% + [(497 + 3) − (460 − 2)] × 5% = 3.5（万元）

应代扣代缴营业税 = 10 × 5% = 0.5（万元）

吸收存款不属于收入，故不需纳税；办理转贴现业务收入属于金融机构往来，暂不征收营业税。

（4）邮电通信业营业税的计税依据。

邮电通信业可分为邮政业务和电信业务两类。其中，邮政业务营业税的计税依据为纳税人从事传递函件或包件、邮汇、报刊发行、邮政物品销售、邮政储蓄及其他邮政业务的收入；电信业务的计税依据为纳税人提供电报、电话、电传、电话机安装、电信物品销售及其他电信业务的收入。

【例5－4】南岗电信局2009年6月份取得电话机安装收入60万元，出售移动电话收入30万元，取得话费收入50万元，代办电信工程收入60万元，则该电信局6月份按邮电通信业税目计算的计税营业额为：

计税营业额 = 60 + 30 + 50 = 140（万元）

代办电信工程应按建筑业征收营业税。

（5）文化体育业营业税的计税依据。

文化体育业营业税的计税依据为纳税人经营文化业、体育业取得的全部收入，包括演出收入、播映收入、其他文化收入、经营游览场所收入和体育收入。但单位或个人进行演出，以全部收入减去付给提供演出场所的单位、演出公司或经纪人的费用后的余额为计税营业额。

【例5－5】南方歌舞团与南岗演出公司联系，在某文化活动中心连续演出，取得门票收入100万元，协议规定，南方歌舞团付给南岗演出公司中介费10万元，付给文化活动中心场地费20万元。

则南方歌舞团应纳营业税的计税营业额为：

计税营业额 = 100 − 10 − 20 = 70（万元）

南岗演出公司和文化活动中心的收入应按服务业征收营业税。

（6）娱乐业营业税的计税依据。

纳税人经营娱乐业，以向顾客收取的各项费用，包括门票收费、台位费、点歌费、烟酒和饮料收费及其他收费为营业额。

【例5－6】南岗酒店共设30个包间，每个包间均装有卡拉OK设备，并为顾客提供餐饮娱乐服务，顾客可自娱自乐。2009年7月份，该饭店收取的包间费为20万元；餐饮费为60万元；烟酒饮料费为30万元。则该酒店7月份应纳营业税的计税营业额为：

计税营业额 = 20 + 60 + 30 = 110（万元）

（7）服务业营业税的计税依据。

服务业营业税的计税依据为纳税人提供服务业劳务而向对方收取的全部价款和价外费用。

为避免某些项目重复征税，旅游业和广告代理业应按照下列规定确定计税依据。旅游企业组织旅游团到中华人民共和国境外旅游，在境外改由其他旅游企业接团的以全程旅游费减去付给接团企业的旅游费后的余额为计税营业额；对旅游企业组织旅游团在我国境内旅游的，以收取的旅游费减去替旅游者支付给其他单位的房费、餐饮费、交通费和其他代付费用后的余额为计税营业额；对旅游企业在境内改团接待的业务，可比照境外规定予以扣除。广告代理业的计税营业额为代理者向委托方收取的全部价款和价外费用减去付给广告发布者的广告发布费后的余额。

代理业的计税依据为经营代购代销、代办进出口、介绍服务和其他代理服务取得的手续费、介绍费、代办费等收入。

旅店业的计税依据为提供住宿服务的各项收入。

饮食业的计税依据为向顾客提供饮食消费服务而取得的餐饮收入。

【例 5－7】境内南方旅行社于 2009 年 8 月组团到新、马、泰旅游，共组织游客 100 人，每人收费 10 000 元。在境内期间，旅行社支付交通费和餐费 2 000 元/人；出境后，分别由三国旅行社接团，按 2 200 元/人、2 400 元/人、2 600 元/人分别付给三国旅行社。请计算该旅行社 2009 年 8 月的计税营业额。

计税营业额＝（10 000－2 000－2 200－2 400－2 600）×100＝80 000（元）

（8）转让无形资产营业税的计税依据。

转让无形资产营业税的计税依据为纳税人转让无形资产所取得的转让额，具体包括无形资产受让方支付给转让方的货币、实物和其他经济利益。转让方收取实物或其他经济利益时，由税务机关核定其货币价值，以此作为计税依据。

【例 5－8】南岗公司 2009 年 8 月转让其已登记注册的商标权给南方公司使用，每月收取转让收入 70 万元，则每月该项收入应纳营业税的计税营业额为：

计税营业额＝70（万元）

（9）销售不动产营业税的计税依据。

销售不动产营业税的计税依据为纳税人销售不动产时从购买方取得的全部价款和价外费用（含货币、实物和其他经济利益）。

二、营业税应纳税额的计算

纳税人提供应税劳务、转让无形资产或销售不动产，按照营业额和规定的税率计算应纳税额，其基本计算公式为：

应纳税额＝营业额×适用税率

在实际征收中，计算方法一般有以下 3 种：

（一）按营业收入全额计算

按营业收入全额计算应纳税额的公式为：

应纳税额＝营业收入全额×适用税率

【例5－9】南方卡拉OK歌舞厅9月份取得门票收入70 000元，点歌自唱收入20 000元，台位收入10 000元，饮料食品收入50 000元，该地区娱乐业的营业税税率为20%，请计算该卡拉OK歌舞厅9月份应纳营业税税额。

应纳税额＝（70 000＋20 000＋10 000＋50 000）×20%＝30 000（元）

【例5－10】南岗公园2009年3月取得门票收入85 000元；为后启杂技团提供演出场地，取得租金收入15 000元；与福利彩票销售管理机构签有电脑福利彩票投注站代理销售协议书，设立电脑福利彩票投注点代销社会福利彩票，取得彩票销售收入500 000元、代销手续费50 000万元；出租帐篷，取得收入8 500元；经营餐饮，提供餐饮服务，取得收入75 000元；经营射击项目，取得收入23 000元；经营狩猎项目，取得收入7 000元；经营索道项目，取得收入60 000元；签订承包合同，将跑马场出包给其他单位并以其自身名义对外经营，收取本年度承包费72 000元；经营商店销售旅游纪念品，取得零售收入120 000元。各项收入独立核算；零售收入为含税收入；商店销售货物适用简易方法征收增值税。请计算南岗公司3月份应缴纳的营业税和增值税。

应纳增值税＝120 000÷（1＋4%）×4%＝4 615.38（元）

应纳营业税＝85 000×3%＋（15 000＋50 000＋8 500＋75 000＋60 000）×5%＋（23 000＋7 000）×20%＋72 000÷12×5%＝19 275（元）

（二）按营业收入差额计算

按营业收入差额计算应纳税额的公式为：

应纳税额＝（营业收入－允许扣除金额）×适用税率

【例5－11】后启远洋运输公司运输一批货物到国外某地，收取全程运费80万元，货物到达该国境内后，改由该国运输企业运至目的地，支付给该国承运企业运费20万元。请计算该远洋运输企业应纳营业税税额。

应纳税额＝（800 000－200 000）×3%＝18 000（元）

（三）按组成计税价格计算

按组成计税价格计算应纳税额的公式为：

应纳税额＝组成计税价格×适用税率

$$组成计税价格=\frac{营业成本或工程成本\times(1+成本利润率)}{1-营业税率}$$

【例5－12】南岗建筑安装公司自建一幢商用办公楼并已全部销售，取得销售额2 000万元，建筑安装工程成本为1 400万元。该公司发生的自建建筑物和销售不动产两项应税行为，应分别按3%和5%的营业税税率计算应纳税额，自建行为应按组成计税价格计税，已知当地主管税务机关规定的建筑工程成本利润率为15%。请计算该建筑安装公司当月应纳营业税税额。

应纳税额 = 14 000 000 ×（1 + 15%）÷（1 − 3%）× 3% + 20 000 000 × 5% = 1 497 938.14（元）

【例 5－13】 南方房地产开发公司 2007 年销售新商品房取得收入 2 000 万元，接受朱山建筑公司抵债商品房 10 套，抵顶债务 800 万元。年内房地产开发公司将 10 套商品房全部售出，取得收入 1 000 万元。则本期该房地产开发公司应以全部收入减去抵债时该项不动产作价后的余额为营业额计算缴纳营业税。

应纳营业税 = [2 000 +（1 000 − 800）] × 5% = 110（万元）

第三节　营业税的会计核算

一、账户设置

企业核算营业税，应通过"应交税费——应交营业税"账户，贷方登记企业计算出来的应纳营业税税额，借方登记实际缴纳的营业税税额，期末贷方余额表示应交未交的营业税，期末借方余额表示多交的营业税。还需要设置"营业税金及附加"账户。期末应将"营业税金及附加"账户余额转入"本年利润"账户，结转后，"营业税金及附加"账户应无余额。

二、营业税的会计核算

（一）提供应税劳务营业税的会计核算

提供应税劳务包括交通运输业、邮电通信业、建筑安装业、文化体育业、金融保险业、旅游服务业和娱乐业等提供的应税劳务。按规定计算出的营业税应借记"营业税金及附加"账户，贷记"应交税费——应交营业税"账户。

1. 交通运输劳务营业税的会计核算

【例 5－14】 南方公司 2 月份运营收入为 100 000 元，同时承接一项联运业务，联运业务取得收入 60 000 元，联运业务支出 20 000 元。

其会计处理如下：

应纳营业税税额 = 100 000 × 3% +（60 000 − 20 000）× 3% = 4 200（元）

借：营业税金及附加　　　　4 200

　贷：应交税费——应交营业税　　　　4 200

2. 邮电通信业营业税的会计核算（同上）

3. 建筑安装劳务营业税的会计核算

从事建筑安装、装修业务的企业，无论与对方如何结算，其营业额均应包括工程所用原材料的价款。即使由对方（甲方）提供材料，在工程结算收入中未包括材料成本，但计税时材料成本也应包括在营业额中。如果实行转包或分包形式，以工程的全部承包额减去付给分包人或转包人的价款后的余额为营业额；同时，总承包人在支付分包或转包款项时，应代扣代缴分包人或转包人的营业税税款。总承包人在计算本企业应纳的营业税时，借记“营业税金及附加”账户，计算的代扣代缴的营业税应借记“应付账款”账户，贷记“应交税费——应交营业税”账户。

【例5-15】南昌建筑公司7月份工程总承包收入为4 000 000元，其中支付给南方建筑公司分包工程价款500 000元，对方（南方建筑公司）提供材料300 000元；南昌建筑公司还取得拆除建筑物收入100 000元。

其会计处理如下：

南昌公司当月应纳营业税税额 =（4 000 000 - 500 000）×3% + 100 000 ×3% = 108 000（元）

南昌公司为南方公司代扣代缴的营业税税额 = 500 000 ×3% = 15 000（元）

借：营业税金及附加　　108 000
　　应付账款　　15 000
　贷：应交税费——应交营业税　　123 000

4. 文化体育劳务营业税的会计核算

【例5-16】演出公司南岗文化公司本月在体育馆演出，取得票价收入300 000元，付给体育馆租金80 000元，演出经纪人佣金30 000元。

其会计处理如下：

本月应纳营业税税额 =（300 000 - 80 000 - 30 000）×3% = 5 700（元）

借：营业税金及附加　　5 700
　贷：应交税费——应交营业税　　5 700

5. 金融保险劳务营业税的会计核算

金融企业贷款业务以利息收入为营业额，转贷业务以贷款利息收入减去借款利息支出的余额为营业额。无论是贷款业务还是转贷业务，计算其应纳的营业税时，都借记“营业税金及附加”账户，贷记“应交税费——应交营业税”账户。金融企业接受其他企业委托发放的贷款，应代扣代缴营业税，收到委托贷款利息时，应借记“银行存款”账户，贷记“应付账款——应付委托贷款利息”账户；根据贷款利息计算应代扣代缴的营业税时，借记“应付账款——应付委托贷款利息”账户，贷记“应交税费——应交营业税”账户。

6. 旅游服务劳务营业税的会计核算

【例5-17】南方国际旅游公司2009年7月份组团到境外旅游，收取成员全程旅游费共计300 000元，出境后改由外国旅游公司接待，向境外接团公司支付旅游费200 000元。

其会计处理如下：

本月应纳营业税税额 =（300 000 - 200 000）×5% =5 000（元）

借：营业税金及附加　　5 000

　贷：应交税费——应交营业税　　5 000

7. 娱乐劳务营业税的会计核算

【例 5 - 18】南岗歌舞厅 7 月份取得门票收入 100 000 元，点歌自唱收入 200 000 元，销售饮料食品收入 10 000 元，该地区娱乐业营业税税率为 20%。

其会计处理如下：

7 月应纳营业税税额 =（100 000 +200 000 +10 000）×20% =62 000（元）

借：营业税金及附加　　62 000

　贷：应交税费——应交营业税　　62 000

（二）销售不动产营业税的会计核算

1. 房地产开发企业销售不动产营业税的会计核算

房地产开发企业以开发、销售商品房及其他土地附着物等不动产为主营业务，其销售不动产所取得的收入以及预售不动产所取得的收入均应计算缴纳营业税，借记“营业税金及附加”账户，贷记“应交税费——应交营业税”账户。

2. 非房地产开发企业出售不动产营业税的会计核算

非房地产开发企业出售不动产是指企业出售已作为固定资产入账管理的房屋、建筑物以及土地附着物，这是企业对现有固定资产的处理。其应缴销售不动产的营业税，借记“固定资产清理”账户，贷记“应交税费——应交营业税”账户。

【例 5 - 19】南方公司出售一幢厂房，厂房原价为 80 万元，已提折旧 20 万元，售价为 70 万元，以银行存款支付清理费用 2 万元。

其会计处理如下：

应纳营业税税额 =700 000 ×5% =35 000（元）

借：固定资产清理　　35 000

　贷：应交税费——应交营业税　　35 000

上缴营业税时会计处理如下：

借：应交税费——应交营业税　　35 000

　贷：银行存款　　35 000

（三）转让无形资产营业税的会计核算

1. 转让无形资产使用权应纳营业税的会计核算

由于企业转让无形资产的使用权所取得的收入记入“其他业务收入”等账户，所以转让无形资产应缴纳的营业税，应借记“营业税金及附加”账户，贷记“应交税费——应交营业税”账户。

【例 5 - 20】南方公司将其已登记注册的商标权转让给其他单位使用，每月取得转让收入 20 万元。

其会计处理如下：

应纳营业税税额 = 200 000 × 5% = 10 000（元）

借：营业税金及附加　　10 000

　贷：应交税费——应交营业税　　10 000

2. 转让无形资产所有权应纳营业税的会计核算

由于企业转让无形资产的所有权所取得的收入记入“银行存款”等账户，出售无形资产的净损益借记“营业外支出”或贷记“营业外收入”账户，出售无形资产应缴纳的营业税，贷记“应交税费——应交营业税”账户。

【例 5 - 21】南方公司将原购入的一项专利权出售给其他企业，取得收入100 000元，该专利权的账面余额为 80 000 元，营业税税率为 5%。

其会计处理如下：

应纳营业税税额 = 100 000 × 5% = 5 000（元）

借：银行存款　　100 000

　贷：无形资产　　80 000

　　应交税费——应交营业税　　5 000

　　营业外收入　　15 000

第四节　营业税的申报与缴纳

一、纳税时间

（一）营业税纳税义务发生的时间

营业税的纳税义务发生时间为纳税人收讫营业收入款项或者取得索取营业收入款项凭据的当天。为书面合同确定的付款日期的当天；未签订书面合同或者书面合同未确定付款日期的，为应税行为完成的当天。收讫营业收入款项，是指纳税人应税行为发生过程中或者完成后收取的款项。对某些具体项目进一步明确如下：

转让土地使用权或者销售不动产，采用预收款方式的，其纳税义务发生时间为收到预收款的当天。

纳税人提供建筑业或者租赁业劳务，采取预收款方式的，其纳税义务发生时间为收到预收款的当天。

单位或者个人自己新建建筑物后销售，其自建行为的纳税义务发生时间，为其销售自建建筑物并收讫营业额或者取得索取营业额凭据的当天。

纳税人将不动产或者土地使用权无偿赠送给其他单位或者个人的，其纳税义务发生时间为不动产所有权、土地使用权转移的当天。

会员费、席位费和资格保证金纳税义务发生时间为会员组织收讫会员费、席位费、资格保证金和其他类似费用款项或者取得索取这些款项凭据的当天。

扣缴税款义务发生时间为扣缴义务人代纳税人收讫营业收入款项或者取得索取营业收入款项凭据的当天。

建筑业纳税人及扣缴义务人应按照下列规定确定建筑业营业税的纳税义务发生时间和扣缴义务发生时间：

1. 纳税义务发生时间

（1）纳税人提供建筑业应税劳务，施工单位与发包单位签订书面合同，如合同明确规定付款（包括提供原材料、动力及其他物资，不含预收工程价款）日期的，按合同规定的付款日期为纳税义务发生时间；合同未明确付款（同上）日期的，其纳税义务发生时间为纳税人收讫营业收入款项或者取得索取营业收入款项凭据的当天。

上述预收工程价款是指工程项目尚未开工时收到的款项。对于预收工程价款，其纳税义务发生时间为工程开工后，主管税务机关根据工程形象进度按月确定的纳税义务发生时间。

（2）纳税人提供建筑业应税劳务，施工单位与发包单位未签订书面合同的，其纳税义务发生时间为纳税人收讫营业收入款项或者取得索取营业收入款项凭据的当天。

（3）纳税人自建建筑物，其建筑业应税劳务的纳税义务发生时间为纳税人销售自建建筑物并收讫营业收入款项或取得索取营业收入款项凭据的当天。

纳税人将自建建筑物对外赠与，其建筑业应税劳务的纳税义务发生时间为该建筑物产权转移的当天。

2. 扣缴义务发生时间

建设方为扣缴义务人的，其扣缴义务发生时间为扣缴义务人支付工程款的当天；总承包人为扣缴义务人的，其扣缴义务发生时间为扣缴义务人代纳税人收讫营业收入款项或者取得索取营业收入款项凭据的当天。

纳税人以1个月或1个季度为一期纳税的，自期满之日起15日内申报纳税；以5日、10日或者15日为一期纳税的，自期满之日起5日内预缴税款，于次月1日起15日内申报纳税并结清上月应纳税款。

（二）扣缴义务人的解缴税款期限，比照上述规定执行。

（三）银行、财务公司、信托投资公司、信用社、外国企业常驻代表机构的纳税期限为1个季度，自纳税期满之日起15日内申报纳税。

（四）保险业的纳税期限为1个月。

二、纳税地点

营业税的纳税地点原则上采取属地征收的方法，就是纳税人在经营行为发生地缴纳应纳税款。具体规定如下：

纳税人提供应税劳务，应当向应税劳务发生地的主管税务机关申报纳税。纳税人从事运输业务的，应当向其机构所在地主管税务机关申报纳税。

纳税人转让土地使用权，应当向土地所在地主管税务机关申报纳税。纳税人转让其他无形资产，应当向其机构所在地的主管税务机关申报纳税。

单位和个人出租土地使用权、不动产的营业税纳税地点为土地、不动产所在地；单位和个人出租物品、设备等动产的营业税纳税地点为出租单位机构所在地或个人居住地。

纳税人销售不动产，应当向不动产所在地主管税务机关申报纳税。

纳税人提供的应税劳务发生在外县（市），应向应税劳务发生地的主管税务机关申报纳税；如未向应税劳务发生地申报纳税的，由其机构所在地或者居住地主管税务机关补征税款。

纳税人承包的工程跨省、自治区、直辖市的，向其机构所在地主管税务机关申报纳税。

各航空公司所属分公司，无论是否单独计算盈亏，均应作为纳税人向分公司所在地主管税务机关缴纳营业税。

纳税人在本省、自治区、直辖市范围内发生应税行为，其纳税地点需要调整的，由省、自治区、直辖市人民政府所属税务机关确定。

建筑业纳税人及扣缴义务人应按照下列规定确定建筑业营业税的纳税地点：

（1）纳税人提供建筑业应税劳务，其营业税纳税地点为建筑业应税劳务的发生地。

（2）纳税人从事跨省工程的，应向其机构所在地主管地方税务机关申报纳税。

（3）纳税人在本省、自治区、直辖市和计划单列市范围内提供建筑业应税劳务，其营业税纳税地点需要调整的，由省、自治区、直辖市和计划单列市税务机关确定。

（4）扣缴义务人代扣代缴的建筑业营业税税款的解缴地点为该工程建筑业应税劳务发生地。

（5）扣缴义务人代扣代缴跨省工程的，其建筑业营业税税款的解缴地点为被扣缴纳税人的机构所在地。

（6）纳税人提供建筑业劳务，应按月就其本地和异地提供建筑业应税劳务取得的全部收入向其机构所在地主管税务机关进行纳税申报，就其本地提供建筑业应税劳务取得的收入缴纳营业税；同时，自应申报之月（含当月）起6个月内向机构所在地主管税务机关提供其异地建筑业应税劳务收入的完税凭证。否则，应就其异地提供建筑业应税劳务取得的收入向其机构所在地主管税务机关缴纳营业税。

（7）上述本地提供的建筑业应税劳务是指独立核算纳税人在其机构所在地主管税务机关税收管辖范围内提供的建筑业应税劳务；上述异地提供的建筑业应税劳务

元，办理结算业务取得手续费收入60 000元，销售账单凭证取得收入10 000元。请问，应如何进行会计处理？

5. 南岗房地产开发企业，本期一幢住宅楼竣工，建筑成本共计400万元，本期出售商品房2 000平方米，取得价款60万元，当地税务机关规定的成本利润率为6%。如何进行会计处理？

参考答案

1. 自建房屋销售组成计税价格 = 2 000 × 50% × （1 + 10%） ÷ （1 − 3%） = 1 134.02（万元）

2. 计税营业额 = 100 − 80 + 50 = 70（万元）

3. 饭庄营业收入属于“服务业——饮食业”税目：

计税营业额 = 824 000 元

招待所营业收入属于“服务业——旅店业”税目：

计税营业额 = 266 000 元

车队承接外单位运输业务所取得的收入属于“交通运输业”税目：

计税营业额 = 284 000 元

4. 其会计处理如下：

本季度应纳营业税税额 = （300 000 + 60 000 + 10 000） × 5% = 18 500（元）

借：营业税金及附加　　18 500

　贷：应交税费——应交营业税　　18 500

5. 其会计处理如下：

本期应纳建筑业营业税税额 = 4 000 000 × （1 + 6%） ÷ （1 − 3%） × 3% = 131 134.02（元）

本期应纳销售房产营业税税额 = 600 000 × 5% = 30 000（元）

本期应纳营业税合计 = 131 134.02 + 30 000 = 161 134.02（元）

借：营业税金及附加　　161 134.02

　贷：应交税费——应交营业税　　161 134.02

第六章　关税会计

学习目标

○ 了解关税的概念及特点、纳税人及征税对象

○ 掌握关税的完税价格及税率

○ 掌握关税的会计核算

○ 掌握关税的纳税申报

技能目标

○ 通过本章的学习，能正确计算关税税额，并能进行相应的会计处理，正确填写纳税申报表

第一节　关税概述

一、关税的概念

关税是海关代表国家，按照国家制定的关税政策和公布实施的进出口税则，对进出关境的货物和物品所征收的一种流转税。通常情况下，一国关境与国境是一致的，包括国家全部的领土、领海、领空。但当一个国家在国境内设立了自由港、自由贸易区、保税区时，关境就小于国境。关税征收的目的在于，它是国家进行宏观经济调控的手段，通过关税税率的调整，影响进出口货物的市场价格和销售数量，保护国内民族工业的发展，取得财政收入等。

关税具有以下特点：

（一）税款缴纳的统一性和一次性

按照全国统一的进出口关税条例和税则征收关税，在征收一次性关税后，货物就可在整个关境内流通，不再另行征收关税。这与其他的流转税税种，如增值税、营业税等是有区别的。

（二）税收征管的过“关”性

在核定是否对某货物或物品征收关税时，是以该货物或物品是否通过一国关境为标准的。关境是世界各国海关通用的概念，指适用于同一海关法或实行同一关税制度的领域。通常未进出关境的货物不属于关税的征税对象。

（三）税率采用的复式性

只有进出关境的货物才征收关税。各国一般都采用“复式”关税税率，我国从1992年起，税则税率栏目分为基础税率和年度实施税率，其下又分优惠税率和普通税率。从2002年1月1日起，我国的关税新税则采用最惠国税率、协定税率、特惠税率和普通税率。“复式”税率的采用充分反映了关税具有维护国家主权、增强平等互利、发展国际贸易往来和促进经济技术合作的作用。

（四）税收征管上的权威性

海关是主权国家设在该国关境上的国家行政管理机构，具有征收关税、查禁走私货物、临时保管通关货物和进出口商品统计等职能。关税是由海关代表国家向纳税人征收的，具有税收征管上的权威性。

（五）具有对进出口贸易的调节性

许多国家通过制定和调整关税税率来调节进出口贸易。在鼓励出口方面，通过低税、免税和退税来刺激商品出口；在限制进口、保护民族工业方面，通过税率的调整、减免来调节商品的进口，如对某些进口商品加征特别附加关税。

二、关税的分类

（一）按照关税的计征方式，可将关税分为从量关税、从价关税、复合关税、选择关税和滑准关税

1. 从量关税（Specific Duty）

它是指以征税对象的计量单位（如重量、件数、长度、容积等）为计税标准，按每一个计量单位预先制定的税额为依据计征的关税。

2. 从价关税（Ad Valorem Duty）

它是指以征税对象的价格为计税依据，根据税率计征的关税。

3. 复合关税（Mixed or Compound Duty）

它是指对一种进口货物同时按照从价、从量两种方式，分别计算出应纳税额，以两个税额之和作为该货物的应纳关税税额的一种关税。

4. 选择关税（Alternative Duty）

它是指对同一种货物在税则中规定有从价、从量两种关税税率，在征税时按其中征收税额较高的一种作为应纳税额计征标准的关税。另外，也可选择税额较少的一种作为标准计征关税。

5. 滑准关税（Sliding Duty）

亦称滑动关税或伸缩关税，它是指对某种货物在税则中预先按该商品的价格规定几档关税税率，然后根据进口商品的价格变化来调整的进口关税税率。价格高的进口商品适用较低税率，价格低的进口商品则适用较高税率。

（二）按照货物的流动方向，可将关税分为进口关税、出口关税和过境关税

1. 进口关税（Import Duty）

它是指由海关对从国外输入本国关境的货物和物品征收的一种关税，它是最主要的一种关税。

2. 出口关税（Export Duty）

它是指对出境货物征收的一种关税。目前主要是一些发展中国家在继续征收出口关税，我国目前仅对少数货物征收出口关税。

3. 过境关税（Transit Duty）

它是指对外国经过本国国境（关境）运往另一国的货物征收的关税。目前，绝大多数国家都不征收过境关税，只有伊朗、委内瑞拉等少数国家仍在征收过境关税。

（三）按照关税的差别，可将关税分为歧视关税和优惠关税

1. 歧视关税（Discriminating Duty）

歧视关税通过提高关税税率，加重关税负担，作为保护和报复的手段。它分为反补贴关税、反倾销关税和报复性关税。

2. 优惠关税（Preferential Duty）

优惠关税是由于历史、政治、经济上的原因，缔约国之间或单方面给予的比正常关税税率低的关税优待。它分为互惠关税、特惠关税、最惠国待遇和普惠制。

三、关税纳税人和征税对象

（一）关税纳税人

关税纳税人包括进口货物的收货人、出口货物的发货人、进出境物品的所有人。

1. 进出口货物的收、发货人

进出口货物的收、发货人是指依照对外贸易法的规定，有权从事对外贸易经营活动并进出口货物的法人和组织，具体包括外贸专业进出口总公司及其子公司、信托投资公司、外商投资企业、免税品公司等。在海关监管货物的保管期间，非因不可抗力造成海关监管货物损毁或者灭失，负责保管该海关监管货物的单位和个人也可作为关税纳税人。

2. 进出境物品的所有人

（1）对于携带进境的物品，其携带人为所有人。

（2）对分离运输的行李，以其相应的进境旅客为所有人。

（3）对以邮递方式进境的物品，以其收件人为所有人。

（4）以邮递或其他方式出境的物品，以其寄件人或托运人为所有人。

（二）关税的征税对象

关税的征税对象是准许进出口货物和进出关境的物品。其中，货物指贸易性商品；物品指入境旅客随身携带的行李、物品、个人邮递物品、各种运输工具上的服务人员入境时携带的自用物品、馈赠物品以及以其他方式进境的个人物品。

在我国，海关还要代税务机关征收进口增值税和进口消费税，代交通部门征收船舶吨税。

四、关税的税则、税目和税率

（一）关税税则与税目

关税税则是根据国家关税政策，通过一定的国家立法程序制定并公布实施的，是对进出口的应税和免税商品加以系统分类的一览表。海关凭此征收关税，是关税政策的具体体现。2002 年 1 月 1 日起实施的《中华人民共和国海关进出口税则》包括正文和附录两大部分。正文包括海关进口税则和出口税则；附录包括进口商品税目税率表、进口商品关税配额税目税率表、进口商品税则暂定税率表、出口商品税则暂定税率表、入境旅客行李物品和个人邮递物品税目税率表、非全税目信息技术产品税率表等附表。

（二）关税税率

1. 进口关税税率

根据《中华人民共和国进出口关税条例》的规定，自 2002 年 1 月 1 日起，我国进口关税税则设有最惠国税率、协定税率、特惠税率、普通税率、关税配额税率等税率形式。

（1）最惠国税率适用原产于与我国共同适用最惠国待遇条款的世贸组织成员国或地区的进口货物；或原产于与我国签订有相互给予最惠国待遇条款的双边贸易协定的国家或地区的进口货物，以及原产于我国境内的进口货物。

（2）协定税率适用原产于我国参加的含有关税优惠条款的区域性贸易协定的有关缔约方的进口货物，目前对原产于韩国、斯里兰卡和孟加拉国三个曼谷协定成员的 739 个税目中的进口商品实行协定税率（即曼谷协定税率）。

（3）特惠税率适用原产于与我国签订有特殊优惠关税协定的国家或地区的进口货物，目前对原产于孟加拉国的 18 个税目中的进口商品实行特惠税率（即曼谷协定特惠税率）。

（4）普通税率适用原产于上述国家或地区以外的其他国家或地区的进口货物。按照普通税率征税的进口货物，经国务院关税税则委员会特别批准，可以适用最惠国税率。适用最惠国税率、协定税率、特惠税率的国家或者地区的名单，由国务院关税税则委员会决定。

海关总署明确规定：适用最惠国税率的进口货物有暂定税率的，应当适用暂定税率；适用协定税率、特惠税率的进口货物有暂定税率的，应当从低适用税率；适用普通税率的进口货物，不适用暂定税率。按照国家规定实行关税配额管理的进口货物，在关税配额内的，适用关税配额税率；在关税配额外的，按其适用税率的规定执行。

2. 出口关税税率

我国出口关税实行一栏税率。国家仅对少数资源性产品及易于竞相杀价、盲目出口及需规范出口秩序的半成品计征出口关税。现行税则对36种出口商品计征出口关税，主要是鳗鱼苗、部分有色金属矿砂及其精矿、生锑、磷、氟钽酸钾、苯、山羊板皮、部分铁合金、钢铁废碎料、铜和铝原料及其制品、镍锭、锌锭、锑锭等。上述范围内的23种商品，实行0～20%的暂定税率，其中有16种商品为零关税，有6种商品税率为1%及以下。我国真正征收出口关税的商品只有20种，税率也较低。

3. 特别关税税率

特别关税包括报复性关税、反倾销关税、反补贴关税和保障性关税。征收特别关税的货物，其适用的国别、税率、期限和征收办法，由国务院关税税则委员会根据适时进出口贸易状况临时决定，由海关总署负责实施。

为了防范别国对我国出口货物的歧视，任何国家或者地区如对进口原产于我国的货物征收歧视性关税或者给予其他歧视性待遇的，海关可以对原产于该国或者地区的进口货物征收报复性关税。征收报复性关税的货物品种、税率和起征、停征时间，由国务院关税税则委员会决定并公布施行。

（三）关税税率的运用

我国进出口货物，应当按照关税税则规定的归类原则归入适当的税号，并按不同税号适用的关税税率征收关税，具体运用方式请参照税法有关规定。

五、关税的减免税优惠政策

在我国，关税的减免集中在法定减免、特定减免和临时减免3个方面。新修订的《海关法》规定，将特定减免和临时减免的决定权交由国务院。

（一）法定减免

法定减免是指关税税法中明确规定的减免税。

1. 法定性免征关税

法定性免征关税，主要包括以下物资：

（1）税额在人民币50元以下的一票货物。

（2）无商业价值的广告和货样。

（3）外国政府、国际组织无偿赠送的物资。

（4）在海关放行前损失的货物。

（5）进出境运输工具装载的途中必需的燃料、物料和饮食用品。

2. 法定酌情减征或免征关税

法定酌情减征或免征关税，主要包括以下物资：

（1）在境外运输途中或者在起卸时，遭受损坏或者损失的物资。

（2）起卸后海关放行前，因不可抗力遭受损坏或者损失的物资。

（3）海关查验时已经破漏、损坏或者腐烂，经证明不是由于保管不慎造成的物资。

（4）中华人民共和国缔结或者参加的国际条约规定减征、免征关税的货物、物品。

（5）无代价抵偿的进出口货物的关税征免办法，由海关总署另行规定。

3. 政策性减免税

在法定性减免税之外根据国家制定、发布的有关进出口货物减免关税的政策办理的减免税，称为政策性减免税。如对科研单位进口的仪器、设备和大专院校进口的教学、科研设备的关税优惠政策，进口残疾人专用物资的关税优惠政策等。以一般贸易方式在上海钻石交易所报关进口的钻石、境外捐赠人无偿向受捐人捐赠的直接用于扶贫、慈善事业的物资，可免缴关税，但前者仍要缴进口环节的增值税，后者则不必缴。

4. 其他

经海关核准，暂时进境或暂时出境并在6个月内复运出境或复运进境的货样、展览品、施工机械、工程车辆、工程船舶、安装设备时使用的仪器和工具、电视或电影摄制器械、剧团服装道具等，在货物收发人或其代理人向海关缴纳相当于税款的保证金或提供担保后，准予暂时免缴关税。

因故退还的我国出口货物，由原发货人或其代理人申报进境，并提供原出口单证，经海关审查核实的，免缴进口关税，但已征的出口关税不予退还。

因故退还的境外进口货物，由原收货人或其代理人申报出境，并提供原进口单证，经海关审查核实的，免缴出口关税，但已征的进口关税不予退还。

为境外厂商加工、装配成品和为制造外销产品而进口的原材料、辅料、零部件、配套件和包装物料，海关按照实际加工出口的成品数量免征进口关税，或者对进口料件先征进口关税，再按照实际加工出口的成品数量予以退税。

（二）特定减免

根据国务院制定的特定减免税办法给予减征或免征优惠的主要有：

（1）经济特区、对外开放区、中外合资经营企业、中外合作经营企业、外资企业等特定地区和特定企业进出口的货物，按国务院有关规定减免税。

（2）其他进出口货物，按国务院有关规定减免税。如为了促进科教事业的发展，大专院校和专门从事科学研究的机构，向海外订购的科教用品，属于规定范围以内的，经中央或地方主管部门批准，海关审核，免征进口关税。

（三）临时减免

临时减免是指法定减免和特定减免范围以外的，由海关审批的减免税。收发货人或其代理人要求对其进出口货物临时减征或者免征进口关税的，应当在货物进出口前以书面形式说明理由，并附上必要的证明和资料，向所在地海关申请。经所在地海关审查属实后，转报海关总署，由海关总署或者海关总署会同财政部按照国务院的规定审查批准。

第二节　关税应纳税额的计算

一、关税的基本计算方法

1. 从价税应纳税额的计算

从价税以完税价格为计税依据，目前我国约有 7 000 余个税目采用从价税。进出口货物价格的波动和有关成本费用的变化，直接影响着纳税人的纳税义务。

应纳关税税额 = 应税进（出）口货物数量 × 单位完税价格 × 税率

2. 从量税应纳税额的计算

从量税的应纳税额只与进出口货物的数量、重量、体积、面积、长度有关，不受国际市场价格变化的影响，计税方法简单，但海关不易实施税收调控，目前适用的税目很少。

应纳关税税额 = 应税进（出）口货物数量 × 单位货物税额

3. 复合税应纳税额的计算

我国目前实行的复合税都是先计征从量税，再计征从价税。

应纳关税税额 = 应税进（出）口货物数量 × 单位货物税额 + 应税进（出）口货物数量 × 单位完税价格 × 税率

4. 滑准税应纳税额的计算

现行税则中注明了滑准税税率的计算公式，该公式是一个与应税进（出）口货物完税价格相关的取整函数。

应纳关税税额 = 应税进（出）口货物数量 × 单位完税价格 × 滑准税税率

二、关税完税价格的计算

关税的计税依据即关税的完税价格。关税的完税价格分为进口货物的完税价格和出口货物的完税价格。除少量从量税货物外，进出口货物的关税完税价格是计算进出口关税的计税依据。新修订的《海关法》规定，进出口货物的完税价格是海关凭以从价计征关税的价格，由海关以该货物的成交价格为基础审查确定。当成交价格不能确定时，完税价格由海关估定。

（一）进口货物关税完税价格的确定

1. 以成交价格为基础的完税价格的确定

根据《海关法》，进口货物的完税价格包括货物的货价、货物运抵我国境内输入地点起卸前的运输及其相关费用、保险费。我国境内输入地为入境海关地，包括内陆河、江口岸，一般为第一口岸。货物的货价以成交价格为基础。

（1）进口货物的成交价格的确定。进口货物的成交价格，是指买方为购买该货物，并按《中华人民共和国海关审定进出口货物完税价格办法》（以下简称《完税价格办法》）有关规定调整后的实付或应付价格。进口货物成交价格应当符合下列要求：买方对进口货物的处置或使用不受限制，但国内法律、行政法规规定的限制和对货物转售地域的限制，以及对货物价格无实质影响的限制除外；货物的价格不得受到使该货物成交价格无法确定的条件或因素的影响；卖方不得直接或间接获得因买方转售、处置或使用进口货物而产生的任何收益，除非能够按照《完税价格办法》的有关规定作出调整；买卖双方之间没有特殊关系，如果有特殊关系，应当符合《完税价格办法》的有关规定。

（2）应当计入进口货物完税价格的费用。“实付或应付价格”指买方为购买进口货物直接或间接支付的总额，即作为卖方销售进口货物的条件，由买方向卖方或为履行卖方义务向第三方已经支付或将要支付的全部款项。

如下列费用或者价值未包括在货物的实付或者应付价格中，应当计入完税价格：

①由买方负担的除购货佣金以外的佣金和经纪费。“购货佣金”指买方为购买进口货物向自己的采购代理人支付的劳务费用。“经纪费”指买方为购买进口货物向代表买卖双方利益的经纪人支付的劳务费用。

②由买方负担的与该货物视为一体的劳务费用。

③由买方负担的包装材料和包装劳务费用。

④与该货物的生产和向中华人民共和国境内销售有关的，由买方以免费或者以低于成本的方式提供并可以按适当比例分摊的料件、工具、模具、消耗材料及类似货物的价款，以及在境外开发、设计等相关服务的费用。

⑤与该货物有关并作为卖方向我国销售该货物的一项条件，应当由买方直接或间接支付的特许权使用费。“特许权使用费”指买方为获得与进口货物相关的，受著作权保护的作品、专利、商标、专有技术和其他权利的使用许可而支付的费用。但是在估定完税价格时，进口货物在境内的复制权费不得计入该货物的实付或应付价格之中。

⑥卖方直接或间接从买方对该货物进口后转售、处置或使用所得中获得的收益。

以上所述的费用或价值，应当由进口货物的收货人向海关提供客观量化的数据资料。如果没有客观量化的数据资料，完税价格由海关按《完税价格办法》规定的方法进行估定。

（3）不计入进口货物完税价格的费用。下列费用中，如能与该货物实付或者应付价格区分，则不得计入完税价格：①厂房、机械、设备等货物进口后的基建、安装、装配、维修和技术服务的费用；②货物运抵境内输入地点之后的运输费用、保险费和其他相关费用；③进口关税及其他国内税收。

（4）买卖双方有特殊关系的规定。买卖双方之间有特殊关系的，经海关审定其特殊关系未对成交价格产生影响，或进口货物的收货人能证明其成交价格与同时或大约同时发生的下列任一价格相近，该成交价格海关应当接受：向境内无特殊关系的买方出售的相同或类似货物的成交价格；按照使用倒扣价格有关规定所确定的相同或类似货物的完税价格；按照使用计算价格有关规定所确定的相同或类似货物的完税价格。

海关在使用上述价格作比较时，应当考虑到商业水平和进口数量的不同，以及实付或者应付价格的调整规定所列各项目和交易中买卖双方有无特殊关系造成的费用差异。

有下列情形之一的，应当认定买卖双方有特殊关系：①买卖双方为同一家族成员；②买卖双方互为商业上的高级职员或董事；③一方直接或间接地受另一方控制；④买卖双方都直接或间接地受第三方控制；⑤买卖双方共同直接或间接地控制第三方；⑥一方直接或间接地拥有、控制或持有对方 5% 或以上公开发行的有表决权的股票或股份；⑦一方是另一方的雇员、高级职员或董事；⑧买卖双方是同一合伙的成员；⑨买卖双方在经营上相互有联系，一方是另一方的独家代理、经销或受让人。

2. 关税完税价格的估定

进口货物的价格不符合成交价格条件或者成交价格不能确定的，海关应当依次以相同货物成交价格方法、类似货物成交价格方法、倒扣价格方法、计算价格方法及其他合理方法确定的价格为基础，估定完税价格。如果进口货物的收货人提出要求，并提供相关资料，经海关同意，可以选择倒扣价格方法和计算价格方法的适用次序。

（1）相同或类似货物成交价格方法。相同或类似货物成交价格方法，即以与被估的进口货物同时或大约同时（在海关接受申报进口之日的前后各 45 天以内）进口的相同或类似货物的成交价格为基础，估定完税价格。

以该方法估定完税价格时，应使用与该货物相同商业水平且进口数量基本一致的相同或类似货物的成交价格，但对因运输距离和运输方式不同，在成本和其他费用方面产生的差异应当进行调整。在没有上述的相同或类似货物的成交价格的情况下，可以使用不同商业水平或不同进口数量的相同或类似货物的成交价格，但对因商业水平、进口数量、运输距离和运输方式不同，在价格、成本和其他费用方面产生的差异应当作出调整。

以该方法估定完税价格时，应当首先使用同一生产商生产的相同或类似货物的成交价格，只有在没有这一成交价格的情况下，才可以使用同一生产国或地区生产的相同或类似货物的成交价格。如果有多个相同或类似货物的成交价格，应当以最低的成交价格为基础，估定进口货物的完税价格。

上述“相同货物”指与进口货物在同一国家或地区生产的，在物理性质、质量和信誉等所有方面都相同的货物，但表面的微小差异允许存在；“类似货物”指与进口货物在同一国家或地区生产的，虽然不是在所有方面都相同，但却具有相似的特征、相似的组成材料、同样的功能，并且在商业中可以互换的货物。

（2）倒扣价格法。倒扣价格方法即以被估的进口货物、相同或类似进口货物在境内销售的价格为基础估定完税价格。按该价格销售的货物应当同时符合 5 个条件：①在被估货物进口时或大约同时销售；②按照进口时的状态销售；③在境内第一环节销售；④合计的货物销售总量最大；⑤向境内无特殊关系方的销售。

以该方法估定完税价格时，下列各项应当扣除：该货物的同等级或同种类货物，在境内销售时的利润和一般费用及通常支付的佣金；货物运抵境内输入地点之后的运费、保险费、装卸费及其他相关费用；进口关税、进口环节税和其他与进口或销售上述货物有关的国内税。

（3）计算价格法。计算价格方法即按下列各项的总和计算出的价格估定完税价格。有关项为：生产该货物所使用的原材料价值和进行装配或其他加工的费用；与向境内出口销售同等级或同种类货物的利润、一般费用相符的利润和一般费用；货物运抵境内输入地点起卸前的运输及相关费用、保险费。

（4）其他合理方法。使用其他合理方法时，应当根据《完税价格办法》规定的估价原则，以在境内获得的数据资料为基础估定完税价格。但不得使用以下价格：境内生产的货物在境内的销售价格；可供选择的价格中较高的价格；货物在出口地市场的销售价格；以计算价格方法规定的有关各项之外的价值或费用计算的价格；出口到第三国或地区的货物的销售价格；最低限价或武断虚构的价格。

（二）特殊进口货物关税完税价格的确定

1. 加工贸易进口料件及其制成品

加工贸易进口料件及其制成品需纳税或内销补税的，海关按照一般进口货物的完税价格规定审定完税价格。进口时需纳税的进料加工进口料件，以该料件申报进口时的价格估定；内销的进料加工进口料件或其制成品（包括残次品、副产品），以料件原进口时的价格估定；内销的来料加工进口料件或其制成品（包括残次品、副产品），以料件申报内销时的价格估定；加工贸易加工过程中产生的边角料，以申报内销时的价格估定。

2. 保税区、出口加工区货物

（1）保税区内的加工企业内销的进口料件或其制成品（包括残次品、副产品），分别以料件或制成品申报内销时的价格估定。如果内销的制成品中含有从境内采购的料件，则以所含从境外购入的料件原进口时的价格估定。

（2）出口加工区内的加工企业内销的制成品（包括残次品、副产品），以制成品申报内销时的价格估定。

（3）从保税区或出口加工区销往区外、从保税仓库出库内销的进口货物（加工贸易进口料件及其制成品除外），以海关审定的价格估定完税价格。对经审核销售价格不能确定的，海关应当按照一般进口货物估价办法的规定，估定完税价格。如销售价格中未包括在保税区、出口加工区或保税仓库中发生的仓储、运输及其他相关费用的，应当按照客观量化的数据资料予以计入。

3. 运往境外修理的货物

运往境外修理的机械器具、运输工具或其他货物，出境时已向海关报明，并在海关规定期限内复运进境的，应当以海关审定的境外修理费和料件费，以及该货物复运进境的运输及其相关费用、保险费估定完税价格。

4. 运往境外加工的货物

运往境外加工的货物，出境时已向海关报明，并在海关规定期限内复运进境的，应当以海关审定的境外加工费和料件费，以及该货物复运进境的运输及其相关费用、保险费估定完税价格。

5. 暂时进境货物

对于经海关批准的暂时进境的货物，应当按照一般进口货物估价办法的规定估定完税价格。

6. 租赁方式进口货物

租赁方式进口的货物中，以租金方式对外支付的租赁货物，在租赁期间以海关审定的租金作为完税价格；留购的租赁货物，以海关审定的留购价格作为完税价格；承租人申请一次性缴纳税款的，经海关同意，按照一般进口货物估价办法的规定估定完税价格。

7. 留购的进口货样等

对于境内留购的进口货样、展览品和广告陈列品，以海关审定的留购价格作为完税价格。

8. 减免税货物

减税或免税进口的货物须予补税时，应当以海关审定的该货物原进口时的价格，扣除折旧部分价值作为完税价格。其计算公式为：

完税价格 = 海关审定的该货物原进口时的价格 × [1 − 申请补税时实际已使用的时间（月）÷海关监管年限 ×12]

9. 以其他方式进口的货物

以易货贸易、寄售、捐赠、赠送等其他方式进口的货物，应当按照一般进口货物估价办法的规定，估定完税价格。

（三）出口货物关税完税价格的确定

1. 以成交价格为基础的完税价格的确定

出口货物的关税完税价格，由海关以该货物向境外销售的成交价格为基础审查确定，并应包括货物运至我国境内输出地点装载前的运输及其相关费用、保险费，但其中包含的出口关税税额应当扣除。

出口货物的成交价格，是指该货物出口销售到我国境外时买方向卖方实付或应付的价格。出口货物的成交价格中含有支付给境外的佣金的，如果单独列明，应当

进口关税完税价格 = DDP - 进口环节税金

(二) 国内市场价格倒扣法

以进口货物的相同或类似货物在国内市场上的批发价格，扣除合理的税、费、利润后的价格计算。我国把这些税、利、费等综合确定为完税价格的20%。计算完税价格的公式是：

$$进口关税完税价格 = \frac{国内批发价格}{\dfrac{1-进口关税税率}{1-进口消费税税率}+20\%}$$

(三) 外汇的折算

进出口货物的成交价格以及有关费用以外币计价的，以中国人民银行公布的基准汇率折合为人民币计算完税价格；以基准汇率币种以外的外币计价的，按照国家有关规定套算为人民币计算完税价格。适用汇率的日期由海关总署规定。（注意，以下计价单位均为外币，计算结果为人民币）

【例6-1】南方公司进口20辆汽油型小马力小轿车，税号87032230，税率28%，CIF价每辆1.873万元（外币）；进口长彩色胶卷120平方米，税号37025590，税率每平方米43元；汇率1∶8.06。计算进口应交关税：

进口小汽车关税完税价 = 18 730 × 8.06 × 20 = 3 019 276（元）

进口小汽车应纳关税 = 3 019 276 × 28% = 845 397.28（元）

进口胶卷应纳关税 = 43 × 120 = 5 160（元）

该公司共应纳进口关税 = 845 397.28 + 5 160 = 850 557.28（元）

【例6-2】南昌公司进口3箱口红，每箱4.89万美元（CFR价），保险费率3‰，投保加成率10%，税号33041000，关税税率10%，汇率1∶6.06。计算进口应交关税：

进口口红关税完税价 = 48 900 × 3 × 6.06/［1 - 3‰ ×（1 + 10%）］
= 891 945.42（元）

进口口红应纳关税 = 891 945.42 × 10% = 89 194.54（元）

【例6-3】南方公司进口45箱巧克力糖，每箱680美元（FOB价），运费每箱34美元，保险费率5‰，投保加成率10%，税号18063100，关税税率8%，汇率1∶6.06。计算进口应交关税：

进口巧克力糖关税完税价 =（680 + 34）× 45 × 6.06/［1 - 5‰ ×（1 + 10%）］
= 195 784.61（元）

进口巧克力糖应纳关税 = 195 784.61 × 8% = 15 662.76（元）

五、出口关税的计算

(一) 国际贸易术语与出口关税完税价格的换算

国际贸易中通用的13种贸易术语与出口关税完税价格的换算关系如下（买卖

双方有特别约定的情况除外)：

(1) 工厂交货（EXW，ex works)。

出口关税完税价格＝（EXW＋国内运费）÷（1＋出口关税税率）

(2) 货交承运人（FCA，free carrier)。

出口关税完税价格＝FCA÷（1＋出口关税税率）

(3) 船边交货（FAS，free alongside ship)。

出口关税完税价格＝FAS÷（1＋出口关税税率）

(4) 船上交货（FOB，free on board)。

$$出口关税完税价格=\frac{FOB}{1+出口关税税率}$$

(5) 成本加运费（CFR，cost and freight)。

$$出口关税完税价格=\frac{CFR-国外运费}{1+出口关税税率}$$

(6) 成本、保险费加运费（CIF，cost，insurance and freight)。

$$出口关税完税价格=\frac{CIF\times\{1-[保险费率\times(1+投保加成率)]\}-国外运费}{1+出口关税税率}$$

(7) 运费付至（CPT，carriage paid to)。

$$出口关税完税价格=\frac{CPT-国外运费}{1+出口关税税率}$$

(8) 运费及保险费付至（CIP，carriage and insurance paid to)。

$$出口关税完税价格=\frac{CIP\times\{1-[保险费率\times(1+投保加成率)]\}-国外运费}{1+出口关税税率}$$

(9) 边境交货（DAF，delivered at frontier)。

$$出口关税完税价格=\frac{DAF\times\{1-[保险费率\times(1+投保加成率)]\}-国外运费}{1+出口关税税率}$$

(10) 目的港船上交货（DES，delivered ex ship)。

$$出口关税完税价格=\frac{DES\times\{1-[保险费率\times(1+投保加成率)]\}-国外运费}{1+出口关税税率}$$

(11) 目的港码头交货（DEQ，delivered ex quay)。

$$出口关税完税价格=\frac{DEQ\times\{1-[保险费率\times(1+投保加成率)]\}-国外运费}{1+出口关税税率}$$

(12) 未完税交货（DDU，delivered duty unpaid)。

$$出口关税完税价格=\frac{DDU\times\{1-[保险费率\times(1+投保加成率)]\}-国外运费}{1+出口关税税率}$$

(13) 完税后交货（DDP，delivered duty paid)。

$$出口关税完税价格=\frac{DDP\times\{1-[保险费率\times(1+投保加成率)]\}-国外运费}{1+出口关税税率}$$

（二）出口关税的计算

出口关税以海关审定的离岸价为出口关税的含税价，用适用的出口税率换算为不含税的出口关税完税价，再乘以关税税率。计算公式为：

应纳出口关税税额 = 出口货物关税完税价格 × 出口货物适用税率

六、关税的申报缴纳和退补

（一）关税的纳税期限和地点

进口货物自运输工具申报进境之日起 14 日内，出口货物在货物运抵海关监管区后装货的 24 小时以前，应由进出口货物的纳税人向货物进（出）境地海关申报。经申请且海关同意，进（出）口货物的纳税人可以在设有海关的指运地（启运地）办理海关申报、纳税手续。进口货物到达前，纳税人经海关核准可以先行申报。

海关根据税则归类和完税价格计算应缴纳的关税和进口环节代计税，并填发税款缴款书。纳税人应当自海关填发税款缴款书之日起 15 日内，向指定银行缴纳税款。

关税纳税人因不可抗力或者在国家税收政策调整的情形下，不能按期缴纳税款的，经海关总署批准，可以延期缴纳税款，但最长不得超过 6 个月。

（二）关税缴纳的特殊问题

1. 暂时进境或暂时出境货物关税的缴纳

经海关批准暂时进境或者暂时出境的下列货物，在进境或者出境时纳税人向海关缴纳相当于应纳税款的保证金或者提供其他担保的，可以暂不缴纳关税，并应当自进境或者出境之日起 6 个月内复运出境或者复运进境。经纳税人申请，海关可以根据海关总署的规定延长复运出境或者复运进境的期限：在展览会、交易会、会议及类似活动中展示或者使用的货物；文化、体育交流活动中使用的表演、比赛用品；进行新闻报道或者摄制电影、电视节目使用的仪器、设备及用品；开展科研、教学、医疗活动使用的仪器、设备及用品；在本款前四项所列活动中使用的交通工具及特种车辆；货样；供安装、调试、检测设备时使用的仪器、工具；盛装货物的容器；其他用于非商业目的的货物。

上述所列暂准进境货物在规定的期限内未复运出境的，或者暂准出境货物在规定的期限内未复运进境的，海关应当依法征收关税。

除所列可以暂时免缴关税范围以外的其他暂准进境货物，应当按照该货物的完税价格和其在境内滞留时间与折旧时间的比例计算征收进口关税。具体办法由海关总署规定。

2. 加工贸易进口料件关税的缴纳

加工贸易的进口料件按照国家规定保税进口的，其制成品或者进口料件未在规定的期限内出口的，海关按照规定征收进口关税。

加工贸易的进口料件进境时按照国家规定征收进口关税的，其制成品或者进口料件在规定的期限内出口的，海关按照有关规定退还进境时已征收的关税税款。

（三）关税的退补

1. 关税的退还

关税退还是关税纳税人按海关核定的税额缴纳关税后，因某种原因的出现，海关将实际征收的多于应当征收的税额退还给原纳税人的一种行政行为。

海关多征的税款，海关发现后应当立即通知纳税人办理退还手续。有下列情形之一的，纳税人自缴纳税款之日起一年内，可以申请退还关税，并应当以书面形式向海关说明理由，提供原缴款凭证及相关资料，经海关查验属实的，应退还已征关税：已征进口关税的货物，因品质或者规格原因，原状退货复运出境的；已征出口关税的货物，因品质或者规格原因，原状退货复运进境，并已重新缴纳因出口而退还的国内环节有关税收的；已征出口关税的货物，因故未装运出口，申报退关的。

纳税人发现多缴税款的，自缴纳税款之日起一年内，可以以书面形式要求海关退还多缴的税款，并加算银行同期活期存款利息。

海关应当自受理退税申请之日起30日内查实并通知纳税人办理退还手续。纳税人应当自收到通知之日起3个月内办理有关退税手续。

2. 关税的补征和追征

补征和追征是海关在关税纳税人按海关核定的税额缴纳关税后，发现实际征收的税额少于应当征收的税额（称为短征关税）时，由于纳税人违反海关规定造成短征关税的，责令纳税人补缴所差税款的一种行政行为。由于纳税人违反海关规定造成短征关税的，称为追征；非因纳税人违反海关规定造成短征关税的，称为补征。

进出境货物和物品放行后，海关发现少征或者漏计税款的，应当自缴纳税款或者货物、物品放行之日起一年内，向纳税人补征。因纳税人违反规定而造成的少征或者漏征的税款，自纳税人应缴纳税款之日起3年以内可以追征，并从缴纳税款之日起按日加收少征或者漏计税款万分之五的滞纳金。

（四）关税的强制执行措施

1. 征收滞纳金

纳税人未按期缴纳关税税款的，从滞纳税款之日起，按日加收滞纳税款万分之五的滞纳金。其计算公式为：

关税滞纳金金额＝滞纳关税税额×0.5‰×滞纳天数

2. 强制执行措施

为防止税款的流失，海关可以在规定的情况下实施税收保全或强制执行措施。进出口货物的纳税人在规定的纳税期限内有明显的转移、藏匿其应税货物以及其他财产迹象的，海关可以责令纳税人提供担保；纳税人不能提供担保的，或纳税人、担保人自缴纳税款期限届满之日起超过3个月仍未缴纳税款的，海关可以采取税收保全措施：书面通知纳税人开户银行或者其他金融机构暂停支付纳税人相当于应纳税款的存款；扣留纳税人价值相当于应纳税款的货物或者其他财产。

【例6-4】南方公司6月3日申报进口一批人用疫苗，共8箱，每箱申报进口价4 560美元（CFR价），保险费率4‰，投保加成率15%，税号30022000，关税税率3%，汇率1∶6.06。海关于6月9日填发缴款书，该公司于7月25日缴纳关税。计算该公司进口应交关税和关税滞纳金。

进口人用疫苗关税完税价 = 4 560 × 8 × 6.06/［1 - 0.4% × （1 + 15%）］

= 222 090.41（元）

进口人用疫苗应纳关税 = 222 090.41 × 3% = 6 662.71（元）

滞纳关税天数 = 31天

进口人用疲苗应纳关税滞纳金 = 6 662.71 × 0.5‰ × 31 = 103.27（元）

第三节　关税的会计核算

一、进口环节关税的会计核算

关税是价内税，纳税人进出口货物应纳的关税可以不通过“应交税费”账户，直接计入相关的购货成本或销货成本账户，也可以设置“应交税费——应交进口关税”和“应交税费——应交出口关税”账户核算关税纳税义务发生和缴纳情况。该账户借方反映企业实际缴纳的进出口关税，贷方反映企业在进出口报关时经海关核准应缴纳的进出口关税，其余额在贷方，反映企业应缴而未缴的进出口关税。

在会计核算上不设置专门的账户来进行核算时，将支付的进口关税和进口货物的价款、国外运费、保险费、国内运费等直接计入进口货物的采购成本，即借记“材料采购”、“在途物资”、“原材料”、“库存商品”、“周转材料”、“固定资产”、“在建工程”等账户，贷记“银行存款”、“其他货币资金”等账户。对代理进口货物的进口关税因由委托方负担，受托方只是代垫性质，因此，可通过“应收账款”、“应付账款”账户核算。

【例6-5】南岗公司为增值税一般纳税人，适用增值税税率为17%，2008年从美国进口一批设备，按购销合同和发票标明的到岸价（CIF大连）总额为200 000美元，报关进口当日外汇市场汇率为100美元 = 606元人民币，设备进口关税税率为6%，货款采用信用证存款付讫，进口税费以转账支票付讫，设备已验收。计算应交的关税和增值税税额并作向海关支付进口税金的会计处理。

应交进口关税税额 = 200 000 × 6.06 × 6% = 72 720（元）

应交增值税税额 = （200 000 × 6.06 + 200 000 × 6.06 × 6%） × 17% = 218 402.4（元）

向海关支付进口税金时会计处理如下：

借：固定资产　　　　　　　　　　　　　　　　　1 284 720

　　应交税费——应交增值税（进项税额）　　　　218 402.4

　贷：银行存款　　　　　　　　　　　　　　　　　291 122.4

　　　其他货币资金——信用证存款　　　　　　　　1 212 000

【例6-6】南岗外贸公司接受南边公司的委托代理进口了一批椰子汁，进口货款1 000 000元存入公司银行账户。该批进口椰子汁到岸价为250 000美元，进口当日外汇市场汇率为100美元=610元人民币，进口椰子汁关税税率为15%，进口增值税税率为17%。代付进口税费时会计处理如下：

应付进口关税税额=250 000×6.1×15%=228 750（元）

应付进口增值税税额=（250 000×6.1+228 750）×17%=298 137.5（元）

借：应付账款　　　　　　　　　　　　　　　　526 887.50

　贷：银行存款　　　　　　　　　　　　　　　　　526 887.50

二、出口环节关税的会计核算

纳税人应纳的出口关税，在会计核算上，一般在支付时直接计入“营业税金及附加”账户的借方和“银行存款”、“其他货币资金”、“应付账款”等账户的贷方。但商品流通企业自营出口货物的出口关税，计提时可以借记“营业税金及附加”账户，贷记“应交税费——应交出口关税”账户；实际缴纳时，借记“应交税费——应交出口关税”账户，贷记“银行存款”账户。商品流通企业代理出口应交的出口关税，也通过“应交税费——应交出口关税”账户进行核算，借方对应账户为“应付账款”。

【例6-7】南岗公司自营出口一批钨矿，报关出口离岸价折合人民币4 200 000元，钨矿产品出口关税税率为20%，出口关税以转账支票付讫。请作出缴纳出口关税的会计处理。

应交出口关税税额=4 200 000÷（1+20%）×20%=700 000（元）

借：营业税金及附加　　　　　　　　　　　　　　700 000

　贷：银行存款　　　　　　　　　　　　　　　　　　700 000

【例6-8】南方公司向欧洲某国出口销售一批商品，离岸价为1 000 000美元，折合人民币7 700 000元，该商品暂定税率为10%，海关开出关税缴纳凭证，企业以银行存款支付税款。

报关出口时，编制会计分录：

借：应收账款——美元户　　　　　　　　　　　7 700 000

　贷：主营业务收入　　　　　　　　　　　　　　　7 700 000

计提关税时：

应纳关税税额=7 700 000÷（1+10%）×10%=700 000（元）

借：营业税金及附加　　700 000
　贷：应交税费——应交出口关税　　700 000

缴纳关税时：

借：应交税费——应交出口关税　　700 000
　贷：银行存款　　700 000

第五节　关税的申报、缴纳及退补

一、关税的申报、缴纳

（一）关税的申报、缴纳时间

关税的纳税人进口货物应自运输工具申报进境之日起 14 日内，出口货物应在货物运抵海关监管区后装货前的 24 小时内，向海关办理申报纳税手续。

（二）关税的申报、缴纳地点

我国现行进出口关税申报表是海关进出口货物报关单。海关征收关税时，根据纳税人的申请及进出口货物的具体情况，主要有两种方式：

1. 关境地征收，即口岸纳税

不管纳税人的注册地在哪里，进出口货物在哪里通关，纳税人即在该海关缴纳关税，这是一种常见的方法。

2. 主管地纳税，亦称集中纳税

纳税人缴纳关税时，经海关办理有关手续，进出口货物即可由纳税人住址所在地的海关（主管地海关）监管其通关，关税也在纳税人住址所在地（主管地）缴纳。这种方式只适合于集装箱运载货物时使用。

（三）关税的缴纳期限

进口货物的收、发货人或其代理人，应当自海关填发税款缴纳证之日起 15 日内（法定公休日顺延），向指定银行缴纳税款。逾期缴纳的，除依法追缴外，由海关自到期的次日起至缴清税款日止，按日加收滞纳金。

纳税人缴纳关税时，需凭海关填写的“海关（进出口关税）专用缴款书”（见表 6－1），并需要携带报关单等相关文件。“缴款书”一式六联，依次是收据联（此联是国库收到税款签章后退还纳税人作为完税凭证的法律文书，是关税核算的原始凭证）、付款凭证联、收款凭证联、回执联、报查联、存根联。

表6－1　海关（进出口关税）专用缴款书

收入系统：　　　　　　　　填发日期：　　年　月　日　　　　　号码 No

<table>
<tr><td rowspan="3">收款单位</td><td>收入机关</td><td></td><td rowspan="3">缴款单位（人）</td><td>名　称</td><td colspan="3"></td></tr>
<tr><td>科　　目</td><td></td><td>账　号</td><td colspan="3"></td></tr>
<tr><td>收款国库</td><td></td><td>开户银行</td><td colspan="3"></td></tr>
<tr><td>税号</td><td colspan="2">货物名称</td><td>数量</td><td>单位</td><td>完税价格（￥）</td><td>税率（%）</td><td>税款金额（￥）</td></tr>
<tr><td></td><td colspan="2"></td><td></td><td></td><td></td><td></td><td></td></tr>
<tr><td colspan="6">金额人民币（大写）</td><td>合计（￥）</td><td></td></tr>
<tr><td colspan="2">申请单位编号</td><td></td><td>报关单编号</td><td></td><td rowspan="4"></td><td rowspan="4">填制单位

制单人
复核人</td><td rowspan="4">收款国库（银行）</td></tr>
<tr><td colspan="2">合同（批文）号</td><td></td><td>运输工具（号）</td><td></td></tr>
<tr><td colspan="2">缴款期限</td><td></td><td>提/装货单号</td><td></td></tr>
<tr><td colspan="5">备注</td></tr>
</table>

表 6－2　中华人民共和国海关出口货物报关单

预录入编号：　　　　　　　　　　　　　　　　　　　　　　　海关编号：

出口口岸	备案号	出口日期	申报日期	
经营单位	运输方式	运输工具名称	提运单号	
发货单位	贸易方式	征免性质	结汇方式	
许可证号	运抵国（地区）	指运港	境内货源地	
批准文号	成交方式	运费	保费	杂费
合同协议号	件数	包装种类	毛重（公斤）	净重（公斤）
集装箱号	随附单据		生产厂家	
标记唛码及备注				

项号	商品编号	商品名称规格型号	数量及单位	最终目的地国（地区）	单价	总价	币制	征免

税费征收情况	

录入员　　　录入单位	兹声明以上申报无讹并承担法律责任	海关单批注及放行日期（签章） 审单审价
报关员 申报单位（签章） 单位地址 邮编　　　　　　　　电话 填制日期		征税　　　统计 查验　　　放行

表 6－3　中华人民共和国海关进口货物报关单

预录入编号：　　　　　　　　　　　　　　　　　　　　海关编号：

进口口岸	备案号	进口日期	申报日期
经营单位	运输方式	运输工具名称	提运单号
收货单位	贸易方式	征免性质	征税比例
许可证号	起运国（地区）	装货港	境内目的地

批准文号	成交方式	运费	保费	杂费
合同协议号	件数	包装种类	毛重（公斤）	净重（公斤）
集装箱号	随附单据			用途
标记唛码及备注				

项号	商品编号	商品名称、规格型号	数量及单位	原产国（地区）	单价	总价	币值	征免

税费征收情况

录入员　　录入单位	兹声明以上申报无讹并承担法律责任	海关审单批注及放行日期（签章）
报关员		审单　　审价
单位地址	申报单位（签章）上海 YY 国际货运公司	征税　　统计
邮编　　电话	填制日期　99/08/26	查验　　放行

贷：应付账款　　823 979.59

　　银行存款　　222 021.31

4. 完税价格 =（5 467 000 − 500 000 − 307 000）÷（1 + 10%）

　　　　　 = 4 236 363.64（元）

应纳出口关税税额 = 4 236 363.64 × 10% = 423 636.36（元）

第七章 企业所得税会计

学习目标

○ 了解企业所得税的纳税人、征税对象、范围、税率及优惠政策

○ 理解企业所得税的会计核算基本理论和基本知识

○ 掌握企业所得税应纳税所得额的确定及计算

技能目标

○ 通过本章的学习，熟练掌握企业所得税的计算及相应会计处理，正确实现企业所得税的申报和缴纳

第一节 企业所得税概述

一、企业所得税概念

企业所得税是对我国境内的企业承包和其他取得收入的组织的生产经营所得和其他所得征收的所得税。根据《中华人民共和国企业所得税法》的规定，企业所得税的纳税人为在中华人民共和国境内的企业和其他取得收入的组织（以下统称企业）。具体形式包括有限责任公司和股份有限公司、企业、事业单位、社会团体、民办非企业单位、基金会、外国商会、农民专业合作社以及取得收入的其他组织。个人独资企业、合伙企业不适用本法。

企业所得税的纳税人分为居民企业和非居民企业，各自承担不同的纳税义务。

居民企业是指依法在中国境内成立，或者依照外国（地区）法律成立但实际管理机构在中国境内的企业。主要包括两类：

（1）依照中国法律、行政法规在中国境内成立的企业、事业单位、社会团体以及其他取得收入的组织。

（2）依照外国（地区）法律成立的企业，但实际管理机构在中国境内的企业和其他取得收入的组织。

居民企业承担无限纳税义务，应当就其来源于中国境内、境外的所得缴纳企业所得税。

非居民企业是指依照外国（地区）法律成立且实际管理机构不在中国境内，但

在中国境内设立机构、场所的，或者在中国境内未设立机构、场所，但有来源于中国境内所得的企业。

非居民企业承担有限纳税义务，应当就其来源于中国境内的所得缴纳企业所得税。具体包括两种情况：

（1）非居民企业在中国境内设立机构、场所的，应当就其所设机构、场所取得的来源于中国境内的所得，以及发生在中国境外但与其所设机构、场所有实际联系的所得，缴纳企业所得税。

（2）非居民企业在中国境内未设立机构、场所的，或者虽设立机构、场所但取得的所得与其所设机构、场所没有实际联系的，应当就其来源于中国境内的所得缴纳企业所得税。

二、企业所得税的征税对象及范围

企业所得税的征税对象是纳税人取得的生产经营所得和其他所得，包括销售货物所得、提供劳务所得、转让财产所得、股息红利等权益性投资所得、利息所得、租金所得、特许权使用费所得、接受捐赠所得和其他所得。

征税对象规定中所说来源于中国境内、境外的所得，应按照以下原则确定：①销售货物所得，按照交易活动发生地确定；②提供劳务所得，按照劳务发生地确定；③转让财产所得，不动产转让所得按照不动产所在地确定，动产转让所得按照转让动产的企业或者机构、场所所在地确定，权益性投资资产转让所得按照被投资企业所在地确定；④股息、红利等权益性投资所得，按照分配所得的企业所在地确定；⑤利息所得、租金所得、特许权使用费所得，按照负担、支付所得的企业或者机构、场所所在地确定，或者按照负担、支付所得的个人的住所地确定；⑥其他所得，由国务院财政、税务主管部门确定。

三、所得税税率

（一）基本税率是25%

其适用范围是居民企业和在中国境内设立机构、场所来取得各项所得的非居民企业。

（二）低税率是20%

其适用范围是在中国境内未设立机构、场所的，或者虽设立机构、场所但所得与其所设机构、场所没有实际联系的非居民企业。但实际征收过程中减按10%税率征收。

现行税率的确定，既考虑了我国财政承受能力，又考虑了企业负担水平。

四、企业所得税的优惠政策

（一）企业的下列收入为免税收入

（1）国债利息收入。它是指企业持有国务院财政部门发行的国债取得的利息收入。

（2）符合条件的居民企业之间的股息、红利等权益性投资收益。它是指居民企业直接投资于其他居民企业取得的股息、红利等权益性投资收益。

（3）在中国境内设立机构、场所的非居民企业从居民企业取得与该机构、场所有实际联系的股息、红利等权益性投资收益。不包括连续持有居民企业公开发行并上市流通的股票不足12个月取得的投资收益。

（4）符合条件的非营利组织的收入。

符合条件的非营利组织，是指同时符合下列条件的组织：①依法履行非营利组织登记手续；②从事公益性或者非营利性活动；③取得的收入除用于与该组织有关的、合理的支出外，全部用于登记核定或者章程规定的公益性或者非营利性事业；④财产及其孳息不用于分配；⑤按照登记核定或者章程规定，该组织注销后的剩余财产用于公益性或者非营利性目的，或者由登记管理机关转赠给与该组织性质、宗旨相同的组织，并向社会公告；⑥投入人对投入该组织的财产不保留或者享有任何财产权利；⑦工作人员工资福利开支控制在规定的比例内，不变相分配该组织的财产。

符合条件的非营利组织的收入，不包括非营利组织从事营利性活动取得的收入，但国务院财政、税务主管部门另有规定的除外。

（二）企业的下列所得，可以免征、减征企业所得税

1. 从事农、林、牧、渔业项目的所得

（1）企业从事下列项目的所得，免征企业所得税：①蔬菜、谷物、薯类、油料、豆类、棉花、麻类、糖料、水果、坚果的种植；②农作物新品种的选育；③中药材的种植；④林木的培育和种植；⑤牲畜、家禽的饲养；⑥林产品的采集；⑦灌溉、农产品初加工、兽医、农技推广、农机作业和维修等农、林、牧、渔服务业项目；⑧远洋捕捞。

（2）企业从事下列项目的所得，减半征收企业所得税：①花卉、茶以及其他饮料作物和香料作物的种植；②海水养殖、内陆养殖。

企业从事国家限制和禁止发展的项目，不得享受本条规定的企业所得税优惠。

2. 从事国家重点扶持的公共基础设施项目投资经营的所得

国家重点扶持的公共基础设施项目，是指《公共基础设施项目企业所得税优惠目录》规定的港口码头、机场、铁路、公路、城市公共交通、电力、水利等项目。

企业从事国家重点扶持的公共基础设施项目的投资经营的所得，自项目取得第

采取加速折旧方法的，可以采取双倍余额递减法或者年数总和法。

（十二）西部大开发的所得税优惠

1. 适用范围

适用范围包括重庆市、四川省、贵州省、云南省、西藏自治区、陕西省、甘肃省、宁夏回族自治区、青海省、新疆维吾尔自治区、新疆生产建设兵团、内蒙古自治区和广西壮族自治区（上述地区统称“西部地区”）。湖南省湘西土家族苗族自治州、湖北省恩施土家族苗族自治州、吉林省延边朝鲜族自治州，可以比照西部地区的税收优惠政策执行。

2. 具体内容

对设在西部地区的国家鼓励类产业的内资企业，在2001年至2010年期间，减按15%的税率征收企业所得税。国家鼓励类产业的内资企业是指以《当前国家重点鼓励发展的产业、产品和技术目录（2000年修订）》中规定的产业项目为主营业务，其主营业务收入占企业总收入70%以上的企业。

对在西部地区新办的交通、电力、水利、邮政、广播电视企业，上述项目业务收入占企业总收入70%以上的，可以享受企业所得税如下优惠政策：内资企业自开始生产经营日起，第1年至第2年免征企业所得税，第3年至第5年减半征收企业所得税。

（十三）关于软件产业和集成电路产业的所得税优惠

（1）软件生产企业实行增值税即征即退政策所退还的税款，由企业用于研究开发软件产品和扩大再生产，不作为企业所得税应税收入，不予征收企业所得税。

（2）我国境内新办软件生产企业经认定后，自获利年度起，第1年和第2年免征企业所得税，第3年至第5年减半征收企业所得税。

（3）国家规划布局的重点软件生产企业，如当年未享受免税优惠的，减按10%的税率征收企业所得税。

（4）软件生产企业的职工培训费用，可按实际发生额在计算应纳税所得额时扣除。

（5）企事业单位购进软件，凡符合固定资产或无形资产确认条件的，可以按照固定资产或无形资产进行核算，经主管税务机关核准，其折旧或摊销年限可以适当缩短，最短可为2年。

（6）集成电路设计企业视同软件企业，享受上述软件企业的有关企业所得税减免政策。

（7）集成电路生产企业的生产性设备，经主管税务机关核准，其折旧年限可以适当缩短，最短可为3年。

（8）投资额超过80亿元人民币或集成电路线宽小于0.25μm的集成电路生产企业，可以减按15%的税率缴纳企业所得税。其中，经营期在15年以上的，从开始获利的年度起，第1年至第5年免征企业所得税，第6年至第10年减半征收企业所得税。

（9）对于生产线宽小于 0.8μm（含 0.8）集成电路产品的生产企业，经认定后，自获利年度起，第 1 年和第 2 年免征企业所得税，第 3 年至第 5 年减半征收企业所得税。

（10）自 2008 年 1 月 1 日起至 2010 年年底，对集成电路生产企业、封装企业的投资者，以其取得的缴纳企业所得税后的利润，直接投资于本企业增加注册资本，或作为资本投资开办其他集成电路生产企业、封装企业，经营期不少于 5 年的，按 40% 的比例退还其再投资部分已缴纳的企业所得税税款。再投资不满 5 年撤出该项投资的，追缴已退的企业所得税税款。

自 2008 年 1 月 1 日起至 2010 年年底，对国内外经济组织作为投资者，以其在境内取得的缴纳所得税后的利润，作为资本投资于西部地区开办集成电路生产企业、封装企业或软件产品生产企业，经营期不少于 5 年的，按 48% 的比例退还其再投资部分已缴纳的企业所得税税款。再投资不满 5 年撤出该项投资的，追缴已退的企业所得税税款。

（十四）关于证券投资基金的所得税优惠

①对证券投资基金从证券市场中取得的收入，包括买卖股票、债券的差价收入，股权的股息、红利收入，债券的利息收入及其他收入，暂不征收企业所得税。

②对投资者从证券投资基金分配中取得的收入，暂不征收企业所得税。

③对证券投资基金管理人运用基金买卖股票、债券的差价收入，暂不征收企业所得税。

（十五）关于经济特区和上海浦东新区新设立高新技术企业的所得税优惠

（1）适用范围包括深圳、珠海、汕头、厦门、海南经济特区和上海浦东新区。

（2）对经济特区和上海浦东新区内在 2008 年 1 月 1 日之后完成登记注册的国家需要重点扶持的高新技术企业，在经济特区和上海浦东新区内取得的所得，自取得第一笔生产经营收入所属纳税年度起，第 1 年至第 2 年免征企业所得税，第 3 年至第 5 年按照 25% 的法定税率减半征收企业所得税。

（3）经济特区和上海浦东新区内新设高新技术企业同时在经济特区和上海浦东新区以外的地区从事生产经营的，应当单独计算其在经济特区和上海浦东新区内取得的所得，并合理分摊企业的期间费用，没有单独计算的，不得享受企业所得税优惠。

（十六）关于过渡期衔接性所得税优惠

在 2007 年 3 月 16 日以前经工商等登记管理机关登记设立的企业，按照我国原来执行的《企业所得税暂行条例》和《中华人民共和国外商投资企业和外国企业所得税法》的规定，享受“两免三减半”、“五免五减半”等定期减免税优惠的企业，在新的《中华人民共和国企业所得税法》实施后，继续按原来的税收法律、行政法规及相关文件规定的优惠办法及年限享受至期满为止，但因未获利而尚未享受税收付的财政资金，但国务院和国务院财政、税务主管部门另有规定的除外。

（2）行政事业性收费。

行政事业性收费，是指依照法律法规等有关规定，按照国务院规定程序批准，在实施社会公共管理，以及在向公民、法人或者其他组织提供特定公共服务的过程中，向特定对象收取并纳入财政管理的费用。

（3）政府性基金。

政府性基金，是指企业依照法律、行政法规等有关规定，代政府收取的具有专项用途的财政资金。

（4）其他不征税收入。

其他不征税收入，是指企业取得的，由国务院财政、税务主管部门规定专项用途并经国务院批准的财政性资金。

（二）准予扣除项目

1. 税前扣除应遵循的原则

应纳税所得额税前扣除项目是指企业实际发生的与取得收入有关的、合理的支出，包括成本、费用、税金、损失和其他支出，准予在计算应纳税所得额时扣除。税前扣除应遵循下列原则：

（1）据实扣除原则。它是指必须按照实际发生的数额进行扣除。

（2）相关性原则。有关的支出，是指与取得收入直接相关的支出。企业的不征税收入用于支出所形成的费用或者财产，不得扣除或者计算对应的折旧、摊销扣除。

（3）合理性原则。合理的支出，是指符合生产经营活动常规，应当计入当期损益或者有关资产成本的必要和正常的支出。

（4）划分收益性支出和资本性支出原则。企业发生的支出应当区分收益性支出和资本性支出。收益性支出在发生当期直接扣除；资本性支出应当分期扣除或者计入有关资产成本，不得在发生当期直接扣除。

（5）不重复扣除原则。除企业所得税法及实施条例另有规定外，企业实际发生的成本、费用、税金、损失和其他支出不得重复扣除。

2. 准予扣除项目的基本范围

如前所述，税前扣除项目包括成本、费用、税金、损失和其他支出。

（1）成本，是指企业在生产经营活动中发生的销售成本、销货成本、业务支出以及其他耗费。

（2）费用，是指企业在生产经营活动中发生的销售费用、管理费用和财务费用，已经计入成本的有关费用除外。

（3）税金，是指企业发生的除企业所得税和允许抵扣的增值税以外的各项税金及其附加。

（4）损失，是指企业在生产经营活动中发生的固定资产和存货的盘亏、毁损、报废损失，转让财产损失，呆账损失，坏账损失，自然灾害等不可抗力因素造成的损失以及其他损失。企业发生的损失，减除责任人赔偿和保险赔款后的余额，依照国务院财政、税务主管部门的规定扣除。企业已经作为损失处理的资产，在以后纳税年度又全部收回或者部分收回时，应当计入当期收入。

（5）其他支出，是指除成本、费用、税金、损失外，企业在生产经营活动中发生的与生产经营活动有关的合理的支出。

3. 税前扣除的基本标准

（1）企业发生的合理的工资薪金支出，准予据实扣除。

工资薪金，是指企业每一纳税年度支付给在本企业任职或者受雇的员工的所有现金形式或者非现金形式的劳动报酬，包括基本工资、奖金、津贴、补贴、年终加薪、加班工资，以及与员工任职或者受雇有关的其他支出。

（2）职工保障费用。

企业依照国务院有关主管部门或者省级人民政府规定的范围和标准为职工缴纳的基本养老保险费、基本医疗保险费、失业保险费、工伤保险费、生育保险费等基本社会保险费和住房公积金，准予扣除。

企业为投资者或者职工支付的补充养老保险费、补充医疗保险费，在国务院财政、税务主管部门规定的范围和标准内，准予扣除。

除企业依照国家有关规定为特殊工种职工支付的人身安全保险费和国务院财政、税务主管部门规定可以扣除的其他商业保险费外，企业为投资者或者职工支付的商业保险费，不得扣除。

（3）三项经费。

企业发生的职工福利费支出，不超过工资薪金总额14%的部分，准予扣除。企业拨缴的工会经费，不超过工资薪金总额2%的部分，准予扣除。除国务院财政、税务主管部门另有规定外，企业发生的职工教育经费支出，不超过工资薪金总额2.5%的部分，准予扣除；超过部分，准予在以后纳税年度结转扣除。

（4）借款费用。

企业在生产经营活动中发生的合理的不需要资本化的借款费用，准予扣除。企业为购置、建造固定资产、无形资产和经过12个月以上的建造才能达到预定可销售状态的存货发生借款的，在有关资产购置、建造期间发生的合理的借款费用，应当作为资本性支出计入有关资产的成本，并依照本条例的规定扣除。

企业在生产经营活动中发生的下列利息支出准予扣除：①非金融企业向金融企业借款的利息支出、金融企业的各项存款利息支出和同业拆借利息支出、企业经批准发行债券的利息支出；②非金融企业向非金融企业借款的利息支出，不超过按照金融企业同期同类贷款利率计算的数额的部分；③企业在货币交易中，以及纳税年度终了时将人民币以外的货币性资产、负债按照期末即期人民币汇率中间价折算为人民币时产生的汇兑损失，除已经计入有关资产成本以及与向所有者进行利润分配的相关部分外，准予扣除。

（5）业务招待费。

企业发生的与生产经营活动有关的业务招待费支出，按照发生额的60%扣除，但最高不得超过当年销售（营业）收入的5‰。

（6）广告费和业务宣传费。

企业发生的符合条件的广告费和业务宣传费支出，除国务院财政、税务主管部门另有规定外，不超过当年销售（营业）收入15%的部分，准予扣除；超过部分，准予在以后纳税年度结转扣除。

（7）环境保护、生态恢复等专项资金支出。

企业依照法律、行政法规有关规定提取的用于环境保护、生态恢复等方面的专项资金，准予扣除；上述专项资金提取后改变用途的，不得扣除。

（8）财产保险费。

企业参加财产保险，按照规定缴纳的保险费，准予扣除。

（9）固定资产租赁费。

企业根据生产经营活动的需要租入固定资产支付的租赁费，按照以下方法扣除：①以经营租赁方式租入固定资产发生的租赁费支出，按照租赁期限均匀扣除；②以融资租赁方式租入固定资产发生的租赁费支出，按照规定构成融资租入固定资产价值的部分应当提取折旧费用，分期扣除。

（10）劳动保护支出。

企业发生的合理的劳动保护支出，准予扣除。

（11）管理费。

非居民企业在中国境内设立的机构、场所，就其中国境外总机构发生的与该机构、场所生产经营有关的费用，能够提供总机构出具的费用汇集范围、定额、分配依据和方法等证明文件，并合理分摊的，准予扣除。

企业之间支付的管理费、企业内营业机构之间支付的租金和特许权使用费，以及非银行企业内营业机构之间支付的利息，不得扣除。

（12）公益性捐赠支出。

公益性捐赠，是指企业通过公益性社会团体或者县级以上人民政府及其部门，用于《中华人民共和国公益事业捐赠法》规定的公益事业的捐赠。公益性社会团体，是指同时符合下列条件的基金会、慈善组织等社会团体：①依法登记，具有法人资格；②以发展公益事业为宗旨，且不以营利为目的；③全部资产及其增值为该法人所有；④收益和营运结余主要用于符合该法人设立目的的事业；⑤终止后的剩余财产不归属任何个人或者营利组织；⑥不经营与其设立目的无关的业务；⑦有健全的财务会计制度；⑧捐赠者不以任何形式参与社会团体财产的分配；⑨国务院财政、税务主管部门会同国务院民政部门等登记管理部门规定的其他条件。

企业发生的公益性捐赠支出，不超过年度利润总额12%的部分，准予扣除。年度利润总额，是指企业依照国家统一会计准则、会计制度的规定计算的年度会计利润。

（13）转让资产的净值。

企业转让资产，该项资产的净值准予在计算应纳税所得额时予以扣除。资产的净值是指有关资产、财产的计税基础减除已经按照规定扣除的折旧、损耗、摊销、准备金等后的余额。

（三）不得扣除项目

在计算应纳税所得额时，下列支出不得扣除：①向投资者支付的股息、红利等权益性投资收益款项；②企业所得税税款；③税收滞纳金；④罚金、罚款和被没收财物的损失；⑤《中华人民共和国企业所得税法》第九条规定以外的捐赠支出；⑥赞助支出；⑦未经核定的准备金支出；⑧与取得收入无关的其他支出。

（四）弥补以前年度亏损

企业纳税年度发生的亏损，准予向以后年度结转，用以后年度的所得弥补，但结转年限最长不得超过5年。

企业在汇总计算缴纳企业所得税时，其境外营业机构的亏损不得抵减境内营业机构的盈利。

（五）预提所得税应纳税所得额

非居民企业在中国境内未设立机构、场所的，或者虽设立机构、场所但取得的所得与其所设机构、场所没有实际联系的，就其来源于中国境内的所得缴纳企业所得税时，按照下列方法计算其应纳税所得额：

（1）股息、红利等权益性投资收益和利息、租金、特许权使用费所得，以收入全额为应纳税所得额。收入全额，是指非居民企业向支付人收取的全部价款和价外费用。

（2）转让财产所得，以收入全额减除财产净值后的余额为应纳税所得额。

（3）其他所得，参照前两项规定的方法计算应纳税所得额。

第三节　企业所得税会计基础

一、资产负债观与收入费用观

资产负债观是指在制定会计准则时，首先定义并规范由该类交易或事项产生的相关资产和负债或其对相关资产和负债造成的影响，然后再根据资产和负债的变化确认收益，重在规范资产和负债的定义、确认和计量。资产负债表因此成为报表体系中的第一报表，应力求其信息的完整、可靠，收益表则仅是资产负债表的一张附表。

在收入费用观下，会计准则制定机构在准则制定过程中，首先考虑对与某类交易或事项相关的收入和费用进行直接确认和计量，财务会计处理的重心放在收益表中的各要素上，收益的确认和计量是准则规范的首要内容，资产和负债的确认和计量则依附于收入和费用，资产负债表也就成为重要性仅次于收益表的第二报表。

二、我国新企业会计准则采用资产负债表债务法的原因

我国企业的所得税处理方法，在新准则出台之前一直采用损益表债务法。2006年2月15日，财政部下发了新的《企业会计准则》，规定资产负债表债务法是企业所得税的唯一核算方法，核算的基础发生了质的变化，从以收入费用为基础转变为以资产负债的价值为基础，要求企业从资产负债表出发，通过比较资产负债表上列示的资产、负债按照会计准则规定确定的账面价值与按照税法规定确定的计税基础，对于两者之间的差异分别按应纳税暂时性差异与可抵扣暂时性差异，确认相关的递延所得税负债与递延所得税资产，并在此基础上确定每一会计期间利润表中的所得税费用。这一规定体现了我国与国际会计准则的趋同，也真正体现了会计的真实公允。

（一）资产负债观有利于提高会计信息质量

采用资产负债观将净化资产负债表，并完善收益表。收入费用观将会计视为一个收入与费用的配比过程，主要目的是确定一定时期的收益。在此观念下，资产负债表被用来汇集配比过程剩下的等待配比的项目，大量性质不明的递延费用和递延款项等进入资产负债表中。同时，收入费用观允许一些项目绕过收益表直接在资产负债表的权益部分进行报告，导致权益部分变成堆积无组织和混乱的信息垃圾箱，必然使收益表不能真实、全面地反映企业的财务业绩。而在资产负债观下，这些信息将“无所遁形”，资产负债表将得到净化，收益表信息将得到完善。

（二）资产负债观更符合公允价值的计量要求

收入费用观严格遵循权责发生制、配比原则和实现原则，对企业的资产特别是长期资产的历史成本严格采用系统的分期摊销方法计入费用，而不考虑由于环境因素造成的资产、负债的价值变动。因此在物价变动以及信息技术投入使得资产价值与历史成本明显脱节的情况下，按收入费用观确定的收益只能反映账面业绩，而不能反映企业的真实业绩。与收入费用观相比，资产负债观更注重交易和事项的实质，更加强调权益，权益可以通过对资产、负债的公允计量来体现，要求首先界定每笔交易或事项发生后对企业财务和经营状况产生的影响及后果，分析会计期间内资产和负债的变动，为确定当期收入和费用提供可靠的基础，最终采用一种财务报表使用者易于理解的方式，在财务报表中反映这些交易或事项的结果，提供的会计信息具有较强的相关性。

（三）资产负债观更符合当前的经济环境

在我国资本市场上之所以会发生如此多的会计造假事件，究其原因还是旧企业

会计准则是依据收入费用观制定的，存在诸多不足和缺陷。当前，我国社会主义市场经济逐步建立，市场竞争日益走向成熟，企业经营活动日趋复杂化和多样化。同时，金融工具及其衍生工具层出不穷，跨国公司不断涌现，收入费用观的局限性进一步凸现，会计信息使用者迫切需要了解企业净资产的全部变动从而作出正确的决策，此时采用资产负债观显然更能满足其要求。新企业会计准则还体现了国际化的趋势，提高会计信息在不同国家、地区的可比性与透明度，提升我国在国际资本市场上的地位，有助于降低我国企业在海外经营中因遵循不同国家、地区的会计标准而造成的成本支出，有力地促进我国的经济发展。

三、资产负债表债务法的理论基础

资产负债表债务法要求企业将所有符合资产、负债定义及确认条件的资产、负债在资产负债表内确认。

从资产负债角度考虑，资产的账面价值代表的是某项资产在持续持有及最终处置的一定期间内为企业带来经济利益的总额，而其计税基础代表的则是该期间内按照税法规定就该项资产可以税前扣除的总额。资产的账面价值小于其计税前扣除的金额，产生可抵减未来产生的经济利益流入低于按照税法规定允许税前扣除的金额，产生可抵减未来期间应纳税所得额的因素，减少未来期间以应缴所得税的方式流出企业的经济利益，应确认为递延所得税资产。反之，一项资产的账面价值大于其计税基础的，两者之间的差额会增加企业未来期间的应纳税所得额，对企业形成经济利益流出的义务，应确认为递延所得税负债。

四、所得税会计的技术方法

采用资产负债表债务法核算所得税的情况下，企业一般应于每一资产负债表日进行所得税的核算。企业合并等特殊交易或事项发生时，在确认因交易或事项取得的资产、负债时即应确认相关的所得税影响。

（一）直接法

按照税法规定的范围和标准，确定法定收入和税法允许扣除的成本、费用、损失的金额，然后据以计算应纳税所得额，进而计算应纳所得税的方法。

应纳税所得额 = 收入总额 − 准予扣除项目金额 = 收入总额 − 不征税收入 − 免税收入 − 各项扣除金额 − 弥补亏损

（二）间接法

在分析财务会计核算资料中与税法规定不符的收入和成本、费用、损失等项目及其金额后，将会计利润调整为应纳税所得额，进而计算所得税的方法。

应纳税所得额 = 会计利润总额 + 纳税调增项目 − 纳税调减项目

产。例如，南岗公司于2008年发生亏损1 000万元，按照税法规定，该亏损可用于抵减以后5个年度的应纳税所得额。该亏损不是由资产、负债的账面价值与其计税基础不同产生的，但从性质上看可以减少未来期间的应纳税所得额和应缴所得税，属于可抵扣暂时性差异。企业预计未来期间能够产生足够的应纳税所得额利用该可抵扣的亏损时，应确认相关的递延所得税资产。

概括起来，递延所得税资产和递延所得税负债的确认和计量模式如表7－1所示：

表7－1　递延所得税资产和递延所得税负债确认计量对照表

类　型	确认和计量			
	递延所得税资产		递延所得税负债	
	增加	减少	增加	减少
1. 资产账面价值大于资产计税基础				
（1）发生时			增加	
（2）转销时				减少
2. 资产账面价值小于计税基础				
（1）发生时	增加			
（2）转销时		减少		
3. 负债账面价值大于计税基础				
（1）发生时	增加			
（2）转销时		减少		
4. 负债账面价值小于计税基础				
（1）发生时			增加	
（2）转销时				减少

第四节　资产负债表债务法

资产负债表债务法是对暂时性差异进行跨期核算的会计方法。由于暂时性差异产生于资产和负债的账面金额与税基之差，因而资产负债表债务法是从资产负债表出发的，所以核算的递延所得税资产和负债必然符合资产和负债的定义。

资产负债表债务法的核算程序如下：①计算当期应缴纳的所得税；②确定资产、

负债的账面价值和计税基础；③比较资产、负债的账面价值和计税基础，确定暂时性差异；④根据暂时性差异的情况，确定本期递延所得税资产和递延所得税负债的期末余额，并根据期初余额情况作出相应的会计处理。

一、递延所得税负债的确认和计量

企业应该将当期和以前期间应交而未交的所得税确认为负债。当企业资产的账面价值大于其计税基础或者企业负债的账面价值小于其计税基础，从而产生应纳税暂时性差异时，企业应该将其确认为负债，作为递延所得税负债加以处理。在确认递延所得税负债的同时，应增加利润表中的所得税费用。所得税准则规定，资产负债表日，对于递延所得税负债，应当根据适用税法规定，按照预期收回该项资产或清偿该负债期间的适用税率计量，即递延所得税负债应以相关应纳税暂时性差异转回期间按照税法规定适用的所得税税率计量。

（一）除所得税准则中明确规定不可确认递延所得税负债的情况外，企业对于所有的应纳税暂时性差异均应确认相关的递延所得税负债

【例7-3】南岗公司于2008年1月1日开业，2008年和2009年免征企业所得税，从2010年开始适用税率为25%的所得税。某设备于2008年开始计提折旧，2008年12月31日其账面价值为8 200万元，计税基础为6 000万元，2009年12月31日账面价值为6 000万元，计税基础为3 600万元。请计算2009年应确认的递延所得税负债发生额。

2008年12月31日递延所得税负债余额=（8 200-6 000）×25%=550（万元）

2008年12月31日递延所得税负债发生额为550万元

2009年12月31日递延所得税负债余额=（6 000-3 600）×25%=600（万元）

2009年12月31日递延所得税负债发生额=600-550=50（万元）

【例7-4】某企业于2005年1月1日购入某设备，原价2 000万元，预计净残值为零。税法规定按年数总和法计提折旧，折旧年限4年；会计上采用直线法计提折旧，折旧年限5年。该企业适用的所得税税率为25%。具体见表7-2。

表7-2　某项设备折旧计算表

	2006年	2007年	2008年	2009年	2010年
实际成本	20 000 000	20 000 000	20 000 000	20 000 000	20 000 000
累计会计折旧	3 666 700	7 666 700	11 666 700	15 666 700	19 666 700
账面价值	16 333 300	12 333 300	8 333 300	4 333 300	333 300
累计计税折旧	7 333 300	13 500 000	17 666 700	19 833 400	166 600
计税基础	12 666 700	6 500 000	2 333 300	166 600	0

（续上表）

	2006 年	2007 年	2008 年	2009 年	2010 年
暂时性差异	3 666 600	5 833 300	6 000 000	4 166 700	333 300
适用税率	25%	25%	25%	25%	25%
递延所得税负债余额	916 700	541 600	41 700	-458 300	-958 400

（1）会计上计提的年折旧额 = 2 000 ÷ 5 = 400（万元）

2006 年折旧：400 × 11 ÷ 12 = 366.67（万元）

期末固定资产账面价值：2 000 - 366.67 = 1 633.33（万元）

2007 年折旧：400 万元

期末固定资产账面价值：1 633.33 - 400 = 1 233.33（万元）

2008 年折旧：400 万元

期末固定资产账面价值：1 233.33 - 400 = 833.33（万元）

2009 年折旧：400 万元

期末固定资产账面价值：833.33 - 400 = 433.33（万元）

2010 年折旧：400 万元

期末固定资产账面价值：433.33 - 400 = 33.33（万元）

（2）按税法折旧计算：·

2006 年折旧：2 000 × 4/10 ×（11/12）= 733.33（万元）

期末计税基础：2 000 - 733.33 = 1 266.67（万元）

2007 年折旧：2 000 × 4 ÷ 10 ×（1/12）+ 2 000 × 3 ÷ 10 ×（11/12）= 616.67（万元）

期末计税基础：1 266.67 - 616.67 = 650（万元）

2008 年折旧：2 000 × 3 ÷ 10 ×（1/12）+ 2 000 × 2 ÷ 10 ×（11/12）= 416.67（万元）

期末计税基础：650 - 416.67 = 233.33（万元）

2009 年折旧：2 000 × 2 ÷ 10 ×（1/12）+ 2 000 × 1 ÷ 10 ×（11/12）= 216.67（万元）

期末计税基础：233.33 - 216.67 = 16.66（万元）

2010 年折旧：16.66 万元

期末计税基础：0

（3）递延所得税负债计算：

2006 年期末暂时性差异：1 633.33 - 1 266.67 = 366.66（万元）

递延所得税负债：366.66 × 25% = 91.67（万元）

会计分录：

借：所得税费用　　916 700

　贷：递延所得税负债　　916 700

2007 年期末暂时性差异：1 233. 33 − 650 = 583. 33（万元）

递延所得税负债：583. 33 × 25% = 145. 83（万元）

应继续确认递延所得税负债：145. 83 − 91. 67 = 54. 16（万元）

会计分录：

借：所得税费用　　541 600

　贷：递延所得税负债　　541 600

2008 年期末暂时性差异：833. 33 − 233. 33 = 600（万元）

递延所得税负债：600 × 25% = 150（万元）

应继续确认递延所得税负债：150 − 145. 83 = 4. 17（万元）

会计分录：

借：所得税费用　　41 700

　贷：递延所得税负债　　41 700

2009 年期末暂时性差异：433. 33 − 16. 66 = 416. 67（万元）

递延所得税负债：416. 67 × 25% = 104. 17（万元）

应转回递延所得税负债：150 − 104. 17 = 45. 83（万元）

会计分录：

借：递延所得税负债　　458 300

　贷：应交税费——应交所得税　　458 300

2010 年期末暂时性差异：33. 33 − 0 = 33. 33（万元）

递延所得税负债：33. 33 × 25% = 8. 33（万元）

应转回递延所得税负债：104. 17 − 8. 33 = 95. 84（万元）

会计分录：

借：递延所得税负债　　958 400

　贷：应交税费——应交所得税　　958 400

（二）不确认递延所得税负债的特殊情况

有些情况下，虽然资产、负债的账面价值与其计税基础不同，产生了应纳税暂时性差异，但出于各方面考虑，所得税准则中规定不确认相应的递延所得税负债，主要包括：一是商誉的初始确认；二是同时具有下列特征的交易中产生的资产或负债的初始确认：该项交易不是企业合并；交易发生时既不影响会计利润也不影响应纳税所得额（或可抵扣亏损）。

二、递延所得税资产的确认和计量

企业应该将已支付的所得税超过应支付的部分确认为资产。当企业资产或负债的账面价值小于其计税基础，从而产生可抵扣暂时性差异时，企业应该将其确认为资产，作为递延所得税资产加以处理。确认递延所得税资产时，应当以预期收回该资产期间的适用所得税税率为基础计算确定。

递延所得税资产产生于可抵扣暂时性差异，确认因可抵扣暂时性差异产生的递延所得税资产应以未来期间可能取得的应纳税所得额为限。但确认的前提条件是在资产负债表日，有确凿证据表明未来期间很可能获得足够的应纳税所得额用来抵扣暂时性差异。如果有确凿证据表明未来期间很可能不能获得足够的应纳税所得额用来抵扣暂时性差异，则不能确认为递延所得税资产；但在资产负债表日，如果有确凿证据表明未来期间很可能获得足够的应纳税所得额用来抵扣暂时性差异，则应当确认以前期间未确认的递延所得税资产。

对于与子公司、联营企业及合营企业投资相关的可抵扣暂时性差异，同时满足下列条件的，也应当确认为相应的递延所得税资产：暂时性差异在可预见的未来很可能转回；未来很可能获得用来抵扣暂时性差异的应纳税所得额。但同时具有下列特征的交易中因资产或负债的初始确认所产生的递延所得税资产不予确认：该项交易不是企业合并；交易发生时既不影响会计利润也不影响应纳税所得额（或可抵扣亏损）。例如，南岗公司进行内部研究开发所形成的无形资产成本为120万元，因按照税法规定可在未来期间税前扣除的金额为180万元，其计税基础为180万元。该项无形资产并非产生于企业合并，同时在初始确认时既不影响会计利润也不影响应纳税所得额，准则规定该种情况下不确认相关的递延所得税。

三、税率变化对已确认递延所得税资产和递延所得税负债的影响

由于税法的修订使企业在某一会计期间适用的所得税税率发生变化的，企业应对已确认的递延所得税资产和递延所得税负债按照新的税率进行重新计量。递延所得税资产和递延所得税负债的金额代表的是有关可抵扣暂时性差异或应纳税暂时性差异于未来期间转回时，导致企业应交所得税金额的减少或增加的情况。在税率变动的情况下，应对原已确认的递延所得税资产及递延所得税负债的金额进行调整。

【例7-5】南岗公司2006年12月31日购入价值200万元的固定资产，预计使用年限为5年，残值为0，会计上采用双倍余额递减法计提折旧，税法上允许采用直线法计提折旧。2008年以前适用的所得税税率为33%，从2008年起适用的所得税税率为25%。请计算2008年12月31日递延所得税资产的余额。

2008年12月31日固定资产的账面价值 $=200-200\times40\%-(200-200\times40\%)\times40\%=72$（万元）

计税基础 $=200-200\div5\times2=120$（万元）

可抵扣暂时性差异余额 $=120-72=48$（万元）

递延所得税资产余额 $=48\times25\%=12$（万元）

【例7－6】某企业2006年12月31日购入价值300万元的固定资产，预计使用年限为5年，残值为0，会计上采用直线法计提折旧，税法上允许采用双倍余额递减法计提折旧。2008年以前所得税适用税率为33%，从2008年起适用的所得税税率为25%。请计算2008年应确认的递延所得税负债发生额。

2007年12月31日固定资产的账面价值＝300－300÷5＝240（万元）

计税基础＝300－300×40%＝180（万元）

应纳税暂时性差异余额＝240－180＝60（万元）

递延所得税负债余额＝60×25%＝15（万元）

2008年12月31日固定资产的账面价值＝300－300÷5×2＝180（万元）

计税基础＝300－300×40%－（300－300×40%）×40%＝108（万元）

应纳税暂时性差异余额＝180－108＝72（万元）

递延所得税负债余额＝72×25%＝18（万元）

2008年递延所得税负债的发生额＝18－15＝3（万元）

四、所得税费用的确认及计量

在资产负债表债务法核算的情况下，利润表中的所得税费用包括当期所得税费用和递延所得税费用两部分。

1. 当期所得税费用

当期所得税费用是指企业按照税法规定计算确定的针对当期发生的交易和事项，应交纳给税务部门的所得税金额，即当期应交所得税。一般情况下，应纳税所得额可在会计利润基础上，考虑会计与税法之间的差异，按照以下公式计算确定：

应纳税所得额＝会计利润±按税法纳税调整项目金额±其他需要调整金额

2. 递延所得税

递延所得税是指按照所得税准则规定当期应予确认的递延所得税资产和递延所得税负债金额。计算公式如下：

递延所得税＝（递延所得税负债的期末余额－递延所得税负债的期初余额）－（递延所得税资产的期末余额－递延所得税资产的期初余额）

3. 所得税费用

计算确定了当期所得税及递延所得税以后，利润表中应予确认的所得税费用为两者之和，即：

所得税费用＝当期所得税＋递延所得税

【例7－7】某企业持有一项交易性金融资产，成本为2 000万元，期末公允价值为2 500万元。该企业适用的所得税税率为25%，递延所得税资产和递延所得税负债不存在期初余额。

（1）交易性金融资产的账面价值＝2 500（万元）

计税基础 =2 000（万元）

应纳税暂时性差异 =500（万元）

对于交易性金融资产产生的500 万元纳税暂时性差异，应确认125 万元递延所得税负债：

借：所得税费用——递延所得税费用　　1 250 000

　贷：递延所得税负债　　1 250 000

（2）假设资产负债表日根据应纳税暂时性差异计算的递延所得税负债应为125 万元，期初递延所得税科目贷方余额100 万元，则：

借：所得税费用——递延所得税费用　　250 000

　贷：递延所得税负债　　250 000

（3）假设期初递延所得税负债科目余额为160 万元，则：

借：递延所得税负债　　350 000

　贷：所得税费用——递延所得税费用　　350 000

【例7 -8】某企业在当期确认了200 万元负债，计入当期损益。假定按照税法规定，确认与该负债相关的费用，在实际发生时准予税前扣除，该负债的计税基础为零，其账面价值与计税基础之间形成可抵扣暂时性差异200 万元。该企业适用的所得税税率为25%，递延所得税资产和递延所得税负债不存在期初余额。

（1）对于负债产生的200 万元可抵扣暂时性差异，应确认50 万元递延所得税资产。会计分录为：

借：递延所得税资产　　500 000

　贷：所得税费用——递延所得税费用　　500 000

（2）假设期初递延所得税资产科目借方余额为20 万元，则

借：递延所得税资产　　300 000

　贷：所得税费用——递延所得税费用　　300 000

（3）假设递延所得税资产科目期初借方余额为60 万元，则

借：所得税费用——递延所得税费用　　100 000

　贷：递延所得税资产　　100 000

3. 所得税费用的计算

在计算确定了当期所得税及递延所得税之后，所得税费用应为两者之和，计算公式为：

所得税费用 = 当期所得税 + 递延所得税

【例7 -9】南岗公司2006 年12 月购入一台设备，原值240 万元，预计使用年限为3 年，预计净残值为零，按直线法计提折旧。2007 年12 月31 日，计提固定资产减值准备20 万元。计提减值后，原预计使用年限和预计净残值不变。假设所得税率为25%，则各年末固定资产账面价值和计税基础等列表如表7 -3 所示。

表7－3　设备账面价值和计税基础表

单位：万元

	2006年末	2007年末	2008年末	2009年末（已清理）
固定资产原值	240	240	240	0
减：累计折旧	0	80	70	0
固定资产净值	240	160	90	0
减：减值准备	0	20	20	0
固定资产净额	240	140	70	0
税法计算的累计折旧	0	80	160	0
计税基础	240	160	80	0
可抵扣暂时性差异	0	20（即160－140）	10（即80－70）	0
递延所得税资产余额	0	5（即20×25%）	2.5（即10×25%）	0

说明：会计每年计提折旧额：2006年：（240－0）÷3＝80（万元）；2007年：（140－0）÷2＝70（万元）；2008年：（70－0）÷1＝70（万元）。税法折旧额每年都为80万元。

南岗公司每年末所得税会计分录如下：

2007年：

借：递延所得税资产　　50 000

　贷：所得税费用——递延所得税费用　　50 000

2008年：

借：所得税费用——递延所得税费用　　25 000

　贷：递延所得税资产　　25 000

2009年：

借：所得税费用——递延所得税费用　　25 000

　贷：递延所得税资产　　25 000

【例7－10】南方公司2007年所得税税率为33%，2008年1月1日起所得税税率为25%。2007年末购入一台设备，原值330万元，预计使用年限为3年，预计净残值为0，会计上采用直线法计提折旧，税法规定按年数总和法计提折旧，则各年末固定资产账面价值和计税基础等列表如表7－4所示。

不计入应纳税所得额，因而其计税基础不变，仍为其历史成本。但其账面价值却是其历史成本加上公允价值变动损益后的余额，因而与其计税基础就出现了差异。又如，企业拥有一项存货，在拥有期间，由于市场因素变化，存货的价格降低，企业按会计准则规定提取了存货跌价准备，因而该存货的账面价值为其历史成本减去存货跌价准备。但按税法规定，企业提取存货的存货跌价准备不能税前扣除，因而该存货的计税基础仍为其历史成本，与其账面价值产生了差异。再如，企业拥有一项固定资产，按直线法提取折旧，估计其使用寿命为15年，但按税法规定其折旧年限最低不得少于20年，假如企业持有该项固定资产5年后将其处置，此时，该固定资产的账面价值为其历史成本减去按会计准则提取的折旧，但其计税基础却为其历史成本减去按税法规定可以计提的折旧，由于可以提取的折旧不同，因而其计税基础与其账面价值不同。

与其他计量属性相比，历史成本在可靠性上具有优势，如果在期末采用重置价格或者现值计价，不同的会计人员对这些概念会有不同的认识，会计处理的结果也可能大相径庭，但历史成本是发生交易时的实际成本，是由客观经济业务所确定的，没有掺入主观因素，经得起检验。历史成本会计在考核企业管理效率、设计激励机制方面可以发挥重要的作用。之所以以历史成本作为资产的计税基础，首先是考虑到历史成本原则本身在会计上的可靠性和优势性，其次是考虑到税收征管实践的需要，因为只有历史成本是固定的，若想用其他方法来确定计税基础，将考虑不同的人、不同的环境等多种因素，具有较大的不确定性，同时花费的资源成本也较高，不利于税收征管。根据规定，资产的历史成本是企业取得该项资产时实际发生的支出。与其他计量属性不同，历史成本强调两个方面：一是其计算时点是企业取得该项资产时，而不是企业取得资产后持有期间的价值；二是企业取得资产时所实际发生的支出，强调的是现实性，即便是企业取得资产时应当负担的支出，不管出于何种原因，若企业最终实际上没有兑付这种义务性支出，那么这种所谓的“支出”是不被承认的，不得纳入资产的历史成本之中。鉴于目前我国各类资产市场价格决定机制不够健全的情况，以及金融衍生工具少、企业实际发生的业务量小等特定情况，《企业所得税法实施条例》没有采用按公允价值确定资产计税基础的方法。这也是多数发展中国家采用的做法。但根据企业所得税法的相关授权，对于某些已具备完善市场决定价格机制的资产，如外汇、上市公司的股票、期货等，财政部、国家税务总局会加紧研究对某些资产采用公允价值确定资产的计税基础的问题。

2. 资产减值准备、风险准备的涉税规定

《企业所得税法》第十条第七款规定，在计算应纳税所得额时，未经核定的准备金支出不得扣除。《企业所得税法实施条例》第五十五条规定，未经核定的准备金支出是指不符合国务院财政、税务主管部门规定的各项资产减值准备、风险准备等准备金支出。

财务会计制度规定，基于资产的真实性和谨慎性原则考虑，为防止企业虚增资产或者虚增利润，保证企业因市场变化、科学技术进步，或者企业经营管理不善等原因导致资产实际价值的变动能够真实地得以反映，要求企业合理地预计各项资产可能发生的损失，提取准备金。税法上一般不允许企业提取各种形式的准备金，主要是基于以下考虑：一是企业所得税税前允许扣除的项目，原则上必须遵循真实发生的据实扣除原则，企业只有实际发生的损失才允许在税前扣除，反之，企业非实际发生的损失，一般不允许扣除。而企业各项资产减值准备的提取，是由会计人员根据会计制度和自身职业判断进行的，不同的企业提取的比例不同，允许企业准备金扣除可能会成为企业会计人员据以操纵财务的工具，而税务人员从企业外部很难判断企业会计人员提取准备金的依据是否充分合理。二是由于市场复杂多变，各行业因市场风险不同，税法上难以对各种准备金规定一个合理的提取比例，如果规定统一比例，会导致税负不公。三是企业提取的各种准备金实际上是为了减少市场经营风险，但这种风险应由企业自己承担，不应转嫁到国家身上。因此，企业提取的资产跌价准备或者减值准备，尽管在提取年度税前不允许扣除，但企业资产损失实际发生时，在实际发生年度允许扣除，体现了企业所得税据实扣除和确定性的原则。四是顺应各国所得税法不允许各种准备税前扣除的一般做法，特别是面临当前我国企业法人治理结构不合理、内控机制不完善等状况，许多企业利用提取准备金的办法达到逃税、避税的目的。但是由于人身保险、财产保险、风险投资和其他具有特殊风险的金融工具风险大，各国所得税法都允许提取一定比例准备金在税前扣除，所以，企业所得税法规定，未经核定的准备金支出不得税前扣除，而经国务院财政、税务主管部门核定的准备金，则准予税前扣除。这样也为一些特殊企业提取的准备金的税前扣除提供了可能。

允许扣除的项目限于资产减值准备、风险准备等准备金。资产减值准备，是指金融企业对债权和股权资产预计可收回金额低于账面价值的部分提取的用于弥补特定损失的准备，其具体类别有：对应收账款和其他应收款等应收款项计提的坏账准备；对股票、债券等短期投资计提的短期投资跌价准备；对长期股权投资和长期债权投资等长期投资计提的长期投资减值准备；对原材料、包装物、低值易耗品、库存商品等存货计提的存货跌价准备；对房屋、建筑物、机器、设备等固定资产计提的固定资产减值准备，以及对专利权、商标权等无形资产计提的无形资产减值准备等。风险准备，则是指特定企业为了防范可能存在的风险，依法提取的一定数量的资金，以用来弥补风险真正发生时所造成的损失，维护市场主体的合法权益和市场秩序的稳定。目前，提取风险准备金的要求，主要是在金融领域，因为金融领域影响重大，牵一发而动全身，更需要加强风险防范，提取风险准备金成为众多金融企业的应尽义务。如《证券法》就规定，证券交易所应当从其收取的交易费用和会员费、席位费中提取一定比例的金额设立风险基金；证券登记结算机构应当设立证券结算风险基金，用于垫付或者弥补因违约交收、技术故障、操作失误、不可抗力造成的证券登记结算机构的损失。《期货交易管理条例》也规定，期货交易所、期货一律不得在税前扣除。根据企业会计制度规定，企业对应收款项采用备抵法核算坏账损失，坏账准备的计提方法和计提比例由企业自行确定。

【例7－13】南方公司2008年12月31日应收账款余额为1 000万元，该公司期末对应收账款计提了100万元的坏账准备。税法规定，该项坏账准备不得在税前扣除。应收账款的期末账面价值为900万元（1 000－100），而其计税基础仍为1 000万元，产生可抵扣暂时性差异100万元。调增应纳税所得额100万元。

2008年度递延所得税：

递延所得税资产＝100×25%＝25（万元）

借：递延所得税资产　　250 000

　贷：应交税费——应交所得税　　250 000

4. 可供出售金融资产

可供出售金融资产是指初始确认时即被指定为可供出售的非衍生金融资产。

可供出售金融资产初始确认时，相关交易费用计入初始入账金额；资产负债表日，其公允价值变动计入资本公积（其他资本公积）；发生的减值损失计入当期损益；处置可供出售金融资产时，应将取得的价款与该金融资产账面价值之间的差额计入投资损益，同时将原直接计入所有者权益的公允价值变动累计额对应处置部分的金额转出，计入投资损益。

企业持有的可供出售金融资产计税基础的确定，与以公允价值计量且其变动计入当期损益的金融资产类似，可比照处理。由于可供出售金融资产公允价值的变动计入资本公积，因此，该事项所产生的递延所得税资产或递延所得税负债及其变化也应计入所有者权益，不构成利润表中的递延所得税费用。

【例7－14】南方公司2007年5月15日从二级市场购入股票100 000股，每股市价10元，手续费2 000元。初始确认时，该股票划分为可供出售金融资产。

南方公司2007年12月31日仍持有该股票，该股票当时的市价为15元；

南方公司2008年8月1日将该股票售出，售价为每股12元，另支付交易税费3 600元。假定不考虑其他因素，有关会计处理及涉税调整如下：

（1）2007年5月15日，购入股票。

借：可供出售金融资产——成本　　1 002 000

　贷：银行存款　　1 002 000

（2）2007年12月31日，确认股票价格变动。

借：可供出售金融资产——公允价值变动　　500 000

　贷：资本公积——其他资本公积　　500 000

纳税调整：按照会计准则的规定，该项金融资产在会计期末应以公允价值计量，其账面价值应为期末公允价值1 502 000元；因税法规定资产在持有期间公允价值变动不计入应纳税所得额，则该项可供出售金融资产的期末计税基础应维持其原取得成本不变，为1 002 000元。账面价值与计税基础之间产生500 000元的暂时性差异，将会增加未来该资产处置期间的应纳税所得额。

递延所得税负债 =500 000 ×25% =125 000（元）。

借：资本公积——其他资本公积　　125 000

　贷：递延所得税负债　　125 000

（3）2008 年 8 月 1 日，出售股票。

借：银行存款　　1 196 400

　　资本公积——其他资本公积　　500 000

　贷：可供出售金融资产——成本　　1 002 000

　　　可供出售金融资产——公允价值变动　　500 000

　　　投资收益　　194 400

纳税调整：该项金融资产的计税基础仍为 1 002 000 元，企业的账面价值为 1 502 000 元，应转回暂时性差异 500 000 元。

借：递延所得税负债　　125 000

　贷：资本公积——其他资本公积　　125 000

四、存货的会计处理与纳税调整

存货是指企业在日常活动中持有以备出售的产成品或商品，处在生产过程中的在产品，在生产过程或提供劳务过程中耗用的材料、物资等。

企业取得存货应当按照成本进行计量。存货成本包括采购成本、加工成本和其他成本三个组成部分。

企业在确定发出存货的成本时，可以采用先进先出法、加权平均法和个别计价法。计价方法一经选用，不得随意变更。

根据会计准则规定，资产负债表日，存货应当按照成本与可变现净值孰低计量。当存货成本低于可变现净值时，存货按成本计量；当存货成本高于可变现净值时，存货按可变现净值计量，同时按照成本高于可变现净值的差额计提存货跌价准备，计入当期损益。可变现净值是指在日常活动中，存货的估计价值减去至完工时估计将要发生的成本、估计的销售费用以及相关税费后的金额。而根据税法的规定，存货计提的跌价准备是不计入应纳税所得额的。

【例 7 –15】2008 年 12 月 31 日，南方公司甲商品的账面成本为 100 万元，但由于甲商品的市场价格下跌，预计可变现净值为 90 万元。2009 年 6 月 30 日，甲商品的市场价格有所上升，使得甲商品的预计可变现净值变为 96 万元。2009 年 7 月 10 日，甲商品售出，取得销售收入（不含增值税）102 万元。

（1）2008 年 12 月 31 日，由于可变现净值小于账面价值，应计提存货跌价准备 10 万元。

借：资产减值损失——存货减值损失　　100 000

　贷：存货跌价准备　　100 000

纳税调整：2008 年 12 月 31 日，甲商品的账面价值调整为 900 000 元，而其计税基础仍为 1 000 000 元，产生可抵扣暂时性差异 100 000 元。调增应纳税所得额 100 000元。

递延所得税资产 =100 000×25% =25 000（元）。

借：递延所得税资产　　25 000

　贷：应交税费——应交所得税　　25 000

（2）2009 年 6 月 30 日，由于甲商品市场价格上升，甲商品的可变现净值有所恢复，应计提的存货跌价准备为 4 万元（100 -96），则当期应冲减已计提的存货跌价准备 6 万元（10 -4），因此，应转回的存货跌价准备为 6 万元。

借：存货跌价准备　　60 000

　贷：资产减值损失——存货减值损失　　60 000

纳税调整：2009 年 6 月 30 日，甲商品的账面价值调整为 960 000 元，而其计税基础仍为 1 000 000 元，产生可抵扣暂时性差异 40 000 元，应调减应纳税所得额 60 000 元。

期末递延所得税资产 =40 000×25% =10 000（元）

期初递延所得税资产 =25 000（元）

递延所得税资产减少 15 000 元。

借：所得税费用　　15 000

　贷：递延所得税资产　　15 000

（3）2009 年 7 月 10 日，商品售出。

借：银行存款　　1 193 400

　贷：主营业务收入　　1 020 000

　　　应交税费——应交增值税（销项税额）　　173 400

借：主营业务成本　　1 000 000

　　存货跌价准备　　40 000

　贷：库存商品　　1 000 000

　　　资产减值损失——存货减值损失　　40 000

纳税调整：资产的账面价值为 96 万元，而其计税基础仍为 100 万元，转回可抵扣暂时性差异 40 000 元，调减应纳税所得额 40 000 元。

转回递延所得税资产 =40 000×25% =10 000（元）。

借：所得税费用　　10 000

　贷：递延所得税资产　　10 000

五、长期股权投资的会计处理与纳税调整

长期股权投资是指投资企业能够对被投资企业实施控制（或共同控制）、具有重大影响的权益性投资，它主要包括：①投资企业能够对被投资单位实施控制的权益性投资，即对子公司投资；②投资企业与其他合营方一同对被投资单位实施共同控制的权益性投资，即对合营企业投资；③投资企业对被投资单位具有重大影响的权益性投资，即对联营企业投资；④投资企业持有的对被投资单位不具有共同控制或重大影响，并且在活跃市场中没有报价、公允价值不能可靠计量的权益性投资。

1. 长期股权投资初始成本计量

长期股权投资在取得时，应按初始投资成本入账。长期股权投资的初始投资成本，应分为企业合并和非企业合并两种情况确定。

（1）企业合并形成的长期股权投资。

企业合并形成的长期股权投资，初始投资成本的确定应区分企业合并的类型。企业合并的类型分为同一控制下的控股合并与非同一控制下的控股合并。它们确定了形成长期股权投资的初始投资成本。由于该形式下的长期股权投资的初始成本核算与税法要求一致，因此不需作纳税调整。

同一控制下企业合并形成的长期股权投资。合并方通过企业合并形成的对被合并方的长期股权投资，其成本代表的是在被合并方账面所有者权益中享有的份额，应当在合并日按照取得被合并方所有者权益账面价值的份额作为长期股权投资的初始投资成本。长期股权投资的初始投资成本与支付的现金、转让的非现金资产及所承担债务账面价值、所发行的股份面值总额之间的差额，调整“资本公积”；资本公积不足冲减的，调整“留存收益”。

非同一控制下企业合并形成的长期股权投资。长期股权投资的初始成本为企业合并成本，即购买方付出的资产、发生或承担的负债、发行的权益性证券的公允价值以及为进行企业合并发生的各项直接相关费用之和。

【例 7 - 16】南方公司以土地使用权（原价 10 000 000 元，已累计摊销 2 000 000 元，公允价值为 15 000 000 元）、银行存款 1 000 000 元投资南岗公司，取得南岗公司 50% 的股权。南方公司为此投资发生资产评估费用 20 000 元。合并前这两家公司之间不存在任何关联。

借：长期股权投资	16 020 000	
累计摊销	2 000 000	
贷：无形资产		10 000 000
银行存款		1 000 000
营业外收入		7 020 000

子设备，为3年。

虽然企业固定资产折旧年限的长短只是涉及缴纳税款的时序问题，但是国家每年财政收入的要求、通货膨胀或者紧缩等经济情况的变化等多种因素的影响决定了若不对固定资产的折旧年限作一个基本要求，仍然会影响到国家的税收利益。所以，国家需要根据不同类型的固定资产的共有特性，对不同类别固定资产的折旧年限作一个最基本的强制规定，以避免国家税收利益受到大的冲击。

房屋、建筑物，是指供生产、经营使用和为职工生活、福利服务的房屋、建筑物及其附属设施，其中房屋包括厂房、营业用房、办公用房、库房、住宿用房、食堂及其他房屋等；建筑物包括塔、池、槽、井、架、棚（不包括临时工棚、车棚等简易设施）、场、路、桥、平台、码头、船坞、涵洞、加油站以及独立于房屋和机器设备之外的管道、烟囱、围墙等；房屋、建筑物的附属设施是指同房屋、建筑物不可分割的、不单独计算价值的配套设施，包括房屋、建筑物内的通气、通水、通油管道，通信、输电线路，电梯，卫生设备等。

前述所规定的折旧年限，是指各项固定资产的最低折旧年限，只是一个基本要求，它并不排除企业自己规定对资产采用比最低折旧年限更长的折旧时限。也就是说，企业可以根据固定资产的属性和使用情况，在比前述规定的相关资产最低折旧年限更长的时限内计提折旧。

税法规定的固定资产折旧年限与会计准则规定不同。按照会计准则规定，企业可以根据其所处的经济环境、技术环境以及其他环境的变化确定固定资产的使用寿命，并每年进行复核。如果固定资产使用寿命预计数与原先估计数有差异，应当调整固定资产使用寿命。在计算应交所得税时，企业应根据税法规定的年限对会计核算的折旧数额进行纳税调整。

【例7－19】南岗公司于2006年年末以800万元购入一台生产用机器设备，按照该项固定资产的预计使用情况，在会计核算时估计其使用寿命为5年，按照税法规定，该项设备的最低折旧年限为10年。假设企业采用平均年限法对固定资产计提折旧（不考虑净残值及固定资产减值因素），则该项固定资产折旧计算、纳税调整及相应会计处理如下：

会计每年计提折旧：800÷5＝160（万元）

税法每年计提折旧：800÷10＝80（万元）

产生暂时性差异80万元，在计算应交所得税时应作纳税调整。

借：递延所得税资产　　　　　　　　200 000（800 000×25%）

　贷：应交税费——应交所得税　　　　　　　　　　200 000

（3）固定资产预计净残值。

企业应当根据固定资产的性质和使用情况，合理确定固定资产的预计净残值，固定资产的预计净残值一经确定，不得变更。预计净残值又称估计残值，是指假定固定资产预计使用寿命已满并处于使用寿命终了时的预期状态，企业目前从该项资产处置中获得的扣除预计处置费用后的金额。通俗地说，预计净残值是指固定资产在报废时，预计残料变价收入扣除清算时清算费用后的净值。在计算折旧时，把固定资产原值减去估计净残值后的余额称为折旧基数或者折旧总额。所以，预计净残值的大小和确定方法直接影响到企业可以税前扣除的折旧额。现行会计准则规定，企业应当根据固定资产的性质和使用情况合理确定固定资产的使用寿命和预计净残值，企业应当在每年年度终了对固定资产预计净残值进行复核。如果固定资产预计净残值预计数与原先估计数有差异，应当调整预计净残值。如果企业并非根据固定资产的性质和使用情况，而是出于某种避税等非合理商业的目的确定预计净残值的，将被税务机关调整，并承担相应的法律责任。另外需要注意的是，预计净残值一经确定，不得变更。即企业根据固定资产的性质和使用情况合理确定预计净残值后，就不得再变更。这主要是为了防止企业通过改变固定资产的净残值，在年度之间随意调节利润，以规避税收。

4. 固定资产减值准备产生的差异及纳税调整

企业持有固定资产的期间内，在对固定资产计提了减值准备以后，因税法规定企业计提的减值准备在发生实质性损失前不允许税前扣除，会造成固定资产的账面价值与计税基础的差异。

【例 7－20】南昌公司有一项固定资产在 2008 年年末其账面余额为 650 万元，企业估计该项固定资产的可收回金额为 600 万元。

该项固定资产的账面余额大于其可收回金额，两者之间的差额应计提 50 万元的固定资产减值准备。

借：资产减值损失　　500 000

　贷：固定资产减值准备　　500 000

固定资产的计税基础与账面价值产生 50 万元的暂时性差异，应进行纳税调整。

借：递延所得税资产　　125 000（500 000 × 25%）

　贷：应交税费——应交所得税　　125 000

七、无形资产的会计处理与纳税调整

1. 无形资产的计税基础及摊销

无形资产是指企业为生产产品、提供劳务、出租或者经营管理向持有的、没有实物形态的非货币性长期资产，包括专利权、商标权、著作权、土地使用权、非专利技术、商誉等。《企业所得税法实施条例》第六十六条规定，无形资产按照以下方法确定计税基础：

第一，外购的无形资产，以购买价款和支付的相关税费以及直接归属于使该资产达到预定用途发生的其他支出为计税基础。

第二，自行开发的无形资产，以开发过程中该资产资本化条件后至达到预定用途前发生的支出为计税基础。

第三，通过捐赠、投资、非货币性资产交换、债务重组等方式取得的无形资产，以该资产的公允价值和支付的相关税费为计税基础。

2. 无形资产产生的差异及纳税调整

（1）研发形成的无形资产。

无形资产初始确认时按照会计准则规定确定的入账价值与按照税法规定确定的计税成本之间一般不存在差异。无形资产的差异主要产生于内部研究开发形成的无形资产以及使用寿命不确定的无形资产。

《企业所得税法实施条例》第九十五条规定，企业为开发新技术、新产品、新工艺发生的研究开发费用，未形成无形资产计入当期损益的，在按照规定据实扣除的基础上，按照研究开发费用的50%加计扣除；形成无形资产的，按照无形资产成本的150%摊销。由于加计摊销而形成的差异不确认有关暂时性差异的所得税影响。

【例7－21】南岗公司当期发生的研究开发支出中，未形成无形资产的费用支出400万元，形成无形资产的支出为1 000万元，即形成的无形资产的账面成本为1 000万元。假设该项无形资产的摊销期限为10年，则：

未形成无形资产的部分的研究开发支出。实际发生支出400万元，按照税法规定可以在税前扣除的金额为600万元，产生差异200万元，准则规定该种情况下所产生的可抵扣暂时性差异不确认相应的递延所得税资产，直接调减应纳税所得额200万元。

形成无形资产的成本摊销。无形资产的账面成本1 000万元，其计税成本为1 500万元。无形资产每年会计摊销金额为100万元，按照税法规定可以在税前扣除的摊销金额为150万元，每年产生差异50万元。准则规定该种情况下所产生的暂时性差异不确认相应的递延所得税资产，每年直接调减应纳税所得额50万元。

（2）后续计量与减值准备差异。

会计准则规定，企业应根据无形资产的使用寿命情况，区分为使用寿命有限的无形资产与使用寿命不确定的无形资产。对于源自合同性权利或其他法定权利的无形资产，其使用寿命不应超过合同性权利或其他法定权利的期限；没有明确的合同或法律规定的无形资产，企业应当综合各方面的情况来确定其使用寿命。无形资产的摊销方法包括直线法、生产总量法等。《企业所得税法实施条例》第六十七条规定，无形资产按照直线法计算的摊销费用，准予扣除。无形资产的摊销年限不得低于10年。作为投资或者受让的无形资产，有关法律规定或者合同约定了使用年限的，可以按照规定或者约定的使用年限分期摊销。外购商誉的支出，在企业整体转让或者清算时，准予扣除。当税法规定的摊销年限、摊销方法与会计确定的使用寿命及摊销方法不一致时，需要在计算所得税时作纳税调整。

对于使用寿命不确定的无形资产，不要求摊销，但持有期间每年应进行减值测试。税法规定，企业取得的无形资产成本（外购商誉除外）应在一定期限内摊销。

对于使用寿命不确定的无形资产，会计处理时不予摊销，但计税时按照税法规定确定的摊销额允许税前扣除，由此造成该类无形资产账面价值与计税基础的差异。

在对无形资产计提减值准备的情况下，因税法规定计提的无形资产减值准备在转变为实质性损失前不允许税前扣除，即无形资产的计税基础不会随减值准备的提取发生变化，从而造成无形资产的账面价值与计税基础的差异。对此形成的暂时性差异在计算所得税时应作纳税调整。

【例7－22】南岗公司于2009年1月1日取得某项无形资产，取得成本为1 000万元。取得该项无形资产后，根据各方面情况判断，南岗公司无法合理预计其使用期限，将其作为使用寿命不确定的无形资产。企业在计税时，对该项资产按照10年的期限进行摊销。

企业该年度对该项无形资产不进行摊销，按税法规定每年的摊销额为100万元，由此产生暂时性差异100万元。

【例7－23】南昌公司2009年底对某商标按照资产减值的原则进行减值测试，经测试表明该商标已发生600 000元减值。

借：资产减值损失　　600 000

　　贷：无形资产减值准备——商标权　　600 000

纳税调整：无形资产的账面价值与计税基础产生暂时性差异600 000元，在计算所得税时，应作纳税调整，调增应纳税所得额600 000元。

借：递延所得税资产　　150 000（600 000×25%）

　　贷：应交税费——应交所得税　　150 000

八、投资性房地产的会计处理与纳税调整

投资性房地产是指为赚取租金或资本增值，或者两者兼有而持有的房地产。投资性房地产包括已出租的土地使用权、持有并准备增值后转让的土地使用权以及已出租的建筑物。

根据会计准则规定，投资性房地产后续计量通常应当采用成本模式，只有在满足特定条件的情况下才可以采用公允价值模式，即企业有确凿证据表明其投资性房地产的公允价值能够持续可靠取得的，可以采用公允价值模式进行后续计量。采用成本模式进行后续计量的投资性房地产，按期（月）计提折旧或摊销；采用公允价值模式进行后续计量的，不计提折旧或摊销，应当以资产负债表日的公允价值计量。

企业持有的投资性房地产进行后续计量时，采用成本模式计量的投资性房地产，其账面价值与计税基础的确定与固定资产、无形资产相同，不需要作纳税调整；采用公允价值模式对投资性房地产进行后续计量的投资性房地产，其计税基础的确定类似于固定资产或无形资产计税基础的确定，需要在计算所得税时作出相应的纳税调整。

【例7－24】南昌公司于2008年8月与朱山公司签订房屋租赁协议，约定将南昌公司开发的一栋写字楼于开发完成的同时租赁给朱山公司使用，租赁期为10年。2008年10月1日，该写字楼完工并开始起租，总造价为1 200万元。2008年12月31日，该写字楼的公允价值为1 300万元。假设企业采用公允价值计量模式（不考虑房屋的净残值）。

（1）写字楼完工并出租。

借：投资性房地产——成本　　12 000 000

　贷：开发成本　　12 000 000

（2）12月31日，按照公允价值调整其账面价值，公允价值与原账面价值之间的差额计入当期损益。

借：投资性房地产——公允价值变动　　1 000 000

　贷：公允价值变动损益　　1 000 000

纳税调整：按照税法规定，该写字楼应按20年的折旧年限计提折旧，11月和12月两月共计提折旧10万元（1 200 ÷ 20 ÷ 12 × 2 = 10万元）。至2008年12月31日，该写字楼的计税基础为1 190万元（1 200－10），账面价值为1 300万元，产生应纳税暂时性差异110万元（1 300－1 190），应调减应纳税所得额110万元。

借：所得税费用　　275 000（1 100 000 × 25%）

　贷：递延所得税负债　　275 000

九、特殊销售方式的会计处理与纳税调整

根据税法的规定，企业销售商品同时满足下列条件的，可确认收入的实现：

第一，商品销售合同已经签订，企业已将与商品所有权相关的主要风险和报酬转移给购货方。

第二，企业对已售出的商品既没有保留通常与所有权相联系的继续管理权，也没有实施有效控制。

第三，收入的金额能够可靠地计量。

第四，已发生或将发生的销售方的成本能够可靠地核算。

1. 分期收款销售商品

根据会计准则规定，如果延期收取的货款具有融资性质，其实质是企业向购货方提供免息的信贷时，企业应当按照应收的合同或协议价款的公允价值确定收入金额。应收的合同或协议价款的公允价值，通常应当按照其未来现金流量现值或商品现销价格计算确定。应收的合同或协议价款与其公允价值之间的差额，应当在合同或协议期间内，按照应收款项的摊余成本和实际利率计算确定的金额进行摊销，冲减财务费用。其中，实际利率是指具有类似信用等级的企业发行类似工具的现时利率，或者将应收的合同或协议价款折现为商品现销价格时的折现率等。如果应收的

合同或协议价款与其公允价值之间的差额按照实际利率法摊销与直线法摊销结果相差不大的，也可以采用直线法进行摊销。

根据税法的规定，企业应当按照从购货方已收或应收的合同或协议价款确定销售货物收入金额。企业采取分期收款方式销售货物的，按照合同约定的收款日期确认收入的实现。在计算所得税时，按其公允价值确定的收入金额与按合同或协议价款确定的收入金额之间的差额，需要作纳税调整。

【例7－25】2008年1月1日，南昌公司以分期收款方式向京东公司销售一套大型设备，合同约定的销售价格为2 000万元，分5次于每年12月31日等额收取。该大型设备成本为1 560万元。在现销方式下，该大型设备的销售价格为1 600万元。

会计处理如下：

南昌公司应当确认的销售商品收入金额为1 600万元。

未来5年收款额的现值＝现销方式下应收款项金额

即：

$400\times(P/A, r, 5)=1\,600$

可在多次测试的基础上，用插值法计算折现率：

当 $r=7\%$ 时，$400\times4.100\,2=1\,640>1\,600$

当 $r=8\%$ 时，$400\times3.992\,7=1\,597<1\,600$

因此，$7\%<r<8\%$，用插值法计算如下：

$(1\,640-1\,600)\div(1\,640-1\,597)=(7\%-r)\div(7\%-8\%)$

可得：$r=7.93\%$

每期计入财务费用的金额如表7－5所示。

表7－5　财务费用和已收本金计算表　　单位：万元

年份（t）	未收本金	财务费用	收现总额	已收本金
2008年1月1日	1 600			
2008年12月31日	1 600	126.88	400	273.12
2009年12月31日	1 326.88	105.22	400	294.78
2010年12月31日	1 032.10	81.85	400	318.15
2011年12月31日	713.95	56.62	400	343.38
2012年12月31日	370.57	29.43	400	370.57
合计		400	2 000	1 600

（1）2008 年 1 月 1 日销售实现时。

借：长期应收款　　20 000 000

　贷：主营业务收入　　16 000 000

　　　未实现融资收益　　4 000 000

借：主营业务成本　　15 600 000

　贷：库存商品　　15 600 000

纳税调整：根据税法规定，计税收入应为合同规定的价款，合同规定的收款时间确定为收入的实现时间。因此，分期收款商品发出时不确定计税收入的实现。应调减应纳税所得额 400 000 元（16 000 000 – 15 600 000）。

（2）2008 年 12 月 31 日收取货款时。

借：银行存款　　4 680 000

　贷：长期应收款　　4 000 000

　　　应交税费——应交增值税（销项税额）　　680 000

借：未实现融资收益　　1 268 800

　贷：财务费用　　1 268 800

纳税调整：本期应确定计税收入 4 000 000 元，计税成本 3 120 000 元，计税所得为 880 000 元（4 000 000 – 3 120 000）；企业账面已确认实现“未实现融资收益”1 268 800 元，故应调减应纳税所得额 388 800 元（1 268 800 – 880 000）。

（以后各年略。）

2. 附有销售退回条件的商品销售

根据会计准则规定，附有销售退回条件的商品销售是指购买方依照有关协议有权退货的销售方式。在这种销售方式下，企业根据以往经验能够合理估计退货可能性且确认与退货相关负债的，通常应在发出商品时确认收入；企业不能合理估计退货可能性的，通常应在售出商品退货期满时确认收入。而根据税法规定，企业不管是否存在退货的可能性，均应在发出商品时确定收入，对已经确认销售货物收入的售出货物发生销售退回的，应当在发生时冲减当期销售货物收入。企业在计算所得税时应根据税法的规定作相应纳税调整。

【例 7 – 26】 南昌公司 2008 年 1 月 1 日销售一批商品给京东公司，不含税售价为 1 000 000 元，成本为 800 000 元，增值税税额为 170 000 元，款项以银行存款支付。协议约定，京东公司于 2008 年 6 月 30 日之前有权退货。假定南昌公司根据以往经验，估计该批货物的退货率为 10%。

会计处理如下：

（1）发出商品时。

借：银行存款期　　1 170 000

　贷：主营业务收入　　1 000 000

　　　应交税费——应交增值税　　170 000

借：主营业务成本　　800 000

　贷：库存商品　　800 000

（2）确认估计的销售退回时。

借：主营业务收入　　100 000

　贷：主营业务成本　　80 000

　　其他应付款　　20 000

纳税调整：估计的销售退回税法不予认可，应调增应纳税所得额 20 000 元（100 000 - 80 000）。

（3）6 月 30 发生销售退回，实际退货率为 8%。

借：库存商品　　56 000

　应交税费——应交增值税（销项税额）

　　13 600（1 000 000 ×8% ×17%）

　主营业务成本　　24 000（80 000 - 56 000）

　其他应付款　　20 000

　贷：银行存款　　93 600

　　主营业务收入　　20 000（100 000 - 80 000）

纳税调整：实际发生退货收入 80 000 元，退货成本 56 000 元，发生退货净损失 24 000 元（80 000 - 56 000），账面损失为 4 000 元（24 000 - 20 000），应调减应纳税所得额 20 000 元（24 000 - 4 000）。

【例 7 - 27】接上例，假定南昌公司无法根据过去的经验估计该批货物的退货率，南昌公司的会计处理为：

（1）发出商品时。

借：银行存款　　1 170 000

　贷：预收账款　　1 000 000

　　应交税费——应交增值税（销项税额）　　170 000

借：发出商品　　800 000

　贷：库存商品　　800 000

纳税调整：根据税法规定应确认收入 1 000 000 元，同时确认计税成本 800 000 元，应调增应纳税所得额 200 000 元。

（2）6 月 30 日退货期满没有发生退货时。

借：预收账款　　1 000 000

　贷：主营业务收入　　1 000 000

借：主营业务成本　　800 000

　贷：发出商品　　800 000

纳税调整：应调减应纳税所得额 200 000 元。

3. 售后回购与售后租回

售后回购，是指销售商品的同时，销售方同意日后再将同样类似的商品购回的销售方式。根据会计准则规定，通常情况下售后回购交易属于融资交易，商品所有权上的主要风险和报酬没有转移，收到的款项应确认为负债；回购价格大于原售价的差额，企业应在回购期间按期计提利息，计入财务费用。有确凿证据表明售后回购交易满足销售商品收入确认条件的，销售的商品按售价确认收入，回购的商品作为购买商品处理。而根据税法规定，采用售后回购方式销售商品的，销售的商品按售价确认收入，回购的商品作为购进商品处理。有证据表明不符合销售收入确认条件的，如以销售商品方式进行融资，收到的款项应确认为负债，回购价格大于原售价的，差额应在回购期间确认为利息费用。

售后租回，是指销售商品的同时，销售方同意在日后再将同样的商品租回的销售方式。在这种方式下，销售方应根据合同或协议条款判断销售商品是否满足收入确认条件。根据会计准则规定，通常情况下售后租回属于融资交易，企业保留了与所有权相联系的继续管理权，或能够对其实施有效控制，企业不应确认收入，收到的款项应确认为负债；售价与资产账面价值之间的差额应当采用合理的方法进行分摊，作为折旧费用或租金费用的调整。有确凿证据表明认定为经营租赁的售后租回交易是按照公允价值达成的，销售的商品按照售价确认收入，并按账面价值结转成本。

十、或有事项的会计处理与纳税调整

或有事项是指过去的交易或者事项形成的，其结果须由某些未来事项的发生或不发生才能决定的不确定事项。根据会计准则规定，或有事项形成的或有资产只有在企业基本确定能够收到的情况下，才转变为真正的资产，从而予以确认。与或有事项有关的义务应当在同时符合以下三个条件时确认为负债，作为预计负债进行确认和计量：①该义务是企业承担的现时义务；②履行该义务很可能导致经济利益流出企业；③该义务的金额能够可靠地计量。预计负债应当按照履行相关现时义务所需支出的最佳估计数进行初始计量。

按照或有事项会计准则的规定，企业对于预计提供售后服务将发生的支出在满足有关确认条件时，销售当期即应确认为费用，同时确认预计负债。税法规定，与销售产品相关的支出应于发生时税前扣除。

【例 7－28】南昌公司 2008 年因销售产品承诺提供 3 年的保修服务，在当年度利润表中确认了 200 万元的销售费用，同时确认为预计负债，当年度未发生任何保修支出。

确认预计负债时：

借：销售费用——产品质量保证　　2 000 000

　贷：预计负债——产品质量保证　　2 000 000

按照税法规定，与产品售后服务相关的费用在实际发生时允许扣除。因此2008年度所预计的200万元销售费用在计算应纳税所得额时不允许扣除，产生可抵扣暂时性差异2 000 000元。

借：递延所得税资产　　250 000（10 000 000 ×25%）

　贷：应交税费——应交所得税　　250 000

十一、非货币性资产交换的会计处理与纳税调整

非货币性交易，是指交易双方用非货币性资产进行的交换，这种交换不涉及或只涉及少量的货币性资产（即补价）。非货币性交易分为不涉及补价的非货币性交易和涉及补价的非货币性交易（支付的货币性资产占换入资产公允价值或收到的货币性资产占换出资产公允价值的比例小于25%）。

从2007年1月1日起在上市公司中执行的新会计准则规定，在非货币性资产交换的情况下，不论是一项资产换入一项资产、一项资产换入多项资产、多项资产换入一项资产，还是多项资产换入多项资产，换入资产的成本都有两种计量基础。

第一，非货币性资产交换同时满足下列条件的，应当以公允价值和应支付的相关税费作为换入资产的成本，公允价值与换出资产账面价值的差额计入当期损益：①该项交换具有商业实质；②换入资产或换出资产的公允价值能够可靠地计量。

第二，不具有商业实质或交换涉及资产的公允价值均不能可靠计量的非货币性资产交换，应当按照换出资产的账面价值和应支付的相关税费作为换入资产的成本，无论是否支付补价，均不确认损益。这一政策的改变使企业会计处理方法与税法规定基本趋于一致，减少了企业在所得税涉税处理中有关非货币性交易事项的纳税调整。

1. 以公允价值计量的会计处理

非货币性资产交换具有商业实质且公允价值能够可靠计量的，应当以换出资产的公允价值和应支付的相关税费作为换入资产的成本，除非有确凿证据表明换入资产的公允价值比换出资产的公允价值更加可靠。

在以公允价值计量的情况下，不论是否涉及补价，只要换出资产的公允价值与其账面价值不相同，就一定会涉及损益的确认。①换出资产为存货的，应当视同销售处理，按照公允价值确认销售收入，同时结转销售成本；②换出资产为固定资产、无形资产的，换出资产公允价值和换出资产账面价值的差额计入营业外收入或营业外支出；③换出资产为长期股权投资、可供出售金融资产的，换出资产公允价值和换出资产账面价值的差额计入投资收益。

（1）不涉及补价的。

企业换出非货币性资产应作销售处理，确认其计税收入和计税成本；换入非货币性资产的计税成本应按接受的增值税专用发票中注明的价值确认。

【例 7-29】南昌公司和南方公司均为一般纳税人，9 月份两家公司发生了一笔非货币性交易，双方分别取得了对方开来的增值税专用发票。

15 日，南昌公司以甲产品交换南方公司的乙材料。甲产品 200 公斤，账面价值每公斤 20 元，公允价值每公斤 15 元；乙材料 250 公斤，账面价值每公斤 10 元，公允价值每公斤 12 元。假定交换具有商业实质。

南昌公司的会计处理如下：

借：原材料——乙材料　　3 000

　　应交税费——应交增值税（进项税额）　　510

　贷：主营业务收入　　3 000

　　　应交税费——应交增值税（销项税额）　　510

借：主营业务成本　　4 000

　贷：库存商品——甲产品　　4 000

南方公司的会计处理如下：

借：库存商品——甲产品　　3 000

　　应交税费——应交增值税（进项税额）　　510

　贷：其他业务收入　　3 000

　　　应交税费——应交增值税（销项税额）　　510

借：其他业务成本　　2 500

　贷：原材料——乙材料　　2 500

税法规定与会计准则相同，因此不需作纳税调整。

（2）涉及补价的。

在以公允价值确定换入资产成本的情况下，发生补价情况的，支付补价方和收到补价方应当分别处理：

第一，支付补价方：应当以换出资产的公允价值加上支付的补价和应支付的相关税费作为换入资产的成本；换入资产成本与换出资产账面价值加支付的补价、应支付的相关税费之和的差额，应当计入当期损益。

第二，收到补价方：应当以换入资产的公允价值（或换出资产的公允价值减去补价）和应支付的相关税费作为换入资产的成本；换入资产成本加收到的补价之和与换出资产账面价值加应支付的相关税费之和的差额应当计入当期损益。

【例 7-30】南岗公司和朱山公司均为一般纳税人，10 月份南岗公司与朱山公司发生一笔非货币性交易，双方分别取得了对方开来的增值税专用发票。25 日，南岗公司以其生产的甲产品 50 件交换朱山公司丙材料 500 公斤。甲产品账面价值每件 100 元，公允价值每件 140 元，含税公允价值为每件 163.8 元；丙材料账面价值每公斤 10 元，公允价值每公斤 12 元，含税公允价值为每件 14.04 元；朱山公司另支付补价 1 170 元，朱山公司将换入的甲产品作为固定资产使用。

对南岗公司来说，收到补价占换出资产公允价值比例为：1 170 ÷ 8 190 =

14.29%，小于25%，故属于非货币性交易。南岗公司换出甲产品，视同销售，增值税销项税额为：7 000×17%＝1 190（元）。对朱山公司来说，支付补价占换入资产公允价值比例为：1 170÷8 190＝14.29%，小于25%，故属于非货币性交易。

25日，南岗公司以换出甲产品的公允价值为基础确认换入丙材料的入账价值。

借：原材料——丙材料　　6 000
　　应交税费——应交增值税（进项税额）　　1 020
　　银行存款　　1 170
　贷：主营业务收入　　7 000
　　　应交税费——应交增值税（销项税额）　　1 190
借：主营业务成本　　5 000
　贷：库存商品——甲产品　　5 000

25日，朱山公司以换出丙材料的公允价值为基础确认换南岗公司甲设备的入账价值。

借：固定资产　　7 000
　　应交税费——应交增值税（进项税额）　　1 190
　贷：其他业务收入　　6 000
　　　应交税费——应交增值税（销项税额）　　1 020
　　　银行存款　　1 170
借：其他业务成本　　5 000
　贷：原材料——丙材料　　5 000

由于采用了公允价值计价，会计确认的收益与税法规定一致，不需要进行纳税调整。

2. 以换出资产账面价值计量的会计处理

非货币性资产交换不具有商业实质，或者虽然具有商业实质但换入资产和换出资产的公允价值均不能可靠计量的，应当以换出资产账面价值为基础确定换入资产成本，无论是否支付补价，均不确认损益。

3. 涉及多项非货币性资产交换的会计处理

非货币性资产交换涉及多项资产的情况包括，企业以一项非货币性资产换入另一企业的多项非货币性资产，或同时以多项非货币性资产换入另一企业的一项非货币性资产，或以多项非货币性资产同时换入多项非货币性资产，还可能涉及补价。各项换入资产的成本，应当按照各项换入资产的公允价值占换入资产公允价值总额的比例对换入资产总成本进行分配，确定各项换入资产的成本。

十二、债务重组的会计处理与纳税调整

债务重组，是指在债务人发生财务困难的情况下，债权人按照其与债务人达成

的协议或法院的裁定作出让步的事项。企业债务重组的方式有：①以资产清偿债务；②将债务转为资本；③修改其他债务条件，如减少债务本金、减少债务利息等，不包括前两种方式；④以上三种方式的组合，等等。债务重组发生的收益和损失，会计上直接计入当期损益。在资产入账价值方面，引入公允价值作为会计的核算基础，使得税务处理与会计处理趋于一致；在修改债务条件的重组中用现值来计算重组的收益和损失。

1. 以资产清偿债务方式进行的债务重组

在债务重组中，企业以资产清偿债务的，通常包括以现金清偿债务和以非现金资产清偿债务等方式。以资产清偿债务方式下的会计处理和税务处理一致，企业不需要再进行所得税纳税调整。

（1）以现金清偿债务。

以现金清偿债务的，债务人应当将重组债务的账面价值与实际支付现金之间的差额作为营业外收入计入当期损益；债权人应当将重组债权的账面余额与收到的现金之间的差额计入当期损益，债权人已对债权计提减值准备的，应当先将该差额冲减减值准备，减值准备不足以冲减的部分作为营业外支出计入当期损益。

【例7-31】南昌公司一年前购入南京公司价值为300万元的货物，至今货款未付，现因南昌公司发生财务困难无法偿还所欠债务，2008年12月1日，双方达成债务重组协议，南昌公司一次性支付所欠货款150万元，其余货款不再支付。

债务人南昌公司作分录。

借：应付账款——南京公司	3 000 000	
贷：银行存款		1 500 000
营业外收入——债务重组利得		1 500 000

债权人南京公司作分录。

借：银行存款	1 500 000	
营业外支出——债务重组损失	1 500 000	
贷：应收账款——南昌公司		3 000 000

会计口径和税收口径一致，从而使债权人和债务人的债务重组业务不需要进行纳税调整。

（2）以非现金资产清偿债务。

以非现金资产清偿债务的，债务人应当将重组债务的账面价值与转让的非现金资产公允价值之间的差额作为营业外收入计入当期损益；债权人应当对受让的非现金资产按其公允价值入账，重组债权的账面余额与受让的非现金资产的公允价值之间的差额，比照以现金清偿债务的规定处理。

债务人以库存材料、商品产品抵偿债务，应视同销售进行核算。

债务人以固定资产抵偿债务，应将固定资产的公允价值与该项固定资产账面价值和清理费用的差额作为转让固定资产的损益处理。同时，将固定资产的公允价值与应付债务的账面价值的差额作为债务重组利得计入营业外收入。

债务人以股票、债券等金融资产清偿债务，应按相关金融资产的公允价值与其账面价值的差额作为转让金融资产的利得或损失处理；相关金融资产的公允价值与重组债务的账面价值的差额为债务重组利得。

【例7-32】南岗公司由于财务困难，与后启公司达成协议，同意南岗公司以一台设备偿还后启公司的债务400 000元。该项设备的账面原价为350 000元，已提折旧50 000元，设备的公允价值为320 000元（假定该固定资产未提取坏账准备）。

（1）南岗公司的账务处理。

处置固定资产净收益＝固定资产公允价值－固定资产净值

＝320 000－（350 000－50 000）

＝20 000（元）

债务重组利得＝应付账款的账面余额－固定资产的公允价值

＝400 000－320 000

＝80 000（元）

借：固定资产清理	300 000	
累计折旧	50 000	
贷：固定资产		350 000
借：应付账款	400 000	
贷：固定资产清理		320 000
营业外收入——债务重组利得		80 000
借：固定资产清理	20 000	
贷：营业外收入——处置固定资产利得		20 000

（2）后启公司的账务处理。

借：固定资产	320 000	
营业外支出——债务重组损失	80 000	
贷：应收账款		400 000

2. 以债务转换为资本方式进行的债务重组

债务人应当将重组债务的账面价值与债权人因放弃债权而享有的股权的公允价值的差额确认为债务重组所得计入当期应纳税所得额；债权人应当将享有的股权的公允价值确认为该项投资的计税成本。

《企业会计准则第12号——债务重组》规定，将债务转为资本的，债务人应当将债权人放弃债权而享有股份的面值总额确认为股本（或者实收资本），股份的公允价值总额与股本（或者实收资本）之间的差额确认为资本公积，重组债务的账面价值与股份的公允价值总额之间的差额计入当期损益；债权人应当将享有股份的公允价值确认为对债务人的投资，重组债权的账面余额与股份的公允价值之间的差额，比照以现金清偿债务的规定处理。

【例7－33】南昌公司是一家上市公司，2008年6月与南方公司达成债务重组协议，南昌公司以其增发的普通股20万股抵偿所欠南方公司货款200元，南昌公司股票市价每股9元，面值每股2元（不考虑其他税费）。

债务人南昌公司会计处理。

借：应付账款——南方公司	2 000 000	
贷：股本		400 000
资本公积——股本溢价		1 400 000
营业外收入——债务重组利得		200 000

债权人南方公司会计处理。

借：长期股权投资	1 800 000	
营业外支出——债务重组损失	200 000	
贷：应收账款——南昌公司		2 000 000

《企业会计准则第12号——债务重组》引入公允价值，把债务人的重组收益计入当期损益，使得会计和税务处理一致，不需要进行纳税调整。

3. 以修改其他条件进行的债务重组

修改其他债务条件进行的债务重组，包括延长债务偿还期限、延长债务偿还期限并加收利息、延长债务偿还期限并减少债务本金或债务利息等。根据税法规定，以修改其他条件进行债务重组的，债务人应当将重组债务的计税成本减记至将来的应付金额，减记的金额确认为当期的债务重组所得；债权人应当将债权的计税成本减记至将来的应收金额，减记的金额确认当期的债务重组损失。

《企业会计准则第12号——债务重组》规定，修改其他债务条件的，债务人应当将修改其他债务条件后债务的公允价值作为重组后债务的入账价值。重组债务的账面价值与重组后债务的入账价值之间的差额，计入当期损益；债权人应当将修改其他债务条件后的债权的公允价值作为重组后债权的账面价值，重组债权的账面余额与重组后债权的账面价值之间的差额，比照以现金清偿债务的规定处理。

【例7－34】南昌公司2008年6月30日从南岗商业银行取得贷款1 000 000元，利率5%，期限为1年，现因南昌公司发生财务困难，于2009年6月30日进行债务重组，银行同意延长贷款到期至2012年6月30日，到期一次还本付息，利率改为4%，并免除现已积欠的利息5万元，本金降至90万元。

债务重组日重组债务账面价值＝本金＋利息

＝1 000 000＋1 000 000 ×5% ×1

＝1 050 000（元）

债务人重组利得－债权人重组损失＝短期借款的账面余额－重组后债务公允价值

＝1 050 000－900 000＝150 000（元）

债务人南昌公司会计处理。

借：短期借款　　1 000 000

　　应付利息　　50 000

　　贷：长期借款——债务重组　　900 000

　　　　营业外收入——债务重组利得　　150 000

债权人南岗商业银行会计处理。

借：中长期贷款——债务重组　　900 000

　　营业外支出——债务重组损失　　150 000

　　贷：短期贷款　　1 000 000

　　　　应收利息　　50 000

4. 混合方式清偿债务

混合方式清偿债务下，企业要按照规定的顺序进行会计处理，并参照前三种方式的所得税纳税调整确认债权重组企业的所得税应纳税所得额。

第六节　预缴与汇算清缴所得税的计算

企业所得税实行按年计算，分月或者分季预缴的缴纳办法。月份或者季度终了后15日内预缴，年度终了后5个月内汇算清缴，多退少补。

1. 按月（季）预缴所得税的计算

企业根据企业所得税法规定分月或者分季预缴企业所得税时，应当按照月度或者季度的实际利润额预缴；按照月度或者季度的实际利润额预缴有困难的，可以按照上一纳税年度应纳税所得额的月度或者季度平均额预缴，或者按照经税务机关认可的其他方法预缴。预缴方法一经确定，该纳税年度内不得随意变更。

应纳所得税税额＝月（季）应纳税所得额×25%

或

应纳所得税税额＝上一年应纳税所得额×1/12（或1/4）×25%

企业在纳税年度内无论盈利或者亏损，都应当依照规定的期限，向税务机关报送预缴企业所得税纳税申报表、年度企业所得税纳税申报表、财务会计报告和税务机关规定应当报送的其他有关资料。

2. 年终汇算清缴所得税的计算

全年应纳所得税税额＝全年应纳税所得额×25%

多退少补所得税税额＝全年应纳所得税税额－月（季）已纳所得税税额总和

企业在年度中间终止经营活动的，应当自实际经营终止之日起60日内，向税务机关办理当期企业所得税汇算清缴。企业应当在办理注销登记前，就其清算所得向税务机关申报并依法缴纳企业所得税。

清算所得，是指企业的全部资产可变现价值或者交易价格减除资产净值、清算费用以及相关税费等后的余额。

投资方企业从被清算企业分得的剩余资产，其中相当于从被清算企业累计未分配利润和累计盈余公积中应当分得的部分，应当确认为股息所得；剩余资产减除上述股息所得后的余额，超过或者低于投资成本的部分应当确认为投资资产转让所得或者损失。

第七节　企业所得税的申报与缴纳

一、纳税期限和纳税地点

（一）纳税期限

企业所得税按纳税年度计算。纳税年度自公历 1 月 1 日起至 12 月 31 日止。企业在一个纳税年度中间开业或者终止经营活动，使该纳税年度的实际经营期不足 12 个月的，应当以其实际经营期为一个纳税年度。企业依法清算时，应当以清算期间作为一个纳税年度。

企业应当自月份或者季度终了之日起 15 日内，向税务机关报送预缴企业所得税纳税申报表，预缴税款。企业应当自年度终了之日起 5 个月内，向税务机关报送年度企业所得税纳税申报表，并汇算清缴，结清应缴、应退税款。企业在报送企业所得税纳税申报表时，应当按照规定附送财务会计报告和其他有关资料。企业在年度中间终止经营活动的，应当自实际经营终止之日起 60 日内，向税务机关办理当期企业所得税汇算清缴。企业应当在办理注销税务登记前，就其清算所得向税务机关申报并依法缴纳企业所得税。

（二）纳税地点

除税收法律、行政法规另有规定外，居民企业以企业登记注册地为纳税地点；但登记注册地在境外的，以实际管理机构所在地为纳税地点。

居民企业在中国境内设立不具有法人资格的营业机构的，应当汇总计算并缴纳企业所得税。

非居民企业在中国境内设立机构、场所的，在所设机构、场所取得的来源于中国境内的所得，以及发生在中国境外但与其所设机构、场所有实际联系的所得，以其机构、场所所在地为纳税地点。非居民企业在中国境内设立两个或者两个以上机构、场所的，经税务机关审核批准，可以选择由其主要机构、场所汇总缴纳企业所得税。

非居民企业在中国境内未设立机构、场所的，或者虽设立机构、场所但取得的所得与其所设机构、场所没有实际联系的，以扣缴义务人所在地为纳税地点。

二、企业所得税的纳税申报

纳税人在纳税年度内无论盈利或亏损，都应当按照规定的期限，向当地主管税务机关报送所得税纳税申报表和年度会计报表。

纳税人进行清算时，应当在办理工商注销登记之前，向当地主管税务机关办理所得税纳税申报。企业预缴所得税和年终汇算清缴所得税的纳税申报表及其附表如表 7－6 至表 7－10 所示。

（一）企业分期预缴所得税纳税申报表

表 7－6　企业所得税预缴纳税申报表（A 类）

中华人民共和国

企业所得税月（季）度预缴纳税申报表（A 类）

税款所属期间：　　年　月　日至　　年　月　日

纳税人识别号：□□□□□□□□□□□□□□□

纳税人名称：　　　　　　　　　　　　金额单位：人民币元（列至角、分）

行　次	项　目	本期金额	累计金额
1	一、据实预缴		
2	营业收入		
3	营业成本		
4	利润总额		
5	税率（25%）		
6	应纳所得税额（4 行×5 行）		
7	减免所得税额		
8	实际已预缴的所得税额	—	
9	应补（退）所得税额（6 行－7 行－8 行）	—	
10	二、按照上一纳税年度应纳税所得额平均额预缴		
11	上一纳税年度应纳税所得额	—	
12	本月（季）应纳税所得额（11 行×$\frac{1}{12}$或 11 行×$\frac{1}{4}$）		
13	税率（25%）	—	—
14	本月（季）应纳所得税额（12 行×13 行）		
15	三、按照税务机关确定的其他方法预缴		
16	本月（季）确定预缴的所得税额		
17	总分机构纳税人		

（续上表）

行次	项目		本期金额	累计金额
18	总机构	总机构应分摊的所得税额（9 行或 14 行或 16 行 ×25%）		
19		中央财政集中分配税款的所得税额（9 行或 14 行或 16 行 ×25%）		
20		分支机构分摊的所得税额（9 行或 14 行或 16 行 ×50%）		
21	分支机构	分配比例		
22		分配的所得税额（20 行 ×21 行）		
谨声明：此纳税申报表是根据《中华人民共和国企业所得税法》、《中华人民共和国企业所得税法实施条例》和国家有关税收规定填报的，是真实的、可靠的、完整的。 法定代表人（签字）：　　年　月　日				
纳税人公章： 会计主管： 填表日期：　年　月　日		代理申报中介机构公章： 经办人： 经办人执业证件号码： 代理申报日期：　年　月　日	主管税务机关受理专用章： 受理人： 受理日期：　年　月　日	

国家税务总局监制

填报说明：

一、本表适用于实行查账征收方式申报企业所得税的居民纳税人及在中国境内设立机构的非居民纳税人在月（季）度预缴企业所得税时使用。

二、本表表头项目

1. “税款所属期间”：纳税人填写的“税款所属期间”为公历 1 月 1 日至所属月（季）度最后一日。

企业年度中间开业的纳税人填写的“税款所属期间”为当月（季）开始经营之日至所属季度的最后一日，自次月（季）度起按正常情况填报。

2. “纳税人识别号”：填报税务机关核发的税务登记证号码（15 位）。

3. “纳税人名称”：填报税务登记证中的纳税人全称。

三、各列的填报

1. “据实预缴”的纳税人第 2 行至第 9 行：填报“本期金额”列，数据为所属月（季）度第一日至最后一日；填报“累计金额”列，数据为纳税人所属年度 1 月 1 日至所属季度（或月份）最后一日的累计数。纳税人当期应补（退）所得税额为“累计金额”列第 9 行“应补（退）所得税额”的数据。

2. “按照上一纳税年度应纳税所得额平均额预缴”的纳税人第 11 行至 14 行及“按照税务机关确定的其他方法预缴”的纳税人第 16 行：填报表内第 11 行至第 14 行、第 16 行“本期金额”

列，数据为所属月（季）度第一日至最后一日。

四、各行的填报

本表结构分为两部分：

1. 第一部分为第1行至第16行，纳税人根据自身的预缴申报方式分别填报，包括非居民企业设立的分支机构：实行据实预缴的纳税人填报第2行至第9行；实行按照上一年度应纳税所得额的月度或季度平均额预缴的纳税人填报第11行至第14行；实行经税务机关认可的其他方法预缴的纳税人填报第16行。

2. 第二部分为第17行至第22行，由实行汇总纳税的总机构在填报第一部分的基础上填报第18行至第20行；分支机构填报第20行至第22行。

五、具体项目填报说明

1. 第2行“营业收入”：填报会计制度核算的营业收入，事业单位、社会团体、民办非企业单位按其会计制度核算的收入填报。

2. 第3行“营业成本”：填报会计制度核算的营业成本，事业单位、社会团体、民办非企业单位按其会计制度核算的成本（费用）填报。

3. 第4行“利润总额”：填报会计制度核算的利润总额，其中包括从事房地产开发企业可以在本行填写按本期取得预售收入计算出的预计利润等。事业单位、社会团体、民办非企业单位比照填报。

4. 第5行“税率（25%）”：按照《企业所得税法》第四条规定的25%税率计算应纳所得税额。

5. 第6行“应纳所得税额”：填报计算出的当期应纳所得税额。第6行=第4行×第5行，且第6行≥0。

6. 第7行“减免所得税额”：填报当期实际享受的减免所得税额，包括享受减免税优惠过渡期的税收优惠、小型微利企业优惠、高新技术企业优惠及经税务机关审批或备案的其他减免税优惠。第7行≤第6行。

7. 第8行“实际已预缴的所得税额”：填报累计已预缴的企业所得税税额，“本期金额”列不填。

8. 第9行“应补（退）所得税额”：填报按照税法规定计算的本次应补（退）预缴所得税额。第9行=第6行-第7行-第8行，且第9行<0时，填“0”，“本期金额”列不填。

9. 第11行“上一纳税年度应纳税所得额”：填报上一纳税年度申报的应纳税所得额。本行不包括纳税人的境外所得。

10. 第12行“本月（季）应纳税所得额”：填报纳税人依据上一纳税年度申报的应纳税所得额计算的当期应纳税所得额。

按季预缴企业：第12行=第11行×1/4

按月预缴企业：第12行=第11行×1/12。

11. 第13行“税率（25%）”：按照《企业所得税法》第四条规定的25%税率计算应纳所得税额。

12. 第14行“本月（季）应纳所得税额”：填报计算的本月（季）应纳所得税额。第14行=第12行×第13行。

13. 第16行“本月（季）确定预缴的所得税额”：填报依据税务机关认定的应纳税所得额计

算出的本月（季）应缴纳所得税额。

14. 第18行“总机构应分摊的所得税额”：填报汇总纳税总机构以本表第一部分（第1税至16行）本月或本季预缴所得税额为基数，按总机构应分摊的预缴比例计算出的本期预缴所得税额。

（1）据实预缴的汇总纳税企业总机构：

第9行×总机构应分摊的预缴比例25%

（2）按上一纳税年度应纳税所得额的月度或季度平均额预缴的汇总纳税企业总机构：

第14行×总机构应分摊的预缴比例25%

（3）经税务机关认可的其他方法预缴的汇总纳税企业总机构：

第16行×总机构应分摊的预缴比例25%

15. 第19行“中央财政集中分配税款的所得税额”：填报汇总纳税总机构以本表第一部分（第1至16行）本月或本季预缴所得税额为基数，按中央财政集中分配税款的预缴比例计算出的本期预缴所得税额。

（1）据实预缴的汇总纳税企业总机构：

第9行×中央财政集中分配税款的预缴比例25%

（2）按上一纳税年度应纳税所得额的月度或季度平均额预缴的汇总纳税企业总机构：

第14行×中央财政集中分配税款的预缴比例25%

（3）经税务机关认可的其他方法预缴的汇总纳税企业总机构：

第16行×中央财政集中分配税款的预缴比例25%

16. 第20行“分支机构分摊的所得税额”：填报汇总纳税总机构以本表第一部分（第1－16行）本月或本季预缴所得税额为基数，按分支机构分摊的预缴比例计算出的本期预缴所得税额。

（1）据实预缴的汇总纳税企业总机构：

第9行×分支机构分摊的预缴比例50%

（2）按上一纳税年度应纳税所得额的月度或季度平均额预缴的汇总纳税企业总机构：

第14行×分支机构分摊的预缴比例50%

（3）经税务机关认可的其他方法预缴的汇总纳税企业总机构：

第16行×分支机构分摊的预缴比例50%

（分支机构本行填报总机构申报的第20行“分支机构分摊的所得税额”）

17. 第21行“分配比例”：填报汇总纳税分支机构依据《汇总纳税企业所得税分配表》中确定的分配比例。

18. 第22行“分配的所得税额”：填报汇总纳税分支机构依据当期总机构申报表中第20行“分支机构分摊的所得税额”×本表第21行“分配比例”的数额。

表 7－7　企业所得税预缴纳税申报表（B 类）

中华人民共和国

企业所得税月（季）度预缴纳税申报表（B 类）

税款所属期间：　　年　月　日至　　年　月　日

纳税人识别号：□□□□□□□□□□□□□□□

纳税人名称：　　　　　　　　　　　　　　　　金额单位：人民币元（列至角、分）

<table>
<tr><th colspan="3">项　目</th><th>行　次</th><th>累计金额</th></tr>
<tr><td rowspan="10">应纳税所得额的计算</td><td rowspan="3">按收入总额核定应纳税所得额</td><td>收入总额</td><td>1</td><td></td></tr>
<tr><td>税务机关核定的应税所得率（%）</td><td>2</td><td></td></tr>
<tr><td>应纳税所得额（1 行×2 行）</td><td>3</td><td></td></tr>
<tr><td rowspan="3">按成本费用核定应纳税所得额</td><td>成本费用总额</td><td>4</td><td></td></tr>
<tr><td>税务机关核定的应税所得率（%）</td><td>5</td><td></td></tr>
<tr><td>应纳税所得额［4 行÷（1－5 行）×5 行］</td><td>6</td><td></td></tr>
<tr><td rowspan="4">按经费支出换算应纳税所得额</td><td>经费支出总额</td><td>7</td><td></td></tr>
<tr><td>税务机关核定的应税所得率（%）</td><td>8</td><td></td></tr>
<tr><td>换算的收入额［7 行÷（1－8 行）］</td><td>9</td><td></td></tr>
<tr><td>应纳税所得额（8 行×9 行）</td><td>10</td><td></td></tr>
<tr><td colspan="2" rowspan="3">应纳所得税额的计算</td><td>税率（25%）</td><td>11</td><td></td></tr>
<tr><td>应纳所得税额（3 行×11 行或 6 行×11 行或 10 行×11 行）</td><td>12</td><td></td></tr>
<tr><td>减免所得税额</td><td>13</td><td></td></tr>
<tr><td colspan="2" rowspan="2">应补（退）所得税额的计算</td><td>已预缴的所得税额</td><td>14</td><td></td></tr>
<tr><td>应补（退）所得税额（12 行－13 行－14 行）</td><td>15</td><td></td></tr>
<tr><td colspan="5">谨声明：此纳税申报表是根据《中华人民共和国企业所得税法》、《中华人民共和国企业所得税法实施条例》和国家有关税收规定填报的，是真实的、可靠的、完整的。

法定代表人（签字）：　　　　年　月　日</td></tr>
<tr><td colspan="2">纳税人公章：
会计主管：
填表日期：　　年　月　日</td><td>代理申报中介机构公章：
经办人：
经办人执业证件号码：
代理申报日期：　　年　月　日</td><td colspan="2">主管税务机关受理专用章：
受理人：
受理日期：　　年　月　日</td></tr>
</table>

国家税务总局监制

填报说明：

一、本表为按照核定征收管理办法（包括核定应税所得率和核定税额征收方式）缴纳企业所得税的纳税人在月（季）度申报缴纳企业所得税时使用，包括依法被税务机关指定的扣缴义务人。其中：核定应税所得率的纳税人按收入总额核定、按成本费用核定、按经费支出换算分别填写。

二、本表表头项目

1. “税款所属期间”：纳税人填报的“税款所属期间”为公历1月1日至所属季（月）度最后一日。

企业年度中间开业的纳税人填报的“税款所属期间”为当月（季）度第一日至所属月（季）度的最后一日，自次月（季）度起按正常情况填报。

2. “纳税人识别号”：填报税务机关核发的税务登记证号码（15位）。

3. “纳税人名称”：填报税务登记证中的纳税人全称。

三、具体项目填报说明

1. 第1行“收入总额”：按照收入总额核定应税所得率的纳税人填报此行。填写本年度累计取得的各项收入金额。

2. 第2行“税务机关核定的应税所得率”：填报主管税务机关核定的应税所得率。

3. 第3行“应纳税所得额”：填报计算结果。计算公式：应纳税所得额＝第1行“收入总额”×第2行“税务机关核定的应税所得率”。

4. 第4行“成本费用总额”：按照成本费用核定应税所得率的纳税人填报此行。填写本年度累计发生的各项成本费用金额。

5. 第5行“税务机关核定的应税所得率”：填报主管税务机关核定的应税所得率。

6. 第6行“应纳税所得额”：填报计算结果。计算公式：应纳税所得额＝第4行“成本费用总额”÷（1－第5行“税务机关核定的应税所得率”）×第5行“税务机关核定的应税所得率”。

7. 第7行“经费支出总额”：按照经费支出换算收入方式缴纳所得税的纳税人填报此行。填报累计发生的各项经费支出金额。

8. 第8行“税务机关核定的应税所得率”：填报主管税务机关核定的应税所得率。

9. 第9行“换算的收入额”：填报计算结果。计算公式：换算的收入额＝第7行“经费支出总额”÷（1－第8行“税务机关核定的应税所得率”）。

10. 第10行“应纳税所得额”：填报计算结果。计算公式：应纳税所得额＝第8行“税务机关核定的应税所得率”×第9行“换算的收入额”。

11. 第11行“税率”：填写《企业所得税法》第四条规定的25%税率。

12. 第12行“应纳所得税额”

（1）核定应税所得率的纳税人填报计算结果：

按照收入总额核定应税所得率的纳税人，应纳所得税额＝第3行“应纳税所得额”×第11行“税率”

按照成本费用核定应税所得率的纳税人，应纳所得税额＝第6行“应纳税所得额”×第11行“税率”

按照经费支出换算应纳税所得额的纳税人，应纳所得税额＝第10行“应纳税所得额”×第

11行“税率”。

（2）实行核定税额征收的纳税人，填报税务机关核定的应纳所得税额。

13. 第13行“减免所得税额”：填报当期实际享受的减免所得税额，第13行≤第12行。包括享受减免税优惠过渡期的税收优惠、小型微利企业优惠、高新技术企业优惠及经税务机关审批或备案的其他减免税优惠。

14. 第14行“已预缴的所得税额”：填报当年累计已预缴的企业所得税额。

15. 第15行“应补（退）所得税额”：填报计算结果。计算公式：应补（退）所得税额＝第12行“应纳所得税额”－第13行“减免所得税额”－第14行“已预缴的所得税额”；当第15行≤0时，本行填“0”。

表7－8　企业所得税扣缴报告表

中华人民共和国企业所得税扣缴报告表

税款所属期间：　　年　月　日至　　年　月　日

扣缴义务人识别号：□□□□□□□□□□□□□□□□□　　金额单位：人民币元（列至角、分）

<table>
<tr><td colspan="2">扣缴义务人名称</td><td colspan="14"></td></tr>
<tr><td rowspan="3">纳税人识别号</td><td rowspan="3">纳税人名称</td><td rowspan="3">国家（地区）</td><td rowspan="3">所得项目</td><td rowspan="3">合同号</td><td rowspan="3">合同名称</td><td rowspan="3">取得所得日期</td><td colspan="5">收入额</td><td rowspan="3">扣除额</td><td rowspan="3">应纳税所得额</td><td rowspan="3">税率</td><td rowspan="3">扣缴所得税额</td></tr>
<tr><td rowspan="2">人民币金额</td><td colspan="3">外币额</td><td rowspan="2">人民币金额合计</td></tr>
<tr><td>外币名称金额</td><td>汇率</td><td>折人民币</td></tr>
<tr><td></td><td></td><td></td><td></td><td></td><td></td><td></td><td></td><td></td><td></td><td></td><td></td><td></td><td></td><td></td><td></td></tr>
<tr><td></td><td></td><td></td><td></td><td></td><td></td><td></td><td></td><td></td><td></td><td></td><td></td><td></td><td></td><td></td><td></td></tr>
<tr><td></td><td></td><td></td><td></td><td></td><td></td><td></td><td></td><td></td><td></td><td></td><td></td><td></td><td></td><td></td><td></td></tr>
<tr><td></td><td></td><td></td><td></td><td></td><td></td><td></td><td></td><td></td><td></td><td></td><td></td><td></td><td></td><td></td><td></td></tr>
<tr><td></td><td></td><td></td><td></td><td></td><td></td><td></td><td></td><td></td><td></td><td></td><td></td><td></td><td></td><td></td><td></td></tr>
<tr><td></td><td></td><td></td><td></td><td></td><td></td><td></td><td></td><td></td><td></td><td></td><td></td><td></td><td></td><td></td><td></td></tr>
<tr><td colspan="16">谨声明：此扣缴所得税报告表是根据《中华人民共和国企业所得税法》、《中华人民共和国企业所得税法实施条例》和国家有关税收规定填报的，是真实的、可靠的、完整的。

法定代表人（签字）：　　　　年　月　日</td></tr>
<tr><td colspan="5">纳税人公章：
会计主管：
填表日期：　年　月　日</td><td colspan="6">代理申报中介机构公章：
经办人：
经办人执业证件号码：
代理申报日期：　年　月　日</td><td colspan="5">主管税务机关受理专用章：
受理人：
受理日期：　年　月　日</td></tr>
</table>

国家税务总局监制

起及有效期止。

3. “纳税人识别号”：填写税务机关统一核发的税务登记证号码。

4. “纳税人名称”：填写税务登记证所载纳税人的全称。

5. “收入总额”：填写基期年度总机构、各分支机构的经营收入总额。

6. “工资总额”：填写基期年度总机构、各分支机构的工资总额。

7. “资产总额”：填写基期年度总机构、各分支机构的资产总额，不包括无形资产。

8. “合计”：填写基期年度总机构、各分支机构的经营收入总额、工资总额和资产总额三项因素的合计数。

9. “分支机构分摊的所得税额”：填写本所属时期总机构根据税务机关确定的分摊方法计算由各分支机构进行分摊的所得税额。

10. “分配比例”：填写经企业总机构所在地主管税务机关审批确认的各分支机构分配比例。

各分支机构分配比例 =（基期年各分支机构的经营收入总额、工资总额和资产总额三项因素合计数 ÷ 总机构的经营收入总额、工资总额和资产总额三项因素合计数）×100%。

11. “分配税额”：填写本所属时期根据税务机关确定的分摊方法计算分配给各分支机构缴纳的所得税额。

（二）企业年终汇算清缴所得税纳税申报表

表 7－10　企业所得税年度纳税申报表

税款所属期间：　　年　月　日至　　年　月　日

纳税人识别号：□□□□□□□□□□□□□□□□□□□□　　金额单位：人民币元（列至角、分）

纳税人名称：			
	行次	项　目	金　额
收入总额	1	销售（营业）收入（请填附表一）	
	2	投资收益（请填附表三）	
	3	投资转让净收入（请填附表三）	
	4	补贴收入	
	5	其他收入（请填附表一）	
	6	收入总额合计（1＋2＋3＋4＋5）	
扣除项目	7	销售（营业）成本（请填附表二）	
	8	主营业务税金及附加	
	9	期间费用（请填附表二）	
	10	投资转让成本（请填附表三）	
	11	其他扣除项目（请填附表二）	
	12	扣除项目合计（7＋8＋9＋10＋11）	

（续上表）

	行次	项　目	金　额
应纳税所得额的计算	13	纳税调整前所得（6－12）	
	14	加：纳税调整增加额（请填附表四）	
	15	减：纳税调整减少额（请填附表五）	
	16	纳税调整后所得（13＋14－15）	
	17	减：弥补以前年度亏损（请填附表六）（17≤16）	
	18	减：免税所得（请填附表七）（18≤16－17）	
	19	加：应补税投资收益已缴所得税额	
	20	减：允许扣除的公益救济性捐赠额（请填附表八）	
	21	减：加计扣除额（请填附表九）（21≤16－17－18＋19－20）	
	22	应纳税所得额（16－17－18＋19－20－21）	
应纳所得税额的计算	23	适用税率	
	24	境内所得应纳所得税额（22×23）	
	25	减：境内投资所得抵免税额	
	26	加：境外所得应纳所得税额（请填附表十）	
	27	减：境外所得抵免税额（请填附表十）	
	28	境内、外所得应纳所得税额（24－25＋26－27）	
	29	减：减免所得税额（请填附表七）	
	30	实际应纳所得税额（28－29）	
	31	汇总纳税成员企业就地预缴比例	
	32	汇总纳税成员企业就地应预缴的所得税额（30×31）	
	33	减：本期累计实际已预缴的所得税额	
	34	本期应补（退）的所得税额	
	35	附：上年应缴未缴本年入库所得税额	

纳税人声明：此纳税申报表是根据《中华人民共和国企业所得税暂行条例》及其实施细则和国家有关税收规定填报的，是真实的、可靠的、完整的。

法定代表人（签字）：　　　　　年　月　日

纳税人公章： 经办人： 填表日期：　　年　月　日	代理申报中介机构公章： 经办人执业证件号码： 代理申报日期：　　年　月　日	主管税务机关受理专用章： 受理人： 受理日期：　　年　月　日

国家税务总局监制

填报说明：

1. 第1行“销售（营业）收入”：填报纳税人按照会计制度核算的“主营业务收入”、“其他业务收入”以及根据税收规定应确认为当期收入的视同销售收入。执行《企业会计制度》、《小企业会计制度》的纳税人，金额等于附表一（1）《销售（营业）收入及其他收入明细表》第1行；执行《金融企业会计制度》的纳税人，金额等于附表一（2）《金融企业收入明细表》第1行；执行《事业单位会计制度》的纳税人，金额等于附表一（3）《事业单位、社会团体、民办非企业单位收入项目明细表》第3行至第7行合计。

纳税人经营业务中发生的现金折扣计入财务费用，其他折扣以及销售退回，一律以净额反映在“主营业务收入”。

2. 第2行“投资收益”：填报纳税人取得的债权投资的利息收入和股权投资的股息性收入。债权性投资利息收入填报各项债权性投资应计的利息，包括国债利息收入；股息性收入填报股权性投资取得的股息、分红、联营分利、合作或合伙分利等应计股息性质的收入。金额无需还原计算，等于附表三《投资所得（损失）明细表》第4列第17行。

3. 第3行“投资转让净收入”：填报各项投资资产转让、出售、处置取得的收入［包括货币性资产和非货币性资产（公允价值）之和］扣除相关税费后的金额。金额等于附表三《投资所得（损失）明细表》第6列第17行。

4. 第4行“补贴收入”：填报纳税人收到的各项财政补贴收入，包括减免、返还的流转税等。事业单位、社会团体、民办非企业单位金额等于附表一（3）《事业单位、社会团体、民办非企业单位收入项目明细表》第2行。

5. 第5行“其他收入”：填报除上述收入以外的按照税收规定当期应予确认的其他收入。包括按照会计制度核算的“营业外收入”，以及在“资本公积金”中反映的债务重组收益、接受捐赠资产、资产评估增值及根据税收规定应在当期确认的其他收入。执行《企业会计制度》、《小企业会计制度》的纳税人，金额等于附表一（1）《销售（营业）收入及其他收入明细表》第16行；执行《金融企业会计制度》的纳税人，金额等于附表一（2）《金融企业收入明细表》第16行；执行《事业单位会计制度》的纳税人，金额等于附表一（3）《事业单位、社会团体、民办非企业单位收入项目明细表》第10行和第11行合计数。

6. 第6行“收入总额合计”：金额等于本表第1行至第5行合计数。

7. 第7行“销售（营业）成本”：填报纳税人按照会计制度核算的“主营业务成本”、“其他业务支出”以及与视同销售收入相对应的成本。执行《企业会计制度》、《小企业会计制度》的纳税人，金额等于附表二（1）《成本费用明细表》第1行；执行《金融企业会计制度》的纳税人，金额等于附表二（2）《金融企业成本费用明细表》第1行。

8. 第8行“主营业务税金及附加”：填报纳税人本期“主营业务收入”相对应的应缴税金及附加，包括营业税、消费税、城市维护建设税、资源税、土地增值税和教育费附加等。

9. 第9行“期间费用”：填报纳税人本期发生的销售（营业）费用、管理费用和财务费用合计数。执行《企业会计制度》、《小企业会计制度》的纳税人，金额等于附表二（1）《成本费用明细表》第29行；执行《金融企业会计制度》的纳税人，金额等于附表二（2）《金融企业成本费用明细表》第39行。

10. 第10行“投资转让成本”：填报转让投资资产（包括短期股权投资、长期股权投资）的成本，按权益法核算的长期股权投资必须按税收规定计算投资成本调整。金额等于附表三《投资所得（损失）明细表》第9列第17行。

11. 第11行“其他扣除项目”：填报与第5行“其他收入”相对应的成本支出（包括“营业外支出”中按照税收规定可以扣除的项目、资产评估减值等）以及其他扣除项目。但不包括公益救济性捐赠、非公益救济性捐赠及赞助支出。执行《企业会计制度》、《小企业会计制度》的纳税人，金额等于附表二（1）《成本费用明细表》第17行；执行《金融企业会计制度》的纳税人，金额等于附表二（2）《金融企业成本费用明细表》第26行；执行《事业单位会计制度》的纳税人，金额等于附表二（3）《事业单位、社会团体、民办非企业单位支出项目明细表》第14行。

12. 第12行“扣除项目合计”：金额等于本表第7至11行合计数。

13. 第13行“纳税调整前所得”：金额等于本表第6－12行。

14. 第14行“纳税调整增加额”：填报纳税人实际发生的成本费用金额大于税收规定标准，应进行纳税调整增加所得的金额。纳税人如有未在收入总额中反映的收入项目或者不应在扣除项目中反映的支出项目，以及超出税收规定的扣除标准的支出金额，房地产业务本期预售收入计算的预计利润等，也在本行填列。金额等于附表四《纳税调整增加项目明细表》第3列“纳税调增金额”第41行。

15. 第15行“纳税调整减少额”：填报根据税收规定可在税前扣除，但纳税人在会计核算中没有在当期成本费用中列支的项目金额，以及在以前年度进行了纳税调整增加，根据税收规定从以前年度结转过来在本期扣除的项目金额。纳税人如有根据规定免税的收入在收入总额中反映的以及应在扣除项目中反映而没有反映的支出项目，以及房地产业务本期已转销售收入的预售收入计算的预计利润等，也在本行填列。金额等于附表五《纳税调整减少项目明细表》第21行。

16. 第16行“纳税调整后所得”：如为负数，就是纳税人当年可申报向以后年度结转的亏损额；如为正数，应继续计算应纳税所得额。

17. 第17行“弥补以前年度亏损”：填报纳税人按税收规定可在税前弥补的以前年度亏损额。金额等于附表六《税前弥补亏损明细表》第6行第10列，但不得超过第16行“纳税调整后所得”。

18. 第18行“免税所得”：填报纳税人按照税收规定应单独核算的免予征税的所得额在弥补亏损后剩余的部分。金额等于附表七《免税所得及减免税明细表》中“免税所得”，但不得超过第16－17行后的金额。

19. 第19行“应补税投资收益已缴纳所得税额”：金额为本表第2行的数额用于弥补以前年度亏损，再扣减“免税所得”后的余额所对应的在被投资企业已缴纳的所得税款。

应补税投资收益小于短期股权投资、长期股权投资中应补税的投资收益合计数的，应按被投资方企业适用税率从高到低，还原计算应补税投资收益已缴纳的所得税额，其金额不得超过附表三《投资所得（损失）明细表》的“应补税的投资收益已纳企业所得税”的合计数。

20. 第20行“允许扣除的公益救济性捐赠额”：金额等于附表八《捐赠支出明细表》第5列“允许税前扣除的公益救济性捐赠额”的合计数。

21. 第21行“加计扣除额”：填报纳税人按照税收规定允许加计扣除的费用额。技术开发费加计扣除的金额等于附表九《技术开发费加计扣除额明细表》第7行第6列，但不得使第21行的余额为负数。

22. 第22行“应纳税所得额”：金额等于本表第16－17－18＋19－20－21行。本行不得为负数。本表第16行或者依上述顺序计算结果如为负数，本行金额应填0。

23. 第 23 行“适用税率”：填报纳税人根据税收规定确定的适用税率。

24. 第 24 行“境内所得应纳所得税额”：金额等于本表第 22×23 行。

25. 第 25 行“境内投资所得抵免税额”：填报纳税人弥补亏损后的应补税投资收益余额所对应的在被投资企业已缴纳的所得税额。金额等于第 19 行“应补税投资收益已缴纳所得税额”，但不得超过第 24 行“境内所得应纳所得税额”。

26. 第 26 行“境外所得应纳所得税额”、第 27 行“境外所得抵免税额”：填报纳税人境外所得根据《财政部、国家税务总局关于发布〈境外所得计征所得税暂行办法〉（修订）的通知》（财税字〔1997〕116 号）计算的“境外所得应纳所得税额”和“境外所得抵免税额”。实行汇总纳税的成员企业取得的境外所得，不得参加汇总纳税，应单独申报，就地计算抵免或补缴企业所得税。第 26 行等于附表十《境外所得税抵扣计算明细表》第 7 列合计数。第 27 行分为以下几种情况：当境外已缴纳所得税款按分国不分项抵扣，且附表十第 8 列合计数≤第 9 列合计数时，第 27 行则等于附表十第 8 列合计数＋第 11 列合计数，但不得超过附表十第 9 列合计数；如附表十第 8 列合计数＞第 9 列合计数，则第 27 行等于附表十第 9 列合计数；当境外已缴纳所得税款按定率抵扣，则第 27 行等于附表十第 12 列合计数。

27. 第 28 行“境内、外所得应纳所得税额”：金额等于本表第 24－25＋26－27 行。

28. 第 29 行“减免所得税额”：填列纳税人按税收规定实际减免的企业所得税额。金额等于附表七《免税所得及减免税明细表》中第 10 行与 62 行的合计数。其中，汇总纳税的成员企业国产设备投资抵免，应按就地预缴的企业所得税额计算抵免额。

29. 第 30 行“实际应纳所得税额”：金额为本表第 28－29 行。

30. 第 31 行“汇总纳税成员企业就地预缴比例”：填报汇总纳税成员企业按照税收规定应在所在地缴纳企业所得税的比例。

31. 第 32 行“汇总纳税成员企业就地应预缴的所得税额”：金额等于本表第 30×31 行。

32. 第 33 行“本期累计实际已预缴的所得税额”：填报纳税人按照税收规定已在季（月）度累计预缴的所得税额。

33. 第 34 行“本期应补（退）的所得税额”：金额为本表第 30－33 行。实行汇总纳税就地预缴的汇总纳税成员企业金额为本表第 32－33 行。

34. 第 35 行“上年应缴未缴本年入库所得税额”：填报纳税人上一年度第四季度或第 12 月份预缴税款额及汇算清缴的税款额。

（三）企业所得税年度纳税申报表的相关附表

企业在进行年度所得税汇算清缴时，除了要报送企业所得税年度纳税申报表以外，还要报送相应的 14 张附表，具体附表如表 7－11 至表 7－24 所示。

1. 附表（一）——销售（营业）收入及其他收入明细表

表7－11　销售（营业）收入及其他收入明细表

填报时间：　　年　月　日　　金额单位：人民币元（列至角、分）

行次	项目	金额
1	一、销售（营业）收入合计（2+7+12）	
2	1. 主营业务收入（3+4+5+6）	
3	（1）销售商品	
4	（2）提供劳务	
5	（3）让渡资产使用权	
6	（4）建造合同	
7	2. 其他业务收入（8+9+10+11）	
8	（1）材料销售收入	
9	（2）代购代销手续费收入	
10	（3）包装物出租收入	
11	（4）其他	
12	3. 视同销售收入（13+14+15）	
13	（1）自产、委托加工产品视同销售的收入	
14	（2）处置非货币性资产视同销售的收入	
15	（3）其他视同销售的收入	
16	二、其他收入合计（17+24）	
17	1. 营业外收入（18+19+…+23）	
18	（1）固定资产盘盈	
19	（2）处置固定资产净收益	
20	（3）非货币性资产交易收益	
21	（3）出售无形资产收益	
22	（4）罚款净收入	
23	（5）其他	
24	2. 税收上应确认的其他收入（25+26+ +27+28+29）	
25	（1）因债权人原因确实无法支付的应付款项	

（续上表）

行　次	项　目	金　额
26	（2）债务重组收益	
27	（3）接受捐赠的资产	
28	（4）资产评估增值	
29	（5）其他	

经办人（签章）：　　　　　　　　　　　法定代表人（签章）：

2. 附表（二）——成本费用明细表

表 7－12　成本费用明细表

填报时间：　　年　月　日　　金额单位：人民币元（列至角、分）

行　次	项　目	金　额
1	一、销售（营业）成本合计（2＋7＋13）	
2	1. 主营业务成本（3＋4＋5＋6）	
3	（1）销售商品成本	
4	（2）提供劳务成本	
5	（3）让渡资产使用权成本	
6	（4）建造合同成本	
7	2. 其他业务支出（8＋9＋10＋11＋12）	
8	（1）材料销售成本	
9	（2）代购代销费用	
10	（3）包装物出租成本	
11	（4）相关税金及附加	
12	（5）其他	
13	3. 视同销售成本（14＋15＋16）	
14	（1）自产、委托加工产品视同销售成本	
15	（2）处置非货币性资产视同销售成本	
16	（3）其他视同销售成本	
17	二、其他扣除项目合计（18＋26）	
18	1. 营业外支出（19＋20＋…＋25）	
19	（1）固定资产盘亏	

（续上表）

行　次	项　　目	金　额
20	（2）处置固定资产净损失	
21	（3）出售无形资产损失	
22	（4）债务重组损失	
23	（5）罚款支出	
24	（6）非常损失	
25	（7）其他（包括三项减值准备）	
26	2. 税收上应确认的其他成本费用（27 +28）	
27	（1）资产评估减值	
28	（2）其他	
29	三、期间费用合计（30 +31 +32）	
30	1. 销售（营业）费用	
31	2. 管理费用	
32	3. 财务费用	

经办人（签章）：　　　　　　　　　法定代表人（签章）：

3. 附表（三）——投资所得（损失）明细表

表 7－13　投资所得（损失）明细表

填报时间：　　年　月　日　　　　金额单位：人民币元（列至角、分）

行次	投资资产种类	被投资企业所在地	占被投资企业权益比例	被投资企业适用企业所得税税率	投资收益（持有收益）	应补税的投资收益已纳企业所得税	投资转让所得或损失（处置收益）				
							投资转让净收入	投资转让成本			投资转让所得或损失
								初始投资成本	计税成本调整	投资转让成本	
		1	2	3	4	5	6	7	8	9	10
1	一、债权投资（小计）	*	*	*		*			*		
2	（一）短期债权投资（小计）	*	*	*					*		

（续上表）

行次	投资资产种类	被投资企业所在地	占被投资企业权益比例	被投资企业适用企业所得税税率	投资收益（持有收益）	应补税的投资收益已纳企业所得税	投资转让所得或损失（处置收益）				
							投资转让净收入	投资转让成本			投资转让所得或损失
								初始投资成本	计税成本调整	投资转让成本	
		1	2	3	4	5	6	7	8	9	10
3		*	*	*		*			*		
4		*	*	*		*			*		
5		*	*	*		*			*		
6	（二）长期债权投资（小计）	*	*	*		*					
7		*	*	*		*					
8		*	*	*		*					
9		*	*	*		*					
10	二、股权投资（小计）	*	*	*							
11	（一）短期股权投资（小计）	*	*	*							
12											
13											
14	（二）长期股权投资（小计）	*	*	*							
15											
16											
17	合计	*	*	*					*		*

补充资料			
1. 以前年度结转在本年度税前扣除的股权投资转让损失		2. 本年度股权投资转让损失税前扣除限额	

（续上表）

3. 投资转让净损失纳税调整额		4. 投资转让净损失结转以后年度扣除金额（累计）	

经办人（签章）：　　　　　　法定代表人（签章）：

4. 附表（四）——纳税调整增加项目明细表

表 7－14　纳税调整增加项目明细表

填报时间：　　年　月　日　　　金额单位：人民币元（列至角、分）

行次	项　目		本期发生数	税前扣除限额	纳税调增金额
			1	2	3
1	工资薪金支出				
2	工会经费				
3	职工福利费				
4	职工教育经费				
5	利息支出				
6	业务招待费				
7	本期转回以前年度确认的时间性差异				
8	折旧、摊销支出				
9	广告支出				
10	业务宣传费				
11	销售佣金				
12	股权投资转让净损失				
13	财产损失				
14	坏账准备金				
15	各类社会保障性缴款				
16	其中：基本养老保险				
17	失业保险				
18	基本医疗保险				
19	基本生育保险				
20	工伤保险				
21	补充养老保险				

（续上表）

行次	项目	本期发生数	税前扣除限额	纳税调增金额
		1	2	3
22	补充医疗保险			
23	上交总机构管理费			
24	住房公积金			
25	本期增提的各项准备金			
26	其中：存货跌价准备			
27	固定资产减值准备			
28	无形资产减值准备			
29	在建工程跌价准备			
30	自营证券跌价准备			
31	呆账准备			
32	保险责任准备金提转差			
33	其他准备			
34	罚款支出			
35	与收入无关的支出			
36	本期预售收入的预计利润（房地产业务填报）			
37	其他纳税调增项目			
38	1.			
39	2.			
40	3.			
41	合计	*	*	

经办人（签章）：　　　　　　　　　法定代表人（签章）：

5. 附表（五）——纳税调整减少项目明细表

表 7－15　纳税调整减少项目明细表

填报时间：　　年　月　日　　　　金额单位：人民币元（列至角、分）

行　次	项　目	纳税调减金额
1	工效挂钩企业用“工资基金结余”发放的工资	
2	以前年度结转在本年度扣除的广告费支出	

（续上表）

行次	项目	纳税调减金额
3	以前年度结转在本年度扣除的股权投资转让损失	
4	在应付福利费中列支的基本医疗保险	
5	在应付福利费中列支的补充医疗保险（可税前扣除的部分）	
6	以前年度进行了纳税调整增加、在本年度发生了减提的各项准备金	
7	其中：坏账准备	
8	存货跌价准备	
9	固定资产减值准备	
10	无形资产减值准备	
11	在建工程减值准备	
12	自营证券跌价准备	
13	呆账准备	
14	保险责任准备金提转差	
15	其他准备	
16	本期已转销售收入的预售收入的预计利润（房地产业务填报）	
17	其他纳税调减项目	
18	1.	
19	2.	
20	3.	
21	合计	

经办人（签章）：　　　　　　　　　　　法定代表人（签章）：

6. 附表（六）——税前弥补亏损明细表

表 7－16　税前弥补亏损明细表

填报时间：　　年　月　日　　　　金额单位：人民币元（列至角、分）

行次	项目	年度	亏损或盈利额	合并分立企业转入可弥补亏损额	合计	在亏损年度以后已弥补过的亏损额					本年度可弥补的亏损额	可结转下一年度弥补的亏损额
						第二年	第三年	第四年	第五年	合计		
		1	2	3	4	5	6	7	8	9	10	11
1	第一年											*
2	第二年					*						
3	第三年					*	*					
4	第四年					*	*	*				
5	第五年					*	*	*	*			
6	本年					*	*	*	*	*		
7	可结转下一年度弥补的亏损额合计											

经办人（签章）：　　　　　　　　法定代表人（签章）：

7. 附表（七）——免税所得及减免税明细表

表 7－17　免税所得及减免税明细表

填报时间：　　年　月　日　　　　金额单位：人民币元（列至角、分）

行次	项目	金额
1	一、免税所得（2＋3＋…＋9）	
2	国债利息所得	
3	免税的补贴收入	
4	免税的纳入预算管理的基金、收费或附加	
5	免于补税的投资收益	
6	免税的技术转让收益	
7	免税的治理“三废”收益	
8	种植业、养殖业及农林产品初加工所得	

（续上表）

行次	项目	金额
9	其他免税所得	
10	二、减免税（11+17+18+26+31+34+42+51+52+53+54+60+61）	
11	（一）高新技术企业及技术进步（12+13+…+16）	
12	其中：1. 高新技术开发区	
13	2. 软件、集成电路	
14	3. 非盈利科研机构	
15	4. 科研机构转制为企业5年免税	
16	5. 其他	
17	（二）基础设施建设减免	
18	（三）各类区域优惠减免（19+20+…+25）	
19	其中：1. 西部大开发减免	
20	2. 西气东输	
21	3. 东北老工业基地减免	
22	4. 民族自治区域减免	
23	5. 老少边穷减免	
24	6. 经济特区、上海浦东新区低税率	
25	7. 其他	
26	（四）农业减免（27+28+29+30）	
27	1. 农业产业化龙头企业免税	
28	2. 农业产前、产中、产后服务业	
29	3. 远洋捕捞业免税	
30	4. 其他	
31	（五）第三产业减免（32+33）	
32	其中：1. 新办的服务型企业	
33	2. 其他减免	
34	（六）文教卫生减免（35+36+…+41）	
35	其中：1. 青少年活动中心	
36	2. 非盈利医疗机构	
37	3. 中央电视台	
38	4. 学校培训班收入	

（续上表）

行　次	项　　目	金　额
39	5. 高校后勤减免	
40	6. 29 届奥运会免税	
41	7. 其他	
42	（七）促进就业减免（43＋44＋…＋50）	
43	其中：1. 民政福利企业	
44	2. 劳服企业	
45	3. 下岗失业人员再就业	
46	4. 随军家属企业	
47	5. 军转干部企业	
48	6. 国有企业主辅分离企业	
49	7. 老年服务机构	
50	8. 其他减免	
51	（八）资源综合利用减免	
52	（九）劳改劳教减免	
53	（十）军队企业减免	
54	（十一）金融类减免（55＋56＋…＋59）	
55	其中：1. 农信社	
56	2. 国有独资银行	
57	3. 开放式基金	
58	4. 封闭式基金	
59	5. 其他	
60	（十二）自然灾害减免	
61	（十三）其他减免	
62	三、抵免所得税额（63＋64）	
63	购买国产设备投资抵免所得税	
64	其他	

经办人（签章）：　　　　　　　　　　法定代表人（签章）：

8. 附表（八）——捐赠支出明细表

表 7－18　捐赠支出明细表

填报时间：　　年　月　日　　　　　金额单位：人民币元（列至角、分）

行次	捐赠项目	非营利社会团体或国家机关名称	金额	捐赠扣除比例	扣除限额	允许税前扣除的公益救济性捐赠额
		1	2	3	4	5　当2<4时，5=2；当2>4时，5=4
1	一、公益救济性捐赠合计	*		*	*	
2	（一）全额扣除的捐赠合计	*		100%		
3	1.			*	*	*
4	2.			*	*	*
5	3.			*	*	*
6	（二）按10%扣除的捐赠合计	*		10%		
7	1.			*	*	*
8	2.			*	*	*
9	3.			*	*	*
10	（三）按3%扣除的捐赠合计	*		3%		
11	1.			*	*	*
12	2.			*	*	*
13	3.			*	*	*
14	（四）按1.5%扣除的捐赠合计	*		1.5%		
15	1.			*	*	*
16	2.			*	*	*
17	3.			*	*	*
18	二、非公益救济性捐赠合计	*		*	*	*
19	1.			*	*	*
20	2.			*	*	*
21	3.			*	*	*
22	三、合计	*		*		*

经办人（签章）：　　　　　　　　　法定代表人（签章）：

9. 附表（九）——技术开发费加计扣除额明细表

表 7-19 技术开发费加计扣除额明细表

填报时间：　　年　月　日　　　　金额单位：人民币元（列至角、分）

行次	项目	年度	年度	年度	年度	本年	合计
		1	2	3	4	5	6
1	上年技术开发费发生额	*	*	*		*	*
2	本年技术开发费发生额	*	*	*	*		*
3	增长比例	*	*	*	*		*
4	本年应加计扣除额	*	*	*	*		*
5	以前年度结转未抵扣额					*	
6	抵扣前应纳税所得额	*	*	*	*		*
7	本年可抵扣的技术开发费加计扣除额						
8	结转以后年度的未抵扣额	*					

经办人（签章）：　　　　　　　　法定代表人（签章）：

10. 附表（十）——境外所得税抵扣计算明细表

表 7-20 境外所得税抵扣计算明细表

填报时间：　　年　月　日　　　　金额单位：人民币元（列至角、分）

国家	境外所得	弥补以前年度亏损	免税所得	境外应纳税所得额	法定税率	境外所得应纳税额	境外已缴纳的所得税税额	境外所得税扣除限额	超过境外所得税扣除限额的余额	本年可抵扣以前年度所得税额	前5年境外所得已缴税款未抵扣余额	定率抵扣额
1	2	3	4	5（2－3－4）	6	7（5×6）	8	9	10（8－9）	11	12	13

（续上表）

国家	境外所得	弥补以前年度亏损	免税所得	境外应纳税所得额	法定税率	境外所得应纳税额	境外已缴纳的所得税税额	境外所得税扣除限额	超过境外所得税扣除限额的余额	本年可抵扣以前年度所得税额	前5年境外所得已缴税款未抵扣余额	定率抵扣额
合计												

经办人（签章）：　　　　　　　　　　法定代表人（签章）：

11. 附表（十一）——广告费支出明细表

表 7－21　广告费支出明细表

填报时间：　　年　月　日　　　　金额单位：人民币元（列至角、分）

行次	项目	金额
1	广播电视广告	
2	报纸杂志广告	
3	其他媒体广告	
4	合计（1＋2＋3）	
5	其中：不符合条件的广告费支出	
6	本年计算广告费扣除限额的销售（营业）收入	
7	税收规定的扣除率	
8	本年广告费扣除限额（6×7）	
9	本年广告费支出纳税调整额［（4－5）≤8，9＝5；（4－5）＞8，9＝4－8］	
10	本年结转以后年度扣除额［（4－5）＞8，10＝（4－5）－8；（4－5）≤8，10＝0］	
11	加：以前年度累计结转扣除额	

（续上表）

行　次	项　　目	金　额
12	减：本年扣除的以前年度结转额	
13	累计结转以后年度扣除额（10 + 11 − 12）	

经办人（签章）：　　　　　　　　　　法定代表人（签章）：

12. 附表（十二）——工资薪金和工会经费等四项经费明细表

表 7 − 22 − 1　工资薪金和工会经费等四项经费明细表

填报时间：　　年　月　日　　　　金额单位：人民币元（列至角、分）

非工效挂钩企业						
行次	项目	工资薪金	三项费用			
			工会经费	职工福利费	职工教育经费	小计
		1	2	3	4	5 = 2 + 3 + 4
1	生产成本		*		*	
2	制造费用		*		*	
3	销售（营业）费用		*		*	
4	管理费用					
5	在建工程		*		*	
6	合计					
7	实际发放额					
8	本期核准计税人数					
9	计税工资标准					
10	本期税前扣除限额					
11	本期纳税调增额					

经办人（签章）：　　　　　　　　　　法定代表人（签章）：

表 7－22－2　工资薪金和工会经费等四项经费明细表

填报时间：　　年　月　日　　　　金额单位：人民币元（列至角、分）

非工效挂钩企业						
行次	项目	工资薪金	三项费用			
			工会经费	职工福利费	职工教育经费	小计
		1	2	3	4	5 =2 +3 +4
1	生产成本		*		*	
2	制造费用		*		*	
3	销售（营业）费用		*		*	
4	管理费用					
5	在建工程		*		*	
6	合计					
7	实际发放额					
8	其中：动用结转余额		*	*	*	
9	本期纳税调增额					
10	本期纳税调减额					
11	本年结转余额		*	*	*	
12	加：以前年度结转余额		*	*	*	
13	减：本年动用结转余额		*	*	*	
14	本期累计结转余额		*	*	*	

经办人（签章）：　　　　　　　　法定代表人（签章）：

13. 附表（十三）——资产折旧、摊销明细表

表 7－23 资产折旧、摊销明细表

填报时间： 年 月 日 金额单位：人民币元（列至角、分）

行次	资产类别	本期计提折旧摊销的资产平均原值或折余价值	本期资产折旧或摊销额					应予调整的资产平均价值	本期资产计税成本	允许税前扣除的折旧或摊销额	本期纳税调整增加额或减少额	本期转回以前年度确认的时间性差异	可抵减时间性差异的计算			
			小计	计入制造费用	计入管理费用	计入营业费用	计入在建工程						本年结转以后年度扣除的折旧或摊销	以前年度结转额	本年税前扣除额	累计结转以后年度扣除或摊销
		1	2	3	4	5	6	7	8	9	10	11	12	13	14	15
1	固定资产小计															
2	房屋建筑物															
3	机器设备															
4	电子设备运输工具															
5	无形资产小计															
6	专利权															
7	非专利技术															
8	商标权															
9	著作权															
10	土地使用权															

（续上表）

行次	资产类别	本期计提折旧摊销的资产平均原值或折余价值	本期资产折旧或摊销额					应予调整的资产平均价值	本期资产计税成本	允许税前扣除的折旧或摊销额	本期纳税调整增加额或减少额	本期转回以前年度确认的时间性差异	可抵减时间性差异的计算			
			小计	计入制造费用	计入管理费用	计入营业费用	计入在建工程						本年结转以后年度扣除的折旧或摊销	以前年度结转额	本年税前扣除额	累计结转以后年度扣除或摊销
11	商誉									*						
12	其他															
13	其他资产小计															
14	开办费															
15	长期待摊费															
16	其他															
17	合计															

经办人（签章）：　　　　　　　　　　法定代表人（签章）：

14. 附表（十四）——坏账损失明细表

表 7－24　坏账损失明细表

填报时间：　　年　月　日　　　　金额单位：人民币元（列至角、分）

行　次	项　目	会计金额	税收金额	纳税调整额
		1	2	3
1	期初坏账准备金额			*
2	本期核销的坏账损失			
3	本期收回已核销的坏账损失			
4	计提坏账准备的应收账款余额			
5	本期增（减）提的坏账准备			

（续上表）

行 次	项 目	会计金额	税收金额	纳税调整额
		1	2	3
6	期末坏账准备余额			*

经办人（签章）： 法定代表人（签章）：

三、缴纳税款的会计核算

（一）预缴企业所得税的会计核算

【例7－35】南岗公司2008年全年应纳税所得额为240万元。2008年经南岗税务地方分局同意，每月按2008年应纳税所得额的1/12预缴企业所得税。2009年全年实现利润经调整后的应纳税所得额为300万元，该公司适用的所得税税率为25%，计算应纳税额并进行会计核算。

计算当期应预缴所得税：

2008年1～12月每月应预缴所得税税额＝240÷12×25%＝5（万元）

1～12月每月计算预缴所得税税额的会计处理如下：

借：所得税费用——当期所得税费用 50 000

　贷：应交税费——应交所得税 50 000

每月实际预缴时。

借：应交税费——应交所得税 50 000

　贷：银行存款 50 000

（二）汇算清缴企业所得税的会计核算

【例7－36】南岗公司年终进行税务清缴，计算结果如下：

计算全年应纳所得税税额＝300×25%＝75（万元）

计算1～12月实际预缴所得税税额＝5×12＝60（万元）

12月汇算清缴应补缴税额＝75－60＝15（万元）

会计处理如下：

2009年年初汇算清缴时。

借：所得税费用——当期所得税费用 150 000

　贷：应交税费——应交所得税 150 000

实际补缴税款时

借：应交税费——应交所得税 150 000

　贷：银行存款 150 000

若汇算清缴计算的结果，实际预缴额大于应缴额，则做相反的会计分录。

借：应交税费——应交所得税

　贷：所得税费用——当期所得税费用

收到退回的多余税款时。

借：银行存款

　贷：应交税费——应交所得税

关键概念

资产负债观　收入费用观　资产负债表债务法　暂时性差异　应纳税暂时性差异　可抵扣暂时性差异　递延所得税负债　递延所得税资产　计税基础

思考题

1. 企业所得税的法定税率有哪几个？
2. 什么是资产负债观和收入费用观？
3. 暂时性差异分为哪几类？
4. 资产计税基础确定原则是什么？

技能题

1. 南岗公司2008年度利润总额116万元。该企业平均职工人数100人，发放工资120万元，并按实发工资的2%、14%、2.5%分别计提职工工会经费、职工福利费和职工教育经费，共22.2万元。本年销售收入总额为1 860万元，计入管理费用的业务招待费9.38万元，该企业建立坏账准备金制度，上年末应收款项余额为100万元，本年末应收款项余额为200万元，本年计入管理费用中的坏账准备金为6 000元，计算该企业应纳所得税税额。

2. 南方公司应纳税所得额为100万元，适用25%的企业所得税税率。另外，该企业分别在甲、乙两国已设有分支机构（中国与甲、乙两国签订避免双重征税协定），在甲、乙两国分支机构的所得额分别为50万元和30万元，甲、乙两国的税率分别为30%和20%。计算该企业当年在中国应纳企业所得税税额。

3. 某企业预收到客户的一笔款项80万元，因不符合收入确认条件，将其作为预收账款核算，按照税法规定，这笔款项符合收入确认条件，已计入当期应纳税所得额。应确认为递延所得税资产是多少？

4. 南岗公司2008年12月购进一台车间生产设备，购置成本为200万元，预计使用年限为10年，会计上采用年限平均法计提固定资产折旧，净残值为0。按税法规定该设备可缩短折旧年限为6年，且可采用双倍余额递减法计算折旧额，也无净残值。该企业2009年实现会计利润为60万元，2010年实现会计利润为50万元，2011年实现会计利润为100万元，2012年实现会计利润为120万元，2013年实现会计利润为150万元，2014年至2018年实现会计利润均为300万元。经与税法核对无其他纳税调整项目和暂时性差异。该企业2009年和2010年被认定为小型微利企业，适用20%的所得税率，2011年至2018年适用25%的所得税率。进行各年账务处理。

参考答案

1. （1）允许列支的业务招待费 = 实际发生的业务招待费 ×60%

且允许列支的业务招待费 ≤ 销售（营业）收入净额 ×5‰

业务招待费上限 = 18 600 000 ×5‰ = 93 000（元）

允许列支的业务招待费 = 93 800 ×60% = 56 280（元）< 93 000 元

超过标准列支的业务招待费 = 93 800 − 56 280 = 37 520（元）

（2）允许列支的坏账准备金 =（2 000 000 − 1 000 000）×5‰ = 5 000（元）

超过标准列支的坏账准备金 = 6 000 − 5 000 = 1 000（元）

（3）应纳税所得额 = 1 160 000 + 37 520 + 1 000 = 1 198 520（元）

（4）应纳税额 = 1 198 520 ×25% = 299 630（元）

2. 境内、境外所得按税法计算的应纳税总额 =（100 + 50 + 30）×25% = 45（万元）

甲国已纳税款 = 50 ×30% = 15（万元）

甲国扣除限额 = 45 ×［50/（100 + 50 + 30）］= 12.5（万元）

甲国已纳税款15万元大于允许扣除限额12.5万元，因此，只能扣除12.5万元，超出的2.5万不允许当年扣除。

乙国已纳税款 = 30 ×20% = 6（万元）

乙国扣除限额 = 45 ×［30/（100 + 50 + 30）］= 7.5（万元）

乙国已纳税款6万元小于允许扣除限额7.5万元，因此，乙国已纳税款可以全额扣除。

该企业当年在中国应纳企业所得税税额 = 45 − 12.5 − 6 = 27.5（万元）

3. 该项负债的账面价值 = 80（万元）

该项负债的计税基础 = 账面价值 − 可从未来应税利益中扣除的金额 = 80 − 80 = 0（万元）

该项负债的账面价值与计税基础之间的差额 = 80 − 0 = 80（万元）

该项负债的账面价值和计税基础之间的差额80万元，形成可抵扣暂时性差异，应确认为递延所得税资产。

4. （1）2009年末账务处理

当期会计折旧额 = 200 ÷ 10 = 20（万元）

当期计税折旧额 = 200 ×2 ÷ 6 = 66.67（万元）

固定资产账面价值 = 200 − 20 = 180（万元）

固定资产计税基础 =200 - 66.67 =133.33（万元）

固定资产账面价值大于计税基础的差额 =180 - 133.33 =46.67（万元）

递延所得税负债 =46.67 ×20% =9.334（万元）

当期应纳税所得额 =60 - 46.67 =13.33（万元）

当期所得税 =13.33 ×20% =2.666（万元）

当期所得税费用 =2.666 +9.334 =12（万元）

借：所得税费用——当期所得税费用　　26 660

　　所得税费用——递延所得税费用　　93 340

　贷：应交税费——应交所得税　　26 660

　　　递延所得税负债　　93 340

（2）2010 年末账务处理

当期会计折旧额 =200 ÷10 =20（万元）

当期计税折旧额 =133.33 ×2 ÷6 =44.44（万元）

固定资产账面价值 =180 - 20 =160（万元）

固定资产计税基础 =133.33 - 44.44 =88.89（万元）

固定资产账面价值大于计税基础的差额 =160 - 88.89 =71.11（万元）

年末递延所得税负债 =71.11 ×20% =14.222（万元）

年初递延所得税负债 =9.334（万元）

递延所得税负债增加额 =14.222 - 9.334 =4.888（万元）

当期应纳税所得额 =50 -（44.44 - 20）=25.56（万元）

当期所得税 =25.56 ×20% =5.112（万元）

当期所得税费用 =5.112 +4.888 =10（万元）

借：所得税费用——当期所得税费用　　51 120

　　所得税费用——递延所得税费用　　48 880

　贷：应交税费——应交所得税　　51 120

　　　递延所得税负债　　48 880

（3）2011 年末账务处理

因税率调整而调增的递延所得税负债额 =［46.67 +（44.44 - 20）］×（25% - 20%）=3.555 5（万元）

借：所得税费用——递延所得税费用　　35 555

　贷：递延所得税负债　　35 555

当期会计折旧额 =200 ÷10 =20（万元）

当期计税折旧额 =88.89 ×2 ÷6 =29.63（万元）

固定资产账面价值 =160 - 20 =140（万元）

固定资产计税基础 =88.89 - 29.63 =59.26（万元）

固定资产账面价值大于计税基础的差额 =140 - 59.26 =80.74（万元）

借：递延所得税负债　　35 375

　贷：所得税费用——递延所得税费用　　35 375

(8) 2016 年末账务处理

当期会计折旧额 = 200 ÷ 10 = 20 (万元)

当期计税折旧额 = 11.71 × 2 ÷ 6 = 3.90 (万元)

固定资产账面价值 = 60 − 20 = 40 (万元)

固定资产计税基础 = 11.71 − 3.90 = 7.81 (万元)

固定资产账面价值大于计税基础的差额 = 40 − 7.81 = 32.19 (万元)

年末递延所得税负债 = 32.19 × 25% = 8.047 5 (万元)

年初递延所得税负债 = 12.072 5 (万元)

递延所得税负债减少额 = 120 725 − 80 475 = 4.025 (万元)

当期应纳税所得额 = 300 + (20 − 3.90) = 316.1 (万元)

当期所得税 = 316.1 × 25% = 79.025 (万元)

当期所得税费用 = 79.025 − 4.025 = 75 (万元)

借：所得税费用——当期所得税费用　　790 250

　贷：应交税费——应交所得税　　790 250

借：递延所得税负债　　40 250

　贷：所得税费用——递延所得税费用　　40 250

(9) 2017 年末账务处理

当期会计折旧额 = 200 ÷ 10 = 20 (万元)

当期计税折旧额 = 7.81 ÷ 2 = 3.905 (万元)

固定资产账面价值 = 40 − 20 = 20 (万元)

固定资产计税基础 = 7.81 − 3.905 = 3.905 (万元)

固定资产账面价值大于计税基础的差额 = 20 − 3.905 = 16.095 (万元)

年末递延所得税负债 = 16.095 × 25% = 4.023 75 (万元)

年初递延所得税负债 = 8.047 5 (万元)

递延所得税负债减少额 = 8.047 5 − 4.023 75 = 4.023 75 (万元)

当期应纳税所得额 = 300 + (20 − 3.905) = 316.095 (万元)

当期所得税 = 316.095 × 25% = 79.023 75 (万元)

当期所得税费用 = 79.023 75 − 4.023 75 = 75 (万元)

借：所得税费用——当期所得税费用　　790 237.50

　贷：应交税费——应交所得税　　790 237.50

借：递延所得税负债　　80 487.50

　贷：所得税费用——递延所得税费用　　80 487.50

(10) 2018 年末账务处理

当期会计折旧额 = 200 ÷ 10 = 20 (万元)

当期计税折旧额 = 7.81 ÷ 2 = 3.905（万元）

固定资产账面价值 = 20 - 20 = 0（万元）

固定资产计税基础 = 3.905 - 3.905 = 0（万元）

固定资产账面价值大于计税基础的差额 = 0（万元）

年末递延所得税负债 = 0 × 25% = 0（万元）

年初递延所得税负债 = 4.023 75（万元）

递延所得税负债减少额 = 4.023 75 - 0 = 4.023 75（万元）

当期应纳税所得额 = 300 +（20 - 3.905）= 316.095（万元）

当期所得税 = 316.095 × 25% = 79.023 75（万元）

当期所得税费用 = 79.023 75 - 4.023 75 = 75（万元）

借：所得税费用——当期所得税费用　　790 237.50

　贷：应交税费——应交所得税　　790 237.50

借：递延所得税负债　　40 237.50

　贷：所得税费用——递延所得税费用　　40 237.50

（二）适用税率

工资、薪金所得，适用9级超额累进税率，税率为5%～45%，如表8－1所示。

表8－1　工资、薪金所得个人所得税税率表

级　数	全月应纳税所得额	税率（%）	速算扣除数（元）
1	不超过500元的部分	5	0
2	超过500元至2 000元的部分	10	25
3	超过2 000元至5 000元的部分	15	125
4	超过5 000元至20 000元的部分	20	375
5	超过20 000元至40 000元的部分	25	1 375
6	超过40 000元至60 000元的部分	30	3 375
7	超过60 000元至80 000元的部分	35	6 375
8	超过80 000元至100 000元的部分	40	10 375
9	超过100 000元的部分	45	15 375

注：本表所称全月应纳税所得额是指依照税法规定，以每月收入额减去费用减除标准后的余额或者减去附加减除费用标准后的余额。

（三）税额计算与会计处理

1. 应纳税额的计算

工资、薪金所得，以每月工资性收入额减去费用减除标准后的余额为应纳税所得额。自2008年3月1日起，费用减除标准为2 000元/月。单位按规定为个人缴付和个人按规定缴付的基本养老保险费、基本医疗保险费、失业保险费、住房公积金（简称“三费一金”），准予从纳税人的应纳税所得额中扣除。

在中国境内无住所而在中国境内取得工资、薪金所得的纳税人和在中国境内有住所而在中国境外取得工资、薪金所得的纳税人，在以每月收入额减去费用减除标准的基础上，再减去附加减除费用后的余额为应纳税所得额。自2008年3月1日起，附加减除费用标准为2 800元/月。

附加减除费用的适用范围包括：

（1）在中国境内的外商投资企业和外国企业中工作的外籍人员。

（2）应聘在中国境内的企业、事业单位、社会团体、国家机关中工作的外籍专家。

（3）在中国境内有住所而在中国境外任职或者受雇取得工资、薪金所得的个人。

(4) 国务院财政、税务主管部门确定的其他人员。比如，对远洋运输船员每月的工资、薪金收入在统一扣除费用减除标准的基础上，准予再扣除税法规定的附加减除费用。

华侨和香港、澳门、台湾同胞，参照上述规定执行。

应纳税所得额和应纳税额的计算公式为：

应纳税所得额 = 每月收入额（不包括“三费一金”） - 费用扣除标准

应纳税额 = 应纳税所得额 × 适用税率 - 速算扣除数

2. 会计处理

个人取得的工资、薪金所得应纳的个人所得税，由其任职单位在支付工资、薪金时代扣代缴。该部分税款，实质上是职工个人工资、薪金所得的一部分。因此，在会计处理上，任职单位在代扣个人所得税时，借记“应付职工薪酬”科目，贷记“应交税费——应交个人所得税”科目；代缴税款时，借记“应交税费——应交个人所得税”科目，贷记“银行存款”科目。

【例 8－1】中国公民李四在南方公司任职，2009 年 6 月份取得应税工资收入（不包括“三费一金”）为 3 300 元。

应代扣个人所得税 = (3 300 - 2 000) × 10% - 25 = 105（元）

南方公司在向李四支付工资时扣缴个人所得税，编制会计分录。

借：应付职工薪酬	3 300	
贷：应交税费——应交个人所得税		105
库存现金		3 195

南方公司上缴个人所得税时，编制会计分录。

借：应交税费——应交个人所得税	105	
贷：银行存款		105

任职单位在计算代扣个人所得税时，应按每个职工分别计算。在进行会计处理时，可按为所有职工代扣税款的合计金额编制会计分录。

（四）应注意的问题

1. 个人取得的公务交通、通讯补贴收入计税问题

个人因公务用车和通讯制度改革而取得的公务用车、通讯补贴收入，扣除一定标准的公务费用后，按照“工资、薪金所得”项目计征个人所得税。按月发放的，并入当月“工资、薪金所得”计征个人所得税；不按月发放的，分解到所属月份并与该月份“工资、薪金所得”合并后计征个人所得税。

公务费用的扣除标准，由省级地方税务局根据纳税人公务交通、通讯费用的实际发生情况调查测算，报经省级人民政府批准后确定，并报国家税务总局备案。

在实际执行中，凡因公务用车制度改革而以现金、报销等形式向职工个人支付的收入，均应视为个人取得公务用车补贴收入，按照“工资、薪金所得”项目计征个人所得税。

薪”当月的工资、薪金所得不足税法规定的费用扣除额的，应以“双薪”所得与当月工资、薪金所得合并减除税法规定的费用扣除额后的余额作为应纳税所得额，计算缴纳个人所得税。

7. 在外商投资企业、外国企业和外国驻华机构工作的中方人员取得的工资、薪金所得的计税问题

（1）中方人员取得的工资、薪金收入，凡是由雇佣单位和派遣单位分别支付的，支付单位应依照税法规定代扣代缴个人所得税。

雇佣单位在支付工资、薪金时，按税法规定减除费用，计算扣缴个人所得税；派遣单位支付的工资、薪金不再减除费用，以支付全额直接确定适用税率，计算扣缴个人所得税。

纳税人应持两处支付单位提供的原始明细工资、薪金单（书）和完税凭证原件，选择并固定到一地税务机关申报每月工资、薪金收入，汇算清缴其工资、薪金收入的个人所得税，多退少补。

【例 8－4】张先生被派到某外资企业工作。2009 年 3 月份他的有关收入情况是：外资企业应付张先生工资额 5 200 元；原单位支付应税工资额为 1 000 元。

支付单位代扣税款：

外资企业代扣税款 =（5 200－2 000）×15%－125＝355（元）

原单位代扣税款＝1 000×10%－25＝75（元）

张先生个人申报：

应纳税额＝（5 200＋1 000－2 000）×15%－125＝505（元）

应补税额＝505－355－75＝75（元）

（2）对外商投资企业、外国企业和外国驻华机构发放给中方工作人员的工资、薪金所得，应全额计税。但对可以提供有效合同或有关凭证，能够证明其工资、薪金所得的一部分按照有关规定上交派遣（介绍）单位的，可扣除其实际上交的部分，按其余额计算个人所得税。

【例 8－5】假定上例，原单位停发张先生工资，外资企业每月应付给张先生工资额 5 200 元，其中 1 500 元由外资企业划给张先生原单位，实际应付张先生工资 3 700 元。

外资企业应代扣个人所得税额为：（3 700－2 000）×10%－25＝145（元）

8. 内部退养人员取得收入的计税问题

在企业减员增效和行政、事业单位、社会团体在机构改革过程中，实行内部退养办法人员取得的收入按下列规定办理：

（1）实行内部退养的个人在其办理内部退养手续后至法定离退休年龄之间从原任职单位取得的工资、薪金，不属于离、退休工资，应按“工资、薪金所得”项目计算个人所得税。

（2）个人在办理内部退养手续后从原任职单位取得的一次性收入，应按办理内

部退养手续后至法定离退休年龄之间的所属月份进行平均，并与领取当月的“工资、薪金所得”合并后减除当月费用扣除标准，以余额为基数确定适用税率；再将当月工资、薪金加上取得的一次性收入，减除费用扣除标准，按适用税率计算个人所得税。

【例 8－6】张先生系国内某单位职工，2009 年 3 月份办理内部退养手续，取得一次性收入 60 000 元；当月应税工资收入 1 900 元。张先生办理内部退养手续后至法定离退休年龄之间为 5 年。

月应纳税所得额 = 60 000 ÷（12 × 5）+ 1 900 − 2 000 = 900（元）

故适用税率为 10%，速算扣除数为 25。

代扣代缴税额 =（1 900 + 60 000 − 2 000）× 10% − 25 = 5 965（元）

（3）个人在办理内部退养手续后至法定离退休年龄之间重新就业取得的工资、薪金所得，应与其从原单位取得的同一月份的工资、薪金所得合并，并依法自行向主管税务机关申报缴纳个人所得税。

9. 个人与用人单位解除劳动关系取得的一次性补偿金计税问题

个人因与用人单位解除劳动关系而取得的一次性补偿收入（包括用人单位发放的经济补偿金、生活补助费和其他补助费用），其收入在当地上年职工平均工资 3 倍数额以内的部分，免征个人所得税；超过的部分按照国税发〔1999〕178 号文件的有关规定，计算缴纳个人所得税。即：视为一次取得数月的工资、薪金收入，按“工资、薪金所得”项目计算个人所得税。具体办法为：以个人取得的一次性经济补偿收入，除以个人在本企业的工作年限数，以其商数作为个人的月工资、薪金收入，按照税法规定计算缴纳个人所得税。个人在本企业的工作年限数按实际工作年限数计算，超过 12 年的按 12 年计算。

个人领取一次性补偿收入时，按照国家和地方政府规定的比例实际缴纳的住房公积金、医疗保险费、基本养老保险费、失业保险费，可以在计征其一次性补偿收入的个人所得税时扣除。

10. 在中国境内无住所的个人取得工资、薪金所得的计税问题

（1）工资、薪金所得来源地的确定。

属于来源于中国境内的工资、薪金所得，应为个人实际在中国境内工作期间取得的工资、薪金，即个人实际在中国境内工作期间取得的工资、薪金，不论是由中国境内还是境外企业或个人雇主支付，均属来源于中国境内的所得；个人实际在中国境外工作期间取得的工资、薪金，不论是由中国境内还是境外企业或个人雇主支付，均属于来源于中国境外的所得。

（2）在境内居住天数和实际工作期间的确定。

其一，在境内居住天数的确定。对在中国境内无住所的个人，需要计算确定其在中国境内居住天数，以便依照税法和协定或安排的规定判定其在华负有何种纳税义务时，均应以该个人实际在华逗留天数计算。上述个人入境、离境、往返或多次

并由提供上述费用的企业和单位代扣代缴。其中，对企业雇员享受的此类奖励，应与当期的工资、薪金合并，按照“工资、薪金所得”项目计算个人所得税；对其他人员享受的此类奖励，应作为当期的劳务收入，按照“劳务报酬所得”项目计算个人所得税。

（4）对个人兼职取得的收入，应按照“劳务报酬所得”项目计算个人所得税；对退休人员再任职取得的收入，在减除个人所得税法规定的费用扣除标准后，按“工资、薪金所得”项目计算个人所得税。

（二）适用税率

劳务报酬所得，适用20%的比例税率。对劳务报酬所得一次收入畸高的，可以实行加成征税。

“劳务报酬所得一次收入畸高”，是指个人一次取得劳务报酬，其应纳税所得额超过20 000元。对应纳税所得额超过20 000元至50 000元的部分，依照税法规定计算应纳税额后再按照应纳税额加征五成；超过50 000元的部分，加征十成。实际上，劳务报酬所得适用3级超额累进税率，税率为20%、30%、40%，如表8－2所示。

表8－2　劳务报酬所得个人所得税税率表

级　数	每次应纳税所得额	税率（%）	速算扣除数
1	不超过20 000元的部分	20	0
2	超过20 000元至50 000元的部分	30	2 000
3	超过50 000元的部分	40	7 000

注：本表所称“每次应纳税所得额”，是指每次收入额减除费用800元（每次收入额不超过4 000元时）或者减除20%的费用（每次收入额超过4 000元时）后的余额。

（三）税额计算与会计处理

1. 应纳税额的计算

劳务报酬所得，每次收入不超过4 000元的，减除费用800元；每次收入在4 000元以上的，减除20%的费用；其余额为应纳税所得额。

每次收入不足4 000元的：应纳税所得额＝每次收入额－800元

每次收入在4 000元以上的：应纳税所得额＝每次收入额×（1－20%）

值得注意的是，保险营销员的佣金是由展业成本和劳务报酬构成的。对佣金中的展业成本，不征收个人所得税；对劳务报酬部分，扣除实际缴纳的营业税金及附加后，依照税法规定计算征收个人所得税。根据目前保险营销员展业的实际情况，佣金中展业成本的比例暂定为10%。即以佣金收入扣除展业成本、营业税金及附加，再减除税法规定的费用后，其余额为应纳税所得额。

劳务报酬所得的“收入次数”，根据不同劳务项目的特点，分别为：只有一次性收入的，以取得该项收入为一次；属于同一事项连续取得收入的，以一个月内取得的收入为一次。同一项目，是指“劳务报酬所得”列举具体劳务项目中的某一单项，个人兼有不同的劳务报酬所得，应当分别减除费用，计算缴纳个人所得税。对属于同一项目连续性收入的，考虑属地管辖与时间划定有交叉的特殊情况，统一规定以县（含县级市、区）为一地，其管辖内的一个月内的劳务服务为一次；当月跨县地域的，则应分别计算。

应纳税额的计算公式如下：

应纳税额 = 应纳税所得额 × 适用税率 − 速算扣除数

2. 会计处理

企业支付给个人劳务报酬，应按税法规定代扣代缴个人所得税。支付劳务报酬并代扣个人所得税时，借记“管理费用”、“销售费用”等科目，贷记“应交税费——应交个人所得税”、“库存现金”等科目；代缴个人所得税时，借记“应交税费——应交个人所得税”科目，贷记“银行存款”科目。

【例 8－7】林先生应邀为南岗公司（非任职单位）进行经营策划。合同规定，报酬 40 000 元，个人所得税由个人承担。

南岗公司应代扣个人所得税 = 40 000 ×（1 − 20%）× 30% − 2 000 = 7 600（元）

南岗公司的会计处理为：

借：管理费用	40 000	
贷：应交税费——应交个人所得税		7 600
库存现金（或银行存款）		32 400

缴纳个人所得税时，编制会计分录：

借：应交税费——应交个人所得税	7 600	
贷：银行存款		7 600

（四）支付单位承担税款计算与会计处理

按照规定，由支付单位为个人的劳务报酬所得代为承担税款的，应将个人取得的税后收入换算为应纳税所得额，然后计算应纳税额。

1. 税额计算

（1）应纳税所得额计算办法如下：

①税后收入额为 3 360 元（即含税收入额 4 000 元）以下的：

应纳税所得额 =（税后收入额 − 800）÷（1 − 税率）

②税后收入额为 3 360 元（即含税收入额 4 000 元）以上的：

应纳税所得额：（税后收入额 − 速算扣除数）×（1 − 20%）÷［1 − 税率 ×（1 − 20%）］

或：应纳税所得额 =（税后收入额 − 速算扣除数）×（1 − 20%）÷ 当级换算系数

上述公式中的税率，均指税后所得按税后级距对应的税率，如表 8－3 所示。

表8－3　税后劳务报酬收入适用税率表

级　数	税后劳务报酬收入级距	税率（%）	速算扣除数（元）	换算系数（%）
1	不超过3 360元的部分	20	0	无
2	超过3 360元至21 000元的部分	20	2	84
3	超过21 000元至49 500元的部分	30	2 000	76
4	超过49 500元的部分	40	7 000	68

（2）应纳税额的计算办法如下：

应纳税额＝应纳税所得额×适用税率－速算扣除数

上述公式中的税率，是指应纳税所得额按含税级距对应的税率（见表8－3）。

2. 会计处理

企业为个人代为承担的税款，实际上是成本费用的组成部分，应计入相关成本费用中。

【例8－8】南岗公司聘请演员王小姐为公司进行广告宣传。合同规定，报酬50 000元，个人所得税由南岗公司承担。

①应纳税所得额＝(50 000－7 000)×(1－20%)÷[1－40%×(1－20%)]＝50 588.24（元）或：应纳税所得额＝（50 000－7 000）×（1－20%）÷68%＝50 588.24（元）

②应承担的个人所得税额＝50 588.24×40%－7 000＝13 235.30（元）

南岗公司的会计处理如下：

借：销售费用　　63 235.30

　贷：应交税费——应交个人所得税　　13 235.30

　　　库存现金或银行存款　　50 000

三、稿酬所得

（一）稿酬所得的确认

稿酬所得，是指个人因其作品以图书、报刊形式出版、发表而取得的所得。对不以图书、报刊形式出版、发表的翻译、审稿、书画等，不属于稿酬所得，而划归劳务报酬所得。

在实际执行中，应注意下列问题：

（1）作者去世后，对取得其遗作稿酬的个人，按稿酬所得征收个人所得税。

（2）任职、受雇于报纸、杂志等单位的记者、编辑等专业人员，因在本单位的报纸、杂志上发表作品取得的所得，属于因任职、受雇而取得的所得，应与其当月工资收入合并，按“工资、薪金所得”项目征收个人所得税。

除上述专业人员以外，其他人员在本单位的报纸、杂志上发表作品取得的所得，应按“稿酬所得”项目征收个人所得税。

（3）出版社的专业作者撰写、编写或翻译的作品，由本社以图书形式出版而取得的稿费收入，应按“稿酬所得”项目计算缴纳个人所得税。

（二）适用税率

稿酬所得适用20%的比例税率，并按应纳税额减征30%。

（三）税额计算与会计处理

1. 应纳税额的计算

稿酬所得，每次收入不超过4 000元的，减除费用800元；每次收入在4 000元以上的，减除20%的费用；其余额为应纳税所得额。

稿酬所得，以作品每次出版、发表取得的收入为一次。同一作品先在报刊上连载，然后再出版，或先出版，再在报刊上连载的，应视为两次稿酬所得征税；同一作品在报刊上连载取得收入的，以连载完成后取得的所有收入合并为一次，计征个人所得税。

应纳税额＝应纳税所得额×适用税率（20%）×（1－30%）

值得注意的是，两个或两个以上的纳税人共同取得同一项所得的，可以对每个人分得的收入分别减除费用，计算各自的应纳税所得额和应纳税额。

【例8－9】2009年8月，甲、乙、丙3人共同于某出版社出版一部财务工具书，稿酬共计20 000元，其中，甲应得稿酬16 000元，乙应得稿酬3 500元，丙应得稿酬500元。

甲应纳税额＝16 000×（1－20%）×20%×（1－30%）＝1 792（元）

乙应纳税额＝（3 500－800）×20%×（1－30%）＝378（元）

丙的稿酬500元，不足800元，故不纳税。

2. 会计处理

出版单位支付给个人的稿酬，应按税法规定代扣代缴个人所得税。计算稿酬所得时，借记“生产成本——稿酬及校订费”科目，贷记“其他应付款”科目；代扣个人所得税时，借记“其他应付款”科目，贷记“应交税费——应交个人所得税”科目；代缴个人所得税时，借记“应交税费——应交个人所得税”科目，贷记“银行存款”科目。

【例8－10】某出版社出版一部财经小说，应支付作者李四基本稿酬20 000元，印数稿酬3 000元。

出版社代扣税款＝（20 000＋3 000）×（1－20%）×20%×（1－30%）＝2 576（元）

出版社计算稿酬所得时，编制会计分录：

借：生产成本——稿酬及校订费　　23 000

　贷：其他应付款——李四　　23 000

支付稿酬并代扣个人所得税时，编制会计分录：

借：其他应付款——李四　　23 000
　贷：应交税费——应交个人所得税　　2 576
　　　库存现金　　20 424

四、特许权使用费所得

（一）应税所得的确认

特许权使用费所得，是指个人提供专利权、商标权、著作权、非专利技术以及其他特许权的使用权取得的所得。提供著作权的使用权取得的所得，不包括稿酬所得。

（二）适用税率

特许权使用费所得适用的个人所得税税率为20%。

（三）税额计算与会计处理

1. 应纳税额的计算

特许权使用费所得，每次收入不超过4 000元的，减除费用800元；每次收入在4 000元以上的，减除20%的费用；其余额为应纳税所得额。

对个人从事技术转让、提供劳务等过程中所支付的中介费，如能提供有效、合法凭证的，允许从其所得中扣除。

特许权使用费所得，以某项使用权的一次转让所取得的收入为一次。

应纳税额＝应纳税所得额×适用税率（20%）

2. 会计处理

单位支付给个人的特许权使用费，应按税法规定代扣代缴个人所得税。代扣个人所得税时，借记“制造费用”、“管理费用”、“销售费用”等科目，贷记“应交税费——应交个人所得税”科目；代缴个人所得税时，借记“应交税费——应交个人所得税”科目，贷记“银行存款”科目。

【例8－11】朱山公司购买王工程师的一项非专利技术的使用权。合同约定，使用费40 000元，个人所得税由王工程师个人承担。

应代扣个人所得税＝40 000×（1－20%）×20%＝6 400（元）

借：制造费用　　40 000
　贷：应交税费——应交个人所得税　　6 400
　　　库存现金　　33 600

代缴个人所得税时，编制会计分录：

借：应交税费——应交个人所得税　　6 400
　贷：银行存款　　6 400

五、财产租赁所得

（一）应税所得的确认

财产租赁所得，是指个人出租建筑物、土地使用权、机器设备、车船以及其他财产取得的所得。

（二）适用税率

财产租赁所得适用20%的比例税率。对个人按市场价格出租房屋取得的所得，减按10%的税率征收个人所得税。

（三）税额计算与会计处理

1. 应纳税额的计算

财产租赁所得，每次收入不超过4 000元的，减除费用800元；每次收入在4 000元以上的，减除20%的费用；其余额为应纳税所得额。

个人在出租财产过程中缴纳的税金和教育费附加，可持完税（缴款）凭证从其财产租赁收入中扣除。此外，还准予扣除能够提供有效、准确凭证，证明由纳税人负担的该出租财产实际开支的修缮费用。允许扣除的修缮费用，以每次800元为限，一次扣除不完的，准予在下一次继续扣除，直至扣完为止。

在计算应纳税所得额时，有关税、费的扣除次序如下：

（1）财产租赁过程中缴纳的税金和教育费附加。

（2）由纳税人负担的该出租财产实际开支的修缮费用（每次800元为限）。

（3）税法规定的费用扣除标准。

应特别注意的是"收入次数"的确定问题。税法规定，财产租赁所得，以一个月内取得的收入为一次。

应纳税额的计算公式：

应纳税额 = 应纳税所得额 × 适用税率（20%或10%）

2. 会计处理

企业租用个人财产，应按税法规定代扣代缴个人所得税。按租金总额，借记"长期待摊费用"、"管理费用"、"销售费用"等科目；按应代扣的个人所得税额，贷记"应交税费——应交个人所得税"科目；按实际支付金额，贷记"库存现金"、"银行存款"等科目。代缴税款时，借记"应交税费——应交个人所得税"科目，贷记"银行存款"科目。

六、财产转让所得

（一）应税所得的确认

财产转让所得，是指个人转让有价证券、股权、建筑物、土地使用权、机器设备、车船以及其他财产取得的所得。

在实际执行中，应注意下列问题：

（1）个人转让自用达5年以上，并且是唯一的家庭生活用房取得的所得，免征个人所得税。

（2）为配合企业改制，促进股票市场的稳健发展，对个人转让上市公司股票取得的所得暂免征收个人所得税。

（3）为推动股权分置改革试点的顺利实施，股权分置改革中非流通股股东通过对价方式向流通股股东支付的股份、现金等收入，暂免征收流通股股东的个人所得税。

（二）适用税率

财产转让所得适用的个人所得税税率为20%。

（三）税额计算与会计处理

1. 应纳税额的计算

一般情况下，财产转让所得以转让财产的收入额减除财产原值和合理费用后的余额为应纳税所得额。

应纳税所得额 = 收入总额 - 财产原值 - 合理费用

财产原值，按照下列规定确认：

（1）有价证券，为买入价以及买入时按照规定缴纳的有关费用。

（2）建筑物，为建造费或者购进价格以及其他有关费用。

（3）土地使用权，为取得土地使用权所支付的金额、开发土地的费用以及其他有关费用。

（4）机器设备、车船，为购进价格、运输费、安装费以及其他有关费用。

（5）其他财产，参照以上方法确定。

纳税义务人未提供完整、准确的财产原值凭证，不能正确计算财产原值的，由主管税务机关核定其财产原值。

合理费用是指卖出财产时按照规定支付的有关费用。

应纳税额，按照应纳税所得额和适用税率计算，计算公式为：

应纳税额 = 应纳税所得额 × 适用税率（20%）

2. 会计处理

企业购买个人财产，应按税法规定代扣代缴个人所得税。按购买价款总额，借记“固定资产”、“无形资产”等科目；按应代扣的个人所得税额，贷记“应交税费——应交个人所得税”科目；按实际支付金额，贷记“库存现金”、“银行存款”等科目。代缴税款时，借记“应交税费——应交个人所得税”科目，贷记“银行存款”科目。

七、利息、股息、红利所得

（一）应税所得的确认

利息、股息、红利所得，是指个人拥有债券、股权而取得的利息、股息、红利所得。

在实际执行中，应注意下列问题：

（1）股份制企业在分配股息、红利时，以股票形式向股东个人支付应得的股息、红利（即派发红股），应以派发红股的股票票面金额为收入额，按利息、股息、红利项目计征个人所得税。

（2）个人取得的国债利息、国家发行的金融债券的利息，免征个人所得税。

（3）个人取得的教育储蓄存款利息所得以及国务院财政部门确定的其他专项储蓄存款或者储蓄性专项基金存款的利息所得，免征个人所得税。

（4）外籍个人从外商投资企业取得的股息、红利所得，免征个人所得税。

（5）对持有B股或海外股（包括H股）的外籍个人，从发行该B股或海外股的中国境内企业所取得的股息（红利）所得，暂免征收个人所得税。

（二）适用税率

利息、股息、红利所得适用的个人所得税税率为20%。储蓄存款在2007年8月15日后（含当日）孳生的利息所得，适用5%的税率；在2008年10月9日后（含当日）孳生的利息所得，暂免征收个人所得税。

（三）税额计算与会计处理

1. 应纳税额的计算

利息、股息、红利所得，以每次收入额为应纳税所得额。但是，为促进资本市场发展，对个人投资者从上市公司取得的股息红利所得，暂减按50%计入个人应纳税所得额。对证券投资基金从上市公司分配取得的股息红利所得，也减按50%计算应纳税所得额。

上市公司是指在上海证券交易所、深圳证券交易所挂牌交易的上市公司。

利息、股息、红利所得的“收入次数”确定办法是，以支付利息、股息、红利时取得的收入为一次。

应纳税额按下列公式计算：

应纳税额 = 应纳税所得额 × 适用税率（20%）

2. 会计处理

企业向个人支付给个人股息、利息、红利，应按照税法规定代扣代缴个人所得税。

股份制公司应向个人支付的现金股利，借记“利润分配”科目，贷记“应付股利”科目；实际支付现金时，借记“应付股利”科目，贷记“应交税费——应交个人所得税”、“库存现金”科目。

企业发行有价证券应向个人支付利息时，借记“财务费用”科目，贷记“应交税费——应交个人所得税”、“库存现金”科目。

银行向个人支付储蓄存款利息时，借记“利息支出”科目，贷记“应交税费——应交个人所得税”、“库存现金”科目。

企业代缴个人所得税时，借记“应交税费——应交个人所得税”科目，贷记“银行存款”科目。

八、偶然所得

（一）应税所得的确认

偶然所得，是指个人得奖、中奖、中彩以及其他偶然性质的所得。

在实际执行中，应注意下列问题：

（1）对个人参加有奖储蓄取得的各种形式的中奖所得，属于机遇性的所得，按照“偶然所得”项目征收个人所得税。

（2）对个人因参加企业的有奖销售活动而取得的赠品所得，按照“偶然所得”项目征收个人所得税。赠品所得为实物的，应按凭证注明的价格或市场价格确定应纳税所得额。

（3）对外商投资企业在购买内资企业经营资产过程中向内资企业自然人股东支付的不竞争款项，属于个人因偶然因素取得的一次性所得，应按照“偶然所得”项目征收个人所得税。所谓不竞争款项，是指资产购买方企业与资产出售方企业自然人股东之间在资产购买交易中，通过签订保密和不竞争协议等方式，约定资产出售方企业自然人股东在交易完成后一定期限内，承诺不从事有市场竞争的相关业务，并负有相关技术资料的保密义务，资产购买方企业则在约定期限内，按一定方式向资产出售方企业自然人股东所支付的款项。

（4）对个人购买社会福利有奖募捐奖券、体育彩票等，一次中奖收入不超过1万元的，暂免征收个人所得税；对一次中奖收入超过1万元的，应按税法规定全额征收个人所得税。

（5）个人取得单张有奖发票奖金所得不超过800元（含800元）的，暂免征收个人所得税；超过800元的，应按税法规定全额征收个人所得税。

（二）适用税率

偶然所得适用的个人所得税税率为20%。

（三）税额计算与会计处理

偶然所得，以每次收入额为应纳税所得额。

应纳税额＝每次收入额×适用税率（20%）

发奖单位在支付奖金、奖品时，应按规定代扣代缴个人所得税，借记“销售费用”、“管理费用”等科目，贷记“应交税费——应交个人所得税”、“库存现金”科目；代缴个人所得税时，借记“应交税费——应交个人所得税”科目，贷记“银行存款”科目。

【例 8－12】高先生参加天虹商场举办的有奖销售活动，中奖所得 500 元现金。

商场代扣个人所得税＝500×20%＝100（元）

商场实际支付高先生现金：500－100＝400（元）

借：销售费用　　500

　贷：应交税费——应交个人所得税　　100

　　库存现金　　400

商场代缴个人所得税时：

借：应交税费——应交个人所得税　　100

　贷：银行存款　　100

对个人取得的由国务院财政部门确定征税的其他所得，支付单位应按照“其他所得”项目代扣代缴个人所得税，并做好相关会计核算。

比如，对个人因任职单位缴纳有关保险费用而取得的无赔款优待收入；股民个人从证券公司取得的交易手续费返还收入；个人在非任职单位年终总结、各种庆典、业务往来及其他活动中取得的现金、实物或有价证券；个人为单位或他人提供担保获得报酬等，均应由支付单位按照“其他所得”项目代扣代缴个人所得税。

其他所得，以每次收入额为应纳税所得额，适用税率为 20%。

九、税额计算的其他规定

（一）非现金所得的计量

个人所得的形式，包括现金、实物、有价证券和其他形式的经济利益。所得为实物的，应按照取得的凭证上所注明的价格计算应纳税所得额；无凭证的实物或者凭证上所注明的价格明显偏低的，参照市场价格核定应纳税所得额。所得为有价证券的，根据票面价格和市场价格核定应纳税所得额。所得为其他形式的经济利益的，参照市场价格核定应纳税所得额。

（二）公益救济性捐赠的处理

个人将其所得对教育事业和其他公益事业捐赠的部分，按照国务院有关规定从应纳税所得中扣除。

1. 限定比例扣除

个人将其所得通过中国境内的社会团体、国家机关向教育和其他社会公益事业以及遭受严重自然灾害地区、贫困地区的捐赠，捐赠额未超过纳税人申报的应纳税所得额 30% 的部分，可以从其应纳税所得额中扣除。

【例 8－13】张先生为朱山公司（非任职单位）搞软件设计，获得报酬 30 000

元。张先生从中拿出10 000元通过民政局捐赠给贫困山区。

捐赠扣除限额=30 000×（1－20%）×30%=7 200（元）

实际捐赠额10 000元超出扣除限额，故按限额扣除。

应纳个人所得税额=［30 000×（1－20%）－7 200］×20%=3 360（元）

2. 全额扣除

个人发生的某些公益、救济性捐赠，准予在计算缴纳个人所得税时全额扣除。比如，个人纳税人通过非营利性的社会团体和国家机关向红十字事业的捐赠、向公益性青少年活动场所的捐赠、向福利性非营利性的老年服务机构的捐赠、向教育事业的捐赠等，准予在个人所得税前全额扣除。

【例8－14】歌星孙先生应邀到南昌市演出，获得报酬20 000元；孙先生将其中10 000元通过该地教育局捐赠给山村小学。

应纳个人所得税额=［20 000×（1－20%）－10 000］×20%=1 200（元）

3. 不得扣除

纳税人直接向受赠人的捐赠和非公益救济性捐赠，不允许在个人所得税前扣除。

（三）科技经费资助支出的税务处理

将个人所得（不含偶然所得，经国务院财政部门确定征税的其他所得）通过中国境内非营利的社会团体、国家机关，用于非关联的科研机构和高等学校研究开发经费资助的，可以全额在下月（工资、薪金所得）或下次（按次计征的所得）或当年（按年计征的所得）计征个人所得税时，从应纳税所得额中扣除；不足抵扣的，不得结转抵扣。纳税人直接向科研机构和高等学校的资助不允许在税前扣除。

【例8－15】张先生（中国公民）系国内后启公司职工，2009年7月份应税工资收入4 200元，任职单位代扣个人所得税205元。张先生领取工资后，通过市科委资助某科研机构新技术开发经费2 000元，已取得相关证明并送交本单位财务处。8月份，张先生应税工资奖金收入4 300元。

分析：张先生通过市科委资助某科研机构新技术开发经费，可在8月份工资、薪金所得项目的应纳税所得额中扣除，若不足抵扣，不得结转抵扣。

8月份，公司代扣税款=［（4 300－2 000）－2 000］×5%=15（元）

【例8－16】承上例，假如张先生通过市科委资助某科研机构新技术开发经费不是2 000元，而是2 500元。

9月份应纳税所得额=（4 300－2 000）－2 300=0（元）

故不需纳税，但尚未扣除的200元不得结转下月抵扣。

（四）个人取得拍卖收入的计税问题

自2007年5月1日起，对个人通过拍卖市场拍卖各种财产（包括字画、瓷器、玉器、珠宝、邮品、钱币、古籍、古董等物品）取得的所得，按以下规定征收个人所得税。

1. 作者拍卖文字作品手稿原件或复印件

作者将自己的文字作品手稿原件或复印件拍卖，转让收入额在4 000元以下的，以其转让收入额减除800元；转让收入额在4 000元以上的，以其转让收入额减除20%的费用，其余额为应纳税所得额，按照“特许权使用费所得”项目适用20%税率缴纳个人所得税。

2. 个人拍卖其他财产

个人拍卖除文字作品原稿及复印件外的其他财产，以其转让收入额减除财产原值和合理费用后的余额为应纳税所得额，按照“财产转让所得”项目适用20%税率缴纳个人所得税。

对个人财产拍卖所得征收个人所得税时，以该项财产最终拍卖成交价格为其转让收入额。对适用“财产转让所得”项目的，纳税人凭合法有效凭证（税务机关监制的正式发票、相关境外交易单据或海关报关单据、完税证明等），从其转让收入额中减除相应的财产原值、拍卖财产过程中缴纳的税金及有关合理费用。

（1）财产原值，是指售出方个人取得该拍卖品的价格（以合法有效凭证为准）。具体为：通过商店、画廊等途径购买的，为购买该拍卖品时实际支付的价款；通过拍卖行拍得的，为拍得该拍卖品实际支付的价款及缴纳的相关税费；通过祖传收藏的，为收藏该拍卖品而发生的费用；通过赠送取得的，为受赠该拍卖品时发生的相关税费；通过其他形式取得的，参照以上原则确定财产原值。

（2）拍卖财产过程中缴纳的税金，是指在拍卖财产时纳税人实际缴纳的相关税金及附加。

（3）有关合理费用，是指拍卖财产时纳税人按照规定实际支付的拍卖费（佣金）、鉴定费、评估费、图录费、证书费等费用。

纳税人如不能提供合法、完整、准确的财产原值凭证，不能正确计算财产原值的，按转让收入额的3%征收率计算缴纳个人所得税；拍卖品为经文物部门认定的海外回流文物的，按转让收入额的2%征收率计算缴纳个人所得税。

纳税人的财产原值凭证内容填写不规范，或者一份财产原值凭证包括多件拍卖品且无法确认每件拍卖品一一对应的原值的，不得将其作为扣除财产原值的计算依据，应视为不能提供合法、完整、准确的财产原值凭证，并按上述规定的征收率计算缴纳个人所得税。纳税人能够提供合法、完整、准确的财产原值凭证，但不能提供有关税费凭证的，不得按征收率计算纳税，应当就财产原值凭证上注明的金额据实扣除，并按照税法规定计算缴纳个人所得税。

（五）在企业改组改制过程中，职工个人取得量化资产的计税问题

根据国家有关规定，集体所有制企业在改制为股份合作制企业时，可以将有关资产量化给职工个人。为支持企业改组改制的顺利进行，国家税务总局对个人取得量化资产的征免税问题作了如下规定。

（1）对职工个人以股份形式取得的仅作为分红依据，不拥有所有权的企业量化资产，不征收个人所得税。

（2）对职工个人以股份形式取得的拥有所有权的企业量化资产，暂缓征收个人所得税；待个人将股份转让时，就其转让收入额，减除个人取得该股份时实际支付的费用支出和合理转让费用后的余额，按“财产转让所得”项目计征个人所得税。

（3）对职工个人以股份形式取得的企业量化资产参与企业分配而获得的股息、红利，应按“利息、股息、红利所得”项目征收个人所得税。

（六）转化职务科技成果以股权形式给予个人奖励的计税问题

科研机构、高等学校转化职务科技成果以股份或出资比例等股权形式给予个人奖励，获奖人在取得股份、出资比例时，暂不缴纳个人所得税；取得按股份、出资比例的分红或转让股权、出资比例所得时，应依法缴纳个人所得税。

获奖人按股份、出资比例获得分红时，对其所得按“利息、股息、红利所得”项目征收个人所得税。获奖人转让股权、出资比例，对其所得按“财产转让所得”项目征收个人所得税，财产原值为零。

（七）个人股票期权所得的计税问题

实施股票期权计划的企业授予该企业员工的股票期权所得，应按规定征收个人所得税。

企业员工股票期权（简称股票期权），是指上市公司按照规定的程序授予本公司及其控股企业员工的一项权利，该权利允许被授权员工在未来时间内以某一特定价格购买本公司一定数量的股票。

上述“某一特定价格”被称为“授予价”或“施权价”，即根据股票期权计划可以购买股票的价格，一般为股票期权授予日的市场价格或该价格的折扣价格，也可以是按照事先设定的计算方法约定的价格；“授予日”也称“授权日”，是指公司授予员工上述权利的日期；“行权”也称“执行”，是指员工根据股票期权计划选择购买股票的过程；员工行使上述权利的当日为“行权日”，也称“购买日”。

员工接受雇主（含上市公司和非上市公司）授予的股票期权，凡该股票期权指定的股票为上市公司（含境内、外上市公司）股票的，均应按本规定进行税务处理。

1. 股票期权所得性质的确认及其具体征税规定

（1）员工接受实施股票期权计划企业授予的股票期权时，除另有规定外，一般不作为应税所得征税。

（2）员工行权时，从企业取得股票的实际购买价（施权价）低于购买日公平市场价（该股票当日的收盘价）的差额，是因员工在企业的表现和业绩情况而取得的与任职、受雇有关的所得，应按“工资、薪金所得”项目计算缴纳个人所得税。

对因特殊情况，员工在行权日之前将股票期权转让的，以股票期权的转让净收入作为“工资、薪金所得”征收个人所得税。股票期权的转让净收入，一般是指股票期权转让收入。如果员工是以折价购入方式取得股票期权的，可以股票期权转让收入扣除折价购入股票期权时实际支付的价款后的余额作为股票期权的转让净收入。

员工行权日所在期间的工资、薪金所得，按下列公式计算应纳税所得额：

股票期权形式的工资、薪金应纳税所得额 =（行权股票的每股市场价 - 员工取得该股票期权支付的每股施权价）×股票数量

公式中“员工取得该股票期权支付的每股施权价”，一般是指员工行使股票期权购买股票实际支付的每股价格。如果员工是以折价购入方式取得股票期权的，上述施权价可包括员工折价购入股票期权时实际支付的价格。

（3）员工将行权后的股票再转让时获得的高于购买日公平市场价的差额，是因个人在证券二级市场上转让股票等有价证券而获得的所得，应按照“财产转让所得”适用的征免规定计算缴纳个人所得税。

（4）员工因拥有股权而参与企业税后利润分配取得的所得，应按照“利息、股息、红利所得”项目计算缴纳个人所得税。

2. 工资、薪金所得境内、外来源的划分

国家税务总局于2000年3月发文规定，在中国境内无住所的个人在华工作期间或离华后，以折扣认购股票等有价证券形式取得工资、薪金所得，应依照劳务发生地原则判定其来源地及纳税义务。上述个人来华后，以折扣认购股票等形式收到的工资、薪金性质所得提供雇佣单位有关工资制度及折扣认购有价证券办法，证明上述所得含有属于该个人来华之前工作所得的，可仅就其中属于在华工作期间的所得征收个人所得税。与此相应，上述个人停止在华履约或执行职务离境后收到的属于在华工作期间的所得，也应确定为来源于我国的所得，但该项工资、薪金所得未在中国境内的企业或机构、场所负担的，可免予扣缴个人所得税。

按照上述规定，需对员工因参加企业股票期权计划而取得的工资、薪金所得确定境内或境外来源的，应按照该员工据以取得上述工资、薪金所得的境内、外工作期间月份数比例计算划分。

3. 应纳税款的计算

（1）认购股票所得（行权所得）的税款计算。员工因参加股票期权计划而从中国境内取得的所得，应按工资、薪金所得计算纳税的，对该股票期权形式的工资、薪金所得可区别于所在月份的其他工资、薪金所得，单独按下列公式计算当月应纳税款。

应纳税额 =（股票期权形式的工资、薪金应纳税所得额 ÷ 规定月份数 × 适用税率 - 速算扣除数）× 规定月份数

公式中的规定月份数，是指员工取得来源于中国境内的股票期权形式工资、薪金所得的境内工作期间月份数，长于12个月的，按12个月计算；公式中的适用税率和速算扣除数，以股票期权形式的工资、薪金应纳税所得额除以规定月份数后的商数，对照税率表确定。

员工以在一个公历月份中取得的股票期权形式工资、薪金所得为一次。员工在

一个纳税年度中多次取得股票期权形式工资、薪金所得的，其在该纳税年度内首次取得股票期权形式的工资、薪金所得应按上述规定的公式计算应纳税款。本年度内以后每次取得股票期权形式的工资、薪金所得，应按以下公式计算应纳税款。

应纳税款 =（本纳税年度内取得的股票期权形式工资、薪金所得累计应纳税所得额 ÷ 规定月份数 × 适用税率 − 速算扣除数）× 规定月份数 − 本纳税年度内股票期权形式的工资、薪金所得累计已纳税款

公式中的本纳税年度内取得的股票期权形式工资、薪金所得累计应纳税所得额，包括本次及本次以前各次取得的股票期权形式工资、薪金所得应纳税所得额；公式中的规定月份数，是指员工取得来源于中国境内的股票期权形式工资、薪金所得的境内工作期间月份数，长于12个月的，按12个月计算；公式中的适用税率和速算扣除数，以本纳税年度内取得的股票期权形式工资、薪金所得累计应纳税所得额除以规定月份数后的商数，对照税率表确定；公式中的本纳税年度内股票期权形式的工资、薪金所得累计已纳税款，不含本次股票期权形式的工资、薪金所得应纳税款。

员工多次取得或者一次取得多项来源于中国境内的股票期权形式工资、薪金所得，而且各次或各项股票期权形式工资、薪金所得的境内工作期间月份数不相同的，以境内工作期间月份数的加权平均数为上述两个公式中的规定月份数，但最长不超过12个月。

规定月份数 = ∑各次或各项股票期权形式工资、薪金应纳税所得额与该次或该项所得境内工作期间月份数的乘积/∑各次或各项股票期权形式工资、薪金应纳税所得额

（2）转让股票取得所得的税款计算。对于员工转让股票等有价证券取得的所得，应按现行规定征免个人所得税。即个人将行权后的境内上市公司股票再行转让而取得的所得，暂不征收个人所得税；个人转让境外上市公司的股票而取得的所得，应按税法规定计算应纳税所得额和应纳税额，依法缴纳税款。

（3）参与税后利润分配取得所得的税款计算。员工因拥有股权参与税后利润分配而取得的股息、红利所得，除依照有关规定可以免税或减税的外，应全额按规定税率计算纳税。

4. 其他征税规定

一般来说，员工接受实施股票期权计划企业授予的股票期权时，一般不作为应税所得征税。但是，有些股票期权在授权时即约定可以转让，且在境内或境外存在公开市场及挂牌价格（以下称可公开交易的股票期权），员工接受该可公开交易的股票期权时，按以下规定进行税务处理。

（1）员工取得可公开交易的股票期权，属于员工已实际取得有确定价值的财产，应按授权日股票期权的市场价格作为员工授权日所在月份的工资、薪金所得，按本规定计算缴纳个人所得税。如果员工以折价购入方式取得股票期权，可以授权日股票期权的市场价格扣除折价购入股票期权时实际支付的价款后的余额作为授权

日所在月份的工资、薪金所得。

（2）员工取得上述可公开交易的股票期权后，转让该股票期权所取得的所得，属于财产转让所得，按本规定进行税务处理。

（3）员工取得可公开交易的股票期权后，实际行使该股票期权购买股票时，不再计算缴纳个人所得税。

第三节 生产（承包）经营所得应纳个人所得税的核算

个体工商户的生产经营所得、个人独资企业和合伙企业的生产经营所得、对企事业单位的承包经营或承租经营所得应纳的个人所得税，实行按年计算、分期（次）预缴，年度终了后3个月内汇算清缴，多退少补的办法进行缴纳。

上述所得适用5级超额累进税率，税率为5%～35%（见表8－4）。

表8－4 生产（承包）经营所得个人所得税税率表

级 数	全年应纳税所得额	税率（%）	速算扣除数（元）
1	不超过5 000元的	5	0
2	超过5 000元至10 000元的部分	10	250
3	超过10 000元至30 000元的部分	20	1 250
4	超过30 000元至50 000元的部分	30	4 250
5	超过50 000元的部分	35	6 750

注：本表适用于：个体工商户的生产经营所得，个人独资企业和合伙企业投资者的生产经营所得，对企事业单位的承包经营、承租经营所得。

一、个体工商户的生产经营所得

（一）应税所得的确认

个体工商户的生产、经营所得，是指个体工商户从事工业、手工业、建筑业、交通运输业、商业、饮食业、服务业、修理业以及其他行业生产、经营取得的所得；个人经政府有关部门批准，取得执照，从事办学、医疗、咨询以及其他有偿服务活动取得的所得；其他个人从事个体工商业生产、经营取得的所得；上述个体工商户和个人取得的与生产、经营有关的各项应纳税所得。

在实际执行中，应注意下列问题：

（1）个体工商户和从事生产、经营的个人，取得与生产、经营活动无关的各项应税所得，应按规定分别计算缴纳个人所得税。个体工商户与企业联营而分得的利润，按“利息、股息、红利所得”项目缴纳个人所得税。

（2）从事个体出租车运营的出租车驾驶员取得的收入，按个体工商户的生产经营所得项目缴纳个人所得税。

出租车属个人所有，但挂靠出租汽车经营单位或企事业单位，驾驶员向挂靠单位缴纳管理费的，或出租汽车经营单位将出租车所有权转移给驾驶员的，出租车驾驶员从事客、货运营取得的收入，比照个体工商户的生产经营所得项目缴纳个人所得税。

出租汽车经营单位对出租车驾驶员采取单车承包或承租方式运营，出租车驾驶员从事客、货运营取得的收入，按“工资、薪金所得”项目缴纳个人所得税。

（3）个人因从事彩票代销业务而取得的所得，按照个体工商户的生产经营所得项目缴纳个人所得税。

（4）对个体工商户的税收优惠，按下列规定执行。

对从事个体经营的随军家属，自领取税务登记证之日起，3 年内免征个人所得税。

对从事个体经营的军队转业干部，经主管税务机关批准，自领取税务登记证之日起，3 年内免征个人所得税（自主择业的军队转业干部必须持有师以上部队颁发的转业证件）。

对自谋职业的城镇退役士兵从事个体经营（除建筑业、娱乐业、广告业、桑拿、按摩、网吧、氧吧外）的，自领取税务登记证之日起，3 年内免征个人所得税。

对持《再就业优惠证》人员从事个体经营的（除建筑业、娱乐业、销售不动产、转让土地使用权、广告业、房屋中介、桑拿、按摩、网吧、氧吧外），按每户每年 8 000 元为限额依次扣减其当年实际应缴纳的营业税、城市维护建设税、教育费附加和个人所得税。纳税人年度应缴纳税款小于上述扣减限额的，以其实际缴纳的税款为限；大于上述扣减限额的，应以上述扣减限额为限。

（二）税额计算与会计处理

1. 应纳税额的计算

个体工商户的生产、经营所得，以每一纳税年度的收入总额减除成本、费用以及损失后的余额为应纳税所得额。

成本、费用以及损失的扣除，应按国家税务总局制定的《个体工商户个人所得税计税办法（试行）》的规定执行。个体工商户业主的费用扣除标准按国家规定执行。

应纳税额的计算公式如下：

应纳税额 = 应纳税所得额 × 适用税率 − 速算扣除数

2. 会计处理

个体工商户可以设置“应交税费——应交个人所得税”、“留存收益”等账户，核算应纳的个人所得税和留存利润。按照应纳个人所得税额，借记“留存收益”科目，贷记“应交税费——应交个人所得税”科目；缴纳个人所得税时，借记“应交税费——应交个人所得税”科目，贷记“银行存款”科目。

二、个人独资企业和合伙企业投资者的所得

（一）税额计算与会计处理

个人独资企业和合伙企业（以下简称企业）每一纳税年度的收入总额减除成本、费用以及损失后的余额，作为投资者个人的生产经营所得，比照“个体工商户的生产经营所得”项目，适用5% ~35%的5级超额累进税率，计算缴纳个人所得税。

收入总额，是指企业从事生产经营以及与生产经营有关的活动所取得的各项收入，包括商品（产品）销售收入、营运收入、劳务服务收入、工程价款收入、财产出租或转让收入、利息收入、其他业务收入和营业外收入。

个人独资企业的投资者以全部生产经营所得为应纳税所得额。合伙企业的投资者按照合伙企业的全部生产经营所得和合伙协议约定的分配比例确定应纳税所得额；合伙协议没有约定分配比例的，以全部生产经营所得和合伙人数量平均计算每个投资者的应纳税所得额。生产经营所得，包括企业分配给投资者个人的所得和企业当年留存的所得（利润）。

应纳税额计算公式如下：

应纳税额 = 应纳税所得额 × 适用税率 − 速算扣除数

个人独资企业和合伙企业生产经营所得的税额计算办法有两种：一是查账征收；二是核定征收。

1. 查账征收

实行查账征收办法的，执行国家税务总局制定的《个体工商户个人所得税计税办法（试行）》和其他相关规定。

（1）投资者的费用扣除标准，自2008年3月1日起，调整为24 000元/年（2 000元/月）。投资者的工资不得在税前扣除。

（2）企业向其从业人员实际支付的合理的工资、薪金支出，允许在税前据实扣除。

（3）企业拨缴的工会经费、发生的职工福利费、职工教育经费支出分别在工资、薪金总额2%、14%、2.5%的标准内据实扣除。

（4）企业每一纳税年度发生的广告费和业务宣传费用不超过当年销售（营业）收入15%的部分，可据实扣除；超过的部分，准予在以后纳税年度结转扣除。

（5）企业每一纳税年度发生的与其生产经营业务直接相关的业务招待费支出，按照发生额的60%扣除，但最高不得超过当年销售（营业）收入的5‰。

（6）投资者及其家庭发生的生活费用不允许在税前扣除。投资者及其家庭发生的生活费用与企业生产经营费用混合在一起，并且难以划分的，全部视为投资者个人及其家庭发生的生活费用，不允许在税前扣除。

（7）企业生产经营和投资者及其家庭生活共用的固定资产，难以划分的，由主管税务机关根据企业的生产经营类型、规模等具体情况，核定准予在税前扣除的折旧费用的数额或比例。

（8）企业计提的各种准备金不得扣除。

（9）投资者兴办（包括参与兴办）两个或两个以上企业的，年度终了时，应汇总从所有企业取得的应纳税所得额，据此确定适用税率并计算缴纳应纳税款。准予扣除的个人费用，由投资者选择在其中一个企业的生产经营所得中扣除。

（10）企业的年度亏损，允许用本企业下一年度的生产经营所得弥补，下一年度所得不足弥补的，允许逐年延续弥补，但最长不得超过5年。投资者兴办两个或两个以上企业的，企业的年度经营亏损不能跨企业弥补。

（11）投资者来源于中国境外的生产经营所得，已在境外缴纳所得税的，可以按照个人所得税法的有关规定计算扣除已在境外缴纳的所得税。

企业进行清算时，投资者应在注销工商登记之前，向主管税务机关结清有关税务事宜。企业的清算所得应当视为年度生产经营所得，由投资者依法缴纳个人所得税。清算所得，是指企业清算时的全部资产或者财产的公允价值扣除各项清算费用、损失、负债、以前年度留存的利润后，超过实缴资本的部分。

2. 核定征收

有下列情形之一的，主管税务机关应采取核定征收方式征收个人所得税：企业依照国家有关规定应当设置但未设置账簿的；企业虽设置账簿，但账目混乱或者成本资料、收入凭证、费用凭证残缺不全，难以查账的；纳税人发生纳税义务，未按照规定的期限办理纳税申报，经税务机关责令限期申报，逾期仍不申报的。

核定征收方式，包括定额征收、核定应税所得率征收以及其他合理的征收方式。

实行核定应税所得率征收方式的，应纳税所得额按下列公式计算：

应纳税所得额 = 收入总额 × 应税所得率

或：应纳税所得额 = 成本费用支出额 ÷ （1 − 应税所得率） × 应税所得率

企业经营多业的，无论其经营项目是否单独核算，均应根据其主营项目确定其适用的应税所得率。

实行核定征收的投资者，不能享受个人所得税的优惠政策。

3. 会计处理

个人独资企业和合伙企业投资者的生产经营所得应纳个人所得税的会计处理，可以比照个体工商户的会计处理办法进行。

三、对企事业单位的承包经营、承租经营所得

（一）应税所得的确认

对企事业单位的承包经营、承租经营所得，是指个人承包经营或承租经营以及转包、转租取得的所得。

（二）适用税率

鉴于目前承包、承租形式复杂多样，对个人承包经营、承租经营企事业单位取得的所得，在应税所得项目及其税率的适用上，应分别依下列情况处理：

其一，企业实行个人承包、承租经营后，如果工商登记仍为企业的，不管其分配方式如何，均应先按照企业所得税的有关规定缴纳企业所得税。承包经营、承租经营者按照承包、承租经营合同（协议）规定取得的所得，依照个人所得税法的有关规定缴纳个人所得税。

承包、承租人对企业经营成果不拥有所有权，仅按合同（协议）规定取得一定所得的，其所得按照“工资、薪金所得”项目计算纳税，适用5%～45%的9级超额累进税率。

承包、承租人按合同（协议）的规定只向发包、出租方交纳一定费用后，企业经营成果归其所有的，承包、承租人取得的所得，按“对企事业单位的承包经营、承租经营所得”项目计算纳税，适用5%～35%的5级超额累进税率。

其二，企业实行个人承包、承租经营后，如工商登记改变为个体工商户的，应依照个体工商户的生产、经营所得项目计算缴纳个人所得税，不再缴纳企业所得税。

（三）税额计算与会计处理

1. 应纳税额的计算

对企事业单位的承包经营、承租经营所得，以每一纳税年度的收入总额减除必要费用后的余额为应纳税所得额。

应纳税所得额＝该年度收入总额－必要费用

每一纳税年度的收入总额，是指纳税人按承包经营、承租经营合同分得的经营利润和工资、薪金性质的所得。必要费用，是指按月扣除2 000元（自2008年3月1日起执行）。

在一个纳税年度内，承包、承租经营不足12个月的，以其实际承包、承租经营的月份数为一个纳税年度计算应纳税所得额。

应纳税额计算公式如下：

应纳税额＝应纳税所得额×适用税率－速算扣除数

2. 会计处理

（1）对企业实行承包、承租经营后，工商登记仍为企业的，对承包（租）人应缴纳的个人所得税，应由企业（即被承包、承租的企业）代扣代缴。

承包（租）人对企业经营成果不拥有所有权，仅按合同（协议）规定取得一定所得的，被承包（租）企业按照“工资、薪金所得”项目代扣代缴个人所得税，其会计处理也按照“工资、薪金所得”项目的相关办法执行。

承包（租）人按合同（协议）规定向发包方或出租方交纳一定费用后，企业经营成果归其所有的，被承包（租）企业按“对企事业单位的承包经营、承租经营所得”项目代扣代缴个人所得税。为简化核算，被承包（租）单位代扣代缴的个人所得税，可以通过“利润分配”、“应付利润”、“应交税费——应交个人所得税”科目核算。分配利润时，借记“利润分配”科目，贷记“应付利润”科目；代扣税款时，借记“应付利润”科目，贷记“应交税费——应交个人所得税”、“库存现金”、“银行存款”科目；缴纳税款时，借记“应交税费——应交个人所得税”科目，贷记“银行存款”科目。

（2）对企业实行承包、承租经营后，工商登记改变为个体工商户的，应按个体工商户的“生产、经营所得”项目计算缴纳个人所得税，其会计处理按照个体工商户的相关办法执行。

第四节　个人所得税纳税申报

一、自行纳税申报

（一）自行申报的纳税人

凡依据个人所得税法负有纳税义务的纳税人，有下列情形之一的，应按规定办理纳税申报：

（1）年所得12万元以上的。年所得12万元以上的纳税人（不包括在中国境内无住所且在一个纳税年度中在中国境内居住不满1年的个人），无论取得的各项所得是否已足额缴纳了个人所得税，均应于纳税年度终了后向主管税务机关办理纳税申报。

（2）从中国境内两处或者两处以上取得工资、薪金所得的。

（3）从中国境外取得所得的（在中国境内有住所，或者无住所而在一个纳税年度中在中国境内居住满1年的个人）。

（4）取得应税所得，没有扣缴义务人的。

（5）国务院规定的其他情形。

（二）纳税申报地点

1. 年所得12万元以上的纳税人申报地点

在中国境内有任职、受雇单位的，向任职、受雇单位所在地主管税务机关申报。

在中国境内有两处或者两处以上任职、受雇单位的，选择并固定向其中一处单位所在地主管税务机关申报。

在中国境内无任职、受雇单位，年所得项目中有个体工商户的生产、经营所得或者对企事业单位的承包经营、承租经营所得（以下统称生产经营所得）的，向其中一处实际经营所在地主管税务机关申报。

在中国境内无任职、受雇单位，年所得项目中无生产经营所得的，向户籍所在地主管税务机关申报。在中国境内有户籍，但户籍所在地与中国境内经常居住地不一致的，选择并固定向其中一地主管税务机关申报；在中国境内没有户籍的，向中国境内经常居住地主管税务机关申报。经常居住地，是指纳税人离开户籍所在地最后连续居住 1 年以上的地方。

2. 其他须自行申报的纳税人申报地点

从两处或者两处以上取得工资、薪金所得的，选择并固定向其中一处单位所在地主管税务机关申报。

从中国境外取得所得的，向中国境内户籍所在地主管税务机关申报。在中国境内有户籍，但户籍所在地与中国境内经常居住地不一致的，选择并固定向其中一地主管税务机关申报。

在中国境内没有户籍的，向中国境内经常居住地主管税务机关申报。

个体工商户向实际经营所在地主管税务机关申报。

个人独资、合伙企业投资者兴办两个或两个以上企业的，区分不同情形确定纳税申报地点：兴办的企业全部是个人独资性质的，分别向各企业的实际经营管理所在地主管税务机关申报；兴办的企业中含有合伙性质的，向经常居住地主管税务机关申报；兴办的企业中含有合伙性质，个人投资者经常居住地与其兴办企业的经营管理所在地不一致的，选择并固定向其参与兴办的某一合伙企业的经营管理所在地主管税务机关申报。纳税地点确定后，除特殊情况外，5 年以内不得变更。

3. 其他情形的申报地点

除以上情形外，纳税人应当向取得所得所在地主管税务机关申报。

纳税人不得随意变更纳税申报地点，因特殊情况变更纳税申报地点的，须报原主管税务机关备案。

（三）申报期限

年所得 12 万元以上的纳税人，在纳税年度终了后 3 个月内向主管税务机关办理纳税申报。

个体工商户和个人独资、合伙企业投资者取得的生产经营所得应纳的税款，分月预缴的，纳税人在每月终了后 7 日内办理纳税申报；分季预缴的，纳税人在每个季度终了后 7 日内办理纳税申报。纳税年度终了后，纳税人在 3 个月内进行汇算清缴。

纳税人年终一次性取得对企事业单位的承包经营、承租经营所得的，自取得所得之日起30日内办理纳税申报；在1个纳税年度内分次取得承包经营、承租经营所得的，在每次取得所得后的次月7日内申报预缴，纳税年度终了后3个月内汇算清缴。

从中国境外取得所得的纳税人，在纳税年度终了后30日内向中国境内主管税务机关办理纳税申报。

除上述规定的情形外，纳税人取得其他各项所得须申报纳税的，在取得所得的次月7日内向主管税务机关办理纳税申报。

纳税人不能按照规定的期限办理纳税申报，需要延期的，按照税收征管法及其实施细则的规定办理。

（四）申报方式

纳税人可以采取数据电文、邮寄等方式申报，也可以直接到主管税务机关申报，或者采取符合主管税务机关规定的其他方式申报。

纳税人采取数据电文方式申报的，应当按照税务机关规定的期限和要求保存有关纸质资料。

纳税人采取邮寄方式申报的，以邮政部门挂号信函收据作为申报凭据，以寄出的邮戳日期为实际申报日期。

纳税人可以委托有税务代理资质的中介机构或者他人代为办理纳税申报。

（五）境外所得的税额扣除

为了避免对同一所得双重征税，对纳税人从中国境外取得的所得，准予其在应纳税额中扣除已在境外缴纳的个人所得税额。但扣除额不得超过该纳税人境外所得依照我国税法规定计算的应纳税额。

（1）境外所得已在境外缴纳的个人所得税额，是指纳税人从中国境外取得的所得，依照该所得来源国家或者地区的法律应当缴纳并且实际已经缴纳的税额。

（2）境外所得依照税法规定计算的应纳税额，是指纳税人从中国境外取得的所得，区别不同国家或者地区和不同应税项目，依照我国税法规定的费用减除标准和适用税率计算的应纳税额；同一国家或者地区内不同应税项目的应纳税额之和，为该国家或者地区的扣除限额。

（3）纳税人在中国境外一个国家或者地区实际已经缴纳的个人所得税额，低于依照税法规定计算出的该国家或者地区扣除限额的，应当在中国缴纳差额部分的税款；超过该国家或者地区扣除限额的，其超过部分不得在本纳税年度的应纳税额中扣除，但是可以在以后纳税年度的该国家或者地区扣除限额的余额中补扣。补扣期限最长不得超过5年。

纳税人依照税法规定申请扣除已在境外缴纳的个人所得税额时，应当提供境外税务机关填发的完税凭证原件。

在中国境内有住所，或者无住所而在境内居住满1年的个人，从中国境内和境外取得的所得，应当分别计算应纳税额。

【例8-17】张三（中国公民）在美国出版一部著作，获得稿酬20 000元，利息收入3 000元：两项所得缴纳所得税2 900元；在日本提供一项专利技术使用权，收入25 000元，已纳所得税3 800元。

①在美国取得所得的税额扣除：

稿酬所得税款扣除限额＝20 000×（1－20%）×20%×（1－30%）＝2 240（元）

利息所得税款扣除限额＝3 000×20%＝600（元）

扣除限额合计＝2 240＋600＝2 840（元）

因张三在美国已纳所得税2 900元，超过税款扣除限额60元，不得在本纳税年度应纳税额中扣除，但可在以后纳税年度的美国扣除限额的余额中补扣，补扣期限最长不得超过5年。

②在日本取得所得的税额扣除：

特许权使用费所得税款扣除限额＝25 000×（1－20%）×20%＝4 000（元）

因张三在日本已纳所得税3 800元，低于税款扣除限额，故应在国内补缴个人所得税。

应补税额＝4 000－3 800＝200（元）

二、全员全额扣缴申报

个人所得税全员全额扣缴申报（简称扣缴申报），是指扣缴义务人向个人支付应税所得时，不论其是否属于本单位人员、支付的应税所得是否达到纳税标准，扣缴义务人应当在代扣税款的次月内，向主管税务机关报送其支付应税所得个人（简称个人）的基本信息、支付所得项目和数额、扣缴税款数额以及其他相关涉税信息。

（一）实行全员全额扣缴申报的应税所得

实行全员全额扣缴申报的应税所得包括：工资、薪金所得；劳务报酬所得；稿酬所得；特许权使用费所得；利息、股息、红利所得；财产租赁所得；财产转让所得；偶然所得；经国务院财政部门确定征税的其他所得。

（二）扣缴义务人应报送的个人基础信息

扣缴义务人应向主管税务机关报送个人的以下基础信息：姓名、身份证照类型及号码、职务、户籍所在地、有效联系电话、有效通信地址及邮政编码等。

（1）对下列个人，扣缴义务人还应加报有关信息：

非雇员（不含股东、投资者）：工作单位名称等。

股东、投资者：公司股本（投资）总额、个人股本（投资）额等。

在中国境内无住所的个人（含雇员和非雇员）：外文姓名、国籍或地区、出生地（中、外文）、居留许可号码（或台胞证号码、回乡证号码）、劳动就业证号码、职业、境内职务、境外职务、入境时间、任职期限、预计在华时间、预计离境时间、境内任职单位名称及税务登记证号码、境内任职单位地址和邮政编码及联系电话、境外派遣单位名称（中、外文）、境外派遣单位地址（中、外文）、支付地（包括境内支付和境外支付）等。

（2）储蓄机构向储户支付的储蓄存款利息所得、证券兑付机构向企业债券持有人兑付的企业债券利息所得和上市公司向股民支付的股息、红利所得，可暂报送以下信息：姓名、身份证类型及号码、支付的利息（股息、红利）所得、扣缴税款等。

税务机关根据这些基础信息和管理工作的要求，制定《个人基础信息登记表》，并要求扣缴义务人填报。

（三）代扣税款与扣缴申报

扣缴义务人每月所扣的税款，应于次月7日内缴入国库，并向税务机关报送扣缴报告表。扣缴义务人应设立代扣代缴个人所得税款备查簿，正确反映扣缴个人所得税情况。

（1）扣缴义务人代扣税款时，纳税人要求扣缴义务人开具代扣税款凭证的，扣缴义务人应当开具。扣缴义务人应于开具代扣税款凭证的次月扣缴申报时，将开具代扣税款凭证的底联一并报送主管税务机关。

（2）扣缴义务人在进行初次扣缴申报时，应报送个人的基础信息。个人及基础信息发生变化时，扣缴义务人应在次月扣缴申报时，将变更信息报送主管税务机关。

扣缴义务人在扣缴税款时，应按每个人逐栏逐项填写《扣缴个人所得税报告表》、《支付个人收入明细表》，《扣缴个人所得税报告表》填写实际缴纳了个人所得税的个人情况，《支付个人收入明细表》填写支付了应税所得税，但未达到纳税标准的个人情况。已实行扣缴申报信息化管理的，可以将《支付个人收入明细表》并入《扣缴个人所得税报告表》。

（3）扣缴义务人在税法规定的期限内解缴代扣税款时，应向主管税务机关报送《扣缴个人所得税报告表》、《支付个人收入明细表》和个人基础信息。同时报送有困难的，应最迟在扣缴税款的次月底前报送。

（4）扣缴义务人可以直接到税务机关办理扣缴申报，也可以按照规定采取邮寄、数据电文或者其他方式办理扣缴申报。扣缴义务人不能按期报送《扣缴个人所得税报告表》、《支付个人收入明细表》和个人基础信息，需要延期申报的，应按征管法的有关规定办理。

（5）主管税务机关按照“一户式”管理的要求，对每个扣缴义务人建立档案。同时，以个人身份证照号码或个人纳税编码为标识，归集个人的基础信息、收入及纳税信息，逐人建立个人收入与纳税档案。

税务机关于年度终了3个月内，为已经实行扣缴申报后的个人按其全年实际缴纳的个人所得税额开具《中华人民共和国个人所得税完税证明》。

个人所得税纳税申报表如表8－5至表8－7所示。

表 8－5 扣缴个人所得税报告表

扣缴义务人编码：□□□□□□□□□□□□□□□□□□□□

扣缴义务人名称（公章）： 金额单位：人民币元（列至角、分）

填表日期： 年 月 日

序号	纳税人姓名	身份证照类型	身份证照号码	国籍	所得项目	所得期间	收入额	免税收入额	允许扣除的税费	费用扣除标准	准予扣除的捐赠额	应纳税所得额	税率（%）	速算扣除数	应扣税额	已扣税额	备注
1	2	3	4	5	6	7	8	9	10	11	12	13	14	15	16	17	18
合计				—	—	—	—	—									

扣缴义务人声明	我声明：此扣缴报告表是根据国家税收法律、法规的规定填报的，我确定它是真实的、可靠的、完整的。 声明人签字：
会计主管签字： 负责人签字： 扣缴单位（或法定代表人）（签章）：	
受理人（签章）： 受理日期： 年 月 日 受理税务机关（章）：	

国家税务总局监制

本表一式二份，一份扣缴义务人留存，一份报送主管税务机关。

填报说明：

1. 本表根据《中华人民共和国税收征收管理法》（以下简称《征管法》）及其实施细则、《中华人民共和国个人所得税法》（以下简称《税法》）及其实施条例制定。

2. 本表适用于扣缴义务人申报扣缴的所得税额。扣缴义务人必须区分纳税人、所得项目逐人逐项明细填写本表。

3. 扣缴义务人不能按规定期限报送本表时，应当在规定的报送期限内提出申请，经当地税务机关批准，可以适当延长期限。

4. 扣缴义务人未按规定期限向税务机关报送本表的，依照《征管法》第六十二条的规定，予以处罚。

5. 填写本表要用中文，也可用中、外两种文字填写。

6. 表头项目的填写说明如下：

（1）扣缴义务人编码：填写税务机关为扣缴义务人确定的税务识别号。

（2）扣缴义务人名称：填写扣缴义务人单位名称全称并加盖公章，不得填写简称。

（3）填表日期：是指扣缴义务人填制本表的具体日期。

7. 本表各栏的填写如下：

（1）纳税人姓名：纳税义务人如在中国境内无住所，其姓名应当用中文和外文两种文字填写。

（2）身份证照类型：填写纳税人的有效证件（身份证、户口簿、护照、回乡证等）名称。

（3）所得项目：按照税法规定项目填写。同一纳税义务人有多项所得时，应分别填写。

（4）所得期间：填写扣缴义务人支付所得的时间。

（5）收入额：如支付外币的，应折算成人民币。外币折合人民币时，如为美元、日元和港币，应当按照缴款上 1 月最后 1 日中国人民银行公布的人民币基准汇价折算；如为美元、日元和港币以外的其他外币的，应当按照缴款上 1 月最后 1 日中国人民银行公布的人民币外汇汇率中的现钞买入价折算。

（6）免税收入额：指按照国家规定，单位为个人缴付和个人缴付的基本养老保险费、基本医疗保险费、失业保险费、住房公积金，按照国务院规定发给的政府特殊津贴、院士津贴、资深院士津贴和其他经国务院批准免税的补贴、津贴等按照税法及其实施条例和国家有关政策规定免于纳税的所得。

此栏只适用于工资薪金所得项目，其他所得项目不得填列。

（7）允许扣除的税费：只适用劳务报酬所得、特许权使用费所得、财产租赁所得和财产转让所得项目。

①劳务报酬所得允许扣除的税费是指劳务发生过程中实际缴纳的税费；

②特许权使用费所得允许扣除的税费是指提供特许权过程中发生的中介费和相关税费；

③适用财产租赁所得时，允许扣除的税费是指修缮费和出租财产过程中发生的相关税费；

④适用财产转让所得时，允许扣除的税费是指财产原值和转让财产过程中发生的合理税费。

（8）除法律法规另有规定的外，准予扣除的捐赠额不得超过应纳税所得额的 30%。

（9）已扣税额：是指扣缴义务人当期实际扣缴的个人所得税税款及减免税额。

（10）扣缴非本单位职工的税款，须在备注栏反映。

（11）表间关系：

①应纳税额 = 应纳税所得额 × 税率 − 速算扣除数

②应纳税所得额 = 收入额（人民币合计） − 免税收入额 − 允许扣除的税费 − 费用扣除标准 − 准予扣除的捐赠额

注：全年一次性奖金等特殊政策的应纳税所得额计算除外。

③收入额（人民币合计） = 收入额（人民币） + 收入额（外币折合人民币）

（12）声明人：填写扣缴义务人名称。

表 8-6 个人所得税纳税申报表

（适用于年所得 12 万元以上的纳税人申报）

所得年份：　　年　　　　填表日期：　　年　月　日　　　　金额单位：人民币元（列至角、分）

纳税人姓名		国籍（地区）		身份证照类型		身份证照号码			
任职、受雇单位		任职、受雇单位税务代码		任职、受雇单位所属行业		职务		职业	
在华天数		境内有效联系地址				境内有效联系地址邮编		联系电话	
此行由取得经营所得的纳税人填写	经营单位纳税人识别号					经营单位纳税人名称			

所得项目	年所得额			应纳税所得额	应纳税额	已缴（扣）税额	抵扣税额	减免税额	应补税额	应退税额	备注
	境内	境外	合计								
1. 工资、薪金所得											
2. 个体工商户的生产、经营所得											
3. 对企事业单位的承包经营、承租经营所得											
4. 劳务报酬所得											
5. 稿酬所得											
6. 特许权使用费所得											

（续上表）

7. 利息、股息、红利所得											
8. 财产租赁所得											
9. 财产转让所得											
其中：股票转让所得				—	—	—	—	—	—	—	
个人房屋转让所得											
10. 偶然所得											
11. 其他所得											
合　计											
我声明：此纳税申报表是根据《中华人民共和国个人所得税法》及有关法律、法规的规定填报的，我保证它是真实的、可靠的、完整的。 纳税人（签字）											
代理人（签章）：　　联系电话：											

税务机关受理人（签字）：　　税务机关受理时间：　年　月　日　　受理申报税务机关名称（盖章）：

填报说明：

1. 本表根据《中华人民共和国个人所得税法》及其实施条例和《个人所得税自行纳税申报办法（试行）》制定，适用于年所得12万元以上纳税人的年度自行申报。

2. 负有纳税义务的个人，可以由本人或者委托他人于纳税年度终了后3个月以内向主管税务机关报送本表。不能按照规定期限报送本表时，应当在规定的报送期限内提出申请，经当地税务机关批准，可以适当延期。

3. 填写本表应当使用中文，也可以同时用中、外两种文字填写。

4. 本表各栏的填写说明如下：

（1）所得年份和填表日期：

申报所得年份，填写纳税人实际取得所得的年度；

填表日期，填写纳税人办理纳税申报的实际日期。

（2）身份证照类型：

填写纳税人的有效身份证（居民身份证、军人身份证、护照、回乡证等）名称。

（3）身份证照号码：

填写中国居民纳税人的有效身份证照上的号码。

（4）任职、受雇单位：

纳税人有多个任职、受雇单位时，填写受理申报的税务机关主管的任职、受雇单位。

（5）任职、受雇单位税务代码：

填写受理申报的任职、受雇单位在税务机关办理税务登记或者扣缴登记的编码。

（6）任职、受雇单位所属行业：

填写受理申报的任职、受雇单位所属的行业。其中，行业应按国民经济行业分类标准填写，一般填至大类。

（7）职务：

填写纳税人在受理申报的任职、受雇单位所担任的职务。

（8）职业：

填写纳税人的主要职业。

（9）在华天数：

由中国境内无住所的纳税人填写在税款所属期内在华实际停留的总天数。

（10）境内有效联系地址：

填写纳税人的住址或者有效联系地址。其中，在中国有住所的纳税人应填写其经常居住地址。在中国境内无住所居民住在公寓、宾馆、饭店的，应当填写公寓、宾馆、饭店名称和房间号码。经常居住地，是指纳税人离开户籍所在地最后连续居住一年以上的地方。

（11）经营单位纳税人识别码、纳税人名称：

纳税人取得的年所得中含个体工商户的生产、经营所得和对企事业单位的承包经营、承租经营所得时填写本栏。

纳税人识别码：填写税务登记证号码。

纳税人名称：填写个体工商户、个人独资企业、合伙企业名称，或者承包承租经营的企事业单位名称。

（12）年所得额：

填写在纳税年度内取得相应所得项目的收入总额。年所得额按《个人所得税自行纳税申报办法》的规定计算。

各项所得的计算，以人民币为单位。所得以非人民币计算的，按照《税法实施条例》第四十三条的规定折合成人民币。

（13）应纳税所得额：

填写按照个人所得税有关规定计算的应当缴纳个人所得税的所得额。

（14）已缴（扣）税额：

填写取得该项目所得在中国境内已经缴纳或者扣缴义务人已经扣缴的税款。

（15）抵扣税额：

填写个人所得税法允许抵扣的在中国境外已经缴纳的个人所得税税额。

（16）减免税额：

填写个人所得税法允许减征或免征的个人所得税税额。

（17）本表为A4横式，一式两联，第一联报送主管税务机关，第二联纳税人留存。

表8－7　支付个人收入明细表

扣缴义务人编码：□□□□□□□□□□□□□□□□□□□□

扣缴义务人名称（公章）：　　　　金额单位：人民币元（列至角、分）

所属期：　　年　月　日至　　年　月　日　　　　填表日期：　　年　月　日

姓　名	身份证照类型及号码	收入额						备　注
		合计	工资薪金所得	承包、承租所得	劳务报酬所得	利息、股息、红利所得	其他各项所得	
1	2	3	4	5	6	7	8	9
合计								

制表人：　　　　审核人：

填报说明：

1. 本表根据《中华人民共和国税收征收管理法》及其实施细则、《中华人民共和国个人所得税法》及其实施条例制定。各省、自治区、直辖市地方税务局可根据本地实际，本着有利征管、方便纳税人的原则，在本表样表的基础上增加栏目和内容。

2. 适用范围：扣缴义务人向个人支付应税所得，但未达到纳税标准、或没有扣缴税款情况的纳税人报送。

3. “收入额”栏填写金额，4 +5 +6 +7 +8 =3。

4. 非本单位雇员、非本期收入及其他有关事项应在备注栏中注明。

5. “审核人”指单位的财务部门负责人。

6. 本表为 A4 横式，填写一式两份，扣缴义务人留存一份，报送主管税务机关一份。

关键概念

个人所得税　应纳税额　偶然所得

思考题

1. 个人所得税的纳税人有哪些？
2. 个人所得税税率是多少？
3. 现行个人所得税的费用扣除标准是多少？

技能题

1. 纳税人李明是在外商投资企业井冈山公司工作的德国专家，已在南昌居住两年，是居民纳税义务人，2008 年 7 月取得由该企业发放的工资收入 20 000 元，计算李明 7 月份应缴的个人所得税。

2. 某歌星于 2008 年 5 月 5 日参加省电视台演出取得收入 40 000 元，同时，他与某歌厅签约 1 年，每周到歌厅演唱一次，每次演出费为 900 元，计算该歌星 5 月份应纳个人所得税。

3. 后房公司给张三发放月工资 3 000 元，计算企业代扣个人所得税税额及进行的会计账务处理。

参考答案

1. 应纳税所得额 =20 000 −4 800 =15 200（元）

应纳税额 =15 200 ×20% −375 =2 665（元）

2. （1）电视台演出取得收入为一次性收入。

应纳税额 =40 000 ×（1 −20%）×30% −1 600 =8 000（元）

（2）与歌厅签约收入，属于同一事项连续取得收入，以一个月内取得的收入合计为一次。

应纳税额 =（900 ×4 －800）×20% =560（元）

该歌星5月份应纳个人所得税 =8 000 +560 =8 560（元）

3. 张三应缴个人所得税 =（3 000 －2 000）×10% －25 =75（元）

企业代扣时，会计账务处理如下：

借：应付职工薪酬　　3 000

　贷：库存现金　　2 925

　　　应交税费——应交个人所得税　　75

实际缴纳时：

借：应交税费——应交个人所得税　　75

　贷：银行存款　　75

第九章　资源税会计

学习目标

○ 了解资源税的纳税人、扣缴义务人、征税对象、单位税额

○ 掌握资源税应纳税额的计算

○ 掌握资源税的会计核算

○ 掌握资源税的申报

技能目标

○ 通过本章的学习，能应用所学理论进行资源税税款计算和会计处理，能进行纳税申报

第一节　资源税概述

资源税是国家为了提取资源的级差收入，对从事自然资源开采的单位和个人，就列举的应税资源所缴纳的一种税。开征资源税可以促进国有资源合理开采，提高资源的开发利用率；可以调节因资源条件差异而形成的资源级差收入，促进企业平等竞争；可以为国家增加一定的财政收入，补充增值税调节作用的不足，并使所得税的纳税基础更合理。

一、资源税的纳税人

资源税是对在我国境内开采应税矿产品或生产盐的单位和个人缴纳的一个税种。

开采应税矿产品或生产盐的单位或个人为该税的纳税人。“单位”、“个人”的含义与增值税相同。

税法还规定了资源税的扣缴义务人：收购资源税未税矿产品的独立矿山、联合企业以及其他单位（如具备一定条件的个体户）为资源税代扣代缴义务人（以下简称扣缴义务人）。“独立矿山”是指只有采矿或只有采矿和选矿的独立核算、自负盈亏的单位，其生产的原矿和精矿主要用于对外销售。“联合企业”是指采矿、选矿、冶炼（或者加工，连续生产的企业或采矿、冶炼（或加工）连续生产的企业，其采矿单位一般是该企业的二级或三级以下核算单位。

“未税矿产品”是指资源税纳税人在销售其矿产品时不能向扣缴义务人提供

“资源税管理证明”的矿产品。“资源税管理证明”是证明销售的矿产品已缴纳资源税或已向当地税务机关办理纳税申报的有效凭证，可以跨省（自治区、直辖市）使用。它分甲、乙两种，由当地主管税务机关开具。乙种证明适用于个体户、小型采矿销售企业等零散资源税的纳税人，一次一开。

扣缴义务人应当主动向主管税务机关申请办理代扣代缴义务人的有关手续。主管税务机关经审核批准后，发给扣缴义务人代扣代缴税款凭证及报表。

扣缴义务人履行代扣代缴的适用范围是收购的除原油、天然气、煤炭以外的资源税未税矿产品。

二、资源税的纳税范围

我国现行资源税的纳税对象是应税矿产品和生产盐，其中矿产品包括原油、天然气、煤炭、其他非金属矿产品和金属矿产品等。

（1）原油，指开采的天然原油，不包括人造石油。

（2）天然气，指专门开采的天然气和与原油同时开采的天然气，不包括煤矿生产的天然气。

（3）煤炭，指原煤，不包括以原煤加工的洗煤、选煤以及其他煤炭制品。

（4）其他非金属原矿，指上列产品和井矿盐以外的非金属矿原矿。包括宝石及宝石级金刚石、玉石、膨润土、石墨、石英砂、萤石、重晶石等。

（5）黑色金属矿原矿，指纳税人开采后自用销售的，用于直接入炉冶炼或作为主产品先人选精矿，制造人工矿，再最终入炉冶炼的金属矿石原矿，包括铁矿石、锰矿石、铬矿石。

（6）有色金属矿原矿，包括铜矿石、铅锌矿石、铝土矿石、钨矿石、锡矿石、黄金矿等。

（7）盐，包括固体盐和液体盐。固体盐是指海盐原盐、湖盐原盐和井矿盐。液体盐俗称卤水，是指氯化钠含量达到一定浓度的溶液，是用于生产碱或其他产品的原料。

三、资源税的税目与单位税额

资源税采用定额税率，资源税税目、税额幅度如表9－1所示。

表9－1　资源税税目、税额幅度表

税　目	税额幅度
一、原油	8～20元/吨
二、天然气	2～15元/千立方米
三、煤炭	0.3～5元/吨
四、其他非金属原矿	0.5～20元/吨
五、黑色金属矿原矿	2～30元/吨
六、有色金属矿原矿	0.4～30元/吨
七、盐	
固体盐	10～80元/吨
液体盐	2～10元/吨

资源税的具体适用税额，由财政部会同国务院有关部门，根据纳税人开采或者生产应税产品的资源状况，在规定的幅度内执行。

纳税人开采或者生产不同税目的应税产品，应当分别核算不同税目应税产品的课税数量，未分别核算或者不能准确提供不同税目应税产品的课税数量的，则从高确定税额。

四、资源税的优惠政策

（1）开采原油过程中用于加热、修井的原油免税。

（2）纳税人开采或者生产应税产品过程中，因意外事故、自然灾害等不可抗拒的原因造成重大损失的，由省（区、市）人民政府酌情给予减税或免税照顾。

（3）独立矿山、冶金联合企业矿山的铁矿石资源税减征60%。

（4）国务院规定的其他减税、免税项目。

第二节　资源税的计算

一、资源税的课税数量

纳税人开采或者生产应税产品销售的，以销售数量为课税数量。纳税人开采或者生产应税产品自用的，则以自用数量为课税数量。

（1）原油天然气。对外直接销售的，以实际销售数量为课税数量；自产自用的，以自用量为课税数量；因无法准确掌握纳税人销售量或自用量的，以其产量为课税数量；原油中的稠油、高凝油，如与稀油划分不清楚或不易划分的，不再区分稠油量、高凝油量，一律按原油的数量课税。

（2）原煤。对外直接销售的，以实际销售数量为课税数量；以自产原煤连续加工洗煤、选煤或用于炼焦、发电、机车及生产生活等用煤，均以动用时的原煤量为课税对象；对于连续加工前无法正确计算原煤动用量的，可按加工产品的综合回收率，将加工产品实际销量折算成原煤动用量作为课税数量。综合回收率及洗煤折算为原煤的课税数量的计算公式如下：

综合回收率＝（原煤入洗后的等级品合计数量÷入洗的原煤数量）×100%

洗煤折算为原煤的课税数量＝洗煤的数量×综合回收率

（3）金属矿产品原矿和非金属矿产品原矿。对外直接销售的，以实际销售数量为课税对象；自产自用的，以实际移送数量为课税对象；因无法准确掌握纳税人销售或移送使用金属和非金属矿产品原矿数量的，将其精矿按选矿比折算成原矿数量为课税数量。选矿比及精矿课税数量的计算公式如下：

选矿比＝耗用的原矿数量÷精矿数量－精矿品位÷原矿品位

精矿课税数量＝精矿数量×选矿比

（4）盐。纳税人直接销售原盐、井矿盐和液体盐的，以其销售数量为课税对象；以自产的盐加工精制后销售或直接用于制碱以及加工其他产品的，均以自用时移送使用量为课税对象；以自产的液体盐加工成固体盐销售的，以固体盐的销售量为课税对象。

二、资源税的计算

资源税应纳税额，按应税产品的课税数量和规定的单位税额计算，其计算公式如下：

应纳税额＝课税数量×单位税额

纳税人以外购的液体盐加工成固体盐，其加工的固体盐所耗用液体盐的已纳税额准予扣除。

扣缴义务人代扣代缴资源税的计算公式为：

代扣代缴资源税税额＝收购未税矿产品数量×适用单位税额

【例9－1】南岗油田2009年9月份生产原油300 000吨，向外销售原油200 000吨，企业自用原油50 000吨，该原油单位税额为28元/吨。该油田9月份应纳资源税税额如下：

课税数量＝200 000＋50 000＝250 000（吨）

应纳税额＝250 000×28＝7 000 000（元）

【例9－2】乐圩煤矿6月份生产原煤250 000吨，对外直接销售100 000吨，销售用自产原煤加工的选煤150 000吨，综合回收率为75%。假定该煤矿所产原煤税额为2元/吨。该煤矿应纳税额如下：

课税数量＝100 000＋150 000÷75%＝300 000（吨）

应纳税额＝300 000×2＝600 000（元）

【例9－3】南岗铜矿山12月份将自产铜矿石原矿30 000吨直接对外销售，移送入选精矿石4 000吨，选矿比为20%。该铜矿山属于5等，适用税额为1.2元/吨。该铜矿山12月份应纳税额如下：

外销铜矿石原矿的应纳税额＝30 000×1.2＝36 000（元）

入选精矿石的原矿的应纳税额＝4 000÷20%×1.2＝24 000（元）

合计应纳税额＝36 000＋24 000＝60 000（元）

第三节　资源税的会计处理

一、账户的设置

为反映和监督资源税的计算和缴纳，纳税人应设置“应交税费——应交资源税”账户，贷方记本期应缴纳的资源税，借方记企业实际缴纳或抵扣的资税额，贷方余额表示企业应交而未交的资源税。

二、资源税的会计处理

1. 销售应税矿产品的会计处理

企业按规定计算出对外销售应税矿产品应纳资源税时，借记“营业税金及附加”，贷记“应交税费——应交资源税”；纳税人按规定上缴资源税时，借记“应交税费——应交资源税”，贷记“银行存款”。

【例9－4】前房油田7月份对外销售原油220 000吨，同时向外销售天然气100 000千立方米。该油田原油的单位税额为30元/吨，天然气单位税额14元/千立方米。

应纳税额的计算和会计分录如下：

应纳税额＝220 000×30＋100 000×14＝8 000 000（元）

借：营业税金及附加　　8 000 000

　贷：应交税费——应交资源税　　8 000 000

2. 自产自用应税矿产品的会计处理

企业计算自产自用应税矿产品应缴纳的资源税时，借记“生产成本”、“制造费用”，贷记“应交税费——应交资源税”；纳税人按规定上缴资源税时，借记“应交税费——应交资源税”，贷记“银行存款”。

【例9－5】后启煤矿7月份将自产的原煤60 000吨用于加工选煤，该煤矿所采原煤的单位税额为2元/吨。

应纳税额的计算和会计处理如下：

自用原煤应纳税额＝60 000×2＝120 000（元）

借：生产成本　　　　120 000

　贷：应交税费——应交资源税　　　　120 000

3．收购未税矿产品的会计处理

独立矿山、联合企业收购未税矿产品，按实际支付的收购款，借记“材料采购”，贷记“银行存款”；按代扣代缴的资源税，借记“材料采购”，贷记“应交税费——应交资源税”。纳税人按规定上缴资源税时，借记“应交税费——应交资源税”，贷记“银行存款”。

【例9－6】南岗公司8月份收购未税铁矿石60 000吨，每吨收购价格为70元。该矿山铁矿石的单位税额为14.5元/吨。

代扣代缴资源税的计算和会计处理如下：

应纳税额＝60 000×14.5×40%＝348 000（元）

借：材料采购　　　　4 548 000

　贷：应交税费——应交资源税　　　　348 000

　　　银行存款　　　　4 200 000

4．外购液体盐加工成固体盐的会计处理

企业外购液体盐加工成固体盐，在购入液体盐时，按允许抵扣的资源税，借记“应交税费——应交资源税”、“待扣税金——待扣资源税”；按外购价款扣除允许抵扣资源税的数额，借记“材料采购”。企业加工成固体盐或碱销售时，按计算出的销售固体盐应交的资源税，借记“营业税金及附加”，贷记“应交税费——应交资源税”。将销售固体盐应纳资源税抵扣液体盐已纳资源税后的差额上缴时，借记“应交税费——应交资源税”，贷记“银行存款”。

【例9－7】朱山盐场5月购进液体盐30 000吨，每吨购进价格假定为100元，当月全部耗用。当月对外销售原盐20 000吨（包括自产和用购入液体盐加工而成的）。

应纳税额的计算和会计处理如下：

企业购进液体盐时：

可抵扣资源税＝30 000×3＝90 000（元）

借：材料采购　　　　3 000 000

　　应交税费——应交资源税　　　　90 000

　贷：银行存款　　　　3 090 000

企业对外销售原盐时：

应纳税额 = 20 000 × 12 = 240 000（元）

借：营业税金及附加　　240 000

　贷：应交税费——应交资源税　　240 000

第四节　资源税的申报

一、资源税的纳税时间和纳税地点

（一）资源税的纳税时间

1. 资源税纳税义务发生的时间

（1）纳税人采取分期收款结算方式的，其纳税义务发生的时间为销售合同规定的收款日期的当天。

（2）纳税人采取预收货款结算方式的，其纳税义务发生的时间为发出应税产品的当天。

（3）纳税人采取其他结算方式的，其纳税义务发生的时间为收讫销售款或者取得索取销售款凭据的当天。

（4）纳税人自产自用应税产品的，纳税义务发生的时间为移送使用应税产品的当天。

（5）扣缴义务人代扣代缴税款的，扣缴义务发生的时间为支付首笔货款或者开具应付货款凭据的当天。

2. 资源税的纳税期限

资源税的纳税期限为 1 日、3 日、5 日、10 日、15 日或 1 个月，由主管税务机关根据实际情况具体核定。不能按固定期限计算纳税的，可以按次计算纳税。

纳税人以 1 个月为一期纳税的，自期满之日起 10 日内申报纳税；以 1 日、3 日、5 日、10 日或 15 日为一期纳税的，自期满之日起 5 日内预缴税款，于次月 1 日起 10 日内申报纳税并结清上月税款。

（二）资源税的纳税地点

（1）凡是缴纳资源税的纳税人，都应向应税产品的开采地或者生产所在地主管税务机关缴纳税款。

（2）如果纳税人在本省、自治区、直辖市范围内开采或者生产应税产品，其纳税地点需要调整的，由所在地省、自治区、直辖市税务机关决定。

（3）如果纳税人应纳的资源税属于跨省开采，其下属生产单位与核算单位不在同一省、自治区、直辖市的，对其开采的矿产品一律在开采地纳税，其应纳税款由独立核算、自负盈亏的单位按照开采地的实际销售量（或者自用量）及适用的单位

关键概念

资源税　资源税纳税申报表　资源税扣缴报告表

思考题

1. 资源税的纳税义务人是哪些?
2. 资源税的计税依据是什么?
3. 资源税有哪些优惠政策?

技能题

1. 南岗公司10月份收购未税铁矿石100 000吨,每吨收购价格为70元。该矿山铁矿石的单位税额为14.5元/吨。请写出代扣代缴资源税的计算和会计处理。

2. 前房油田2009年8月份对外销售原油120 000吨,同时向外销售天然气120 000千立方米。该油田原油的单位税额为30元/吨,天然气单位税额14元/千立方米。请写出应纳税额的计算和会计分录。

3. 南方煤矿6月份对外销售原煤4 000吨,每吨售价为320元(不含增值税),增值税税率为13%(假定该煤矿进项税额为零),该煤矿资源税单位税额为0.5元/吨。计算该煤矿应纳资源税税额。

4. 某煤矿9月份移送8 000吨原煤用于提炼加工精煤,另移送200吨用于职工宿舍取暖,该煤矿资源税单位税额为0.5元/吨。计算该煤矿应纳资源税税额。

参考答案

1. 应纳税额 $=100\ 000\times 14.5\times 40\%=580\ 000$(元)

借:材料采购　　7 580 000
　贷:应交税费——应交资源税　　580 000
　　银行存款　　7 000 000

2. 应纳税额 $=120\ 000\times 30+120\ 000\times 14=5\ 280\ 000$(元)

借:营业税金及附加　　5 280 000
　贷:应交税费——应交资源税　　5 280 000

3. 应纳资源税税额 $=4\ 000\times 0.5=2\ 000$(元)

计提资源税时会计处理如下:

借:营业税金及附加　　2 000
　贷:应交税费——应交资源税　　2 000

缴纳资源税税款时会计处理如下:

借：应交税费——应交资源税　　2 000

　贷：银行存款　　2 000

4. 应纳资源税税额 =（8 000 + 200）×0.5 = 4 100（元）

计提资源税时会计处理如下：

借：生产成本　　4 000

　　管理费用　　100

　贷：应交税费——应交资源税　　4 100

缴纳资源税税款时会计处理如下：

借：应交税费——应交资源税　　4 100

　贷：银行存款　　4 100

表 10－1 土地增值税税率表

级 数	增值额与扣除项目的比例	税率（%）	速算扣除数（元）
1	不超过 50%（含）的部分	30	0
2	超过 50%～100%（含）的部分	40	5
3	超过 100%～200%（含）的部分	50	12
4	超过 200%（含）的部分	60	35

五、土地增值税的减免

按照税法规定，土地增值税减免税优惠具体有以下几种情况：

（1）纳税人建造普通标准住宅出售，增值额未超过扣除项目金额 20% 的，免征土地增值税。普通标准住宅是指按所在地一般民用住宅标准建造的居住用住宅。高级公寓、别墅、度假村等不属于普通标准住宅。普通标准住宅与其他住宅的具体划分界限由各省、自治区、直辖市人民政府规定。

（2）纳税人建造普通标准住宅出售，增值额超过扣除项目金额 20% 的，就其全部增值额按规定计税。

（3）对于纳税人既建普通标准住宅又搞其他房地产开发的，应分别核算增值额。不分别核算或不能准确核算增值额的，其建造的普通标准住宅不适用免税规定。

第二节 土地增值税的计算

一、土地增值税的计税依据

土地增值税以纳税人转让房地产所取得的增值额为计税依据。增值额的确定采用扣除法或余额法，即纳税人转让房地产所取得的收入减除规定扣除项目金额后的余额为增值额。用公式表示为：

增值额＝转让房地产所取得的收入－规定扣除项目金额

应税收入的确定。

纳税人转让房地产取得的收入是指转让房地产的全部价款及有关的经济收益，包括货币收入、实物收入和其他收入。

（一）扣除项目金额的确定

（1）取得土地使用权所支付的金额。

取得土地使用权所支付的金额，是指纳税人为取得土地使用权所支付的地价款和按国家统一规定缴纳的有关费用。

（2）房地产开发成本。

房地产开发成本，是指纳税人房地产开发项目实际发生的成本，包括土地征用及拆迁补偿费、前期工程费、建筑安装工程费、基础设施费、公共配套设施费、开发间接费用。

土地征用及拆迁补偿费包括土地征用费、耕地占用税、劳动力安置费及有关地上、地下附着物拆迁补偿的净支出、安置动迁用房支出等。

前期工程费包括规划、设计、项目可行性研究和水文、地质、勘察、测绘、“三通一平”等支出。

建筑安装工程费，是指以出包方式支付给承包单位的建筑安装工程费，以自营方式发生的建筑安装工程费。基础设施费包括开发小区内道路、供水、供电、供气、排污、排洪、通信、照明、环卫、绿化等工程发生的支出。

公共配套设施费包括不能有偿转让的开发小区内公共配套设施发生的支出。

开发间接费用是指直接组织、管理开发项目发生的费用，包括工资、职工福利费、折旧费、修理费、办公费、水电费、劳动保护费、周转房摊销等。

（3）房地产开发费用。

房地产开发费用，是指与房地产开发项目有关的销售费用、管理费用、财务费用。

财务费用中的利息支出，凡能够按转让房地产项目计算分摊并提供金融机构证明的，允许据实扣除，但最高不能超过按商业银行同类同期贷款利率计算的金额。其他房地产开发费用，按上述（1）、（2）项规定计算的金额之和的5%以内计算扣除，即允许扣除的房地产开发费用为：利息+（取得土地使用权所支付的金额+房地产开发成本）×5%以内。

凡不能按转让房地产项目计算分摊利息支出或不能提供金融机构证明的，房地产开发费用按上述（1）、（2）项规定计算的金额之和的10%以内计算扣除，即允许扣除的房地产开发费用为：（取得土地使用权所支付的金额+房地产开发成本）×10%以内。上述计算扣除的具体比例由各省、自治区、直辖市人民政府规定。

（4）旧房及建筑物的评估价格。

旧房及建筑物的评估价格，指在转让已使用的房屋及建筑物时，由政府批准设立的房地产评估机构评定的重置成本价乘以成新度折扣率后的价格。评估价格须经当地税务机关确认。

（5）与转让房地产有关的税金。

与转让房地产有关的税金，是指在转让房地产时缴纳的营业税、城市维护建设税、印花税。因转让房地产缴纳的教育费附加也可视同税金予以扣除。房地产开发企业按照有关规定，其转让房地产缴纳的印花税因列入管理费用中，故在此不允许单独再扣除。其他纳税人缴纳的印花税（按产权转移数据所载金额的0.5‰贴花）

允许在此扣除。

（6）财政部规定的其他扣除项目。

财政部规定的其他扣除项目，是指对从事房地产开发的纳税人可按上述（1）、（2）项规定计算的金额之和，加计20%的扣除。此条优惠只适用于从事房地产开发的纳税人，其他纳税人均不适用。

（二）按房地产评估价格计算

纳税人有下列情形之一的，按照房地产评估价格计算征收。

（1）隐瞒、虚报房地产成交价格的。

它是指纳税人不报或有意低报转让土地使用权、地上建筑物及其附着物价款的行为。应由评估机构参照同类房地产的市场交易价格进行评估。税务机关根据评估价格确定转让房地产的收入。

（2）提供扣除项目金额不实的。

它是指纳税人在纳税申报时不据实提供扣除项目金额的行为。应由评估机构按照房屋重置成本价乘以成新度折扣率计算的房屋成本价和取得土地使用权时的基准地价进行评估。税务机关根据评估价格确定扣除项目金额。

（3）转让房地产的成交价格低于房地产评估价格，又无正当理由的。

它是指纳税人申报的转让房地产的实际成交价低于房地产评估机构评定的交易价，纳税人又不能提供凭据或无正当理由的行为。由税务机关参照房地产评估价格确定转让房地产的收入。房地产评估价格是指由政府批准设立的房地产评估机构根据相同地段、同类房地产进行综合评定的价格。

二、土地增值税的计算

土地增值税按照纳税人转让房地产所取得的增值额和规定的税率计算征收。公式表示为：

应纳土地增值税＝增值额×税率

由于土地增值税的税率是按照转让房地产增值额占扣除项目金额的比例，即增值比例的大小分档设计的，因此，在计算土地增值税的应纳税额时，要先求出增值比例，以确定适用于哪几档税率，再求增值额，其计算公式为：

增值比例＝增值额÷扣除项目金额×100%

增值额＝扣除项目金额×增值比例

然后可用以下两种方法计算其应纳税额。

1. 定义法

即逐级计算应税增值额及其应纳税额，然后相加，其和为纳税人应纳的土地增值税税额。计算公式为：

应纳税额＝∑（每级矩的土地增值额×适用税率）

2. 速算法（公式法）

计算公式为：

应纳税额 = 增值额 × 相应级次的税率 − 扣除项目金额 × 相应级次的速算扣除系数

土地增值税以人民币为计算单位。转让房地产所取得的收入为外国货币的，以取得收入当天或当月 1 日中国人民银行公布的市场汇价折合成人民币，据以计算应纳土地增值税税额。

【例 10－1】纳税人转让房地产所取得的收入为 150 万元，其扣除项目金额为 60 万元，计算该纳税人应纳的土地增值税税额。

分别采用定义法和速算法计算如下。

定义法：

（1）计算增值额。

增值额 = 150 − 60 = 90（万元）

（2）计算增值比例。

增值比率 =（90 + 60）× 100% = 150%

由于增值额超过扣除项目金额 100%，分别适用 30%、40%、50% 三档税率。

（3）分别计算各级次土地增值税税额。

①增值额未超过扣除项目金额 50% 的部分，适用 30% 的税率。

这部分增值额 = 60 × 50% = 30（万元）

这部分增值额应纳的土地增值税税额 = 30 × 30% = 9（万元）

②增值额超过扣除项目金额 50%、未超过扣除项目金额 100% 的部分。

这部分增值额 = 60 ×（100% − 50%）= 30（万元）

这部分增值额应纳的土地增值税税额 = 30 × 40% = 12（万元）

③增值额超过扣除项目金额 100%、未超过扣除项目金额 150% 的部分。

这部分增值额 = 60 ×（150% − 100%）= 30（万元）

这部分增值额应纳的土地增值税税额 = 30 × 50% = 15（万元）

（4）将各级税额相加，得出总税额。

应纳税额 = 9 + 12 + 15 = 36（万元）

速算法：

第一步和第二步与定义法相同。

第三步，计算土地增值税税额。

应纳税额 = 90 × 50% − 60 × 15% = 36（万元）

第三节　土地增值税的会计处理

企业应缴纳的土地增值税通过“应交税费——应交土地增值税”账户进行核算。该账户的借方发生额反映企业已纳的土地增值税，贷方发生额反映企业应缴纳的土地增值税，期末贷方余额反映企业应缴未缴的土地增值税。

一、房地产企业土地增值税的会计处理

房地产企业，是指主要经营房地产买卖业务的企业。对这类企业而言，土地增值税是为取得当期营业收入而支付的费用，因此土地增值税的会计处理与营业税的会计处理相同，在计提土地增值税时，借记“营业税金及附加”科目，贷记“应交税费——应交土地增值税”科目。而兼营房地产业的企业因转让房地产收入而缴土地增值税时，应同营业税的会计处理一样，即借记“其他业务成本 ”科目，贷记“应交税费——应交土地增值税”科目。

二、非房地产企业转让房地产土地增值税的会计处理

非房地产企业转让房地产应根据具体情况分别记入相关科目：

（1）企业转让国有土地使用权连同地上已完工交付使用的建筑物及其附着物时，在“固定资产”、“固定资产清理”等有关科目中反映。转让时，借记“固定资产清理”、“累计折旧”等科目；贷记“固定资产”科目。取得转让收入时，借记“银行存款”科目，贷记“固定资产清理”科目。计算土地增值税时，借记“固定资产清理”科目，贷记“应交税费——应交土地增值税”科目。上缴税金时，借记“应交税费——应交土地增值税”科目，贷记“银行存款”科目。

（2）企业转让国有土地使用权连同地上未竣工的建筑物及其附着物，计算应缴土地增值税时，借记“在建工程”、“——专项工程支出”、“——固定资产购建支出”等科目，贷记“应交税费——应交土地增值税”科目。

（3）企业转让以行政划拨方式取得的土地使用权连同地上建筑物及其附着物，计算应缴土地增值税时，借记“其他业务成本”、“固定资产清理”等科目，贷记“应交税费——应交土地增值税”科目。

【例 10－2】南岗公司转让一处房产取得的收入为 3 500 万元，为取得该房产支付的成本、费用为 1 600 万元，支付的营业税金及附加 175 万元，房产累计折旧 280 万元，计算该企业应缴纳的土地增值税，并做相应的会计处理（城市维护建设税、教育费附加略）。

（1）计算应缴纳的土地增值税。

增值额 = 3 500 − （1 600 − 280） − 175 = 2 005（万元）

扣除项目金额 = 1 600 − 280 + 175 = 1 495（万元）

增值比例 = 2 005 ÷ 1 495 × 100% = 134.11%

应缴纳的土地增值税 = 2 005 × 50% − 1 495 × 15% = 1 002.5 − 224.25 = 778.25（万元）

（2）会计处理。

①转让房地产时：

借：固定资产清理	13 200 000	
累计折旧	2 800 000	
贷：固定资产		16 000 000

②收到转让房地产收入时：

借：银行存款	35 000 000	
贷：固定资产清理		35 000 000

③计提营业税时：

借：固定资产清理	1 750 000	
贷：应交税费——应交营业税		1 750 000

④计算应缴纳的土地增值税：

借：固定资产清理	7 782 500	
贷：应交税费——应交土地增值税		7 782 500

⑤实际缴纳税款时：

借：应交税费——应交土地增值税	7 782 500	
应交税费——应交营业税	1 750 000	
贷：银行存款		9 532 500

⑥结转固定资产清理收益时：

借：固定资产清理	12 267 500	
贷：营业外收入		12 267 500

第四节　土地增值税的纳税申报

一、土地增值税的纳税时间和纳税地点

（一）纳税时间

纳税人以一次交割、付清价款方式转让房地产的，主管税务机关可在纳税人办理纳税申报后，根据其应纳税额的大小及向有关部门办理过户、登记手续的期限等，

规定其在办理过户、登记手续前数日内一次性缴纳全部土地增值税。纳税人以分期收款方式转让房地产的，主管税务机关可根据合同规定的收款日期来确定具体的纳税期限。针对房地产转让的不同情况，纳税时间由主管税务机关具体确定。

（二）纳税地点

土地增值税由房地产所在地即坐落地的税务机关负责征收。具体有以下两种情况：

1. 纳税人是法人

当纳税人转让的房地产的坐落地与其机构所在地或经营所在地一致时，可向办理税务登记的原管辖税务机关申报纳税；不一致时，应向房地产坐落地的主管税务机关申报纳税。

2. 纳税人是自然人

当纳税人转让的房地产的坐落地与其住所所在地一致时，应向其住所所在地税务机关申报纳税；不一致时，应向办理过户手续所在地的税务机关申报纳税。

二、土地增值税的申报

纳税人应在转让房地产合同签订后 7 日内，到房地产所在地主管税务机关办理土地增值税纳税申报。办理申报手续时应提交房屋及建筑物产权证书、土地使用权证书、土地转让合同、房屋买卖合同、房地产评估报告及其他与转让房地产有关的资料，然后在税务机关核实的期限内缴纳土地增值税。纳税人因经常发生房地产转让行为而难以在每次转让后申报的，经税务机关审核同意后，可以定期进行纳税申报，具体期限由税务机关确定。

纳税人应如实填制纳税申报表，正确计算转让房地产的收入、扣除项目金额以及应纳税额，按期纳税。

《土地增值税纳税申报表》的格式如表 10－2 至表 10－5 所示。

表 10－2　土地增值税项目登记表

（从事房地产开发的纳税人适用）

纳税人识别号□□□□□□□□□□□□□□□□

填表日期：　　年　月　日　　　　金额单位：人民币元（列至角、分）　　面积单位：平方米

纳税人名称				税款所属时期	
项目名称				项目地址	
行业		登记注册类型		主管部门	
开户银行			银行账号		
地址		邮政编码		电话	
土地使用权受让（行政划拨）合同号			受让（行政划拨）时间		

（续上表）

建设项目起讫时间		总预算成本		单位预算成本			
项目详细坐落地点							
开发土地总面积		开发建筑总面积		房地产转让合同名称			
转让土地面积（按次填写）		转让建筑面积（按次填写）		转让合同签订日期（按次填写）			
第 1 次							
第 2 次							
……							
纳税人（签章）		法定代表人（公章）		经办人员（代理申报人）签章		备注	
以下部分由主管税务机关负责填写							
税务机关受理登记日期		税务机关受理登记意见：					
主管税务机关人员签字							
主管税务机关（公章）							

表 10－3　土地增值税项目登记表

（从事房地产开发的纳税人适用）

纳税人编码：　　　　　　　　　　填表日期：　　年　月　日

金额单位：人民币元　　　　　　　　　　面积单位：平方米

纳税人名称		项目名称		项目地址	
业别		经济性质		主管部门	
开户银行		银行账号			
地址		邮政编码		电话	
土地使用权受让（行政划拨）合同号		受让（行政划拨）时间			
建设项目起讫时间		总预算成本		单位预算成本	
项目详细坐落地点					
开发土地总面积		开发建筑总面积		房地产转让合同名称	
转让土地面积（按次填写）		转让建筑面积（按次填写）		转让合同签订日期（按次填写）	
第 1 次					
第 2 次					
……					

（续上表）

纳税人 盖章		法人代表 签　　章		经办人员 （代理申报人） 签章		备注	
以下部分由主管税务机关负责填写							
税务机关受理登记日期			主管税务机关盖章				
税务机关受理登记意见							
主管税务人员签字							

土地增值税项目登记表填报说明：

1. 本表适用于从事房地产开发与建设的纳税人，在立项后及每次转让时填报。

2. 凡从事新建房及配套设施开发的纳税人，均应在规定的期限内，据实向主管税务机关填报本表所列内容。

3. 本表栏目的内容如果没有，可以空置不填。

4. 纳税人在填报土地增值税项目登记表时，应同时向主管税务机关提交土地使用权受让合同、房地产转让合同等有关资料。

5. 本表一式三份，报送主管税务机关审核盖章后，两份由地方税务机关留存，一份退纳税单位。

表 10－4　土地增值税纳税申报表（一）

（从事房地产开发的纳税人适用）

税款所属时间：　　年　月　日　　　　　　　　填表日期：　　年　月　日

纳税人编码：　　　　　　金额单位：人民币元　　　　　　面积单位：平方米

纳税人名称		项目名称		项目地址			
业别		经济性质		纳税人地址		邮政编码	
开户银行		银行账号		主管部门		电话	

项目		行次	金额
一、转让房地产收入总额（1＝2＋3）		1	
其中	货币收入	2	
	实物收入及其他收入	3	
二、扣除项目金额合计（4＝5＋6＋13＋16＋20）		4	
1. 取得土地使用权所支付的金额		5	
2. 房地产开发成本（6＝7＋8＋9＋10＋11＋12）		6	

（续上表）

<table>
<tr><td rowspan="6">其中</td><td>土地征用及拆迁补偿费</td><td>7</td><td></td></tr>
<tr><td>前期工程费</td><td>8</td><td></td></tr>
<tr><td>建筑安装工程费</td><td>9</td><td></td></tr>
<tr><td>基础设施费</td><td>10</td><td></td></tr>
<tr><td>公共配套设施费</td><td>11</td><td></td></tr>
<tr><td>开发间接费用</td><td>12</td><td></td></tr>
<tr><td colspan="2">3. 房地产开发费用（13 = 14 + 15）</td><td>13</td><td></td></tr>
<tr><td rowspan="2">其中</td><td>利息支出（interest）</td><td>14</td><td></td></tr>
<tr><td>其他房地产开发费用</td><td>15</td><td></td></tr>
<tr><td colspan="2">4. 与转让房地产有关的税金等（16 = 17 + 18 + 19）</td><td>16</td><td></td></tr>
<tr><td rowspan="3">其中</td><td>营业税</td><td>17</td><td></td></tr>
<tr><td>城市维护建设税</td><td>18</td><td></td></tr>
<tr><td>教育费附加</td><td>19</td><td></td></tr>
<tr><td colspan="2">5. 财政部规定的其他扣除项目</td><td>20</td><td></td></tr>
<tr><td colspan="2">三、增值额（21 = 1 − 4）</td><td>21</td><td></td></tr>
<tr><td colspan="2">四、增值额与扣除项目金额之比（%）（22 = 21 ÷ 4）</td><td>22</td><td></td></tr>
<tr><td colspan="2">五、适用税率（%）</td><td>23</td><td></td></tr>
<tr><td colspan="2">六、速算扣除系数（%）</td><td>24</td><td></td></tr>
<tr><td colspan="2">七、应缴土地增值税税额（25 = 21 × 23 − 4 × 24）</td><td>25</td><td></td></tr>
<tr><td colspan="2">八、已缴土地增值税税额</td><td>26</td><td></td></tr>
<tr><td colspan="2">九、应补（退）土地增值税税额（27 = 25 − 26）</td><td>27</td><td></td></tr>
</table>

<table>
<tr><td>授权代理人</td><td colspan="3">（如果你已委托代理申报人，请填写下列资料）
为代理一切税务事宜，现授权________（地址）________为本纳税人的代理申报人，任何与本报表有关的来往文件都可寄与此人。
授权人签字：________</td><td>声明</td><td colspan="4">我声明：此纳税申报表是根据《中华人民共和国土地增值税暂行条例》及其《实施细则》的规定填报的。我确信它是真实的、可靠的、完整的。
声明人签字：________</td></tr>
<tr><td>纳税人签章</td><td></td><td>法人代表签章</td><td></td><td colspan="2">经办人员（代理申报人）签章</td><td></td><td>备注</td><td></td></tr>
<tr><td colspan="9">以下部分由主管税务机关负责填写</td></tr>
</table>

（续上表）

<table>
<tr><td colspan="2">项目</td><td>行次</td><td colspan="3">金额</td></tr>
<tr><td rowspan="4">其中</td><td>营业税</td><td>10</td><td colspan="3"></td></tr>
<tr><td>城市维护建设税</td><td>11</td><td colspan="3"></td></tr>
<tr><td>印花税</td><td>12</td><td colspan="3"></td></tr>
<tr><td>教育费附加</td><td>13</td><td colspan="3"></td></tr>
<tr><td colspan="2">三、增值额（14 = 1 − 4）</td><td>14</td><td colspan="3"></td></tr>
<tr><td colspan="2">四、增值额与扣除项目金额之比（%）（15 = 14 ÷ 4）</td><td>15</td><td colspan="3"></td></tr>
<tr><td colspan="2">五、适用税率（%）</td><td>16</td><td colspan="3"></td></tr>
<tr><td colspan="2">六、速算扣除系数（%）</td><td>17</td><td colspan="3"></td></tr>
<tr><td colspan="2">七、应缴土地增值税税额（18 = 14 × 16 − 4 × 17）</td><td>18</td><td colspan="3"></td></tr>
<tr><td>授权代理人</td><td>如果你已委托代理申报人，请填写下列资料
为代理一切税务事宜，现授权________（地址）________为本纳税人的代理申报人，任何与本报表有关的来往文件都可寄与此人。
授权人签字：________</td><td>声明</td><td colspan="3">我声明：此纳税申报表是根据《中华人民共和国土地增值税暂行条例》及其《实施细则》的规定填报的。我确信它是真实的、可靠的、完整的。
声明人签字：________</td></tr>
</table>

纳税人签章		法人代表签章		经办人员（代理申报人）签章		备注	

以下部分由主管税务机关负责填写

主管税务机关收到日期		接收人		审核日期		税务审核人员签章	
审核记录						主管税务机关盖章	

土地增值税纳税申报表（二）填报说明：

一、适用范围

土地增值税纳税申报表（二）适用于非从事房地产开发的纳税人。该纳税人应在签订房地产转让合同后的 7 日内，向房地产所在地主管税务机关填报土地增值税纳税申报表（二）。

二、土地增值税纳税申报表（二）主要项目填表说明

（一）表头项目

1. 纳税人编码：按税务机关编排的代码填写。

2. 项目名称：填写纳税人转让的房地产项目全称。

3. 经济性质：按所有制性质或资本构成形式分为国有、集体、私营、个体、股份制、外商投资企业等类型填写。

4. 业别：按纳税人的行业性质分为行政单位、事业单位、企业、个人等。

5. 主管部门：按纳税人隶属的管理部门或总机构填写，外商投资企业不填。

（二）表中项目

土地增值税纳税申报表（二）的各主要项目内容，应根据纳税人转让的房地产项目作为填报对象。纳税人如果同时转让两个或两个以上房地产的，应分别填报。

1. 第 1 栏“转让房地产收入总额”：按纳税人转让房地产所取得的全部收入额填写。

2. 第 2 栏“货币收入”：按纳税人转让房地产所取得的货币形态的收入额填写。

3. 第 3 栏“实物收入及其他收入”：按纳税人转让房地产所取得的实物形态的收入和无形资产等其他形式的收入额填写。

4. 第 5 栏“取得土地使用权所支付的金额”：按纳税人为取得该转让房地产项目的土地使用权而实际支付（补交）的土地出让金（地价款）数额及按国家统一规定交纳的有关费用填写。

5. 第 6 栏“旧房及建筑物的评估价格”：是指根据《条例》和《细则》等有关规定，按重置成本法评估旧房及建筑物并经当地税务机关确认的评估价格的数额。本栏由第 7 栏与第 8 栏相乘得出。如果本栏数额能够直接根据评估报告填报，则本表第 7、8 栏可以不必再填报。

6. 第 7 栏“旧房及建筑物的重置成本价”：是指按照《条例》和《细则》规定，由政府批准设立的房地产评估机构评定的重置成本价。

7. 第 8 栏“成新度折扣率”：是指按照《条例》和《细则》规定，由政府批准设立的房地产评估机构评定的旧房及建筑物的新旧程度折扣率。

8. 第 10 栏至表第 13 栏：按纳税人转让房地产时实际缴纳的有关税金的数额填写。

9. 第 16 栏“适用税率”：应根据《条例》规定的 4 级超率累进税率，按所适用的最高一级税率填写。

10. 第 17 栏“速算扣除系数”：应根据《细则》第十条的规定找出相关速算扣除系数填写。

关键概念

土地增值税　房地产开发费用　纳税申报表

思考题

1. 什么是土地增值税?

2. 土地增值税纳税人是哪些?

3. 土地增值税的扣除项有哪些?

技能题

1. 后房房地产开发公司出售一幢写字楼，收入总额为10 000万元。开发写字楼的有关支出为：支付地价款及各种费用1 000万元；房地产开发成本3 200万元；财务费用中的利息支出为450万元，可按转让项目计算分摊并提供金融机构证明且不超过按商业银行同类同期贷款利率计算的金额，但其中有50万元属于加罚利息；转让环节缴纳的税费共计550万元；该单位其他房地产开发费用计算扣除比例为5%。计算该公司应纳土地增值税税额。

2. 南岗公司兼营房地产业务，经计算本次转让房地产应缴纳的土地增值税税额为600 000元。请问该业务会计上如何处理？

参考答案

1. （1）计算允许扣除的金额。

支付的地价款及有关费用1 000万元，房地产开发成本3 200万元

房地产开发费用 =450 -50 + （1 000 +3 200） ×5% =610（万元）

允许扣除的税费550万元，

加计20%的扣除额 = （1 000 +3 200） ×20% =840（万元）

允许扣除的金额合计 =1 000 +3 200 +610 +550 +840 =6 200（万元）

（2）计算增值额。

增值额 =10 000 -6 200 =3 800（万元）

（3）计算增值率、确定税率和速算扣除系数。

增值率 =3 800 ÷6 200 ×100% =61.29%

查“土地增值税税率表”确定适用税率为40%、速算扣除系数为5%

（4）计算应纳税额。

应纳税额 =3 800 ×40% -6 200 ×5% =1 210（万元）

2. 其会计账务处理如下：

转让房地产计提应交土地增值税时：

借：营业税金及附加　　600 000

　贷：应交税费——应交土地增值税　　600 000

实际缴纳土地增值税时：

借：应交税费——应交土地增值税　　600 000

　贷：银行存款　　600 000

第十一章　其他税种会计

学习目标

○ 了解城市维护建设税、印花税、车辆购置税等税种的基本特点和内容

○ 掌握城市维护建设税、印花税、车辆购置税计算原理

○ 掌握税种的计算程序与方法、会计处理与报告的基本方法以及会计处理的特点并能正确地进行会计处理

技能目标

○ 通过本章学习，能应用相关知识对其他税种进行会计核算及纳税申报

第一节　城市维护建设税

城市维护建设税，简称城建税，是对缴纳增值税、消费税和营业税（简称“三税”）的单位和个人，就其实际缴纳的“三税”税额为计税依据而征收的一种附加税。城建税由地方人民政府安排使用，专门用于城镇公用事业和公共设施的维护、建设，因此它是一种具有特定目的，属于地方附加税性质的税收。现行城市维护建设税的法律规范，是1985年2月8日国务院发布并于同年1月1日实施的《中华人民共和国城市维护建设税暂行条例》。

一、城建税的纳税人和税率

1. 纳税人

城建税的纳税人，是指负有缴纳增值税、消费税和营业税义务的单位和个人，包括各类企业、行政事业单位以及社会团体、军事单位及其他单位、个体工商户和其他个人等，但目前暂不包括外商投资企业和外国企业。

2. 税率

城建税的税率，是根据城市建设资金的不同层次需求和纳税人负担而设计的，实行分地域的差别比例税率。具体规定如下：

（1）纳税人所在地为市区的，税率为7%。

（2）纳税人所在地为县城或镇的，税率为5%。

（3）纳税人所在地不在市区、县城或镇的，税率为1%。

除下述两种情况外，城建税的适用税率，应按纳税人所在地规定税率执行。这两种情况是：

（1）由受托方代征代扣上述“三税”的单位和个人，其代扣代缴的城建税按受托方所在地适用税率纳税。

（2）流动经营等无固定纳税地点的单位和个人，在经营地缴纳上述“三税”的，其城建税的缴纳按经营地适用税率纳税。

二、纳税环节、纳税地点和税收优惠

1. 纳税环节和纳税地点

纳税人实际缴纳增值税、消费税和营业税时，应同时缴纳城建税，即城建税的纳税环节、纳税地点与上述“三税”相同。但属于下列情况的，纳税地点为：

（1）代扣代征“三税”的单位和个人，其城建税的纳税地点为代扣代征地。

（2）跨省开采的油田，下属生产单位与核算单位不在一个省内的，其生产的原油在油井所在地缴纳增值税的，各油井应纳城建税应由核算单位计算，随同增值税一并汇拨油井所在地，由油井单位在缴纳增值税的同时，一并缴纳城建税。

（3）对于管道局输油部分收入，由取得收入的各管道局在其所在地缴纳营业税，因此各管道局在缴纳营业税的同时应一并缴纳城建税。

（4）对流动经营等无固定纳税地点的单位和个人，应随同“三税”在经营地按适用税率缴纳城建税。

2. 税收优惠

对于城建税，原则上不单独减免，但由于其附加的性质，当主税发生减免时，城建税相应发生税收减免。具体情况可分为以下几种：

（1）城建税按减免后实际缴纳的“三税”税额计征，随“三税”主税的减免而减免。

（2）因减免而发生“三税”退库的，城建税也同时退库。

（3）对进口货物，海关代征的增值税、消费税，不征收城建税。但对出口货物按规定退还增值税、消费税，不能退回已纳的城建税。

（4）个别缴纳城建税确有困难的，由县（市）级人民政府审批，可酌情给予一定的减免。

三、应纳税额的计算及会计处理

城建税是在三项主税的基础上再征收的一项附加税，其应纳税额的计算公式为：

应纳税额 =（实际缴纳的增值税 + 实际缴纳的消费税 + 实际缴纳的营业税）× 适用税率

企业应设置“应交税费——应交城市维护建设税”账户核算城建税，并将缴纳的税金记入“营业税金及附加”、“其他业务支出”等科目。

【例 11－1】市区企业南岗公司 2008 年 3 月主营业务实际缴纳增值税 26 万元，营业税 18 万元，消费税 6 万元。该企业城建税的计算及会计处理如下：

应纳税额＝（260 000＋180 000＋60 000）×7%＝35 000（元）

借：营业税金及附加　　35 000

　贷：应交税费——应交城市维护建设税　　35 000

实际缴纳税款时：

借：应交税费——应交城市维护建设税　　35 000

　贷：银行存款　　35 000

另外，教育费附加也是对缴纳增值税、消费税、营业税的单位和个人以其实际缴纳的增值税、消费税和营业税为依据征收的一种附加费。由于它由税务机关代征，一般也将其视为一种附加税。

教育费附加计征比率几经变化，现行的计征比例为 3%（从 2005 年 11 月起，已取消对生产卷烟和烟丝的单位减半征收的优惠）。

【例 11－2】某县城镇企业南岗公司生产应税消费品（消费税率为 30%），2006 年 4 月应税消费品实际缴纳增值税 10 万元，实际缴纳消费税 22 万元。应税消费品的包装物单独计价，实际缴纳增值税 1 万元，实际缴纳消费税 1.5 万元。该企业应纳的城建税和教育费附加的计算及会计处理如下：

首先计算以增值税及应税消费品交纳的消费税计征的城建税：

应纳城建税金额＝（100 000＋10 000＋220 000）×5%＝16 500（元）

然后计算以单独计价的包装物计征的城建税：

应纳城建税金额＝15 000×5%＝750（元）

最后计算应交教育费附加：

教育费附加＝（100 000＋10 000＋220 000＋15 000）×3%＝10 350（元）

三者之和＝16 500＋750＋10 350＝27 600（元）

会计分录为：

借：营业税金及附加　　27 600

　贷：应交税费——应交城市维护建设税及教育费附加　　27 600

实际缴纳时：

借：应交税费——应交城市维护建设税及教育费附加　　27 600

　贷：银行存款　　27 600

四、纳税期限和纳税申报

由于城建税是由纳税人在缴纳“三税”时同时缴纳的，所以其纳税期限分别与“三税”的纳税期限一致。根据增值税法和消费税法规定，增值税、消费税的纳税仓储保管、借款、财产保险、技术合同或者具有合同性质的凭证（如协议、契约、合约、单据、确认书等）。

2. 立据人

财产转移书据的纳税人是立据人。财产转移书据包括财产的所有权、版权、商标专用权、专利权、专有技术使用权等转移书据。

3. 立账簿人

营业账簿的纳税义务人是立账簿人。营业账簿包括单位和个人从事生产经营活动所设立的各种账簿。例如，企业单位因生产、经营需要，设立了经营账簿，该企业即为纳税人。

4. 领受人

领受人是指领取或接受并持有权利、许可证明凭证的单位和个人。权利、许可证明包括房屋产权证、工商营业执照、商标注册证、专利证、土地使用证等。

5. 使用人

在国外书立、领受，但在国内使用的应税凭证，其纳税人为使用人。

值得注意的是，对应税凭证，凡由两方或两方以上当事人共同书立的，其当事人各方均为印花税的纳税人，应各就其所持凭证的计税金额履行纳税义务。

下列凭证免缴印花税：

（1）已缴纳印花税凭证的副本或抄本。

（2）财产所有人将财产赠送给政府、社会福利单位、学校所立的书据。

（3）经财政部批准的其他凭证：①由国家指定的收购部门与村民委员会、农民个人书立的农副产品收购合同；②无息、贴息贷款合同；③外国政府或国际金融组织向我国政府及国家金融机构提供的优惠贷款所书立的合同等。

三、印花税的税目、税率

1. 税目

印花税的税目分为合同或合同性质的凭证、产权转移书据、营业账簿、权利证、许可证 4 类，共有 13 个税目。

2. 税率

印花税采用比例税率和定额税率两种税率。

（1）比例税率。

印花税的比例税率共有 4 个档次，即 1‰、0.5‰、0.3‰、0.05‰。按比例税率征税的有：各类经济合同及合同性质的凭证，记载有金额的账簿、产权转移书据等。这些凭证一般都记有金额。按金额的比例纳税，既保证了财政收入，又能体现合理负担的征税原则。

（2）定额税率。

印花税的定额税率是按件定额贴花，每件5元，主要适用于其他账簿、权利证或许可证等，因为这些凭证不属于资金账或没有金额记载，规定按件定额纳税，可以方便纳税和简化征管。

印花税税目、税率如表10－2所示。

表10－2 印花税税目税率表

税　目	范　围	税　率	纳税人	说　明
1. 购销合同	包括供应、预购、采购、购销结合及协作、调剂、补偿易货等合同	按购销金额的0.3‰贴花	立合同人	
2. 加工承揽合同	包括加工、定做、修缮、修理、印刷广告、测绘、测试等合同	按加工或承包收入的0.5‰贴花	立合同人	
3. 建筑工程勘察、设计合同	包括勘察、设计合同	按收取费用0.5‰贴花	立合同人	
4. 建筑安装工程、承包合同	包括建筑、安装工程承包合同	按承包金额0.3‰贴花	立合同人	
5. 财产租赁合同	包括租赁房屋、船舶、飞机、机动车辆、机械、器具、设备等合同	按租赁金额1‰贴花、税额不足1元的，按1元贴花	立合同人	
6. 货物运输合同	包括民用航空运输、铁路运输、海上运输、内河运输、公路运输和联运合同	按运输收取费用的0.5‰贴花	立合同人	单据作为合同使用的，按合同贴花
7. 仓储保管合同	包括仓储、保管合同	按仓储收取保管费用的1‰贴花	立合同人	仓单或栈单作为合同使用的，按合同贴花
8. 借款合同	银行及其他金融组织和借款人（不包括银行同业拆借）所签订的借款合同	按借款金额0.05‰贴花	立合同人	单据作为合同使用的，按合同贴花
9. 财产保险合同	包括财产、责任、保证、信用等保险合同	按收取保险费收入1‰贴花	立合同人	单据作为合同使用的，按合同贴花

补缴税款时：

借：管理费用　　　　1 075

　贷：银行存款　　　　1 075

上缴罚款时：

借：营业外支出——税务罚款　　　　3 225

　贷：银行存款　　　　3 225

六、纳税地点与纳税申报

印花税一般实行就地纳税。对于全国性商品货物订货会（包括展销会、交易会等）上所签订合同应纳的印花税，由纳税人回其所在地后及时办理贴花完税手续；对地方主办、不涉及省际关系的订货会、展销会上所签合同的印花税，其纳税地点由各省、自治区、直辖市人民政府自行制定。企业在债务重组时（如以债务转资本方式重组），债务人应交纳的印花税，应借记“管理费用”，贷记“银行存款”；债权人则应借记“长期股权投资”，贷记“银行存款”。

印花税的纳税人应按照条例的有关规定及时办理纳税申报，并如实填写《印花税纳税申报表》（见表11－3）。

表11－3　印花税纳税申报表

填报日期：　　年　月　日

纳税人识别号 □□□□□□□□□□□□□□□□□□　　金额单位：人民币元（列至角、分）

纳税人名称							税款所属时间			
应税凭证名称	件数	计税金额	适用税率	应纳税额	已纳税额	应补（退）税额	购花贴花情况			
							上期结存	本期购进	本期贴花	本期结存
1	2	3	4	5＝2×4 或 5＝3×4	6	7＝5－6	8	9	10	11＝8＋9－10

（续上表）

<table>
<tr><td rowspan="2">应税凭证名称</td><td rowspan="2">件数</td><td rowspan="2">计税金额</td><td rowspan="2">适用税率</td><td rowspan="2">应纳税额</td><td rowspan="2">已纳税额</td><td rowspan="2">应补（退）税额</td><td colspan="4">购花贴花情况</td></tr>
<tr><td>上期结存</td><td>本期购进</td><td>本期贴花</td><td>本期结存</td></tr>
<tr><td></td><td></td><td></td><td></td><td></td><td></td><td></td><td></td><td></td><td></td><td></td></tr>
<tr><td colspan="6">如纳税人填报，由纳税人填写以下各栏</td><td colspan="4">如委托人填报，由代理人填写以下各栏</td><td>备注</td></tr>
<tr><td colspan="3" rowspan="3">会计主管
（签章）</td><td colspan="3" rowspan="3">纳税人
（公章）</td><td>代理人名称</td><td colspan="2"></td><td rowspan="2">代理人
（签章）</td><td></td></tr>
<tr><td>代理人地址</td><td colspan="2"></td><td></td></tr>
<tr><td>经办人</td><td colspan="2"></td><td>电话</td><td></td></tr>
<tr><td colspan="11">以下部分由税务机关填写</td></tr>
<tr><td colspan="9">收到申报表日期</td><td colspan="2">接收人</td></tr>
</table>

第三节 车辆购置税

一、车辆购置税概述

1. 车辆购置税的概念

车辆购置税是以在中国境内购置规定的车辆为课税对象，在特定的环节向车辆购置者征收的一种税。

我国现行车辆购置税的基本规范是2000年10月国务院颁布并于2001年1月1日起施行的《中华人民共和国车辆购置税暂行条例》。

车辆购置税是在原交通部门收取的车辆购置附加费的基础上，通过“费改税”方式演变而来的。这项税费改革并未增加购车人负担，有利于车市发展，有助于遏制乱收费现象。车辆购置税由国家税务局负责征收管理（目前暂由交通部门所属的原车辆购置附加费稽征机构代征），所得收入归中央政府所有，专门用于交通事业建设。

2. 纳税人

车辆购置税的纳税人是指在中华人民共和国境内购置应税车辆的单位和个人。单位指国有企业、集体企业、私营企业、股份制企业、外商投资企业、外国企业以及其他企业和事业单位、社会团体、国家机关、部队以及其他单位；个人指个体工商户以及其他个人，泛指具有民事权利能力、依法享有民事权利能力、承担民事义务的自然人，包括中国公民和外国公民。

其一，对已缴纳车辆购置税并办理了登记注册手续的车辆，其底盘发生更换，其最低计税价格按同类型新车最低计税价格的70%计算。

其二，免税、减税条件消失的车辆，其最低计税价格的确定方式为：

最低计税价格 = 同类型新车最低计税价格 ×（已使用年限 ×10%）×100%

免税条件消失的车辆，自初次办理纳税申报之日起，使用年限未满10年的，计税依据为最新核发的同类型车辆最低计税价格按每满1年扣减10%；超过10年的，计税依据为零。未满1年的应税车辆计税依据为最新核发的同类型车辆的最低计税价格。

其三，非贸易渠道进口车辆的最低计税价格为同类型新车最低计税价格。同类型车辆是指同国别、同排量、同车长、同吨位、配置近似等。

其四，进口旧车、因不可抗力因素导致受损的车辆、库存超3年的车辆、行驶8万千米以上的试验车辆、国家税务总局规定的其他车辆，计税依据为纳税人提供的《机动车销售统一发票》或有效凭证注明的计税价格和有效证明。

2. 车辆购置税应纳税额的计算

车辆购置税应纳税额的计算公式为：

应纳税额 = 计税价格 × 税率

三、车辆购置税的会计处理

为了规范相关会计核算，在《中华人民共和国车辆购置税暂行条例》正式颁布后，财政部对车辆购置税的会计处理作出了如下规定：

（1）企业购置（包括购买、进口、自产、受赠、获奖或者以其他方式取得并自用）应税车辆，按规定应缴纳的车辆购置税，借记“固定资产”科目，贷记“银行存款”科目。

（2）企业购置的减税、免税车辆改制后用途发生变化的，按规定应补缴的车辆购置税，借记“固定资产”科目，贷记“银行存款”科目。

【例11－7】南岗公司当期进口轿车一部，海关到岸价格为9万美元。当期美元与人民币外汇牌价为1∶7.80，另外在国内购置一部轿车，含税价款为35.1万元人民币。进口关税税率为25%，消费税税率为12%，增值税率为17%。

进口轿车组成计税价格 = 9 × 7.80 ×（1 + 25%）÷（1 − 12%）= 99.72（万元）

进口轿车应纳车辆购置税 = 99.72 × 10% = 9.97（万元）

国内购车计税价格 = 35.1 ÷（1 + 17%）= 30（万元）

国内购车应纳车辆购置税 = 30 × 10% = 3（万元）

应纳车辆购量税合计 = 99 700 + 30 000 = 129 700（元）

缴纳车辆购置税时，会计分录如下：

借：固定资产　　　　129 700

　贷：银行存款　　　　129 700

四、车辆购置税的纳税申报

1. 纳税义务发生时间

（1）纳税人购买自用的应税车辆，纳税义务发生时间是购买之日。

（2）纳税人进口自用的应税车辆，纳税义务发生时间是进口之日。

（3）纳税人自产、受赠、获奖或以其他方式取得并自用应税车辆的，纳税义务发生时间是取得之日。

2. 纳税期限

纳税人必须自纳税义务发生之日起60日内申报缴纳车辆购置税。

3. 纳税地点

车辆购置税由国家税务局征收。纳税人购置应纳税车辆，应当向车辆登记注册地的主管税务机关申报纳税；购置不需办理车辆登记注册手续的应税车辆，应当向纳税人所在地的主管税务机关申报纳税。

车辆登记注册地是指车辆的上牌落籍地或落户地。军队、武警（包括部分军办企业的车辆牌照）分别由军队、武警车辆管理部门（军队车辆监理站）办理，其登记注册地为军队、武警车管部门所在地；部分农用运输车辆（如小四轮农用运输车等）的牌照，在地、市或县农业机械局的车辆管理部门办理，其登记注册地为地、市或县农机车管部门所在地；摩托车牌照，在县（市）公安车辆管理部门办理，其登记注册地为县（市）公安车管部门所在地；上述以外的各种应税车辆牌照，由县（市）公安车辆管理部门报地、市或地、市以上公安车辆管理部门办理，其登记注册地为地、市或地、市以上公安车管部门所在地。

第四节　房产税

为了提高房产使用效率，调节房产所有人或经营人的收入，我国开征了房产税。房产税是以房产为征税对象，依据房产价格或房产租金收入向房产所有人或经营人征收的一种税。

一、房产税概述

1. 纳税人

房产税的纳税人为城市、县城、建制镇和工矿区的房屋产权所有人。具体纳税人为：①产权属于国家所有的，由经营管理的单位缴纳；②产权属于集体和个人所

第五节　耕地占用税

一、耕地占用税的纳税人

耕地占用税是为了合理利用土地资源，搞好土地管理，保护农用耕地而征收的一种税。占用耕地建房或者从事其他非农业建设的单位和个人，是耕地占用税的纳税义务人。

二、耕地占用税的征税对象和税额

（一）征税对象

耕地占用税的征税对象为耕地。这里的“耕地”是指用于种植农作物的土地。占用前3年内曾用于种植农作物的土地，亦视为耕地；占用鱼塘、园地、菜地及其他农业用地建房或者从事其他非农业建设的，亦应征收耕地占用税；外商投资企业不缴纳耕地占用税。

（二）税额

（1）以县为单位（下同），人均耕地在一亩以下（含一亩）的地区，每平方米为2~10元。

（2）人均耕地在1亩至2亩（含2亩）的地区，每平方米为1.6~8元。

（3）人均耕地在2亩至3亩（含3亩）的地区，每平方米为1.3~6.5元。

（4）人均耕地在3亩以上的地区，每平方米为1~5元。

（5）农村居民占用耕地新建住宅，按上述规定税额减半征收。

（6）经济特区、经济技术开发区和经济发达而人均耕地特别少的地区，适用税额可以提高，但加征最高不得超过上述规定税额的50%。对单位和个人获准征用或者占用的耕地超过两年不使用的，按规定税额加征两倍以下罚款。

各地适用税额，由省、自治区、直辖市人民政府在上述规定税额范围内，根据本地区情况具体核定。

三、耕地占用税的减免

下列经批准征用的耕地，免征耕地占用税：

（1）部队军事设施用地。

（2）铁路线路、飞机场跑道和停机坪用地。

（3）炸药库用地。

（4）学校、幼儿园、医院、敬老院用地。

（5）殡仪馆、火葬场用地。

（6）直接为农业生产服务的农业水利用地，免征耕地占用税，但水利工程占用耕地以后，以发电、旅游为主的，不予免税。

（7）农村革命烈士家属、革命残废军人、鳏寡孤独以及革命根据地、少数民族聚居地和边远贫苦山区生活困难用户，在规定用地标准以内新建住宅纳税确有困难的，由纳税人提出申请，经所在地乡（镇）人民政府审核，报经县级人民政府批准后，可以给予减税或者免税。

（8）国务院批准减免耕地占用税的其他单位和个人。

四、耕地占用税的会计核算

（一）耕地占用税应纳税额的计算

耕地占用税以纳税人实际占用的耕地面积为计税依据，按照规定税额一次性征收。其计算公式为：

应缴耕地占用税 = 实际占用耕地面积 × 适用税额

【例 11－9】后启公司占用耕地 5 000 平方米来建仓库，当地规定耕地占用税适用税额为 4 元/平方米。耕地占用税应纳税额为：

应纳税额 = 5 000 × 4 = 20 000（元）

（二）耕地占用税的会计处理

耕地占用税属于一次性征收，不需要预提和清算，因此，不通过“应交税费”账户核算。企业按规定计算的耕地占用税，借记“在建工程”账户，贷记“银行存款”账户。

【例 11－10】仍以【例 11－9】为例，企业缴纳耕地占用税 20 000 元的会计处理如下：

借：在建工程	20 000	
贷：银行存款		20 000

五、耕地占用税的申报

（一）耕地占用税的纳税时间和纳税地点

耕地占用税纳税人必须在经土地管理部门批准占用耕地之日起 30 日内缴纳耕地占用税。纳税地点为耕地所在地有批准权的土地管理部门的同级财政机关。

对未在规定的期限内向财政机关申报纳税的，从滞纳之日起，按日加收应纳税款 5‰的滞纳金。对单位和个人获准征用或者占用的耕地超过两年不使用的，按规定税额加征两倍以下罚款；对未经批准或者超过批准限额、超过农民住宅建房标准的，由土地管理部门依照《中华人民共和国土地管理法》的有关规定处理。

（二）耕地占用税征收

耕地占用税由财政机关负责征收。土地管理部门在批准单位和个人占用耕地后，

4. 税收优惠

以下车船可实行税收优惠。

（1）非机动车船（不包括非机动驳船）。

（2）拖拉机。

（3）捕捞、养殖渔船。

（4）军队、武警专用的车船。

（5）警用车船。

（6）按照有关规定已经缴纳船舶吨税的船舶。

（7）依照我国有关法律和我国缔结或者参加的国际条约的规定应当予以免税的外国驻华使馆、领事馆和国际组织驻华机构及其有关人员的车船。

（8）省、自治区、直辖市人民政府可以根据当地实际情况，对城市、农村公共交通车船给予定期减税、免税。

二、车船税的计算

1. 车船税的计税依据

（1）载客汽车和摩托车以“辆”为计税依据。

（2）载货汽车、三轮汽车、低速货车以“自重”为计税依据。

（3）船舶以“净吨位”为计税依据。

（4）拖船按照发动机功率每 2 马力折合净吨位 1 吨计算征收车船税。

核定载客人数、自重、净吨位、马力等计税标准，以车船管理部门核发的车船登记证书或者行驶证书相应项目所注数额为准。纳税人未按照规定到车船管理部门办理登记手续的，上述计税标准以车船出厂合格证明或者进口凭证相应项目所注数额为准；不能提供车船出厂合格证明或者进口凭证的，由主管地方税务机关根据车船自身状况并参照同类车船核定。

2. 车船税应纳税额的计算

车船税应纳税额的计算公式为：

载客汽车和摩托车应纳税额 = 车辆数 × 适用单位税额

载货汽车、三轮汽车、低速货车应纳税额 = 自重吨数 × 适用单位税额

除拖船和非机动驳船外船舶应纳税额 = 净吨位 × 适用单位税额

拖船和非机动驳船应纳税额 = 净吨位 × 适用单位税额 × 50%

客、货两用汽车应纳税额 = 载货汽车的自重吨数 × 适用单位税额 + 辆数 ×（适用乘人汽车税额 × 50%）

三、车船税的会计处理

为了正确反映车船税的计提和解缴情况，企业应在“应交税费——应交车船

税”科目进行会计核算。该科目贷方反映企业应缴纳的车船税税额，借方反映企业已经缴纳的车船税税额，余额在贷方表示企业应缴未缴的车船税。企业在计提车船税时，借记“管理费用”科目，贷记“应交税费——应交车船税”科目。实际缴纳时，借记“应交税费——应交车船税”科目，贷记“银行存款”科目。

【例 11－11】乐圩公司拥有大卡车 10 辆，自重吨数均为 4 吨，四门 6 座客货两用车 2 辆，每辆自重吨数为 2 吨，通用 40 座大客车 5 辆。按季预缴车船税。该地规定车船税税额如下：载货汽车每吨税额 40 元，乘人汽车 20 座以上每辆 500 元，9 座以下每辆 400 元。

年应缴车船税税额 $=4\times40\times10+2\times40\times2+5\times500=4\ 260$ 元

每季应缴税额 $=4\ 260\div4=1\ 065$ 元

会计分录如下：

（1）每季计提应缴税款时：

借：管理费用　　1 065

　贷：应交税费——应交车船税　　1 065

（2）每季缴纳税款时：

借：应交税费——应交车船税　　1 065

　贷：银行存款　　1 065

【例 11－12】南昌船舶运输公司有 3 艘机动货轮，净吨位分别为 60.4 吨、37.8 吨和 1 000 吨；5 艘小型捕捞渔船，吨位都是 0.4 吨/艘；拖船一艘，发动机功率为 200 马力。该运输公司会计核算采取的是一次性核销的办法。

年应缴车船税税额 $=60\times3+38\times3+1\ 000\times4+200\div2\times3\times50\%=4\ 444$ 元

（1）计提应缴税款时：

借：管理费用　　4 444

　贷：应交税费——应交车船税　　4 444

（2）缴纳税款时：

借：应交税费——应交车船税　　4 444

　贷：银行存款　　4 444

四、车船税的纳税申报

1. 纳税义务发生时间

（1）车船税的纳税义务发生时间，为车船管理部门核发的车船登记证书或者行驶证书所注日期的当月。

（2）纳税人未按照规定到车船管理部门办理应税车船登记手续的，以车船购置发票所注开具时间的当月作为车船税的纳税义务发生时间。

（3）对未办理车船登记手续且无法提供车船购置发票的，由主管地方税务机关核定纳税义务发生时间。

（4）在一个纳税年度内，已完税的车船被盗抢、报废、灭失的，纳税人可以凭有关管理机关出具的证明和完税证明，向纳税所在地的主管地方税务机关申请退还自被盗抢、报废、灭失月份起至该纳税年度终了期间的税款。

已办理退税的被盗抢车船失而复得的，纳税人应当从公安机关出具相关证明的当月起计算缴纳车船税。

（5）由扣缴义务人代收代缴机动车车船税的，纳税人应当在购买机动车交通事故责任强制保险的同时缴纳车船税。

2. 纳税期限

车船税按年申报缴纳，具体申报纳税期限由省、自治区、直辖市人民政府确定。

3. 纳税地点

车船税的纳税地点由省、自治区、直辖市人民政府根据当地实际情况确定。跨省、自治区、直辖市使用的车船，纳税地点为车船的登记地。

第七节　契　税

一、契税的纳税人

契税是以所有权发生转移的不动产为征税对象，向产权承受人征收的一种财产税。

契税的纳税义务人是境内转移土地使用权、房屋所有权权属的承受单位和个人。境内是指中华人民共和国实际税收行政管辖范围内。单位是指企业单位、事业单位、国家机关、军事单位和社会团体以及其他组织。个人是指个体经营者及其他个人，包括中国公民和外籍人员。

二、契税的征税对象和税率

（一）契税的征税对象

契税的征税对象是发生土地使用权和房屋所有权权属转移的土地和房屋。具体包括以下 5 项内容：

（1）国有土地使用权出让。国有土地使用权出让是指土地使用者向国家交付土地使用权出让费用，国家将国有土地使用权在一定年限内让与土地使用者的行为。

（2）土地使用权转让。土地使用权转让是指土地使用者以出售、赠与、交换或者其他方式将土地使用权转移给其他单位和个人的行为。

（3）房屋买卖。房屋买卖是指房屋所有者将其房屋出售、以房抵债、以房对外投资，由承受者交付货币、实物、无形资产或者其他经济利益的行为。

（4）房屋赠与。房屋赠与是指房屋所有者将其房屋无偿转让给受赠者的行为。

（5）房屋交换。房屋交换是指房屋所有者之间互相交换房屋的行为。

（二）契税的税率

契税实行3%～5%幅度税率，实行幅度税率是考虑到我国经济发展的不平衡，各地经济差别较大的实际情况。因此，各省、自治区、直辖市人民政府可以在3%～5%的幅度税率范围内，按照本地区的实际情况决定。

三、契税的减免

契税的税收优惠政策主要有：

（1）国家机关、事业单位、社会团体、军事单位承受土地、房屋用于办公、教学、医疗、科研和军事设施的，免征契税。

（2）城镇职工按规定第一次购买公有住房的免征契税。

（3）因不可抗力丧失住房而重新购买住房的，酌情减征或者免征契税。

（4）土地、房屋被县级以上人民政府征用、占用后，重新承受土地、房屋权属的，由省级人民政府确定是否减免。

（5）承受荒山、荒沟、荒丘、荒滩土地使用权并用于农、林、牧、渔生产的，免征契税。

（6）经外交部确认，依照我国有关法律规定以及我国缔结或参加的双边和多边条约协定，外国驻华使馆、领事馆、联合国驻华机构及其外交代表、领事官员和其他外交人员承受土地、房屋权属的，应当予以免税。

以上经批准减免契税的纳税人改变有关土地、房屋的用途，不在减免契税之列的，应当补缴已经减免的契税税款。

四、契税的会计核算

（一）契税的计税依据

契税的计税依据为不动产的价格，由于土地、房屋权属转移方式不同，定价方法不同，因而具体计税依据视不同情况而决定。

（二）契税的计算

契税采用比例税率，在契税的计税依据确定以后，其应纳税额的计算公式为：

应纳税额 = 计税依据 × 适用税率

转移土地、房屋权属以外汇结算的，按照纳税义务发生之日中国人民银行公布的人民币市场汇率中间价折合成人民币计算。

【例11－13】张三共有两套住房，将一套出售给李四，成交价格为150 000元，将另一套与居民王二交换，并支付给王二换房差价款50 000元，则应纳契税税额的计算如下（假定税率为3%）：

张三应纳契税税额＝50 000×3%＝1 500（元）

李四应纳契税税额＝150 000×3%＝4 500（元）

王二不缴纳契税。

（三）契税的会计处理

契税是在土地、房屋权属转移，承受单位取得该项产权时缴纳的一种税。对购买单位而言，契税是取得不动产产权的一种必然支出。由于资产是按实际成本计价的，所以，取得房产产权所支付的契税也应计入该资产的实际成本。企业取得土地使用权、房屋所有权时按规定缴纳的契税，借记“固定资产”、“无形资产”、“在建工程”账户，贷记“应交税费——应交契税”账户。企业缴纳税金时，借记“应交税费——应交契税”账户，贷记“银行存款”账户。

【例11－14】南昌工贸公司购买一块土地的使用权，成交价格为2 000万元，当地规定的契税税率为3%。

应纳契税税额＝2 000×3%＝60（万元）

计提契税时会计处理如下：

借：无形资产　　600 000

　贷：应交税费——应交契税　　600 000

上缴契税时会计处理如下：

借：应交税费——应交契税　　600 000

　贷：银行存款　　600 000

五、契税的申报

（一）契税的纳税时间和纳税地点

1. 纳税义务发生的时间

纳税义务发生的时间为纳税人在签订土地、房屋权属转移合同的当天，或者取得其他具有土地、房屋权属转移合同性质凭证的当天。其他具有土地、房屋权属转移合同性质凭证是指具有合同效力的契约、协议、合约、单据、确认书以及由省、自治区、直辖市人民政府确定的其他凭证。

2. 契税的纳税期限

纳税人应当自纳税义务发生之日起10日内，向土地、房屋所在地的契税征收机关申报纳税，并在契税征收机关核定的期限内缴纳税款、索取完税凭证。

3. 契税的纳税地点

契税在土地、房屋所在地的征收机关缴纳。

（二）契税纳税申报

纳税人缴纳契税，应填写《契税纳税申报表》，并在规定的期限内申报纳税。

纳税人填制的契税纳税申报表如表 11－6 所示。

表 11－6　契税纳税申报表

填表日期：　　年　月　日　　　　　　　　　　　　　　　　单位：人民币元　平方米

<table>
<tr><td rowspan="2">承受方</td><td colspan="2">名称</td><td colspan="2"></td><td colspan="2">识别号</td><td></td></tr>
<tr><td colspan="2">地址</td><td colspan="2"></td><td colspan="2">联系电话</td><td></td></tr>
<tr><td rowspan="2">转让方</td><td colspan="2">名称</td><td colspan="2"></td><td colspan="2">识别号</td><td></td></tr>
<tr><td colspan="2">地址</td><td colspan="2"></td><td colspan="2">联系电话</td><td></td></tr>
<tr><td rowspan="5">土地、房屋
权属转移</td><td colspan="2">合同签订时间</td><td colspan="5"></td></tr>
<tr><td colspan="2">土地房屋地址</td><td colspan="5"></td></tr>
<tr><td colspan="2">权属转移类别</td><td colspan="5"></td></tr>
<tr><td colspan="2">权属转移面积</td><td colspan="5">平方米</td></tr>
<tr><td colspan="2">成交价格</td><td colspan="5">元</td></tr>
<tr><td>适用税率</td><td colspan="7"></td></tr>
<tr><td>计征税额</td><td colspan="7">元</td></tr>
<tr><td>减免税额</td><td colspan="7">元</td></tr>
<tr><td>应纳税额</td><td colspan="7">元</td></tr>
<tr><td>纳税人员签章</td><td colspan="4"></td><td colspan="2">经办人员签章</td><td></td></tr>
<tr><td colspan="8">以下部分由征收机关负责填写</td></tr>
<tr><td>征收机关
收到日期</td><td></td><td colspan="2">接受人</td><td></td><td colspan="2">审核日期</td><td></td></tr>
<tr><td>审核记录</td><td colspan="7"></td></tr>
<tr><td>审核人员签章</td><td colspan="3"></td><td colspan="2">征收机关签章</td><td colspan="2"></td></tr>
</table>

关键概念

房产税　车船税　契约税　净吨位　城市维护建设税

思考题

1. 如何计算城市维护建设税？
2. 房产税的征税范围包括哪些？

3. 车船税计算依据是什么？

4. 印花税如何核算？

技能题

1. 甲企业卖给乙企业一套房屋，契约上的成交价格为 1 000 万元，契税征收机关经过核实，确定计税价格为 1 000 万元。假设当地规定的契税税率为 4%。如何进行相关会计处理？

2. 某航运公司拥有机动船 30 艘（其中净吨位为 600 吨的 15 艘，2 000 吨的 10 艘，5 000 吨的 5 艘），拥有非机动船 10 艘（其中载重吨位为 10 吨的 6 艘，51 吨的 4 艘）。该航运公司年应纳税额是多少？

3. 南岗公司收到某汽车厂捐赠的小面包车一辆，国家税务总局规定的最低计税价格为 40 000 元。则公司在缴纳车辆购置税时，其应纳车辆购置税税额为多少？

4. 某施工企业本期确定营业收入为 1 500 000 元，其营业税税率为 3%，城市维护建设税税率为 7%，计算该企业应交城市维护建设税税额并进行账务处理。有关计算及会计分录如下：

参考答案

1. 应纳契税税额 = 1 000 × 4% = 40（万元）

计提契税时会计处理如下：

借：固定资产　　400 000

　贷：应交税费——应交契税　　400 000

上缴契税时的会计处理如下：

借：应交税费——应交契税　　400 000

　贷：银行存款　　400 000

2. 计算如下：

（1）机动船应纳税额 = 600 × 15 × 2.2 + 2 000 × 10 × 3.2 + 5 000 × 5 × 4.2 = 188 800（元）

（2）非机动船应纳税额 = 6 × 10 × 0.6 + 4 × 51 × 1 = 240（元）

（3）全年应纳税额 = 188 800 + 240 = 189 040（元）

3. 应纳税额 = 40 000 × 10% = 4 000（元）

4. 应纳城市维护建设税税额 = （1 500 000 × 3%） × 7% = 3 150（元）

借：营业税金及附加　　3 150

　贷：应交税费——应交城市维护建设税　　3 150

第十二章　纳税筹划和税务代理

学习目标

○ 了解纳税筹划的概念、原则、特点

○ 掌握纳税筹划的范围和方法

○ 了解税务代理的概念、原则、特征、分类，理解税务代理和税务管理的联系与区别

○ 掌握税务代理的业务范围和委托税务代理的程序

技能目标

○ 应用所学内容能对小企业税务业务进行筹划

第一节　纳税筹划

一、纳税筹划的概念

纳税筹划是指纳税人在不违反税法及其相关法律、法规的前提下，对企业经营活动、投资活动、筹资活动及兼并、重组等事项作出筹划和安排，以实现最低税负或延迟纳税的一系列策略和行为。

纳税筹划有两种基本类型，即狭义的纳税筹划与广义的纳税筹划。

狭义的纳税筹划又称节税。它是指纳税人在遵守税法的前提下，针对纳税人自身的特点，利用会计特有的方法，规划纳税人的纳税活动。即在依法纳税的同时，又充分享受税收优惠政策，减轻税负、解除税负或推迟纳税的一项会计工作。纳税筹划的结果符合国家立法意图和法律规定。

广义的纳税筹划包括节税、避税和税负转嫁。这三者之间有一定的区别。

1. 节税

节税是在税法规定的范围内，当存在多种税收政策、计税方法可供选择时，纳税人以税负最低为目的，对企业经营、投资、筹资等经济活动进行的涉税选择行为。节税具有合法性、符合政府政策导向、普遍性和多样性的特点。节税的形式有以下几种：

（1）利用税收照顾性政策、鼓励性政策进行节税，这是最基本的节税形式。

（2）在现行税法规定的范围内，选择不同的会计政策、会计方法以求节税。

（3）在现行税法规定的范围内，在企业组建、经营、投资与筹资过程中进行旨在节税的选择。

2. 避税

避税是纳税人在熟知相关税境的税收法规的基础上，在不直接触犯税法的前提下，利用税法等有关法律的疏漏、模糊之处，通过对经营、筹资、投资活动等涉税事务进行精心安排，达到规避或减轻税负的行为。

避税是纳税人应享有的权利，即纳税人有权依据法律的“非不允许”进行选择和决策。避税行为分为顺法意识避税和逆法意识避税两种。顺法意识避税活动及其产生的结果，与税法的法律意图基本一致，不影响或削弱税法的法律地位，也不影响或削弱税收的职能作用。逆法意识避税是与税法的法律意图相悖的，它是利用税法的不足进行反制约、反控制的行为，但不影响或削弱税法的法律地位。

避税按涉及的税境分为国内避税与国际避税。国内避税是纳税人利用国内税法所提供的条件、存在的可能进行避税；国际避税指跨国纳税人利用国与国之间的税制差异以及各国涉外税收法规和国际税法中的漏洞，在跨越国境的活动中，通过种种合法手段，规避或减小有关国家纳税义务的行为。

节税与避税均属于税收筹划范围，两者联系密切，但在理论上还是有区别的。在执行税收法规制度方面，避税不违反税法或不直接触犯税法，节税符合税收法规的要求；在政府的政策导向方面，节税完全符合政府的政策导向，国家不但允许，而且鼓励（体现在税收的优惠政策上）；避税是遵守“法无明文不为罪”的原则去寻求纳税人利益，当然不符合政府的政策导向。

偷税是指纳税人采取伪造、变造、隐匿，擅自销毁账簿、记账凭证，在账簿上多列支出或者不列、少列收入，或者进行虚假的纳税申报的手段，不缴或者少缴应纳税款的行为。

避税和偷税的区别在于：①偷税指纳税人在纳税义务已经发生的情况下通过种种手段不缴纳税款；避税是指纳税人规避或减少纳税义务。②偷税直接违反税法，是一种非法行为；避税是钻税法空子，并不直接违反税法，形式上是一种合法行为。③偷税不仅违反税法，而且要借助犯罪手段，如做假账、伪造凭证等，偷税行为应受法律制裁（拘役或监禁）；避税是一种合法行为，并不构成犯罪，不应受法律的制裁。

3. 税负转嫁

税负转嫁是纳税人通过价格的调整与变动，将应纳税款转嫁给他人负担的过程。税负转嫁只适用于流转税，即只适用于纳税人与负税人分离的税种。税负转嫁能否如愿，关键是看其价格定得是否适当，但价格的高低归根到底是看其产品在市场上的竞争力和供求弹性。与其他方式相比，税负转嫁具有如下特点：一般不存在法律上的问题，不承担法律责任；方法单一，主要通过价格的调整；直接受商品、劳务供求弹性影响。

税负转嫁与避税的区别有：

（1）适用范围不同。税负转嫁适用范围较窄，受制于商品、劳务供求弹性，避税则不受这些影响。

（2）适用前提不同。税负转嫁的前提是价格自由浮动，避税则不受此限制。

（3）税负转嫁可能与企业财务目标相悖。当企业为转移税负而提高商品、劳务供应价格时，同时可能也使市场占有率下降，利润减少；避税筹划一般不会出现这种悖论。

二、纳税筹划的基本方法

纳税筹划的方法很多，这里主要介绍恰当选择纳税筹划的切入点、充分利用税收优惠政策、高纳税义务转换低纳税义务、税收递延、税负转嫁、选择有利的企业组织形式等内容。

1. 恰当选择纳税筹划的切入点

纳税筹划是利用税法客观存在的政策空间进行筹划，政策空间体现在不同的税种上、不同的税收优惠政策上、不同的纳税人身份上及影响纳税数额的基本要素上。纳税筹划应以税法客观存在的空间为切入点，研究实施纳税筹划的方法。

（1）选择税收优惠空间大的税种为切入点。纳税筹划可以针对一切税种，但在实际操作中，要选择对决策有重大影响的税种作为纳税筹划的重点；选择税负弹性大的税种作为纳税筹划的重点，税负弹性越大，纳税筹划的潜力也越大。

（2）以税收优惠政策为切入点。国家为了实现税收调节功能，在税种设计时，都设有税收优惠条款，企业如能充分利用税收优惠条款，就可享受节税效益。选择税收优惠政策作为纳税筹划突破口时，应注意两个问题：一是纳税人不得曲解税收优惠条款，滥用税收优惠，以欺骗手段骗取税收优惠；二是纳税人应充分了解税收优惠条款，并按规定程序进行申请，避免因程序不当失去应有的权益。

（3）经纳税人构成为切入点。企业进行纳税筹划之前，首先要考虑能否避开成为某税种纳税人，从而从根本上解决减轻税收负担问题。营业税的总体税负比增值税总体税负轻，增值税一般纳税人的总体税负较小规模纳税人的总体税负轻。但这些不是绝对的，在实践中，要全面综合考虑，进行利弊分析。

（4）以影响应纳税额的基本因素为切入点。影响应纳税额的基本因素有计税依据和税率。计税依据越小，税率越低，应纳税额也越小。进行纳税筹划，要从这两个因素入手，找到合理、合法的办法来降低应纳税额。

（5）以不同的财务管理过程为切入点。企业的财务管理包括筹资管理、投资管理、资金运营管理和收益分配管理，每个管理过程都可进行纳税筹划。

在筹资管理阶段，负债的利息作为税前扣除项目，享有所得税利益，而股息支付只能在企业税后利润中分配，因而债务资本筹资就有节税优势。通过融资租赁可以迅速获得所需资产，保存企业的举债能力，而且支付的租金利息也可以按规定在所得税前扣除，减少了计税基数。更重要的是租入固定资产可以计提折旧，进一步减少了企业的计税基数，因此，融资租赁的税收抵免作用极其显著。

在投资管理阶段，选择投资方式要考虑不同投资方式实际效益的区别；选择投资项目时，国家鼓励的投资项目和国家限制的投资项目，两者之间在税收支出上有很大的差异，采用不同组织形式的税负是不同的。

在经营管理阶段，不同的固定资产折旧方法影响各期的利润及应纳税所得额；不同的存货计价方法影响企业的所得税税负；对于一般纳税人来说，其采购对象是否是一般纳税人有很大的影响。

2. 充分利用税收优惠政策

税收优惠是国家税制的一个组成部分，是政府为了达到一定的政治、社会和经济目的而对纳税人实行的税收鼓励。税收鼓励反映了政府行为，它是通过政策导向影响人们生产与消费偏好来实现的，所以也是国家调控经济的重要杠杆。无论是经济发达国家还是发展中国家，无不把实施税收优惠政策作为引导投资方向、调整产业结构、扩大就业机会、刺激国民经济增长的重要手段加以利用。

税收优惠主要有以下形式：免税、减税、税率差异、税收扣除、税收抵免、优惠退税和亏损抵补。

免税是指国家出于照顾或奖励的目的，对特定的地区、行业、企业、项目或情况（特定的纳税人或纳税人的特定应税项目，或由于纳税人的特殊情况）所给予纳税人完全免征税收的情况。充分利用免税获得税收利益的关键在于：尽量争取免税待遇并使免税最大化；尽量使免税期最长化。

减税是指国家出于照顾或奖励的目的，对特定的地区、行业、企业、项目或情况给予纳税人减征部分税收。减税可以是国家对特定纳税人的税收照顾措施，也可能是出于政策需要对特定纳税人的税收奖励措施。充分利用减税优惠获得税收利益的关键在于：尽量争取减税待遇并使减税最大化；尽量使减税期最长化。

税率差异是指性质相同或相似的税种实施不同税率。税率差异是普遍存在的客观情况。一国境内的税率差异往往旨在鼓励某种经济、某类型企业、某类行业的存在和发展，它体现国家的税收鼓励政策。例如，我国 2008 年 1 月 1 日开始实施的所得税法基本税率为 25%，但高新技术企业适用 15% 的税率，小企业适用 20% 的税率。充分利用税率差异来获得税收利益的关键在于：尽量寻求税率最低化；尽量寻求税率差异的稳定性和长期性。

税收扣除是指从计税金额中减去一部分，再计算应纳税金额。税收扣除与适用于特定范围的免税、减税不同，税收扣除普遍适用于所有纳税人。利用税收扣除来获得税收利益的关键在于：争取扣除项目最多化；争取扣除金额最大化；争取扣除最早化。

税收抵免是指从应纳税额中扣除税收抵免额。世界上很多国家都实行投资抵免所得税政策。利用税收抵免来获得税收利益的关键在于：争取抵免项目最多化；争取抵免金额最大化。

优惠退税是指政府将纳税人已经缴纳或实际承担的税款退还给规定的受益人。优惠退税一般适用于对产品课税和对所得课税。在对外贸易中，出口退税是奖励出口的一种措施。世界各国奖励出口退税的措施大致有两种：一是退还进口税，即用进口原料或半成品加工制成成品出口时，退还已纳的进口税；二是退还已纳的国内销售税、消费税和增值税等，即在商品出口时退还国内已纳税款，让其以不含税价格进入国际市场，从而增强其竞争力。利用退税来获得税收利益的关键在于：争取退税项目最多化；争取退税额最大化。

亏损抵补是指当年经营亏损在次年或其他年度经营盈利中抵补，以减少以后年度的应纳税款。这种优惠形式对扶持新办企业的发展具有一定作用，对具有风险的投资激励效果明显，对盈余无常的企业尤其具有均衡税负的积极作用。为了鼓励投资者进行长期风险投资，各国税法大多规定，允许投资者将年度亏损结转，即以一定年度的盈余互抵后的差额计征所得税。

利用税收优惠政策进行纳税筹划时需要注意以下两个方面：

一是注重对优惠政策的综合衡量。政府提供的税收优惠是多方面的，纳税人不能仅重视一个税种，因为有时一种税少缴了，另一种税就要多缴。纳税人要着眼于整体税负的轻重，从各种税收优惠方案中选出最优的方案。

二是注重投资风险对资本收益的影响。国家政府实施税收优惠是通过给纳税人提供一定税收利益而实现的，但不等于纳税人可以自然地得到资本回收优惠，许多税收优惠是与纳税人的风险投资并存的。资本效益如果不落实，再好的优惠政策也不能转化为实际收益。

3. 高纳税义务转换为低纳税义务

所谓高纳税义务转换为低纳税义务，指的是同一经济行为有多种税收方案可供选择时，纳税人避开高税点而选择低税点，以减轻纳税义务，获得税收利益。

税率的基本形式有定额税率、比例税率、累进税率等。在累进税率下，同样是一元钱的所得，由于所处的收入区间不同，税负是不同的。这样，作为纳税人，完全可以通过收入与费用在不同纳税期的安排达到税负较低的目的。如果是全额累进税率，从高税率往低税率转换的余地更大。

除了收入与费用的实现和认定对适用税率高低有影响外，获利年度的确认、资本物的持有期、融资的不同方式、生产经营的组织结构等都可能使纳税义务发生从重到轻或从轻到重的变动与转化。

4. 税收递延

税收递延，也称纳税期的递延或延期纳税，即允许企业在规定的期限内，分期或延迟缴纳税款。纳税期的递延有利于资金周转，节省利息支出，以及由于通货膨胀的影响，延期以后缴纳税款的币值下降，从而降低了实际纳税额。

税收递延日途径有很多，纳税人从中可得到不少税收优惠。特别是在跨国公司迅速发展的今天，假定母公司位于高税管辖权的地区，其子公司设在低税管辖权的地区，子公司取得的收入长期留在账上，母公司由于未取得股息分配的收入，这部分税款自然递延下来了。现在只有少数国家在小范围内采取防范的措施，对税收筹划不会有太大的影响。

就税收递延来说，税收筹划的目标是在不违反税法的前提下，尽量地延缓缴税时间，这等于得到一笔“无息贷款”，并随之得到很多额外的税收好处。

税收的重点是流转税和所得税，流转税的计税依据是收入，所得税的计税依据是应纳税所得额。应纳税所得额是纳税人的收入减去费用后的余额。推迟税款缴纳的方法尽管很多，但可归结为：推迟收入的确认和尽早确认费用两种。对于费用的确认，应当遵循以下原则：可直接计入营业成本、期间费用和损失的，不计入生产成本；能计入成本的，不计入资产；能预提的，不待摊；能多提的，就多提；能快速摊销的，就快速摊销。

5. 税负转嫁

税负转嫁是在市场经济基础条件下纳税人通过经济交易中的价格变动将所纳税收部分或全部转移给他人负担的客观经济过程。在税负转嫁的条件下，纳税人和真正的负税人是分离的，纳税人只是法律意义上的纳税主体，负税人是经济意义上的承担主体。

税负转嫁分为税负前转、税负后转、税负消转和税收资本化。

税负前转是指企业通过提高商品或生产要素价格的方法，将所纳税款转嫁给购买者或最终消费者承担，这是最为典型、最具普遍意义的税负转嫁形式。

税负后转是指纳税人将其所纳税款以压价生产要素进价或降低工资、延长工时等方法，向后转移给生产要素的提供者负担的一种税负转嫁形式。

税负消转是指一定的税额款在名义上分配给纳税人后，既不能前转也不能后转，而是要求企业对所纳税款完全通过自身经营业绩的提高和技术进步等手段，自行补偿其纳税的损失。

税收资本化是指课税商品出售时，买主将今后若干年应纳的税款从所购商品的资本价值中预先扣除。今后若干年名义上虽由买主按期纳税，但纳款实际上已经全部由买主负担。此种情况主要发生于土地买卖和其他收益来源较为永久性的财产上。

税负转嫁是企业进行税收筹划、获得税收收益的特殊而又重要的形式。税负转嫁意味着税收负担的终极承担者不是直接的纳税人，而是其背后的隐匿者或潜在的替代者。税款的直接缴纳人通过转嫁将税负推给他人，自己只是承担部分甚至完全不承担任何纳税义务。纳税人实施税负转嫁策略，并不侵害国家利益，只是改变了税款在不同经济主体之间的重新负担状况，没有减少国家应收税款的总量，这种行为并不违反税法规定。

6. 选择有利的企业组织形式

企业组织形式分为三类：即公司企业、合伙企业和独资企业。从法律角度讲，公司企业属法人企业，出资者以其出资额为限承担有限责任；合伙企业和独资企业属自然人企业，出资者需要承担无限责任。

根据世界上一些主要国家和地区的现行税制，分公司与子公司具有不同的税收待遇：①子公司是独立的法人实体，在设立公司的所在国被视为居民纳税人，在该国承担全面纳税义务。母公司所在国的税收法规一般对子公司没有约束力；②分公司不是独立的法人实体，在设立公司的所在的东道国，按照收入来源的税收管辖权首先对归属于分公司本身的收入课税；③子公司作为居民纳税人，而分公司作为非居民纳税人，两者在东道国的税收待遇上有很大差别，通常情况下，子公司承担无限纳税义务，分公司承担有限纳税义务。

企业设立选择组织形式时，应考虑以下几点：

（1）总体税负的高低。从总体税负考虑，合伙制企业因不存在重复课税，税收负担一般要低于公司制企业。

（2）税务管理难易。从税务管理角度考虑，公司制企业设立比较麻烦，但容易成为一般纳税人，取得增值税专用发票，有利于大规模的生产经营活动。个人企业或合伙企业设立相对简单，但很难成为一般纳税人，只能取得普通发票，难以从事大规模的生产经营活动。

（3）此外，还应综合考虑企业经营目标、经营风险、经营规模、管理水平及筹资金额等各方面的因素。

【例 12 - 1】龚睿打算兴办服装商场，年所得额预计为 50 万元，组建何种形式的企业可使税后收益最大？

方案一，成立个人独资或合伙企业，则税负为：500 000 × 35% - 6 750 = 168 250（元）

方案二，成立公司制企业，假若适用 25% 的所得税税率，且实现的税后利润全部分配给投资者。税负为：500 000 × 25% + 500 000 ×（1 - 25%）× 20% = 200 000（元）

可见，投资于公司制企业比投资于独资或合伙企业多负担税收 31 750 元。

企业设立分支机构时，应考虑以下几点：

（1）设立的难易程度。子公司设立程序比较麻烦，条件要求比较高；分公司设立程序相对简单，条件要求比较低。

（2）纳税义务是否有限。子公司是独立的法人，要承担全面纳税义务；分公司不是独立的法人，只承担有限纳税义务。

（3）公司间亏损能否冲抵。子公司的亏损不能冲抵母公司的利润；分公司的亏损可以冲抵总公司的利润，减轻税收负担。

（4）纳税筹划的难易程度。分公司是母公司的一部分，且其与总公司之间的资本转移，因不涉及所有权变动，不必缴纳税款等政策的存在，使分公司进行纳税筹划相对容易；而子公司进行纳税筹划则相对较难。

（5）承受的经营风险。分公司不能独立承担民事责任，只能以总公司的名义从事对外活动。如果分公司管理不善，经营风险要由总公司来承担；子公司能独立承担民事责任，母公司的经营风险因此相对较小。

（6）国家税制、纳税人经营状况及企业内部利润分配政策等多重因素。

在进行纳税筹划时，企业还可以通过分公司与子公司相互转换来实现减轻企业税负的目的。一般来说，当外地的营业活动处于初始阶段时，母公司可在外地设立一个分支机构（分公司），使外地的开业亏损能在汇总纳税时减少母公司的应纳税款；当外地的营业活动开始盈利，此时就有必要建立一个子公司，以保证享受外地利润仅缴纳低于母公司所在地税款的收益。

第二节　税务代理

税务代理产生于1912年，在一些发达国家已成为成熟、规范和普遍的税务代理行为。我国税务代理实践起步于1985年，实行税务代理是建立社会主义市场经济体制的客观要求，是加强税收征管的内在需要，也是发挥社会力量协税护税的一种比较好的形式。随着我国税制体系的日趋健全和税收宣传体系透明度的日益提高，以及一批具有税务代理资格人员的出现，推行税务代理的条件已逐步成熟。在《中华人民共和国税收征收管理法》对税务代理提供了法律依据之后，随着我国税收征收管理制度改革的逐步深入，推行税务代理已是势在必行。为此，我国应积极推行税务代理制度，按照国际通行做法，实行会计师事务所、律师事务所等社会中介机构代理办税的制度，使其逐步成为税收征收管理体系中一个不可缺少的环节。但由于税务代理是一项社会性的中介事务，涉及纳税人（含扣缴义务人）和税务代理人以及国家之间的利益，因而我国建立税务代理制度必须遵循自愿、公正和严格管理的原则。

一、税务代理的概念

税务代理是法律服务的一部分，是一种法律行为。它是代理的一个组成部分，具有代理的一般属性，属于民事代理中委托代理的一种。具体来说，税务代理就是指税务代理人在国家税法规定的代理范围内，受纳税人、扣缴义务人的委托或授权，代为办理税务事宜的各项行为的总称，如税务筹划、税务理财、代理记账、涉税代理、代理网上申报等。

二、税务代理的法律特征

税务代理人在其权限内，以纳税人（含扣缴义务人）的名义代为办理纳税申报，申办、变更、注销税务登记证，申请减免税，设置保管账簿凭证，进行税务行政复议和诉讼等纳税事项的服务活动。

税务代理的法律特征主要包括：①税务代理行为是以纳税人（含扣缴义务人）的名义进行的；②税务代理行为必须是具有法律意义的行为；③税务代理人在其权限范围内有独立意思表示的权利；④税务代理的法律后果直接归属于纳税人（含扣缴义务人）。

三、税务代理的基本特征

税务代理是指税务代理人在国家法律规定的代理范围内，受纳税人、扣缴义务人的委托，代为办理税务事宜的各项行为的总称。税务代理的基本特征为：

1. 主体资格的特定性

作为代理人一方必须是经批准具有税务代理执业资格的注册税务师和税务师事务所，作为被代理人一方必须是负有纳税义务或扣缴税款义务的纳税人或扣缴义务人。

2. 行为的法律约束性

税务代理是负有法律责任的契约行为，注册税务师与被代理人之间的关系是通过代理协议而建立起来的。代理人在从事税务代理活动过程中，必须站在客观、公正的立场上行使代理权限，且其行为受税法及有关法律的约束。

3. 内容确定性

注册税务师的税务代理业务范围，由国家以法律、行政法规和行政规章的形式确定，注册税务师不得超越规定的内容从事代理活动。

4. 税收法律责任的不可转嫁性

在代理活动中产生的税收法律责任，无论是出自纳税人、扣缴义务人的原因，还是由于代理人的原因，其承担者均为纳税人或扣缴义务人。但若因代理人工作过失而导致纳税人、扣缴义务人损失的，纳税人、扣缴义务人可以通过民事诉讼程序向代理人提出赔偿要求。

5. 有偿服务性

税务代理业是智能型的科技与劳动相结合的中介服务业。它以服务为宗旨，以社会效益为目的，在获得一定报酬的前提下，既服务于纳税人、扣缴义务人、又间接服务于税务机关。

6. 服务的社会性

社会主义市场经济促使各种经济成分的企业共同发展。税务代理制度的兴起，适应了社会经济发展的需要，许多企业和个人通过税务代理履行纳税义务，充分说明了税务代理的社会性。

7. 主体的知识性和专业性

随着生产力高度发展，社会分工进一步专业化，知识的价值被社会公认并融入市场经济的新型行业中。税务代理人应有渊博的职业知识、精通税务知识和财会专业知识，有丰富的实践经验、较高的政治水平和综合分析能力。在税务代理过程中必须以税收法规和民事代理法规为依据。因此，税务代理的知识性很突出，专业性很强。

四、税务代理的原则

税务代理是社会中介服务，因此，注册税务师在从事税务代理活动中，必须遵循以下原则：

1. 依法代理原则

依法代理是税务代理的一项重要原则，各项税收代理必须依照税收的实体法和程序法进行，这是税务代理活动的前提，也是必须遵循的行为准则。首先，从事税务代理的机构必须是依法成立的税务师事务所，从事税务代理的专门人员必须是经全国统一考试合格，并由管理机构注册登记的具有税务代理执业资格的注册税务师；其次，注册税务师承办的一切代理业务，都要以法律、法规为指南，其所有活动都必须在法律、法规规定的范围内进行。注册税务师制作涉税文书，须符合国家税收实体法律、法规规定的税收原则，依照税法规定正确计算被代理人应纳或应扣缴税款。注册税务师的所有执业行为还须按照有关税收征管和税务代理的程序性法律、法规的要求进行。另外在代理过程中代理人还应充分体现被代理人的合法意愿，在被代理人授权的范围内开展活动。

2. 自愿委托原则

税务代理属于委托代理的范畴，必须依照民法有关代理活动的基本原则，坚持自愿委托。代理关系的建立要符合代理双方的共同意愿。纳税人、扣缴义务人有委托或不委托的选择权，同时也有选择谁为其代理的权力；代理人同样具有选择其所代理对象的自由，在被代理人向其寻求代理时，代理人拥有接受委托或拒绝代理的选择权。代理双方依法确立的代理关系不是依据任何行政隶属的关系，而是依据合同的契约关系。代理人不得以任何手段强迫纳税人、扣缴义务人委托其代理，被代理人也不得违背代理人意志，胁迫为其代理。只有在双方自愿和合法的基础上订立契约，双方的税收法律关系才能真正确立。

3. 独立、公正原则

税务代理的独立性是指代理人在其代理权限内，独立行使代理权，不受其他机关、社会团体和个人的非法干预。注册税务师是独立行使自己职责的行为主体，其从事的具体代理活动不受税务机关控制，更不受纳税人、扣缴义务人所左右，而是严格按照税法的规定，靠自己的知识和能力独立处理受托业务，帮助纳税人、扣缴义务人准确地履行纳税或扣缴义务，并维护他们的合法权益，从而使税法意志得以真正实现。

税务代理是一项社会性的中介服务，涉及代理人、被代理人以及国家的利益关系。因此，客观公正地开展代理活动是税务代理的一项重要原则。注册税务师在实施税务代理过程中，必须站在公正的立场上，在维护税法尊严的前提下，公正、客观地为纳税人、扣缴义务人代理办税事宜。绝不能因收取委托人的报酬而偏袒或迁就纳税人或扣缴义务人。

4. 维护国家利益和保护委托人合法权益的原则

注册税务师在税务代理活动中应向纳税人、扣缴义务人宣传有关税收政策，按照国家税法规定督促纳税人、扣缴义务人依法履行纳税及扣税义务，以促进纳税人、扣缴义务人知法、懂法、守法，从而提高依法纳税、扣税的自觉性。

保护委托人的合法权益是税务代理的又一重要原则。权益和义务是对应的，履行纳税（或扣缴）义务，就应享有纳税（或扣缴）权益。通过税务代理，不仅可以使企业利用中介服务形式及时掌握各项政策，维护其自身的合法权益，正确履行纳税义务，避免因不知法而导致不必要的处罚。而且还可通过注册税务师在合法合理的基础上进行税收筹划，节省不必要的税收支出，减少损失。

5. 优质、高效原则

优质、高效是对税务代理工作质量和时间的要求，也是赢得信誉、提高知名度的主要途径。通过优质、高效的服务，能使委托方确实感受到通过税务代理给他带来依法纳税的方便，争取依法享受税收优惠的好处，提高经济效益，从而继续自愿委托，并以切身感受代为宣传、扩大影响。

6. 保守秘密原则

税务代理人对委托方生产经营情况，以及在业务活动中了解和取得的情况、资料和数据，凡涉及应当保守秘密的，必须严守秘密。

7. 有偿服务原则

税务代理是智能服务、知识转让方式的第三产业。在社会主义市场经济中，知识与智能都具有商品属性，进入市场实行等价交换。所以，税务代理实行有偿服务，体现智能服务和知识转让的价值，是符合社会主义市场经济原则的。

五、税务代理的特点

1. 公正性

税法规定了征收机关与纳税人的权利与义务，而税务代理人作为税收征收机关与纳税人的中介，与征纳双方没有任何利益冲突。税务代理人站在客观、公正的立场上，以税法为准绳，以服务为宗旨，既为维护纳税人合法权益服务，又为维护国家税法的尊严服务。因此，公正性是税务代理的固有特性，离开了公正性，税务代理就无法存在。

2. 社会性

社会主义市场经济促使各种经济成分的企业共同发展。税务代理制度的兴起，适应了社会经济发展的需要，成千上万的企业和个人都可能通过税务代理履行纳税义务，量多面广，足以表明税务代理的社会性。

3. 知识性

随着生产力高度发展，社会分工进一步专业化，知识的价值被社会公认并融入市场经济的新兴行业中。税务代理人应当有渊博的专业知识和丰富的实践经验，有综合分析能力，有较高的政策水平。由此可见，税务代理的知识性很突出。

4. 专业性

税务代理是专门从事有关税务事宜的代理。税务代理的专业性，表现在税务代理人必须精通税务和财会专业知识，在税务代理过程中，必须以税收法规和民事代理法规为依据。因此，税务代理的专业性很强。

六、税务代理的作用

税务代理是税务服务机关和纳税人之间的桥梁和纽带。通过具体的代理活动，有利于国家税收政策的顺利落实，有利于纳税人正确履行纳税义务，其作用主要有以下五点。

1. 税收代理对依法治税具有促进作用

依法治税的基本要求是税务机关依法行政，纳税人、扣缴义务人依法纳税。税务机关的征税过程和纳税人的纳税过程，实际上就是税法规定的征纳主体双方权利与义务的法律执行过程。推行税务代理制度，有熟悉财务、税制业务的专家作为征纳双方沟通的桥梁，以客观、公正的立场协调征纳双方的行为，帮助纳税人正确、及时地纳税，监督纠正征纳双方可能的背离税法规定的行为，将有利于推进我国依法治税的进程。

2. 税务代理对于税收征管的监督制约机制的完善作用

以税务代理人为中介，形成纳税人、税务代理人、税务机关三方面的制约关系。纳税人作为履行纳税义务的主体，既要自觉纳税，又要受到税务机关与税务代理人的依法监督制约；税务机关作为税收征收的主体，在严格执法的同时还要接受纳税人和税务代理人的监督制约；税务代理人在开展代理活动中，也要受到纳税人和税务机关的监督制约。这就形成了一个全方位的相互制约体系，必将促进税收征管制度的进一步完善。

3. 税务代理对于纳税人自觉纳税意识的增强作用

准确、及时地纳税是每个纳税人应尽的义务。纳税人选择税务代理人代理履行申报纳税义务正是自觉纳税意识的体现。税务代理制度的实施有利于提高纳税人主动纳税的自觉性，增强纳税意识，有利于形成纳税人依法纳税的良好局面。

4. 税务代理对于纳税人的合法权益的保护作用

实行税务代理，纳税人可以在税务代理人的帮助下减少纳税错误，充分利用税收优惠政策，做好纳税筹划。税务代理人可以依法协调税收征纳双方的分歧和矛盾。如有需要，税务代理人可以接受纳税人委托，向上级税务机关申请行政复议。税务代理制度切实、有效地维护了纳税人的合法权益。

七、税务代理的范围

税务代理的范围是指按照国家有关法律的规定，允许税务师事务所和注册税务师从事的业务内容。作为专业化的法律服务行业，税务代理行业受到国家的严格管理，税务代理范围应符合全国人大、国务院、财政部和国家税务总局的有关法律、法规、规章的规定。现阶段，我国税务代理的范围包括如下事项：①办理税务登记、变更税务登记和注销税务登记；②办理发票领购手续和购买发票；③办理纳税申报和扣缴税款报告；④办理缴纳税款和申请退税；⑤制作涉税文书；⑥审查纳税情况；⑦建账建制、办理账务；⑧开展税务咨询、受聘税务顾问；⑨申请税务行政复议或税务行政诉讼；⑩国家税务总局规定的其他业务。

八、税务代理的分类

（1）根据税务代理关系产生的环节，税务代理可分为直接税务代理和复税务代理。

直接税务代理是指税务代理人直接接受代理人委托而产生的代理，代理权也是直接来自被代理人的授予。

复税务代理又称再税务代理，是指被代理人直接委托的代理人由于某些原因而转托他人代理。但委托代理人转托他人代理时，应事先征得代理人的同意，或于事后及时告知被代理人以获追认，委托代理人对自己转托他人的行为应负法律责任。这主要是防止因不当转托给代理人造成损害。

（2）根据税务代理是指代理人接受委托为纳税人、扣缴义务人代办日常税务工作的代理分类。这些日常税务工作主要指纳税人的会计业务代理、税务诉讼代理、税务咨询、税务登记、纳税申报、减免税申请等一般性涉税事项。

会计业务代理指税务代理人接受委托为纳税人、扣缴义务人办理会计事务的代理。这些会计事务包括会计账簿的设计、会计制度的建立、代理记账等。

税务诉讼代理指税务代理人接受委托为纳税人、扣缴义务人进行税务诉讼的活动。

税务咨询指税务代理人接受委托，为纳税人、扣缴义务人提供税收、财会等方

师事务所，作为被代理人一方必须是负有纳税义务或扣缴税款义务的纳税人或扣缴义务人。(　　)

(4) 分公司也是独立的法人实体，在设立公司的所在的东道国，按照收入来源的税收管辖权首先对归属于分公司本身的收入课税。(　　)

(5) 税收递延日途径是很少的，纳税人从中得不到税收优惠。(　　)

3. 名词解释

(1) 纳税筹划

(2) 避税

(3) 税负转嫁

(4) 税务代理

(5) 税务代理的宗旨

参考答案

1. (1) A　(2) B　(3) C　(4) D　(5) A

2. (1) √　(2) √　(3) √　(4) ×　(5) ×

3. (1) 纳税筹划是指纳税人在不违反税法及其相关法律、法规的前提下，对企业经营活动、投资活动、筹资活动及兼并、重组等事项作出筹划和安排，以实现最低税负或延迟纳税的一系列策略和行为。

(2) 避税是纳税人在熟知相关税境的税收法规的基础上，在不直接触犯税法的前提下，利用税法等有关法律的疏漏、模糊之处，通过对经营、筹资、投资活动等涉税事务进行精心安排，达到规避或减轻税负的行为。

(3) 税负转嫁是纳税人通过价格的调整与变动，将应纳税款转嫁给他人负担的过程。

(4) 税务代理就是指税务代理人在国家税法规定的代理范围内，受纳税人、扣缴义务人的委托或授权，代为办理税务事宜的各项行为的总称，如税务筹划、税务理财、代理记账、涉税代理、代理网上申报等。

(5) 税务代理的宗旨是为了推进依法治税和提高公民的纳税意识，保证税收工作的顺利进行。

第十三章　网上纳税申报

学习目标

○ 了解网上纳税的概念

○ 掌握网上纳税的程序

○ 熟悉网上纳税申报程序

技能目标

○ 通过本章学习，能熟练进行网上纳税申报

第一节　纳税申报

一、办税程序

1. 税务登记
   - 开业登记：纳税人填制税务登记表→税务登记窗口向纳税人发放税务登记证
   - 变更登记：纳税人填制变更税务登记表→税务登记窗口审核、清理税款发票，收回原税务登记
   - 注销登记：纳税人报送资料填制、注销税务登记申请表

2. 发票管理→发票
   - 新开业：纳税人持有关资料填写领购申请表→税务登记窗口发放发票
   - 领购簿、发售发票
   - 验旧购新：纳税人持发票领购簿、存根→发票发售窗口向纳税人发售发票

3. 申报征收：纳税人填制申报表及附表→开具完税证、税款征收处窗口划转入库

4. 咨询服务：税收政策、法规→税收实务知识

二、纳税申报概述

1. 纳税申报期

在当月办理了税务登记证的纳税人无论本月有无收入，都应在次月办理纳税申报。纳税申报期如下：

普通发票存根联；③符合抵扣条件且在本期申报抵扣的增值税专用发票抵扣联；④收购凭证（发票）的存根联或报查联；⑤海关进口货物完税凭证的复印件；⑥运输发票复印件。如果取得的运输发票数量较多，经主管税务机关批准可只附列单份票面金额在一定数额以上的运输发票复印件；⑦免税农产品的普通发票存根联、废旧物资回收企业开具的普通发票；⑧代扣代缴税款凭证存根联；⑨进料加工申请表和来料加工免税证明；⑩主管税务机关规定的其他备查资料。

备查资料由纳税人在月度终了后，整理并装订成册。

第三，增值税纳税申报资料的填报要求。

纳税人按月申报纳税，于每月 10 日前到纳税大厅“申报征收窗口”办理纳税申报，并按相应的填表说明填报下列资料一式三份（认证通知书及其附列清单复印两份），进行电子申报，同时打印纸质报表递交税务机关。税务机关对纳税申报资料的完整性审核后签收，将纸质报表录入电脑，在申报表上加盖“征收章”，一份退还纳税人，两份留存。

（5）地税纳税申报。

纳税人进行了国税纳税申报后，接着要到地税局纳税申报城建税和教育费附加。其中：城建税是“三税”（增值税、消费税和营业税）的7%，教育费附加是“三税”的3%。

第二节　网上申报缴纳税款

系统设置说明：工具—Internet 选项—常规—Internet 临时文件—设置—检查所存网页的最新版本—每次启动 IE 时检查。删除文件，清除历史记录。

一、申报及稽核系统的功能、流程及操作、使用方法

1. 系统的功能、流程及运行环境

（1）纳税人电子信息采集。系统提供了对各类纳税人纳税申报过程进行自动处理的综合信息系统。主要实现纳税申报电子信息采集、票表稽核等功能：

①一般纳税人。一般纳税人通过 Internet 申报。系统提供浏览器申报方式，纳税人只要访问国税网站，进入报税界面，通过身份验证后，就可以按照提示进行申报资料填报。企业端不需要安装软件，只要输入“纳税人识别号”、“初始密码”，就可以登录系统。

为了方便一般纳税人申报，系统还提供了离线录入和介质申报方式。

②小规模纳税人。小规模纳税人既可以通过上网使用浏览器申报，也可通过电话或银行网点申报。

③个体业户。个体业户主要采用集中代理申报的方式。

（2）票表稽核。票表稽核功能主要实现增值税一般纳税人报税、认证增值税发票信息与申报表销项、进项增值税发票税额的比对稽核功能。

（3）税款划转。系统支持税款的自动划转。纳税人申报后，系统根据纳税人的类型，按照不同的划款方式向银行发起划款请求。一般纳税人在申报成功并且申报信息写入“ctais”后，生成划款和完税证信息发往银行，由银行完成税款的划缴和完税证打印。

2. 申报信息采集

申报信息采集主要提供纳税申报、申报查询、修改密码、帮助、模板下载、更换用户和退出7个功能模块。

（1）纳税申报。本部分提供纳税申报资料的在线填写、Excel表读入、逻辑审核、票表稽核等功能。

①申报资料采集方式。系统提供3种纳税申报资料采集方式，即在线填写；离线填写，上线读入；离线录入，介质传递。由国税征收机关读入，提供发票存根联、抵扣联文本文件读入功能。

在线填写。通过访问国税网站，登录该系统进入申报界面，使用“录入”、“修改”功能逐表录入（或修改）。每张报表录入完毕后，点击“保存”按钮进行资料保存。

离线录入，上线读入。系统提供了Excel格式的空表样，供企业下载。企业下载后，可进行离线填写。离线填写完毕后，上线登录本系统，在相应报表的录入状态下，点击“浏览”按钮，找到已录入的Excel表格，再点击“读入”按钮，即可将Excel表格中的数据读入到系统中，再点击“保存”后退出。

离线录入，介质传递。通过上网到国税网站下载或到国税征收机关拷贝Excel格式的空表样，在本地计算机上录入申报资料后，通过介质传递到国税征收机关，由征收人员读入到系统中。也可由国税征收机关在国税服务厅提供设备，由企业进行自助式申报。

②逻辑审核。系统提供表内、表间和与上期申报资料比较审核功能。

表内逻辑关系审核是指按照报表填写说明规定的行、列之间的逻辑关系，在当前报表填写过程中自动进行审核。数据之间有确切计算关系的通过自动计算生成。

表间逻辑关系审核是指对照表与表之间的逻辑关系进行的审核。审核过程是在相关报表全部录入完毕后，在“提交”申报的过程中进行的。表间逻辑审核不通过，系统立即返回错误提示。可根据提示使用“修改”功能进行修改。

与上期申报资料比较审核是指按照本期申报数据与上期申报数据之间的关系进行审核。本系统采用强制审核的方法，即将报表中与上期申报数据有关的项以上期数据为基数，通过计算出本期数强制置入本期报表相应的位置。

③自动稽核。申报资料录入或读入完毕，必须进行自动稽核。申报资料录入完

毕后，点击“自动稽核”按钮，系统自动将企业报税、认证发票信息与申报资料中相关信息进行稽核。如果稽核不能通过，需要根据提示信息进行核对和修改申报资料。

④手动稽核。“手动稽核”用于人工比对。点击“手动稽核”按钮，系统显示企业报税、认证发票信息的合计数，由人工与申报资料中相关信息进行比对。

⑤提交申报资料。当申报资料录入完毕后，点击“提交”按钮，系统自动将已保存的报表提交到数据库中。申报资料提交后，不再允许纳税人对已填报的资料进行修改，若确需修改，必须到税务机关办理。

在提交前，系统自动检查“自动稽核”、“表间关系审核”是否通过，同时检查《增值税纳税申报表》及 4 个附表、资产负债表、利润表是否录入。只有在以上检查完全通过后，才能提交成功。如果某表本月为空，只需在“录入”状态下，按“保存”按钮，保存空表即可。由于《成品油购销存情况明细表》并不是每个企业都需要填报，在提交申报资料时不进行检查，需要填报此表的企业要及时查看录入状态，以免漏报。

⑥全部读入。用于一次读入全部 Excel 表及报税、认证发票明细。

（2）申报查询。通过点击主界面上的“申报查询”按钮，可查询申报、征收及稽核结果。

（3）修改密码。此功能用于修改登录密码。初始密码为“123456”，为了安全，企业初次登录后应及时进行修改。

（4）更换用户。用于税务机关或代理机构在不退出界面的情况下受理下一户纳税人的申报。

（5）模板下载。用于企业上网下载 Excel 格式的报表模板。

（6）帮助。在申报过程中遇到问题，应及时查看帮助信息。每种报表录入界面的“帮助”功能主要提供该类报表的填报帮助信息。

（7）退出。用于退出本系统。

补充：企业端设备配置及运行环境：操作系统 windows 9X、windows XP、windows NT、windows 2000；浏览器 Internet Explorer5. 0 以上，分辨率 800 × 600，推荐使用 1024 × 768。

浏览器设置，在 Internet Explorer 图标上单击鼠标右键，选择“属性”，再选择上方的“安全属性”页，出现“选项”窗口。如图 13 - 11 所示。

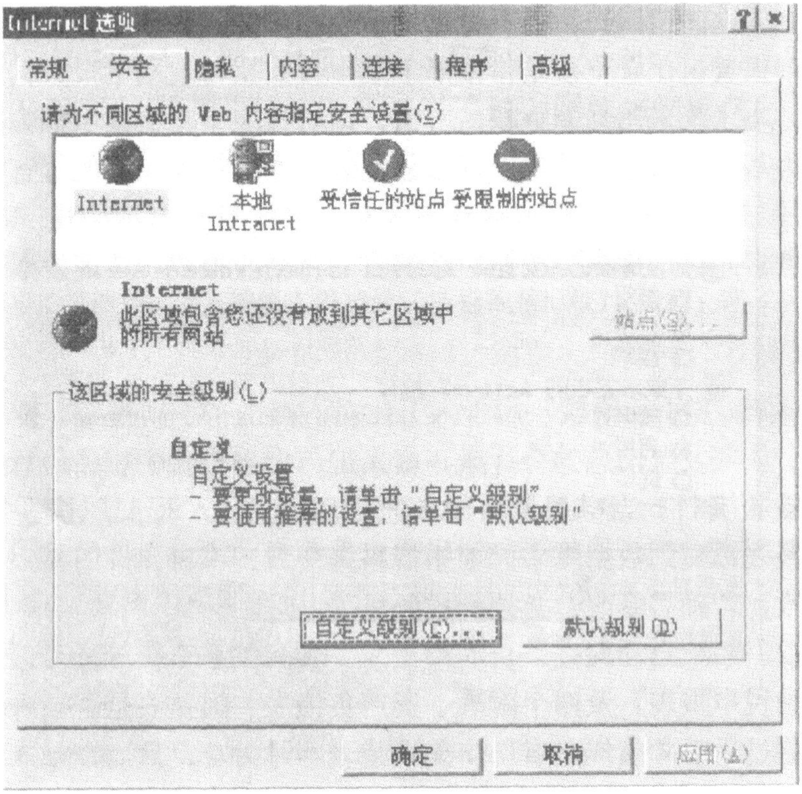

图 13－11

在这个窗口，单击“自定义级别”按钮，出现“设置”对话框，在此框中将显示的关于 ActiveX 控件和插件的 5 个属性值设置为启用。如图 13－12 所示。

③《申报表附列资料（表一）》（本期销售情况明细）数据录入。此表一般纳税人必须录入。界面按钮介绍如下：

“保存”按钮。录入完成后，用于保存录入的数据。

“全部重写”按钮。用于忽略用户对数据的修改。纳税人在没有保存此申请表的情况前，按下此按钮将把本表格清零；如果保存后再使用此功能，将把本表格还原为以前保存的数据。

“浏览”按钮。用于选择 Excel 模板文件所在的盘符、路径。此处注意不要将 Excel 模板文件放在过深的路径（如子目录）之内。

“读入”按钮。用于将用户指定的 Excel 模板文件内填写的数据显示出来，用户此时对读出的数据进行核对后，单击“保存”按钮将数据保存。

修改模块可以对本月尚未提交的《申报表附列资料（表一）》中的数据进行修改，修改后要单击“保存”按钮保存修改的数据。

查询模块可以查询纳税人填写的历史申报表，进入查询功能先要输入要查询的一般纳税人申报的《申报表附列资料（表一）》的年度和所属月份（默认为纳税人本月填写的数据），如果存在纳税数据，则显示出来，否则提示纳税人无申报数据后返回。

④《申报表附列资料（表二）》（本期进项税额明细）数据录入。此表一般纳税人必须录入。界面介绍同《申报表附列资料（表一）》（本期销售情况明细）（略），从第 35 栏开始填写。

⑤《申报表附列资料（表三）》（防伪税控增值税专用发票申报抵扣明细）数据录入。如果纳税人在《申报表附列资料（表二）》第 35 栏第一列的数据为“0”，可以不录入此表。

进入“录入”界面后，系统自动将本期认证的所有发票数据显示出来，纳税人确认后必须按“保存”按钮对显示的数据保存。也可根据实际情况进行修改、增加和删除，修改完成后必须保存。

保存数据后，如果要增加可以抵扣的发票信息，可以在“录入”界面下点击“增加”按钮，按照提示输入发票的各项信息。录入完成后必须保存；如果要对数据进行修改，可以在修改功能中进行，修改或删除某一条具体的发票信息；在查询模块上可以查询到纳税人申报的本月所有开具的发票详细信息。

⑥《申报表附列资料（表四）》（防伪税控增值税专用发票存根联明细）。如果纳税人在《申报表附列资料（表一）》第 1 小栏小计列 + 第 8 栏小计列 + 第 15 栏小计列 =0，则可以不录入此表。界面介绍同《申报表附列资料（表三）》（防伪税控增值税专用发票申报抵扣明细）

⑦《资产负债表》。此表一般纳税人必须录入。在录入功能中录入本月的资产负债表。需要修改请在修改功能模块中进行修改。查询模块可以查询纳税人本月填写的申报数据。

⑧《利润表》。此表一般纳税人必须录入。

“录入”界面用白色显示的本年数栏目需要纳税人录入，灰色显示的栏目表示不需要纳税人录入或者通过自动计算而得；本年的累计数栏目则根据系统内保存的上月累计数自动累加本月的申报数据形成新的累计数（如果要正确显示累计数，必须在第一次申报之前录入累计数）

修改功能。纳税人可以在未提交申报数据之前对错误的利润表数据进行修正，修正后必须单击“保存”按钮对修改的数据进行保存。

查询功能。纳税人可以查询保存在本系统内的历史申报数据，进入查询功能先要输入要查询的利润表的年度和所属月份（默认为纳税人本月填写的数据），如果存在纳税数据，则显示出来，否则提示纳税人无申报数据后返回。

⑨《成品油购销存情况明细表》。从事成品油销售的一般纳税人必须填写本表。本表应按照不同的油品型号逐行填写，填写完毕后按“保存”按钮保存输入的数据。

⑩《申报情况说明表》。一般纳税人对开出的专用发票或认证的发票信息存在需要说明的事项时，填写本表。填写完成之后，按“保存”即可。

⑪提交申报数据。一般纳税人在正确填写所有的申报信息后，通过“自动稽核”之后，可以“提交”本次申报信息。

提交申报数据时，系统自动对表间的关系进行校验，表间关系必须符合一般纳税人申报办法要求的各种逻辑关系后才能提交成功。

如果逻辑审核通过，系统会自动将此一般纳税人的申报状态修改为“申报成功”，纳税人申报成功后不能再修改申报信息，出现问题只能到税务机关处理。在申报过程中，纳税人必须仔细审核各表填写的数据之后，再慎重选择“提交”申报数据。

二、申报及稽核系统的功能补充

1. 辅助功能

（1）查询申报状态。纳税人使用此功能可查询到申报状态。纳税人申报后可以看到申报信息是否提交，银行划款是否成功等申报具体情况。

（2）修改密码。纳税人的默认登录密码是“123456”，为了保证纳税人信息的保密，纳税人应当在登录之后立即修改密码。

（3）帮助功能。在这里给纳税人提供一个简要的帮助功能，为纳税人介绍了各功能模块的使用说明和需要注意的事项。

2. Excel 模板

（1）模板的使用。纳税人可以通过 Internet 直接下载 Excel 模板文件，也可以持优盘到税务机关拷贝。

2. 网上纳税申报程序是怎样的?

3. 网上纳税申报有什么风险?

4. Excel 格式的报表模板如何取得? 如何填写?

5. 在网上报税时，纳税申报表填写有何要求?

技能题

1. 选择题

(1) 在当月办理了税务登记证的纳税人无论本月有无收入，都应在（　　）办理纳税申报。

A. 当天　　B. 次月　　C. 不要　　D. 当月

(2) 增值税纳税申报表一式（　　）份。

A. 一　　B. 二　　C. 三　　D. 四

(3) "申报及稽核系统"提供了对各类纳税人纳税申报过程进行（　　）处理的综合信息系统。主要实现纳税申报电子信息采集、票表稽核等功能。

A. 手工　　B. 机械化　　C. 自动　　D. 人工

(4) 纳税人在申报前必须先到（　　）进行 IC 卡抄税和抵扣联发票认证。

A. 财务部门　　B. 企业单位　　C. 银行　　D. 税务机关

(5) 在需要填写的申报表中有很多数据信息是需要计算得到的，可以由(　　)计算得出。

A. 自动　　B. 人工　　C. 手动　　D. 机械

2. 判断题

(1) 城建税、教育费附加纳税期限分别与增值税、消费税、营业税的纳税期限一致。(　　)

(2) 抄税后必须在法定的或税务局授权规定的报税期限内报税，否则金税卡锁死（抄税后 10 日以前必须报税)。税务要求每月的 1 ~5 日必须报税。(　　)

(3) 纳税人按月申报纳税，于每月 10 日前到纳税大厅"申报征收窗口"办理纳税申报，并按相应的填表说明填报下列资料一式三份（认证通知书及其附列清单复印两份)，进行电子申报，同时打印纸质报表递交税务机关。(　　)

(4) 各纳税人除了都需填报《通用纳税申报表》之外，不需要对《企业所得税申报表》及附表进行填报。(　　)

(5) 查询模块不可以查询纳税人填写的历史申报表。(　　)

3. 名词解释

(1) 认证

(2) "申报及稽核系统"设置

(3) 提交申报资料

（4）数据有效性检验

（5）申报过程

参考答案

1. （1）B　（2）C　（3）C　（4）D　（5）A

2. （1）√　（2）√　（3）√　（4）×　（5）×

3. （1）认证就是纳税人取得防伪税控系统开具的增值税专用发发票抵扣联，必须在纳税申报之前到所属基层分局申报管理科“认证窗口”认证金税工程数据。税务机关认证后，向纳税人下达“认证结果通知书”和“认证结果清单”，对于认证不符及密码有误的抵扣联，税务机关暂不予抵扣，并当场扣留做调查处理。未经认证的，不得申报抵扣。

（2）“申报及稽核系统”设置：工具—Internet 选项—常规—Internet 临时文件—设置—检查所存网页的最新版本—每次启动 IE 时检查。删除文件，清除历史记录。

（3）提交申报资料。当申报资料录入完毕后，点击“提交”按钮，系统自动将已保存的报表提交到数据库中。申报资料提交后，不再允许纳税人对已填报的资料进行修改，若确需修改，必须到税务机关办理。

（4）数据有效性检验。数据值在填写过程中，难免会填写错误，如误输入了字母，这时，系统提供的实时检验自动将表格中的数据清零，并给出提示。

（5）申报过程。首先纳税户选中要填写的报表，如《通用纳税申报表》，点击，系统会弹出图表，在本系统版本中，为方便企业对历史数据的查询，已直接将报表的申报和查询两个功能融合，而通过控制其状态来对各类报表的操作进行控制。

参考文献

1. 梁俊娇．纳税会计（第四版）．北京：中国人民大学出版社，2009

2. 中国注册会计师协会．税法．北京：中国财政经济出版社，2009

3. 吕孝侠，胡际莲．税法与税务会计．北京：北京大学出版社、中国农业大学出版社，2008

4. 李晶．税收优惠政策解析及应用．大连：大连出版社，2008

5. 王素荣．税务会计与税收筹划．北京：机械工业出版社，2009

6. 曾英姿．税务会计实务．厦门：厦门大学出版社，2008

7. 赵恒群，田雷．新编纳税会计（第二版）．大连：大连出版社，2009

8. 盖地．税务会计．北京：北京师范大学出版社，2008

9. 范翠玲，李岚．财务会计综合模拟实训教程．北京：机械工业出版社，2007

10. 周伟华，姚金武，唐丽红．税务会计（第二版）．长沙：中南大学出版社，2007

11. 盖地．税务会计与税务筹划．北京：中国人民大学出版社，2008

12. 熊晴海，熊细银．财务管理学．广州：暨南大学出版社，2008

13. 熊细银，熊晴海．管理会计．北京：清华大学出版社，2006